Eugen Drewermann

Leben, das dem Tod entwächst

Predigten
zur Passions- und Osterzeit

Herausgegeben von Bernd Marz

Patmos Verlag Düsseldorf

CIP-Titelaufnahme der Deutschen Bibliothek
Drewermann, Eugen:
Leben, das dem Tod entwächst: Predigten zur Passions-
und Osterzeit / Eugen Drewermann. –
1. Aufl. – Düsseldorf: Patmos-Verl., 1991
ISBN 3-491-72234-9

© 1991 Patmos Verlag Düsseldorf
Alle Rechte vorbehalten. 1. Auflage 1991
Umschlaggestaltung: Peter J. Kahrl, Neustadt/Wied
Umschlagabbildung: »Schwangerer Mann selbdritt«
von Herbert Falken (22. 7. – 4. 8. 1981), Kreide, Tusche, Pastell,
106 × 78 cm; mit freundlicher Genehmigung des Künstlers
Gesamtherstellung: Kösel GmbH, Kempten
3-491-72234-9

INHALT

Zum Geleit
7

PREDIGTEN ZUR PASSIONS- UND OSTERZEIT

Zum ersten Fastensonntag
9

Zum zweiten Fastensonntag
39

Zum dritten Fastensonntag
65

Zum vierten Fastensonntag
88

Zum fünften Fastensonntag
106

Zum Palmsonntag
132

Zum Gründonnerstag
134

Zum Karfreitag
145

Zur Osternacht
169

Zum Ostersonntag
174

Zum zweiten Ostertag
201

Zum zweiten Sonntag der Osterzeit
217

Zum dritten Sonntag der Osterzeit
238

Zum vierten Sonntag der Osterzeit
247

Zum fünften Sonntag der Osterzeit
269

Zum sechsten Sonntag der Osterzeit
288

Nachweise
299

Zum Geleit

Karfreitag und Ostern – wechselnde Daten im Jahreslauf. Historische Termine, geschichtliche Ereignisse, dogmatische Glaubenswahrheiten? Schon die Rekonstruktion der Ursprünge ist ein Problem. Wer beantwortet die Fragen nach dem, was geschah und was kommt? In den Fächern der Theologie schwelt der Streit darüber seit Jahrhunderten. Exegese, Liturgiewissenschaft und Dogmatik tragen ihre Erkenntnisse vor, theologische »Insider« verteidigen ihren Platzvorteil – je nach Auffassung. Doch was nützen diese Auseinandersetzungen den Menschen, jenen, die die Fragen nach Leid, Tod und Leben aus eigener Erfahrung und Betroffenheit stellen oder auch nur verschwiegen *in sich* tragen?

Dag Hammarskjöld (1905–1961), schwedischer Diplomat und UNO-Generalsekretär, ist als ein Mystiker des Glaubens den »Zeichen am Weg« gefolgt und den Fragen des menschlichen Daseins nachgegangen – auch bei Jesus. In einer »Ostermeditation« schreibt er:

»Einen Punkt gibt es, wo alles einfach wird, wo keine Wahl bleibt, weil alles, worauf du gesetzt hast, verloren ist, wenn du dich umsiehst. Des Lebens eigener point of no return... Ein junger Mann, streng in seiner Lebenshingabe. Der ihm am nächsten stand, berichtet, daß er an seinem letzten Abend vom Mahl aufstand, sein Gewand ablegte und die Füße seiner Gefährten und Begleiter wusch – ein junger, strenger Mann, einsam vor seinem endgültigen Geschick.

Er hat das kleine Spiel um seine – seine! – Freundschaft gesehen. Er wußte, daß keiner der Gefährten einsah, warum er so handeln mußte, wie er es tat. Er verstand, wie verängstigt sie sein würden und wie sie zweifeln würden. – Und einer von ihnen hatte ihn angezeigt und würde wohl bald der Polizei das Zeichen geben.« Die Nacht von Getsemane bricht an...

Erkennen wir uns wieder – am Vorabend von Ostern, in dieser Nacht tieftrauriger Dunkelheit? Still! Noch geht es weiter:

»Der letzte Abend also. Ein strenger, junger Mann: Wisset ihr, was ich mit euch getan habe? Jetzt sag ich es euch, ehe denn es geschieht. – Einer unter euch wird mich verraten. – Da ich hingehe, kannst du mir diesmal nicht folgen. – Solltest du dein Leben für mich lassen? Wahrlich. – Meinen Frieden gebe ich euch. – Aber auf daß die Welt erkenne, daß ich den Vater liebe und ich also tue, wie der Vater geboten hat. Steht auf und laßt uns von hinnen gehn.«

Jesus wird aufstehen und den Weg nach Golgota gehen und auch noch das Opfer am Kreuz vollbringen »für uns Menschen und zu unserem Heil«. Ging er den Weg der Vernichtung nach »ewigem Ratschluß des Vaters«, in »treuem Gehorsam«, als willenlose Marionette? Nein. Es ist tröstlich, zu wissen, daß das Leben Jesu, auch sein Leiden, sein Sterben, *vollkommen frei* war: bis zum letzten Augenblick war er frei, *nicht* für das Heil der Welt zu sterben, die Ankündigungen der Propheten *nicht* zu erfüllen. Es war sein Weg der Freiheit, der »Weg der Möglichkeit«, der zum Hosianna-Ruf des Einzugs am Palmsonntag und zum Ruf des »Kreuzige ihn« am Vorabend von Ostern führte.

Jesu Leben war Freiheit, und es war Provokation: »Er saß mit Zöllnern und Sündern zu Tisch und ging mit Huren um. Tat er es, um wenigstens ihre Stimmen zu gewinnen? Glaubte er etwa, sie zu bekehren durch solches ›appeasement‹? Oder tat er es, weil seine Menschlichkeit tief und reich genug war, um auch in ihnen eine Beziehung zu stiften zu dem Gemeinsamen, Unzerstörbaren, worauf die Zukunft gebaut werden muß?«

Wir wissen die Antwort. Von ihr handeln Eugen Drewermanns Predigten zur Passions- und Osterzeit. Sie zeigen an Jesu Existenz der Freiheit und der Liebe: Der Tod ist *nicht* »das Letzte«. Ihm entwächst das Leben.

Am Fest der Erscheinung
des Herrn 1991 *Bernd Marz*

Zum ersten Fastensonntag

Denke daran, daß du Staub bist und zum Staube zurückkehrst. Mit diesen Worten beginnt die Zeit der Vorbereitung auf das Fest unserer Auferstehung und unseres Lebens. Vordergründig hört sich dieses Zitat aus den ersten Bibelseiten fast zynisch an und grausam; der Mensch, wertlos, nichtig und gering wie etwas, das man mit den Füßen tritt. Mitten in die Zeit der Freude hinein setzt die Kirche dieses Menetekel menschlicher Entwürdigung. Es ist ein gefährliches Wort, auf das sich die Zyniker und die Machthaber gern berufen. Die Menschen als Staub, das heißt für sie: man braucht auf den Einzelnen nicht die geringste Rücksicht zu nehmen. Menschen sind plastisches Material, formbar in den Händen fremder Zielsetzungen und Absichten. Schüchtert man das Lebewesen Mensch nur genügend ein, so wird man alles aus ihm machen können.

Der Augenschein spricht für den Zynismus. Ist im Gang der Natur unser kurzes Menschenleben nicht gar zu gering bemessen? Hat die Natur es an irgendeiner Stelle nötig, auf uns irgendeine besondere Rücksicht zu nehmen oder gar einen besonderen Wert zu legen? Wenn es drauf ankommt, ist ihr eine geringfügige Bewegung ihrer Gesetze wichtiger als unser kleines Dasein. Hervorgebracht zu Millionen, zählen wir für die Natur als Einzelwesen fast gar nicht, und selbst in der Größe der Mängel kaum. Schon ist der Zeitpunkt vorauszusehen, da sich unser Körper mehr und mehr dem Ende zu begeben wird: von der Geburt an eine Spanne der Entwicklung, und dann wird der Zenit schon überschritten sein.

Wenn all das heißt: Denke daran, daß du Staub bist, sind das bittere und schmerzhafte Worte, noch verstärkt, weil sie sich direkt gegen die menschliche Pracht- und Stolzentfaltung richten. Der Mann, der sie zum erstenmal notierte, lebte wahrscheinlich am Hofe des Königs Salomo, mitten in der Zeit der ersten großen, selbstbewußten Phase der Geschichte Israels. Nie hatte man in dem sogenannten auserwählten Volk von Königen und Herrschern größer denken zu müssen geglaubt als damals, als dieser Mann in der Schöpfungsgeschichte des Menschen diese Worte notiert: »Vom Staub der Erde nahm Gott den Menschen.« Wie um zu sagen: Nur Staub seid ihr, die auf den Thronen genauso wie die auf dem Acker, die in den Palästen genauso wie die in den Hütten.

Aber eben mit dieser Richtung des Blicks verändert sich der Inhalt dieses Wortes möglicherweise zu etwas ganz anderem, von etwas Zynischem zu etwas im Grunde sehr Verständnisvollem, von etwas Despotischem zu etwas sehr Mitleidigem. Ist es nicht gerade das Gefühl unserer Niedrigkeit, das uns ständig wie ein Stachel im Fleisch anspornt, gegen uns selber zu leben? Ist es nicht das Empfinden der eigenen Minderwertigkeit, das uns immer wieder zwingt, aus uns selber mehr hervorzuschaffen, als wir je zu sein vermögen?

Es ist sehr die Frage, was wir als Menschen uns zu leben trauen. Gehen wir nur von diesem einen Satz am Anfang aus: Nur Staub bist du – dann werden wir uns verzweifelt ins Leben stürzen, um uns und jedermann zu beweisen, daß wir kein Dreck sind. Dann wird der Beweis, daß wir ein Mensch sind, sich darauf gründen, daß wir gegen uns antreten und den Staub Lügen strafen, daß wir ihn umformen nach der Kunst der Alchimisten in etwas Goldähnliches. Verzweifelt werden wir bestrebt sein, unsere ganze Menschenwürde gegen den Staub zu erarbeiten, wie wenn wir erst dann etwas wären, wenn wir die Geringheit und Niedrigkeit abgestreift hätten. Wir selber werden nur fähig sein, uns zu akzeptieren als etwas Makelloses, Perfektes, ganz und gar Erhabenes und gewissermaßen Überirdisches. Nichts darf uns mehr erinnern an die Herkunft aus dem Staub, und wir werden kein Bild tödlicher fürchten als die Erinnerung an die eigene Herkunft. Je besser wir das schaffen, je tüchtiger wir sind, je fleißiger wir uns bemühen, desto mehr werden wir diesem Traum der Verzweiflung vielleicht sogar nahekommen – und doch: je weiter wir es bringen, desto mehr wird dieser Traum sich in einen Alptraum verwandeln, für uns selbst zuerst. Wir müssen ja ständig gewissermaßen die Maske über den Hintergrund tun, ständig anders scheinen, als wir sind, ständig anders handeln, als es unser Wesen wäre. Wir werden im Sog der ständigen Selbstüberforderungen immer geschwinder, immer gehetzter, immer überanstrengter, mit immer mehr erlahmenden Kräften, grade noch, heute noch und vielleicht morgen schon nicht mehr den Kampf gewinnen, den wir gegen unsere eigene Natur führen. Und wir werden ringsum ein Klima der Mitleidlosigkeit verbreiten: der andere neben uns ist auch nur Staub, auch ihn zwingen wir in den gleichen Kampf der Konkurrenz, in dieselbe unerbittliche Tretmühle des Vergleichs. Wer leistet mehr, und wer steht besser da, und wer ist menschlicher darin, daß er unmenschlicher das eigene Wesen, die eigene Staubnatur verleugnet?

Diesen Hintergrund muß man in der Bibel sehen: wie geradlinig es ohne Gott im Leben eines jeden Menschen – in dem Gefühl, heimatlos, verbannt, vertrieben, in einer fremden Erde ausgesetzt zu sein, wie gejagt in dem Gefühl: nur Staub sind wir – immer weiter in den wechselseitigen Terror hineingeht. Es ist am Ende, als ob es für jeden Menschen zur Überlebensfrage würde, ob das noch so weitergehen kann. Nein, meint die Vision von der Sündflut; so ist es kein Leben. So muß es über kurz oder lang uns selber überschwemmen und derart hereinbrechen, daß wir keinen Grund mehr unter den Füßen spüren. Wie ein einziges, bodenloses Chaos muß unser Leben werden.

Wie aber, wenn uns grade die hereinbrechende Flut lehren könnte, daß es andere, tiefere Grundlagen unseres Daseins gibt? Wie, wenn die Ohnmacht, die wir fühlen, die Hilflosigkeit uns selber gegenüber, das Empfinden, wehrlos, ausgesetzt und haltlos zu sein, wie, wenn diese unsere Wahrheit in Wirklichkeit ein Prinzip tieferen Mitleids, größeren Erbarmens und einer gültigeren Wahrheit über uns wäre? Jenseits der großen Flut, so meint die Bibel, bekennt sich Gott zu dem Menschen, der wir wirklich sind und als den er uns gemacht hat. Niemals wird Gott vergessen, daß wir nur Staub sind, niemals wird er aus der Erinnerung verlieren, woraus er uns genommen hat. Und ebendies, daß wir nur Staub sind, wird in unzähligen Gebeten Israels später der Grund für die Reklamation vor Gott, er möge doch nicht streng ins Gericht gehen mit uns, er möge doch die Fehler, die wir tagaus, tagein begehen, nicht auf die Goldwaage legen, er möge doch die Elle seiner Gerechtigkeit verkürzen zu unseren Gunsten und den Maßstab klein machen, weil wir nur Staub sind. Herr, du doch weißt, woraus du uns gemacht hast.

Vor Gott ist dies am Ende das einzige, was uns retten kann: einzugestehen, wie wenig wir sind. Und vor uns selber und den anderen – ist es da nicht genau so, daß wir erst mitleidiger leben, wenn wir über den großartigen Aufbauten des fremden Lebens den Hintergrund der Not nicht aus den Augen verlieren? Der andere ist dann weniger bedrohlich, und wir sind ihm menschlicher.

Der Geist des Tales überwindet die Berge, die Sanftheit des Wassers besiegt die Härte der Kiesel, die Zartheit des Windes ist stärker als die Macht der aufgetürmten Gebäude. Ehrlich zu sein und zu sagen, wo wir unser Maß, unsere Grenze, unsere wirkliche Kontur besitzen, erlaubt uns, ruhig zu werden, die Angst zu verlieren und zu hoffen, daß Gott sich nicht vertan hat, als er uns erschuf. Wir brauchen nicht zu fürchten, was wir sind, denn Gott hat es gewollt. Der Staub ist sanft, wenn wir ihn nicht meiden, die Niedrigkeit ist gut, wenn wir sie nicht besiegen wollen, und in allem können wir gemeinsam und solidarisch werden in dem Gefühl: nur Staub sind wir. So meint es die Kirche. Es ist ein Zeichen unseres Segens, wenn am Ende dieser Messe das Aschenkreuz ausgeteilt werden kann auf die Stirn eines jeden: Denke daran, daß du nur Staub bist. Es heißt: Bemüh dich nicht, gegen dich zu kämpfen, glaube nicht, du hättest Grund, dich weiterhin zu schämen, laß den Gedanken fahren, du müßtest mehr sein, als du bist. So, wie Gott dich gemacht hat, bist du gut und groß und wunderbar. Daß Er den Staub nahm und Seine Hände daran rührten, dich hervorzubringen, dies ist gut genug, groß genug, schön genug, menschlich genug. Mitten im Staub, wenn du ihn akzeptierst, hast du Grund, groß und hoffnungsvoll von dir zu denken. Nur Staub bist du als Wesen Gottes.

Über diesem ersten Fastensonntag liegt der Schatten des Aschermittwoch. »Denke daran, daß du Staub bist und zum Staube zurückkehrst.« Das sind die Worte, die der Herr zum Menschen spricht, als er sich von ihm getrennt hat. Worte des Fluches sind es, wie wenn das ganze Leben ein einziger Kampf wäre gegen den Tod, ein Anarbeiten gegen den Staub, mühselig und vergeblich, eine gewaltige Anstrengung und ein entsetzlicher Verschleiß wie zum Pyramidenbau. Ohne Gott wird ein jeder so zu leben versuchen. Sein Dasein wird ihm vorkommen wie zerrinnender Sand. Er aber wird alle Anstrengung hineinsetzen, daraus etwas Kostbares hervorzubringen, und nur um so mehr wird er sich eingestehen müssen, nichts zu sein.

Soll man wirklich an diesen Fluch Gottes erinnert werden, und kann es christlich heißen, so zu denken? Nie und nimmer. Sollte das Aschenkreuz darin bestehen, den Menschen nur zu imprägnieren mit dem Status der Vergeblichkeit und der Vergänglichkeit, man müßte es verwünschen. Auch im Namen der Religion hat ein Priester nicht das Recht und hat schon gar kein Priester die Pflicht, Menschen zu demütigen und in den Staub zu drücken. So kann es nicht gemeint sein.

Es kann nicht für christlich gelten, das Leben aufzuspalten zwischen Karneval und Aschermittwoch. In der Barockzeit mochte es die Mode sein, sich drall und prall wollüstig ins Fleisch zu vergraben und dann vom Fleische abzufallen und ein schlotterndes Gerippe aus dem menschlichen Leben zu machen. Diese Schizophrenie kann nicht ernsthaft als Lebenskunst betrachtet werden. Christlich sollte es sein, angesichts des Todes die Freude und das Vertrauen in das Dasein nicht zu verlieren und in der Freude den Gedanken an die Ewigkeit grade zu befestigen, damit die Gegensätze zwischen Liebe zur Welt und Frömmigkeit für Gott endlich verschwinden. Dies, sollte man denken, wäre ein christlicher Gedanke.

Was aber ist es dann mit der Idee des Aschermittwoch, daß das Aschenkreuz ein Segen sei? Was denn vermögen wir Menschen gegen den Tod? Sterblich sind wir alle. Und doch, meint die Kirche, gebe es Zeichen des Vertrauens, die wir einander zu schenken vermöchten. Dazu gehört diese Berührung der Stirn. Es ist wie in der Krankensalbung, wie bei der Handauflegung. »Denke daran, daß du Staub bist« – nicht als ein Wort, das an das Ende des Lebens gemahnt, sondern an die Weise, mit sich selbst und miteinander umzugehen. Ich weiß – so könnten diese Worte, gesprochen als ein Segen, dem anderen mitteilen –, ich weiß um die Stunden, da du dich selber ausgewaschen und leer wie ein vom Regen gehöhlter Stein fühlen magst; ich weiß um die Stunden, in denen du dich fühlst wie ein Brocken Erde, preisgegeben dem Wind und dem Wasser, der Hitze und dem Frost, und doch möchte ich dir sagen im Namen Gottes, daß du nie mehr ganz allein sein wirst in deiner Müdigkeit, nie gänzlich ungeschützt in deiner Einsamkeit, nie ganz verlassen in dem Gefühl deiner Leere.

Und selbst wenn die eigenen Hände zu schwach sind, zu schützen und zu geleiten, so gibt es ein anderes Wort der Bibel aus dem Psalm 103 wie ein Versprechen, wie ein Vermächtnis über unserem Dasein. »Gott denkt daran«, so heißt es dort, »daß wir nur Staub sind. Er vergibt dir deine Schuld. Er macht deine Zerbrochenheit heil.« Wenn wir mitunter vergessen, meist voll peinigenden Schamgefühls und auf der Flucht vor der eigenen Niedrigkeit, daß wir nur Staub sind, so wird es doch um so mehr sein, daß Gott dies nicht vergißt, und er wird entfernen das Gefühl der Scham aus unserem Herzen und unsere Schuld von unserem Leben. Wir können lernen, verständnisvoll und gütig miteinander zu sein im Segenszeichen dieses Aschenkreuzes, die wir alle miteinander nur Staub sind und keinen Grund haben, uns voreinander zu schämen oder großzutun.

Was aber vermögen wir Menschen zu tun gegen den Tod, gegen die endgültige Vergänglichkeit? Gegen die Vorboten des Todes vermögen wir manches. Es gibt als Vorbotin des Todes das Alter. Dagegen ist die Liebe stark. Unser Leib mag schwach werden, in ihn selber mag sich das Alter einfurchen, und dennoch wird die Liebe zum anderen wachsen können und stärker werden. Sie wird sagen: Grade wenn du nur Staub bist, entdecke ich um so mehr in deinem Leib den Schimmer deiner Seele. Sie leuchtet hervor aus deinen Augen, sie atmet entgegen in deinen Worten, sie erhebt sich wie ein Gebet in deinem Lachen, und sie breitet die Arme zum Himmel in deiner Traurigkeit. Je älter Menschen werden, desto mehr Gründe werden sie entdecken, zueinanderzustehen. Es ist, als ob die oberflächlichen Gründe, miteinander verbunden zu sein, immer mehr abfielen, ungültig würden, aber das Tragende immer mehr zum Vorschein käme. Seelenvoller und tiefer läßt sich das Leben füreinander entdecken, so wie wenn der Leib nur die Hülle der Seele wäre und von ihr wie von einem wohllautenden Akkord ausgefüllt würde, oder – schöner noch – der Leib, der Staub, wird von der Seele eingehüllt wie ein Gewand. Gegen die Vorbotin des Todes in der Gestalt des Alters ist die Liebe stark wie der Tod.

Es gibt die Vorbotin des Todes in der Gestalt der Krankheit. Dagegen vermögen wir gleichermaßen viel. Wir können einander begleiten an die Grenzzonen des Lebens, wir können einer Seele, die sich bereits aus dem Körper zurückziehen möchte, Gründe geben, noch im Dasein zu verweilen. Wir können die Brücke des Lebens selbst da noch nicht abreißen lassen, wo die Krankheit den Körper zersetzt; und schon daß wir im Leben einander nicht verlassen möchten, ist oft ein Grund, die Grenze der Zeit hinauszuschieben. Dennoch wird es den Augenblick geben, wo die letzte Stunde kommt. Als der russische Dichter Fjodor Michailowitsch Dostojewskij nach einem Blutsturz auf dem Sterbebett lag, bat er seine Frau, ihm aus der Heiligen Schrift vorzulesen, und wahllos schlug sie die Stelle auf, an der der Herr sich von Johannes taufen lassen möchte. Und wie Johannes ihm erwidert: »Nicht doch, Herr, ich hätte nötig, von dir getauft zu werden«, spricht Christus: »Halte mich nicht zurück.« Dieses Wort griff Dostojewskij auf und sagte zu seiner Frau: »Hörst du, Anja, es steht geschrieben: Halte mich nicht zurück.«

Es gibt den unvermeidlichen Moment der Trennung, und nichts mehr vermag die Liebe hier im Leben gegen diesen Augenblick. Und dennoch ist sie stärker als der Tod. Ist es doch in der Liebe, daß man einander entdeckt als unsterblich und ewig. Die Seele des anderen ist hervorgegangen aus der Hand des Ewigen, und sie wird nie mehr aufhören zu sein, in alle Ewigkeit. Alle Liebe besteht im Grunde darin, diese Wahrheit tief zu fühlen; und es ist, wie wenn alle Frömmigkeit und alle Religiosität einzig diesen Zustand unvergänglicher Liebe wiedergeben würde. Alle Worte der Religion sind in diesem Gefühl wahr und unmittelbar einleuchtend, daß Menschen nur leben aus der Gnade und aus der Vergebung, daß ein jeder Mensch berufen ist zur Unsterblichkeit, daß in einem jeden Menschendasein ein unveräußerlicher Wert, eine nie zerstörbare Größe und eine einmalige Würde liegt. Nach dem Tode, sagt die Religion, werden wir Gott sehen. Aber Gott ist unendlich, wir können ihn nicht sehen, nicht einmal mit den Augen der Seele. Was wir aber wohl zu tun vermögen, ist, in der Zuneigung zueinander, die nicht vergeht, Gott spüren als eine unvergängliche Kraft im eigenen Herzen. Und miteinander können wir eintreten in diesen Zustand des Glücks. Der Dichter Joseph von Eichendorff sprach in dieser Weise über den Tod:

Trennung mag man Tod wohl nennen,
Denn wer weiß, wohin wir gehn.
Tod ist nur ein kurzes Trennen
Für ein bald'ges Wiedersehn.

Es gibt ein schönes Bild aus dem 14. Jahrhundert v. Chr. im alten Ägypten. Dort war es, daß am ägyptischen Hof ein junges Paar durch den Tod früh voneinander getrennt wurde: Tutanchamun und Anchesenamun. Als der Pharao achtzehnjährig verstarb, schenkte ihm seine Gemahlin ein kleines Symbol der Unsterblichkeit, auf das sie die Worte schrieb: Ich habe dich geliebt, großer Tutanchamun, und meine Trauer, daß du gehst, ist groß. Aber vergiß, daß die Zeit Zeit ist, denn nach der Zeit sehen wir uns wieder.

Wenn im Anschluß an diese heilige Messe das Aschenkreuz gespendet wird mit der Formel: »Denke daran, daß du Staub bist«, so mögen Sie besser hören, was diese Worte nicht sagen, aber meinen: Denke so: Gott selber weiß, daß du Staub bist, und seine Huld währt ewig. Denn nach der Trennung des Todes sehen wir uns wieder für immer.

ZUM ERSTEN FASTENSONNTAG 17

Die Schlange war schlauer als alle Tiere des Feldes, die Gott, der Herr, gemacht hatte. Sie sagte zu der Frau: Hat Gott wirklich gesagt: Ihr dürft von keinem Baum des Gartens essen? Die Frau entgegnete der Schlange: Von den Früchten der Bäume im Garten dürfen wir essen; nur von den Früchten des Baumes, der in der Mitte des Gartens steht, hat Gott gesagt: Davon dürft ihr nichts essen, und daran dürft ihr nicht rühren, sonst werdet ihr sterben.

Darauf sagte die Schlange zur Frau: Nein, ihr werdet nicht sterben. Gott weiß vielmehr: Sobald ihr davon eßt, gehen euch die Augen auf; ihr werdet wie Gott und erkennt Gut und Böse. Da sah die Frau, daß es köstlich wäre, von dem Baum zu essen, daß der Baum eine Augenweide war und dazu verlockte, klug zu werden. Sie nahm von seinen Früchten und aß; sie gab auch ihrem Mann, der bei ihr war, und auch er aß.

Da gingen beiden die Augen auf, und sie erkannten, daß sie nackt waren. Sie hefteten Feigenblätter zusammen und machten sich einen Schurz. GEN 3,1–7

Was ist es, was den Menschen böse macht? Diese Frage stellt sich die Bibel auf den ersten ihrer Seiten, und sie ist die quälendste von allen Fragen, die wir uns selber vorlegen, wenn wir unser eigenes Herz nicht begreifen oder fremde Bosheit und Arglist bis zur Zerstörung, bis zur Auslieferung fühlen.

Es sind die Urzeiterzählungen der Völker, die diesem Rätsel gewidmet sind, und niemals wollen sie erzählen über etwas Vergangenes, vielmehr stets über den Vorgang, der immer vom Menschen Besitz ergreift, wenn er ins Böse fällt. In Urzeit schon war dies so, weil es immer so war und immer so sein wird. An der Welt liegt es nicht, meint die Bibel. Sie ist von Gott geschaffen, und sie könnte dem Menschen zur Verfügung stehen wie ein Paradies, wie ein Garten, darin er selbst bestimmt wäre, glücklich zu sein. Alles in der Natur ringsum ist großartig und weise gefügt, wenn nur wir Menschen unser eigenes Maß, unser eigenes Ziel finden wollten.

Wie ist es möglich, daß Menschen dahin gelangen, dem Ursprung ihrer Existenz und dem Quellgrund ihres Glücks zu entsagen? Woher kommt die Trennwand, die sich zwischen Mensch und Gott zu schieben vermag? Woher kommen die Zäune und die Stacheldrähte, mit denen Menschen sich voreinander schützen? Und was nötigt uns die Verriegelungen und Einkerkerungen auf, die unser Denken von unserem Fühlen getrennt halten? Die gewöhnliche Lehre über die Schuld des Menschen lautet, daß wir alle ein Stück besser sein könnten, wenn wir nur wollten. Das ist richtig, und niemand wird es bezweifeln. Aber es beantwortet nicht die unheimliche Energie und Kraft des Bösen. Ein bißchen besser könnten wir sein, aber das Problem ist, warum wir so oft eingekerkert sind in die Wände der Bosheit – genauer: nicht nur oft, sondern in gewissem Sinne ständig. Die gewöhnliche Lehre darüber besagt, wir Menschen trügen eine Neigung zu Schuld und Sünde aus Hochmut und Ungehorsam. Gott selber wird vorgestellt nach der Art eines weisen Gesetzgebers, dessen Gebote wir nur zu halten brauchten, um selber im Glück und im Frieden mit uns selbst zu bleiben.

Es sei dahingestellt, wie klar einem Menschen die Gebote Gottes sein können. Aber wenn Gott dem Menschen etwas Wesentliches zu sagen hat und Menschen fähig sind, es bis in die Tiefe ihrer Existenz hinein zu fühlen, woher kommt dann die Regung, diesen allerweisesten und gütigsten Worten der Macht, welchen wir unser Dasein verdanken, zu widersprechen? Ungehorsam kann man sein, wenn man Befehle nicht versteht, wenn die eigene Würde beleidigt ist, wenn man sich unterdrückt fühlt und gegenüber einem diktatorischen Willen die Freiheit beansprucht. Der Ungehorsam kann produktiv und kostbar sein. Was uns Menschen bestimmt, Gott zu widersprechen, erklärt sich nicht mit so simplen menschlichen Begriffen. Stolze Menschen kennen wir, und den Stolz in uns selber fühlen wir, aber niemals ohne zu spüren, wie sehr wir uns im Grunde mißtrauen, wie unsicher wir uns selbst gegenüber sind und wie am Rande der Selbstverachtung wir uns vorkommen, wenn wir glauben, vor den anderen mehr repräsentieren zu müssen, als wir sind. Stolz ist keine ursprüngliche Art, zu fühlen und zu handeln. Stolz ist die Reaktion auf Minderwertigkeitsgefühle. Nichts ist mit der gewöhnlichen Lehre über menschliche Schuld beantwortet, und endgültig werden wir Abschied nehmen müssen von den praktischen Theorien, die uns einreden, wir brauchten nur ein bißchen über uns nachzudenken, den Willen zusammenzuraffen, hier und da eine Tat zu bereuen, Wiedergutmachung zu geloben und alles wäre in Ordnung.

Die Sünde ist furchtbar. So jedenfalls beschreibt sie die Bibel. Sie wird an den Menschen herangetragen von dem geheimnisvollsten Wesen der Mythologie, von der Schlange, einer überragenden Intelligenz, der die Menschen, zunächst ohne es zu merken, zum Opfer fallen.

Wenn du von dem Problem des Bösen irgend etwas verstehen willst – so meint es dieser Mann, dem wir den Bericht vom Sündenfall verdanken –, dann hör auf, dir einzureden, die Sünde würde durch bösen Willen erzeugt. Das stimmt niemals oder nur an der Oberfläche. Du mußt, wenn du das Problem des Bösen verstehen willst, die Menschen betrachten als Überlistete, als Hereingelegte, als die Opfer einer Verführung, die ihnen weismacht, nur so könnten sie den Weg ihres Glücks beschreiten, und viel zu spät merken sie, daß das, was sie am Ende bekommen, das pure Unglück ist.

Listiger war die Schlange als alles, was Gott selbst sonst gemacht hatte, und noch ehe sich der Vorhang auf der Bühne heben wird, ist dieser kleine Hinweis schon die vorweggenommene Erklärung der ganzen folgenden Tragödie. Die erste Probe der menschlichen Überlistung, die ersten Schläge auf den Keil, der sich zwischen Gott und Mensch treibt, hören wir aus dem Mund der Schlange mit einer fast harmlos klingenden Frage anheben, einer Erkundigung nach dem, was Gott gesagt hat: ob wohl Gott gesprochen hat: »Von keinem der Bäume des Gartens dürft ihr essen.« Ich frage Sie: Welch eine Verführung könnte phantastischer beginnen, als indem man sich nach einem Gotteswort erkundigt? Welche Frage könnte vornehmer sein, als wissen zu wollen, was Gott gesprochen hat? Nur daß die Schlange bei ihrer Frage im Grunde Gott in Frage stellt. Sie unterschiebt ihm eine Rede, die ihm völlig fremd ist. Dennoch ist der Gedanke möglich, ob nicht Gott vielleicht die ganze Welt geschaffen hätte voller Glücksmöglichkeiten, randvoll, dem Menschen in all seinen Wünschen bereitzustehen, zur Freude und zum Glück, nur um sie dem Menschen vorzuenthalten und unter Verbot zu stellen. Es ist das erste Mal, daß von Gott fragend die Rede ist, und würden wir an einer Erhebung teilnehmen, wie wir über Gott denken, wir würden im Umkreis der gegenwärtigen Theologie der Schlange auf jene Frage herzhaft mit Ja antworten. So, ohne Frage, erleben wir Gott. Er hat eine ganze Welt gemacht, und sie wäre an und für sich schön, wenn nicht alles, was schön wäre, sündhaft wäre. Wenn das stimmt oder auch bloß stimmen würde, hätte man, was wir heute Religion nennen: Wir bemühen uns, Gott treu zu sein, zähneknirschend, unwillig und ständig in dem Verdacht, daß sich auf die Seite Gottes zu schlagen bedeutet, in den Glücksmöglichkeiten der Welt Einbuße zu erleiden.

Es ist eine infame Infragestellung, mit der die Schlange spielt, und wir erleben den Menschen, die Frau, wie sie sich verzweifelt Mühe gibt, Gott ins rechte Licht zu rücken. »So hat Gott nicht gesagt«, spricht die Frau, und selber ruft sie sich in Erinnerung, was Gott in Wahrheit gesprochen hat. Wort für Wort wiederholt sie sein Gebot. Dies, denke ich, muß man wissen, wenn man verstehen will, wie Menschen sündigen. Noch einmal: Solang es nur um bösen Willen, Stolz und Ungehorsam geht, könnten wir einigermaßen einfach demütig, gehorsam und gut sein. Das Problem beginnt damit, daß wir Menschen uns aufs verzweifeltste bemühen, richtig zu sein und zu bleiben, uns auf die Seite Gottes zu schlagen, und es dennoch nur zu tun vermögen im Bannkreis der Angst. Denn während die Frau das Gebot Gottes wiederholt, fügt sie hinzu, was Gott gar nicht gesagt hat, was aber für sie jetzt das Gebot Gottes bedeutet: nicht einmal rühren sollte sie an den verbotenen Baum, sonst würde sie sterben.

Eine einzige Frage der Schlange, und verändert hat sich das ganze Bild von Gott und mit ihm die gesamte Welt. Es ist jetzt, daß Gott selber zuzutrauen ist, er könnte wie ein Würgeengel herniederfahren und den Menschen hinrichten. Weit entfernt ist das Gefühl, daß Gott ein Gebot nur erlassen hat, um den Menschen im Umkreis seines Glücks zu schützen. Er selber, der Grund unserer Existenz, verwandelt sich jetzt in eine menschliche Gegenmacht der Angst. Wehe, wenn wir seine Gebote nicht halten! Er selbst erscheint wie ein Prinzip des Todes, wie ein Regent von despotischer Gewalt. – Die Frau hat, während sie versucht, sich die Hände zu verbinden, Angst vor allem, vor dem Baum im Garten, vor sich selber, die das Böse tun könnte, vor Gott, der es verboten hat. Es gibt keinen Ort und keinen Standpunkt mehr, der nicht von Angst zerfasert wäre. Da hinein spricht die Schlange ihre Worte der Beruhigung: »Sterben, sterben werdet ihr nicht.« Grade darauf wartet man, daß die Angst verginge. Und die Schlange schickt noch eine Erklärung nach, nun wirklich diabolisch: nicht wir Menschen müßten Angst vor Gott haben, sondern Gott selber habe aus Angst sein Zwinggebot erlassen, um den Menschen niederzuhalten. Grausam sind die Despoten, die die Untergebenen zu fürchten haben, und die Schärfe des Verbotes Gottes ist also nur ein Beweis seiner geheimen Schwäche.

Wenn unsere Frömmigkeit sich verformt zu einer bloßen Tyrannei der Angst, kann es von einem bestimmten Zeitpunkt an des Menschen Pflicht sein, sich seines Gottes zu entledigen. Da geschieht es dann, daß alles Glück der Welt sich versammelt in dem einen Punkt, der verboten ist. Kein Weg im Paradies mehr, der nicht zu der Stelle führen wollte, an der das Schild steht: Nicht daran rühren. Und kaum nimmt die Schlange die Angst aus dem Herzen der Frau, verdichtet sich der Inbegriff alles Erstrebenswerten unwiderstehlich in diesem einen Baum und seiner Frucht. Wie hypnotisiert greift sie jetzt zu, selber wie Gott, selber wissend – so hofft sie.

Das Problem von uns Menschen ist niemals, daß wir nicht bekämen, was wir wollen. Das Problem der Sünde ist, daß wir aufs Wort bekommen, was wir erstreben, und es sieht ganz anders aus. Denn kaum, daß uns die Augen aufgehen, merken wir, was wir selber sind ohne Gott: nur Staub, beschämend nackt, hilflos, ausgesetzt, ohnmächtig und ohne jede Würde. Gott hatte Grund, uns den Baum der Erkenntnis zu versagen; denn der Inhalt dieser Erkenntnis von dem, was uns nützt und schadet, uns glücklich macht und verzweifelt sein läßt, ist in moralischem Sinne Gut und Böse. Wir hätten niemals sehen sollen, was es bedeutet, als Geschöpf ohne unseren Schöpfer leben zu müssen, wie verzweifelt sich ohne Gott aus Segen Fluch gebiert und wie wir beginnen müssen, uns selbst zu hassen in unserer Unansehnlichkeit, wenn nicht mehr die Augen unseres Schöpfers wohlwollend auf unserem Dasein ruhen. Alles an Not und Krampf, an tödlichem Widerspruch und Qual entsteigt dann dem Gefühl der Scham, der Staubgeburt und Nacktheit. Wir werden ewig ankämpfen gegen unsere Erbärmlichkeit. Da haben dann Stolz und Ungehorsam und Hochmut, prometheischer Wahn und titanenhaftes Streben ihren Platz. Endgültig herausgeschleudert sind wir aus Maß und Ziel, verbannte Kinder Evas.

Wie wir davon erlöst werden, böse sein zu müssen in der Angst, ist der ganze Weg, den die Bibel fortan beschreiben wird. Gott wird den langen Weg unserer Geschichte mit uns gehen. Er wird versuchen, einen jeden von uns an die Hand zu nehmen und begütigend ihm zu sagen: Du kannst mich wiederfinden. Die Schlange hatte unrecht. Und glaube niemals mehr den Verleumdern Gottes. Höre nie mehr auf diejenigen, die dir sagen: die Welt ist gut, aber Gott verbietet sie dir. Höre nie mehr auf die Ohrenbläser, die erklären, die Gebote Gottes dienten nur deiner Unterdrückung. Gott ist dein Verbündeter, und das einzige, weswegen er dich wollte, ist, daß du randvoll glücklich seiest inmitten einer Welt, in der du geborgen leben kannst. Kein Grund mehr zur Bosheit, wenn Menschen zum Glück zurückfinden jenseits der Angst.

Dann sprach Gott zu Noach und seinen Söhnen, die bei ihm waren: Hiermit schließe ich meinen Bund mit euch und mit euren Nachkommen und mit allen Lebewesen bei euch, mit den Vögeln, dem Vieh und allen Tieren des Feldes, mit allen Tieren der Erde, die mit euch aus der Arche gekommen sind. Ich habe meinen Bund mit euch geschlossen: Nie wieder sollen alle Wesen aus Fleisch vom Wasser der Flut ausgerottet werden; nie wieder soll eine Flut kommen und die Erde verderben. Und Gott sprach: Das ist das Zeichen des Bundes, den ich stifte zwischen mir und euch und den lebendigen Wesen bei euch für alle kommenden Generationen: Meinen Bogen setze ich in die Wolken; er soll das Bundeszeichen sein zwischen mir und der Erde. Balle ich Wolken über der Erde zusammen und erscheint der Bogen in den Wolken, dann gedenke ich des Bundes, der besteht zwischen mir und euch und allen Lebewesen, allen Wesen aus Fleisch, und das Wasser wird nie wieder zur Flut werden, die alle Wesen aus Fleisch vernichtet. GEN 9,8–15

Wie gelangt ein Mensch zu Gott? Es gibt einen Typ von Frömmigkeit und Religiosität, in dem Gott wie ein höheres Prinzip der Moralität und der idealen Menschlichkeit erscheint. Angeleitet von einer solchen Form der Gottesvorstellung, kann ein Mensch sich nur mit aller Anstrengung mühen, Schritt für Schritt und Stufe für Stufe die Himmelsleiter emporzuklettern, bis er Gott näher ist durch seine Rechtschaffenheit, Vollkommenheit und Reinheit.

Schon auf den ersten Seiten der Bibel erleidet diese Form, Gott zu verehren, ihren furchtbaren Zusammenbruch. Denn wenn wir beginnen, die Welt und uns selber mit den Augen der Vollkommenheit, der unfehlbaren Perfektion, der glasklaren und absoluten Reinheit zu betrachten, werden wir bald merken, daß der Mensch seines Schöpfers unwürdig ist. Immer drückender werden die Gefühle der Schuld, der geforderten Wiedergutmachung und der Verpflichtung werden, und immer unentrinnbarer wird der Teufelskreis. Wer einen ganz reinen, gestrengen und gerechten Gott entwirft, wird ihm eines Tages zutrauen müssen, was die Mythen der Völker immer wieder ihren Göttern zugetraut haben: daß der Schöpfer eines Tages selber in Anbetracht seiner Schöpfung zornentbrannt einschreitet, indem er sein eigenes Spiegelbild in den Geschöpfen nicht mehr erkennt und beschließt, die

Welt, die er gemacht hat, zu reinigen vom Auswurf besonders des Menschen. Es ist die Stunde, da Gott, um die Welt zurückzuführen zu ihrem reinen Ursprung, es regnen läßt, bis alles Leben ausgerottet wird – ein furchtbares Bild der Strafe, aber in gewissem Sinne sogar der Gerechtigkeit, denn ganz falsch ist der Gedanke nicht, wenn wir ein bißchen ehrlich sind. Wer von uns dürfte denn leben, wenn man ihn mißt mit der strengen Elle von Gut und Böse, von Lauter und Unlauter, von Richtig und Falsch, von Vollendet und Unvollendet? Gewiß, man kann sich etwas vormachen und denken, man komme mit einem solchen Maßstab schon ganz gut zurecht, irgendwie bemühe man sich, die Dinge richtig zu tun, und dann wären sie's wohl auch. Aber so stimmt es nicht. Wer den Mut hat, genauer hinzusehen, wird bald merken, daß die bürgerliche Durchschnittsordnung die Angst seines Herzens nicht zu beruhigen vermag. Es nützt nicht, daß man die Gesetze und die Paragraphen des Bürgerlichen Gesetzbuches im großen und ganzen einhält; irgendwann wird man sich für die Motive, für die Gefühle, für die Affekte, für den unbewußten Untergrund der Seele interessieren müssen. Und immer abgründiger und unheimlicher wird man sich dann selber. Für die Menschen, die es ernst meinen und die konsequent sind, wird die Bilanz immer düsterer, immer verzweifelter, so wie für den Mann Paulus vor Damaskus. Er hat sein Leben lang sich bemüht, Gott treu zu sein in den mehr als 600 Gesetzen des Alten Testamentes, und gefunden, daß dies nicht geht, beim besten Willen nicht geht. Wenn man das Wort Gottes, soweit es sich gesetzlich äußert, beim Wort nimmt, werden grade die Wohlmeinenden, die ernsten Gemüter, die nicht flach über das Leben Hinweghuschenden in die Verzweiflung getrieben – fast wie mit System. Das ist der Augenblick, wo man den Gott zu begreifen beginnt, der die Sündflut machte, eine saubere Lösung für eine reine Welt. Wer sie sich vorsetzt, wird nicht aufhören können mit dem Ausfegen, dem Umkehren, im Grunde mit dem immer weiter fortschreitenden Zerstören.

Ein modernes Bühnenstück hat einmal versucht, einen Mann und eine Frau über die Greuel der menschlichen Geschichte ins Gespräch zu bringen.

»Man hätte«, sagt der Mann wütend, »doch die Kerle einfach ausrotten, eine neue Sündflut verhängen sollen. Die, die KZs bauten, die die Kriege vom Zaun brachen, über all diese Wüstlinge, Mörder, gehorsamen Idioten hätte man es regnen lassen sollen, bis daß sie einfach weggeschwommen wären.«

»Und wen sollte man dann leben lassen?« fragt die Frau.

»Nun ja, leben lassen sollte man die Musiker, die Künstler, die Dichter, die guten Menschen eben.«

»Aber weißt du«, fragt die Frau, »daß die Leute, die die KZs leiteten, abends Beethoven hörten und Geige spielten? Es waren keine anderen, es waren dieselben Menschen.«

Bei allem Entsetzen über die Welt gibt es keine reine Lösung. Deshalb, so meint dieser Text der Bibel, müssen wir begreifen, daß Gott anders ist als nur ein gestrenger Richter. Unser Leben könnte noch einmal beginnen, wenn es sich in Gott verwurzelt und wenn wir denken dürfen, Gott wird uns aushalten durch alle Zeiten unseres Lebens und der menschlichen Geschichte. Daß es uns gibt und geben darf, zeigt, daß Gott unser Verbündeter ist.

Offensichtlich hat Gott seit dem Tag der Sündflut darauf verzichtet, eine reine Welt und eine reine Menschheit vor Augen zu haben. Aber dafür möchte er, daß wir ihn begreifen in den tieferen Haltungen der Geduld, des Verstehens und der Güte. Es ist, daß Gott einen Bund schließt mit uns und aller Kreatur, und es ist der Moment, in dem die ganze Schöpfung wie zusammengefaßt scheint. Nur an dieser Stelle der mehr als 1400 Bibelseiten erscheint einmal sogar die Kluft zwischen Mensch und Tier für einen Moment wie aufgehoben. Nicht nur uns selber, auch all unsere Mitgeschöpfe ringsum sollten wir sehen dürfen als Verbündete Gottes und Gott selber als den Verbündeten von allem, was er geschaffen hat.

Gewiß bezieht sich das auf den Umgang mit uns selber; es bedeutet, daß wir endgültig keinen Grund mehr haben, das sogenannte Tierische in uns Menschen abzutöten, auszurotten und niederzukämpfen. Vielleicht war es nicht richtig, die Jahrmillionen der Evolution, in denen die Menschen sich aus dem Tierreich entwickelt haben, einfach zu verdrängen und zu vergessen, denn die Menschwerdung geht in dem Herzen eines jeden Menschen weiter. Ein jeder braucht Geduld, Verständnis und Güte, um von Tag zu Tag menschlicher und Gott näher zu werden. Niemand hat Grund, die warme und gütige Kraft der Schöpfung, aus der wir hervorgegangen sind, zu verleugnen.

Und das andere gilt genauso: Wir haben weder Grund noch Berechtigung, uns über unsere Mitgeschöpfe aufzuwerfen zu Zwingherren und Ausbeutern.

Da dies die einzige Stelle der Bibel ist, die Mensch und Tier unter den Händen Gottes für Verbündete erklärt, liegt mir daran, etwas zu tun, zu dem sonst nirgendwann Gelegenheit gegeben wird. Es hat in früheren Jahren die Kirche am Beginn der Fastenzeit stets gemahnt, die Speise einzuschränken, insbesondere die Fleischnahrung. Lange Details wurden an diesem Sonntag verlesen, welche Art von Fleisch wann und wie zur Reinigung des Menschen erlaubt ist. Ich denke, es besteht Anlaß, einmal darüber nachzudenken, wie wir mit unseren Mitgeschöpfen leben, und ich glaube, daß da ein Punkt ist, den das Christentum fast stets verschwiegen hat, in dem aber Motive enthalten sind, die eine gute Begründung einer gewissen Form nicht so sehr von Fastenzeit, aber von wohlwollenderem Umgang mit der Kreatur ringsum geben könnten. Ich denke, es wird niemanden unter uns geben, der nicht seit Kindertagen gerührt ist von irgendeinem seiner Haustiere, der Katze in ihrer Geschmeidigkeit, dem Hund in seiner Treue und Wachsamkeit, dem Hahn in seinem Stolz, dem Kanarienvogel in seinem Gesang. Kurz, wir alle lieben die Tiere selbstverständlich. Aber wir sind dieselben Leute, die wenig dabei finden, daß Millionen Tiere für den Speisetisch gequält werden, auf grausame Weise, mit System, technisch als Teil der Nahrungsmittelproduktion, man muß schon sagen: hergestellt, verarbeitet und anschließend angeliefert werden, appetitlich frisch. Uns ist das ganz normal geworden, und wir haben nie gelernt, darin ein Problem zu sehen. Es existiert aber ein ganz großes Problem darin. Die Tiere sind Verbündete Gottes, und sie verdienen nicht, daß man so mit ihnen umgeht.

Sie können sagen: »Welcher Unsinn; wenn wir einen Hund halten, frißt er Fleisch; wieso sollen wir Menschen das nicht dürfen?« – Ebendeshalb, weil wir Menschen sind und keine Hunde. Wir können nachdenken, was das Tier nicht kann. Wir sind nicht nur ein Teil der Nahrungskette, Gott sei Dank, also daß wir imstande sind, menschlicher mit den Tieren umzugehen, und ich finde, das sollten wir. Aus menschlichen Gründen zum ersten. Jedes Kilogramm Fleisch kostet sieben Kilogramm Nahrungsmittel, zum größten Teil hergestellt in den Ländern der Dritten Welt. Wir importieren diese Nahrungsmittel nur für den Gaumen. Es ist schwer, Nahrungsgewohnheiten zu ändern, aber es besteht oft viel Grund, lange Irrtümer der Gewohnheit aufzugeben. – Der andere Grund ist einfach der des Mitleids. Tiere leben zu lassen ist schöner, als sie zu töten, und vielleicht hat George Bernard Shaw, der englische Schriftsteller, ganz recht, wenn er sagte: Die Zeit wird kommen und hoffentlich bald, wo man das Essen von Tieren als genauso roh empfindet wie das Essen von Menschen. Dann wird man das Christentum fragen, warum es das nicht eher gesagt hat, warum es den Bund Gottes mit Noach und aller Kreatur nicht einmal so ausgelegt hat, daß gilt: die Pflanzen, die Tiere, die Vögel, alles Vieh ist zu betrachten als Bündnispartner Gottes. Und wir selber auf der Seite Gottes sollten gütig sein mit all den Geschöpfen.

Es gibt den so wunderbaren Psalm 104, in dem der Beter sagen kann: Gott hat die Schlange im Meer geschaffen, einfach, damit sie ihre Freude daran haben kann. Und dasselbe wird man von allen Tieren dieser Welt sagen können. Ich mag nicht glauben, daß Gott sich freut, wenn wir, reinweg für uns, ganz unnötig, immer wieder wie selbstverständlich Tiere quälen. Wir sind dadurch nicht bessere Menschen. Wir werden damit nur abgestumpfter, gedankenloser und in gewissem Sinn brutaler. Jedes Kind wäre entsetzt, zu sehen, was wir Erwachsene für selbstverständlich halten. Und was hindert uns, aufzuhören damit, Erwachsene zu sein? Die Güte Gottes ist universell, und ein wenig können wir sie leben. Was früher die Kirche als Ausnahme zur Selbstvervollkommnung lehrte, könnte dann ein Ausdruck geläuterter Beziehung zu uns selber und zu aller Kreatur ringsum sein. Was Gott über alle Geschichte verheißt, gilt dann. Es mag sein, daß in unserem eigenen Herzen sich oft Angst und Traurigkeit wie ein Gewölk am Himmel zusammenballen. Wir aber werden aufschauen und mitten in der Dunkelheit das Licht Gottes sehen dürfen, wie es sich bricht in der Vielfalt der Farben als Regenbogen der Hoffnung. Niemals wird auf Erden mehr die Zerstörung das letzte Wort haben, die Grausamkeit, die Gerechtigkeit, die Aburteilung. Aber wachsen dürfen wir gemeinsam in der Güte Gottes.

Zum ersten Fastensonntag

Denn es ist wie bei einem Menschen, der außer Landes gehen wollte, seine Knechte rief und ihnen sein Hab und Gut übergab. Dem einen gab er fünf Talente, dem anderen zwei, einem dritten eins: jedem nach seiner Tüchtigkeit. Und er ging außer Landes. Sogleich machte sich der Empfänger der fünf Talente auf, wirkte damit und gewann fünf dazu. Ebenso gewann der mit den zweien zwei dazu. Der Empfänger des einen aber ging, grub die Erde auf und versteckte das Geld seines Herrn. Nach langer Zeit kommt der Herr jener Knechte und hält Abrechnung mit ihnen. Da trat der Empfänger der fünf Talente heran, brachte weitere fünf Talente und sagte: Herr, fünf Talente hast du mir übergeben – sieh her: Weitere fünf Talente gewann ich dazu. Sprach sein Herr zu ihm: Recht so, du guter und treuer Knecht! Über wenig warst du treu, über vieles will ich dich setzen. Komm herein zum Freudenfest deines Herrn. Da trat auch der mit den zwei Talenten heran und sprach: Herr, zwei Talente hast du mir übergeben – sieh her: Weitere zwei Talente gewann ich dazu. Sprach sein Herr zu ihm: Recht so, du guter und treuer Knecht! Über wenig warst du treu, über vieles will ich dich setzen. Komm herein zum Freudenfest deines Herrn. Da trat auch der Empfänger des einen Talents heran und sprach: Herr, ich habe dich kennengelernt: Du bist ein harter Mensch. Du erntest, wo du nicht gesät, und sammelst, wo du nicht ausgestreut hast. Also beschlich mich Furcht; ich ging und versteckte dein Talent in der Erde. Sieh her, da hast du das Deine. Sein Herr aber hob an und sprach zu ihm: Du böser und säumiger Knecht! Du wußtest, daß ich ernte, wo ich nicht gesät und sammle, wo ich nicht ausgestreut habe. Du mußtest also mein Geld bei den Bankleuten anlegen und – heimgekehrt – hätte ich das Meine samt Zinsen geholt. Nehmt ihm also das Talent weg und gebt es dem, der die zehn Talente hat. Denn: Jedem der hat – dem wird gegeben, ja überreich geschenkt. Wer aber nicht hat, dem wird auch das, was er hat, genommen. Und den nichtsnutzigen Knecht werft hinaus in die äußerste Finsternis! Dort wird sein: das Heulen und Knirschen der Zähne.

MT 25,14–30

Mit der Regelmäßigkeit, mit welcher sich die Erde um die Sonne dreht, wird am Beginn einer jeden Fastenzeit von seiten der Kirche zum Empfang des Bußsakramentes gemahnt und Klage darüber geführt, daß so viele, im Grunde sogar immer mehr, von diesem wichtigen Gnadenangebot Gottes nicht den nötigen Gebrauch machten. Tatsächlich ist die Einrichtung der Beichte in gewisser Weise gütig und groß. Es ist von unbestreitbarem Nutzen, mindestens in gewissen Zeitabständen mit sich selber ins Gericht zu gehen und zu schauen, wohin man gekommen ist. Es ist ein wichtiger Vorteil, im Namen Gottes zugesichert zu erhalten, daß es letztlich nichts gebe, was uns endgültig von seiner Vergebung und seiner Gnade trennen könnte, wir brauchten, bei einem bißchen guten Willen, niemals in endgültige Angst, Verzweiflung und Verlorenheit zu fallen. Warum aber dann die eigentümliche Scheu so vieler, in den Beichtstuhl zu gehen und das Sakrament des Bußgerichtes über sich ergehen zu lassen?

Viele von Ihnen werden seit Kindertagen mit der Beichte mehr oder minder gut zurechtgekommen sein. Für sie ist all das, was ich jetzt sagen möchte, unnötig und in gewissem Sinne vielleicht auch nicht nützlich. Es gibt aber andere, und sogar eine wachsende Mehrheit, die sich seit den Tagen der Kindheit mit dem Beichten schwertun, es womöglich seit langem schon gelassen haben und auch nicht mehr durchsetzen wollen, daß ihre Kinder jenseits des vierzehnten Lebensjahrs zum Bußsakrament angehalten werden. Zu ihnen möchte ich besonders sprechen, weil ich glaube, daß das Unbehagen an einem wichtigen Sakrament der Kirche etwas Wahres in sich enthalten muß, das verdient, gewürdigt zu werden. Möglicherweise verrät sich darin ein Anspruch, dem die Kirche seit Jahrzehnten eher ausweicht, als daß sie ihm genügen würde. Sie beklagt sich, daß in Augenblicken der Krise viele eher zum Psychologen ins Behandlungszimmer als zum Priester in den Beichtstuhl gingen. Aber wenn es denn im Erlebnis so vieler das einfache Faktum ist, daß man sich, und sei es für hundert Mark, wenigstens für eine Stunde im Behandlungszimmer des Psychologen Verständnis erkaufen kann, was für ein Rückschluß muß dann in Richtung auf die Beichte gezogen werden?

Es sind, wenn wir genauer hinschauen, mindestens drei Punkte, die wir im Raum der katholischen Kirche, ob wir wollen oder nicht, heute von der Psychologie lernen müssen.

Im *ersten* Punkt handelt es sich um etwas, was wir seit zweitausend Jahren schon von Jesus nicht bloß hätten lernen können, sondern dringend übernehmen müssen und was wir sogar in der Glaubenslehre zum Thema Beichte deutlich aussprechen. Es heißt, daß niemand das Sakrament der Buße empfangen könne, der nicht selber wiedergeboren sei aus der Gnade der Taufe und ein neues Leben empfangen habe durch die Wiedergeburt in Christus. Nehmen wir das einmal beim Wort. Dann bedeutet es, daß selbst die scheinbar so einfachen Dinge, wie Wahrhaftigkeit zu üben, eine ehrliche Erforschung unseres Lebenszustandes einzuleiten, uns nicht möglich sind, es sei denn, wir hätten gelernt, auf Leben und Tod Vertrauen darein zu setzen, daß uns Vergebung werde; und das ist keine Kleinigkeit. Wir sind von Grund auf dazu erzogen worden, daß wir uns in Übereinstimmung mit bestimmten Gesetzen und Normen akzeptiert fühlen können und dürfen. Weichen wir aber davon ab, dann müssen wir Strafe fürchten. Kirchlich soll es sogar eine klare Unterscheidung zwischen läßlichen und schweren Sünden geben: solchen, die wir mit einigem guten Bemühen Gott nur zu sagen brauchen, und er wird sie uns verzeihen, und anderen, die uns in die Hölle bringen werden, wenn wir nicht durch die Hand des amtlich dazu beauftragten Priesters die Lossprechung erlangen.

Mit diesen Lehren im Hinterkopf zensieren wir uns quer durch das Leben, bis in die Nächte hinein, und wir sind geprägt von Angst, tragen deshalb Masken im Umgang mit den anderen, aber auch mit uns selber. Wir wagen nicht, genau zu sehen, verschleiern die Hintergründe unseres Lebens beinahe mit Gewissenhaftigkeit und erreichen uns selbst nicht – bei allem guten Willen. Das aber ist es, was wir heute von der Psychologie lernen können: daß es Jahre dauern kann, in denen nicht zensiert wird, ehe Menschen fähig werden, ein Stückchen mehr Wahrheit von sich zu begreifen. Und das ist es im Grunde, was Jesus wollte. Ihm standen die hundertsten Schafe außerordentlich nahe, Menschen, die von der Gesellschaft geächtet wurden als Huren, Diebe, Zöllner, solche Menschen, die überhaupt keine Masken mehr tragen konnten, weil ihr Leben so an den Rand geraten und derart zusammengebrochen war, daß es ihnen gar nichts mehr nützte, sich etwas vorzumachen. Jenseits einer gewissen Schamschranke hört das demonstrative Heuchelnmüssen auf. Es versiegt einfach die Energie, die nötig ist, um Dauerlügen aufrechtzuerhalten. Eben von diesen Menschen meinte Jesus, daß sie, schon weil's gar nicht anders ging, sehr gut begreifen würden, wie wir von Grund auf des Erbarmens Gottes bedürfen. Diese Menschen waren ihm wie verwandt, in ihrer Nähe fühlte er sich wohl, mehr als bei den neunundneunzig anderen, von denen er sagte, sie bedürften doch der Umkehr gar nicht wirklich. Was ist es nur, wenn heute fast neunzig Prozent unserer Bevölkerung keinen Schritt mehr zum Sakrament der Buße tun? Kann es nicht sein, daß sie einfach das Vertrauen verloren haben, in der Kirche sei solch ein Raum auch nur zu vermuten, in dem Vergebung ohne Verurteilung, Anklage, Dirigiertwerden, Abgeurteiltwerden möglich wäre? Einen solchen Raum aber wollte Jesus. Er verlangte schließlich von der Synagoge seiner Zeit auf Leben und Tod, daß sie die Tempelwände öffnete für diese Gruppe der Verlorenen. Er wollte, daß wir von Gott gütig, angstfrei und voller Vertrauen sprächen, denn nur das könne unser Leben wirklich ändern.

Machen wir damit Ernst, so können, ja müssen wir zum *zweiten* lernen, daß es viel wichtiger ist, die Motive von Menschen zu beachten, als das, was Menschen tun, mit fixen Maßstäben zu messen. Die katholische Kirche ist darin groß gewesen, den Unterschied zwischen den läßlichen und den tödlichen Sünden in einem einzigen Bereich relevant zu machen. Die Zeiten sind nicht lange her, in denen auf Zentimeter genau festgesetzt wurde, wann die Todsünde begann, wenn man irgendeinen Film im Kino betrachtete oder wenn ein Sechzehnjähriger mit einem fünfzehnjährigen Mädchen auf der Parkbank saß. Dieses so genaue Wissen, wann Menschen in die Hölle kommen, hat die Kirche schuldig gemacht vor der Poesie, der Sensibilität, dem Feingefühl und der Ehrlichkeit ganzer Generationen, die in ihr aufwuchsen, so daß es Jahrzehnte und vielleicht Jahrhunderte dauern wird, eh' die Schuld abgetragen ist. Es hat Menschen statt mit Vertrauen mit Angst vor sich selber, mit Haß auf sich selber, mit dem fehlenden Wagemut gegenüber dem Leben erfüllt, immer im Namen Gottes, der sieht, wo kein Mensch mehr sieht. Für die Generation, die heute heranwächst, ist die Macht, solche Schuldgefühle zu erzeugen, weitgehend geschwunden und, siehe da, im gleichen Umgang auch das Interesse an der Beichte. So eng hängen die Dinge offenbar zusammen. Aber dieselben Menschen haben ein sehr feines Gespür dafür, was stimmt und was nicht stimmt. Wie man miteinander so redet, daß es fair ist und dem anderen eine Chance gibt, einen Konflikt offenzuhalten, lernt man heute in der Schule womöglich eher als bestimmte starre Normen. Wie man vom Grundgefühl her miteinander so spricht, daß es dem anderen erlaubt, auch seine Meinung einzubringen, ist etwas, was wir unter dem Stichwort »Demokratie« inzwischen als Lebensform zur Voraussetzung des Miteinanders erklärt haben. Was in Menschen vorgeht, was sie mit dem, was sie sagen, wollen, welche Gefühle sie leiten, ist ungemein viel wichtiger als das, was konkret geschieht. Es ist der Ton, der die Musik macht, das weiß man. So daß denn alle Fragen des Lebens sehr viel komplizierter werden. Es ist nicht einfach möglich, von außen her zu sehen, was gut oder richtig ist. Alle Dinge werden schwebend, dialektisch möglicherweise, außerordentlich kompliziert, so wie das ganze Menschenleben. Aber so war Jesus von Nazaret. Wenn wir Theologen auch immer noch die Nase rümpfen vor den Psychologen – an Jesus müssen wir uns wohl messen. An einem Nachmittag, als er bei lauter guten und vornehmen Leuten aus den Pharisäerkreisen eingeladen war, wagte es eine Dirne, zu ihm, dem Mann Gottes, zu kommen. Auf die Idee sollte heute einmal eine kommen! Sie also kam zu ihm, warf sich weinend vor ihm nieder, und alle dachten: »Wann gibt er ihr den Tritt, der nötig ist, um Anstand und Würde zu wahren und um zu zeigen, was einen Gottesmann beschmutzt und wie man Dreck beseitigt?« Jesus aber erkannte in der Gestalt einer Unglücklichen nicht die Sünde, sondern die grenzenlose Sehnsucht nach Liebe und sicherte ihr zu, daß Gott ihr vergeben habe, wo die Menschen die Mäuler breitzogen. So ändert sich die Welt, wenn wir aufs Herz der Menschen, nicht auf ihre Hände schauen. Und von Jesus selber sagt das Johannesevangelium: Er wußte, was *im* Menschen ist.

Wir können noch ein *drittes* lernen und müssen es wohl auch: daß nämlich im menschlichen Leben Dinge zu bestimmten Zeitpunkten richtig sein können, die zu anderen Zeitpunkten falsch werden. Der sogenannte Beichtspiegel, nach dem wir erzogen wurden, enthält eine Reihe von Vorschriften, die grotesk würden, wenn man sie auch schon bei Zwölf- und Fünfzehnjährigen anwenden wollte. Und umgekehrt: ob man genascht hat, ungehorsam war, Widerworte gegeben hat – das alles hat einen begrenzten Sinn, solange wir Kinder sind. Solange wir nicht fähig sind zu eigener Einsicht, ist Gehorsam von Vorteil. Aber sobald wir selber denken können, kann gehorsam zu sein ein Laster werden. Nicht zu naschen ist so lange eine vernünftige Bestimmung, wie wir als Kinder gar nicht wissen können, wo das Gift steht und wo die Süßigkeiten. Aber wenn es darum geht, daß wir im Leben ein Recht haben, zu beanspruchen, was wir brauchen, wird nicht zu naschen eine Gehemmtheit, die sich gegen das Leben verselbständigt. Und so in allen Punkten.

Viel schwieriger ist folgendes: Es kann Dinge geben, die nach dem Gesetz der Moral unzweideutig falsch sind. Und dennoch gibt es Menschen, die sie begehen und sie zu diesem Zeitpunkt gar nicht bereuen *können;* so sehr gehört es zu ihnen und so nötig scheint es, so zu handeln, wie sie es taten. Von der Psychologie könnten wir lernen, daß Menschen in Versuch und Irrtum das bißchen Wahrheit finden müssen, das für ihr Leben vorgesehen ist, daß es sogar sein kann, daß man vieles, was zu früh verboten wurde, später nachlernen muß. Liegt nicht auch darin eine furchtbare Schuld, die wir in der Kirche auf uns geladen haben, daß wir in den wichtigsten Bereichen des menschlichen Lebens sozusagen vollendete Menschen erwarteten? Vor allem der Umgang mit der Liebe, dem Schönsten und Kostbarsten, sollte immer schon gekonnt sein. Vor der Ehe nur die Sünde, in der Ehe nur die Pflicht, außerhalb der Ehe wieder nur die Sünde – so klar und eindeutig. Wann aber lernt man die Liebe und das Träumen unter soviel Druck? Und wie bringen Menschen es fertig, plötzlich von Sünde zu Pflicht überzugehen, ohne mit Haß und Zorn auf sich selbst oder am Ende sogar auf den Menschen erfüllt zu werden, der an ihrer Seite lebt?

Es gibt so viele Probleme, die wir auch nur auszusprechen, geschweige zuzugeben uns nie getraut haben. Und sie verschlimmern sich, wenn wir sie moralisch weiter abriegeln. Eine der wohl wichtigsten Anweisungen Jesu in der Bergpredigt lautet: Wenn jemand dich nötigt, eine Meile Wegs mit ihm zu gehen, geh mit ihm zwei. Er wollte offenbar sagen: Was Menschen brauchen, ist Begleitung durch dick und dünn, egal wohin es führt. Es kommt drauf an, an der Seite des anderen zu stehen, wenn er Angst hat; es kommt nicht darauf an, in sein Leben hineinzupfuschen und immer schon zu wissen, was da in Ordnung gebracht werden muß. Das weiß der andere selber.

Wir irren uns häufig. Aber von Gott her gesehen sollten wir glauben dürfen, daß uns nicht nur Vergebung wird für das, was wir falsch machen, sondern daß wir sogar ein Recht haben zu irren, wenn wir's gut meinen. Am Ende gibt es womöglich eine so klare und allgemeingültige Ordnung nach Gut und Böse, Tugend und Laster gar nicht, wohl aber die Stimme eines verschwebenden Schweigens in unserem Herzen. Ein Gefühl für das, was menschlich ist, haben wir fast immer, und sogar ein Stück Mitgefühl für alles, was lebendig ist auf Erden. Letztlich gibt es vor Gott nur eine Sünde, wie in dem Gleichnis von den Talenten: daß wir aus lauter Angst, vielleicht sogar vor Gott selbst, alles vergraben und unser Leben überhaupt nicht riskieren. Das wäre doch nicht der Gott Jesu Christi, und es dürfte nie sein der Gott, an den wir in seiner Kirche glauben.

Jesus aber, voll heiligen Geistes, kehrte vom Jordan zurück und wurde – durch den Geist in die Ödnis gebracht – für vierzig Tage vom Teufel versucht. Und er aß nichts in jenen Tagen. Und als sie vollendet waren, wurde er hungrig. Sprach der Teufel zu ihm: Wenn du Gottes Sohn bist, so sprich zu diesem Stein, daß er Brot werde. Aber Jesus antwortete ihm: Es ist geschrieben: Nicht von Brot allein lebt der Mensch. Und er brachte ihn hinauf, zeigte ihm alle Königtümer der bewohnten Welt in einem Augenblick. Und der Teufel sprach zu ihm: Dir gebe ich all diese Vollmacht und ihre Herrlichkeit; denn mir ist sie übergeben. Und wem ich will, gebe ich sie. Wenn du dich nun vor mir tief verneigst, gehört dir alles. Da hob Jesus an und sprach zu ihm: Es ist geschrieben:

Tief verneigen sollst du dich vor dem Herrn, deinem Gott, und ihm allein den Dienst tun.

Er brachte ihn nach Jerusalem, stellte ihn auf die Zinne des Heiligtums und sprach zu ihm: Wenn du Gottes Sohn bist, so stürze dich da hinab! Denn es ist geschrieben:

*Seinen Engeln gibt er Weisung deinethalben,
dich zu behüten.*

*Und: Auf Händen tragen sie dich,
damit du mit deinem Fuß nicht stößt an einen Stein.*

Da hob Jesus an und sprach zu ihm: Es ist gesagt: Versuche nicht den Herrn, deinen Gott! Und als alle Versuchung vollendet war, wich der Teufel von ihm – bis zur Zeit. LK 4,1–13

Was ein Mensch unter Versuchung versteht, wird zutiefst abhängen von den Erfahrungen seiner äußersten Gefährdungen und inneren Bedrohtheiten.

Anläßlich von Martin Scorseses Film »Die letzte Versuchung« wurde seinerzeit heftig darüber diskutiert, ob Jesus angesichts seines Todes versuchbar gewesen sei, ein irdisches Glück an der Seite Maria Magdalenas zu suchen und auf dieser Erde häuslich zu werden. Die bloße Möglichkeit, angedeutet in ein paar Spielszenen, führte zum moralischen Verbot dieses Films. Es tauchte die Möglichkeit eines Jesus auf, der glauben mochte, das Reich Gottes werde beginnen, wenn das menschliche Herz und die Erde eins seien. In Wahrheit bekam man Angst, daß ein Tabu zerrissen, eine Trennwand durchlässig werden könnte. Offensichtlich liegt die große Versuchbarkeit unseres religiösen katholischen Bewußtseins darin, daß die Aufspaltung, aus der wir gefühlsmäßig große Kraft beziehen, nämlich die zwischen dem Heiligen und dem Sündhaften, zwischen dem reinen Gottesmann und der Dirne, so nicht Bestand hätte. Es kommt einer Explosion gleich, wenn diese Kontraste aneinanderrücken und zur kritischen Masse werden. Aber haben wir eigentlich Grund, mit Bezug auf Jesus von Nazaret die Liebe zu fürchten und die Häuslichkeit der Erde mit Füßen zu treten? Ist es das, was Jesus wirklich wollte, wovor wir jedoch, die wir uns Christen nennen, fluchtartig Reißaus nehmen müssen: daß dieses kleine irdische Leben ohne Aufspaltungen, ohne Angst in den Händen Gottes ruht? Wie neurotisch brauchen wir eigentlich das Christentum, um uns vor dem wahren Jesus zu schützen, und wie absurd müssen wir mit moralischen Formeln unsere Ängste einschnüren, immer noch glaubend, so hätte Jesus das gewollt?

Wovon Lukas erzählt, ist etwas ganz anderes. Es ist nicht die Versuchung eines Mannes, der mit sich selber nicht zurechtkommt und an den eigenen Seelenwidersprüchen so leidet, daß ihm ganze Teile seiner Seele zum Teuflischen geraten. Was dieses Evangelium Jesus zutraut, ist vielmehr eine Versuchung, die ihn überkommt angesichts dieser Welt. Gewiß macht die Erzählung in äußeren Bildern die Dinge einfacher, als sie in Wahrheit sind. Es ist uns, wenn wir die Geschichte hören, auf der Stelle klar, wer hier redet: der Teufel. In dem Augenblick aber, da der Satan zu Jesus redet, spricht er die Worte Gottes und führt die Gebetstexte Israels im Munde und gibt sich schriftenkundig. Mit anderen Worten: das, was Jesus als Versuchung erlebt, ist nicht etwas Äußeres, sondern ein Spiel mit Möglichkeiten, die grade aus dem Befehl Gottes, aus dem Religiösen selber stammen, und es geht nur darum, wie man es versteht.

Richtig mag sein, aber äußerlich vorgestellt bleibt, daß Jesus vom eigenen Hunger zur Verwandlung des Steins in Brot gedrängt wird. Gewiß muß er am eigenen Leibe alle Menschennot erlebt haben, aber worum es hierbei geht, ist nicht, sich einmal richtig satt zu essen. Was für eine Versuchung soll das sein, die sich ein für allemal erledigt, indem man für den Augenblick darauf eingeht? Ein ganzes Prinzip zu leben steht hier zur Debatte oder vielmehr ein ganzes Programm zur Erlösung der Welt, denn um nichts Geringeres handelt es sich. Noch ehe Jesus in die Öffentlichkeit tritt und ein einziges Wort zu den

Menschen redet, muß er selber wissen, auf was hin er die Menschen ansprechen will, welche Not sie am tiefsten berührt. Und da muß man nur die Augen öffnen, um das maßlose und schreiende Elend so deutlich zu sehen und zu hören, daß die erste Frage nicht nur lauten wird: Wie kann Gott dies zulassen, sondern: Wie kann man im Namen Gottes etwas dagegen tun? Ist nicht dies die erste und grundlegende Tatsache des menschlichen Daseins, daß wir Kreaturen sind, die Hunger haben? Alle Biologie wird uns dahin bestimmen, daß Leben als erstes nichts weiter ist als Stoffwechsel. Es genügt, ein paar Tage lang die richtige Zusammensetzung von Nahrungsmitteln nicht zu bekommen, und es sind alle Gedanken und alle guten Vorsätze aus unserem Gehirn wie abgesogen. Es ist nicht möglich, von Gott oder von erhabenen Idealen zu reden zu Menschen, in deren Eingeweiden der Schmerz des Hungers wütet. Es ist die erste Forderung des Mitleids, anzutreten gegen die Menschenerniedrigung durch die Auszehrung der Kräfte und durch das Unrecht des Leids. Das ganze 19. und 20. Jahrhundert versteht diese Versuchung in der Wüste so deutlich, wie man zu den Tagen Jesu vielleicht noch gar nicht sehen konnte. Angesichts des wachsenden Elends und der Hungerkatastrophe unvorstellbaren Ausmaßes nötigt sich die Religion heute selber, als erstes von nichts anderem zu reden als von dem menschlichen Leid und dem Mitleid, das Gott will.

Nur: besteht ein Mensch – wesentlich – daraus, daß man ihn mit Nahrung befriedigt? Kommen wir jemals dazu, Menschen wirklich zu helfen, wenn wir dabei stehenbleiben? Das Paradox ist, daß wir den Menschen größer sehen müssen als seine Not, wenn wir überhaupt eine Grundlage finden wollen, um aus dem Durstkreis der Egoismen herauszukommen. Wenn die Formel stimmt, daß Menschen von den Lebensmitteln leben und von nichts weiter, wird der Kampf um die Ressourcen nicht aufhören, und es wird die Weite unseres Horizonts nicht bis dahin wachsen, daß sie jemals alle Menschen umspannt. Man muß den Menschen größer sehen, um ihn in seinen Erniedrigungen aufrichten zu können. Der Mensch lebt nicht vom Brot allein. Oft klammern wir uns an die äußeren Dinge als Ersatz für das, was wir wirklich brauchen. Oft benötigen wir um so mehr an Nahrung, Kleidung, Geld und Auskommen, je mehr wir innerlich hohl sind. Womöglich entdecken wir die Armut des Hungers am tiefsten, wenn äußerlich scheinbar alles in Ordnung ist, und spüren die Armut der Seele eines Tages noch viel schärfer als die des Körpers. Man muß den Hunger des Menschen befriedigen in seiner unendlichen Sehnsucht. Für sie ist der Magen, bei allem Eigenwert, fast nur ein Symbol.

Man braucht die Bibel an dieser Stelle nur zu zitieren, und sie wird ein zweites Mal widersprüchlich und dialektisch. Wenn es denn möglich ist, zu ahnen, welche Größe Menschen besitzen können, stellt sich sofort die Frage, wie man mit ihnen umgeht. Läßt man die menschliche Geschichte einmal Revue passieren, so ist sie eine solche »Schädelstätte« der Gegensätze, der Widersprüche, der Vergewaltigungen und der blutigen Auseinandersetzungen, daß es zur dringenden Frage wird, wie man auf dieser Erde Frieden und Gerechtigkeit einzurichten vermag. Die Versuchung zur Macht in den Händen Jesu ist gewiß nicht so zu sehen, als hätte auch er einfach nach den Kronen und Krummstäben greifen wollen, um sich persönlich wichtigzumachen. Aber schaut man sich die Welt an, gibt es dann nicht, wenn nur auch Kraft in einem selber wohnt, förmlich die Pflicht, Macht zu erobern, um sie endlich *zugunsten* der Menschen zu verwalten, statt immer nur gegen sie? Muß man nicht dafür Sorge tragen, daß irgendwann einmal die *richtigen* Leute an die wichtigen Stellen kommen und nicht immer nur die machtbesessene Arroganz und Ignoranz mit breiten Füßen über Leichen geht und Menschen niedertritt? Die Versuchung der Macht wird sich für Jesus jeden Tag neu ergeben haben, wenn er mitansehen mußte, in welch barbarischer Weise die Militärmaschine Roms in der Provinz Judäa sich austobte, wieviel Elend sie den Landarbeitern zumutete, wie sie ihre eigenen Funktionäre einsetzte, um den Menschen das Geld aus der Tasche zu ziehen, und wie sie selber sich aufblies, als wäre sie wie Gott. Mußte nicht die heilige Empörung selber, alles Wissen Israels um das, was Gott sein könnte, dagegen gewaltsam aufstehen?

Es ist eine ungeheure Szene, daß Jesus lernt, von hohem Berge aus die Welt betrachtend, daß es nicht möglich ist, Macht auszuüben, ohne dem Teufel zu dienen. Ich sehe nicht, wie irgendeine politische Theologie daran sich vorbeireden könnte. Daß wir den Menschen dienen, wenn wir uns politisch engagieren – außer Frage; daß wir die Pflicht dazu haben, mit dem Besen aufzuräumen, so weit unser Arm reicht – ohne Frage. Aber dies gilt im Prinzip: Man muß wissen, worauf man setzt, wenn es um die Erlösung von Menschen geht. Die gerechteste Verwaltung bringt den Menschen nur die Wiederkehr ihrer alten Probleme, denn sie lassen sich nicht verwalten wie Schafe, und die weiseste Ordnung tut ihnen Gewalt an, denn sie sind Menschen. Es ist nicht möglich, unter dem Druck und Zwinggriff von oben die Menschen ebenmäßig zu machen wie die Gräser auf der Wiese; sie wollen leben mit ihren Unterschieden. Mag sein, daß die Verwaltung nötig ist, um eine gewisse Grundlage der äußeren Ordnung zu setzen, aber alle Schwierigkeiten des Menschen beginnen dann noch einmal, vor allem die Angst seines Herzens. Also dreht sich von neuem die Spirale der Versuchung. Es gibt auf die tiefste Daseinsnot des Menschen keine Auskunft in der Biologie, keine in der Soziologie, keine auf der Ebene von Nahrung und keine auf der Ebene von Verwaltung.

Aber wie wäre es, wir könnten die Religion, das Sprechen von Gott so einrichten, daß kein Mensch mehr Angst auch nur spüren würde? Wünscht nicht jeder irgendwo, er könnte sich endlich und endgültig fallenlassen, und ist nicht das, was wir von Gott erhoffen, Ruhe zu finden und an jeder Stelle der Welt in seine offenen Arme sinken zu dürfen? Wir müßten eine Religion haben, die auf alle Fragen des Menschen antwortet und keine mehr offenläßt, die die furchtbaren Zweifel der Menschen beruhigt mit klaren, sicheren Auskünften. Sie müßte die ständige Unruhe des Menschen endlich stillstehen lassen, indem sie Gott für den Unwandelbaren, den ewig in sich Unveränderlichen erklärt, so daß alles vor tausend Jahren Gedachte auch noch in tausend Jahren Gültigkeit hat und daß Sicherheit die Menschen grade im Sprechen von Gott umfängt.

Es ist die Frage der Religion, die sich auf Jesus von Nazaret beruft, wie sie ihn versteht. Er wollte mit all dem, was er war und wirkte, nichts anderes tun, als uns Vertrauen lehren zu Gott. Aber die Art seines Vertrauens bestand darin, trockenen Fußes über das Wasser zu gehen und uns zu lehren, daß wir über den Abgrund hinwegschreiten können mit dem Blick auf das andere Ufer. Die Angst hört in diesem Bild ja nicht auf, es ist nicht, als wenn das Sausen des Windes nicht weiterhin hörbar wäre, es ist nicht, als wäre der Wogenschwall nicht weiterhin sichtbar, es ist nur, daß wir über den schmalen Horizont der Angst hinwegzuschreiten vermögen. Die teuflische Versuchung des Religiösen ist, aus diesem Willen des Jesus von Nazaret, uns Vertrauen zu lehren, etwas ganz anderes zu machen: ein System, das aus Gott etwas Gewisses, streng Erklärtes, ein für allemal Begriffenes macht. Wir bräuchten dann nicht mehr das Vertrauen zu Gott, wir bräuchten nur noch die Sicherheit der Erklärungen Gottes in dem Munde der bestellten Diener Gottes, und wir spürten den Abgrund nicht mehr, und wir wüßten über Gott alles, indem wir ihn vermieden. Wäre nicht wirklich den Menschen geholfen, Gott so in kleinen Kästchen unterzubringen, die jedem Unterschlupf geben?

Man hat die katholische Kirche im Anblick ihrer Inquisitionen und Glaubenskriege oft als machtlüstern, intolerant, fanatisch und grausam geziehen. Das alles mag sein, aber eine gewisse Art von Mitleid ist vielleicht die schlimmste Versuchung: angesichts des Hungers für den Menschen nichts weiter mehr zu wünschen, als daß er endlich Brot bekommt; und angesichts des schreienden Unrechts der Welt womöglich zum Schwert zu greifen und dazwischenzufahren, bis daß Blut genug geflossen ist, um endlich Frieden zu haben; und die Religion so zusammenzudrücken, daß sie ein kleines Häuschen bildet, in welchem jeder wohnen kann. So verkürzt man den Menschen, macht ihn zum Tier, zum Herdenvieh oder zum Kaninchen, zum Befehlsempfänger. In keinem Falle läßt man ihn als Menschen leben, und in keinem Falle dient man Gott, vielmehr dem Teufel. Manchmal denke ich, der Teufel ist nicht der Teufel, er ist eine Kraft aus so viel Mitleid am Leiden der Welt, daß wir die Größe der Herausforderung nicht mehr ertragen, die Welt, die wir kennen, diese schreckliche, freie, offene, sich entfaltende, in immer neuen Prozessen aus Verschlingungen sich neu gebärende, nicht aushalten. Dann beginnt aus Worten Gottes, dem Sprechen von Liebe, Erlösung, Vertrauen, etwas ganz anderes zu werden und richtet sich gegen den Menschen und gegen Gott. Dazwischen zu unterscheiden ist ungeheuer schwer. Es hört im übrigen nicht auf, es ist ein Kampf, der immer wiederkommt. Im Evangelium von heute scheint er abgeschlossen, aber Lukas deutet es schon an: der Teufel wird wiederkommen. Wir werden Jesus wiedertreffen im Abendmahlssaal mit seinen Jüngern bei der Feier der ersten Eucharistie, und es werden alle Fragen dieselben sein: nach Schwert und Speise und Religion. Das Leben Jesu ist fast zu Ende, alles, was zu sagen ist, wurde gesagt, aber war es genug? Und was machen wir als Kirche daraus? Dieselben Fragen durch die Jahrtausende werden uns begleiten, und immer werden wir über das Wasser gehen oder versinken, am tiefsten, wenn wir möchten, daß das Wasser Balken hätte.

Zum zweiten Fastensonntag

Der Herr sprach zu Abram: Zieh weg aus deinem Land, von deiner Verwandtschaft und aus deinem Vaterhaus in das Land, das ich dir zeigen werde. Ich werde dich zu einem großen Volk machen, dich segnen und deinen Namen groß machen. Ein Segen sollst du sein. Ich will segnen, die dich segnen, wer dich verwünscht, den will ich verfluchen. Durch dich sollen alle Geschlechter der Erde Segen erlangen. Da zog Abram weg, wie der Herr ihm gesagt hatte, und mit ihm ging auch Lot. Abram war fünfundsiebzig Jahre alt, als er aus Haran fortzog.

GEN 12,1–4

Mit der Erwählung Abrahams beginnt die Geschichte Israels, beginnt die Geschichte des Heils. Vor einem dunklen Vorhang erscheint zum erstenmal ein Schimmer von Hoffnung. Man sagt, Abraham sei von Gott berufen worden, wegzuziehen aus Ur in Chaldäa, um dem fremden Götzendienst zu entrinnen. Aber nicht davon spricht dieser Text. Man sagt, Abraham sei erwählt worden, ein großes Volk zu gründen. Das ist wahr, wenn man es nicht national-ideologisch falsch ausdeutet

Eigentümlich, daß Abraham, als Gott ihn beruft, gar nichts weiß von seiner Zukunft bis auf eines: groß wird er sein und ein Segen für alle. Diesen Kontrast kann man nur verstehen, wenn man dagegensetzt, was es ohne diese Erwählung heißen würde, Mensch zu sein.

Es ist inmitten der Menschengeschichte das erstemal, daß Gott sich wieder an uns wendet und jenseits des Fluches uns zurückrufen möchte in ein verlorenes Paradies, in einen Zustand, in dem wir selber uns als vor Gott berechtigt, angenommen und aufgenommen fühlen können. Die ganze Zeit zwischen Sündenfall und Berufung, unser ganzes normales menschliches Leben spielt sich ab im Kerker des Gefühls, ausgestoßen, verjagt zu sein, ja das eigene Leben verwünschen zu wollen. So sehr sind wir von den Empfindungen des Ekels an uns selber, des Hasses auf uns selber imprägniert, als ob wir uns kaum irgend etwas Gutes auf dieser Erde zutrauen könnten. Und es steht für uns förmlich fest, daß, wenn schon wir so über uns denken, auch jeder andere an unserer Seite Grund hat, so zu denken.

Wie finden wir Menschen zurück zu der Grundlage zu Vertrauen, die uns leben ließe? Unser Leben verrinnt in einem endlosen Konkurrenzkampf, einem ständigen wechselseitigen Sich-an-die-Wand-Stellen. So ist es kein Leben. Vom Brudermord Kains bis hin zum Turmbau ist ein jeder bestrebt, die Gunst Gottes zurückzugewinnen, immer nach der Devise: wenn du dich anstrengst, wenn du produktiv bist, wenn du gut bist, wenn du Erfolg hast und wenn du all das wieder opferst für irgendeinen grausamen Gott, vielleicht wird man dich dann mögen. Für deine Qual wird man dich mögen, für deine Bußleistung wird man dich mögen, für deine Selbstschinderei wird man dich mögen, vielleicht, wenn du dich aufreibst bis zum Es-geht-nicht-weiter, wird sich ein Gott erbarmen, aber neben dir steht schon dein Bruder, deine Schwester, und vielleicht steht sie besser da, und also ist sie eine tödliche Gefahr für dich.

Was bleibt uns dann, außer zu tun, was der Bibel nach alle Völker, alle Menschen auf ihre Weise versuchen: den Himmel zu stürmen, immer größer zu werden und die Erde unter den eigenen Füßen aufzuschichten, bis man dahin gelangt, selber ein Gott zu sein, Macht auszuüben, Einfluß sich zu sichern. Wenn dies heißt, in einer Welt von falschen Göttern, von menschenfeindlichen Götzen, in einem Terrain der Unmenschlichkeit zu leben, dann ist es richtig, daß Abraham fortziehen muß aus allem, was er bis dahin kannte, weil das Land, in dem er lebte, eine Stätte der Verwüstung seiner Seele war. Weg aus dem, was er seine Heimat nannte – denn sie war sein Gefängnis, sein Un-Zuhause – und weg aus seinem Vaterhause. Wenn Vaterhaus bedeutet, ständig sich zu ducken unter der Menschenfurcht, immer zu leben unter dem Portrait anderer Menschen, die dastehen, als ob sie mit einem umspringen könnten wie mit ewigen Kindern: dies muß man tun, das muß man lassen, hier habe ich zu sagen, hier bin ich der Herr, der Vater, der Scheingott, der Popanz – dann zieh du aus aus deinem Vaterhause, aus deiner Heimat, aus deinem Lande und zerbrich die Menschengötzerei, die Zwinggesetze der Menschenangst, beende den Spuk. Dies ist das erste.

Es ist in der langen Geschichte der Vorzeit das erste Mal, daß Gott wieder zu einem Menschen redet. Bis dahin redete nur Gott mit sich selber und die Menschen mit sich selber, und jeder Dialog erstarb in der Feindschaft aller gegen alle. Hier vernimmt zum erstenmal wieder ein Mensch, was Gott uns allen zu sagen hätte. Eine erste Ahnung von unserer wirklichen Größe erwacht. Eine erste Verheißung unserer wirklichen Berufung ergeht. Nichts hat Abraham in Händen, nichts kann er vorweisen. Ihm selber aber gilt sie, seiner Person. Es gibt an diesem Wendepunkt der menschlichen Geschichte nur eines, was Gott wirklich sagen möchte, dies aber mit allem Nachdruck, mit aller Stärke, die in einem Gotteswort liegt. Wenn wir in uns eine Stimme hören, von der wir sicher sein können, sie ist von Gott, ergibt sich wie mit Notwendigkeit, fast alternativlos, ein inneres Muß, abgezielt auf die Erweiterung unseres Daseins, angelegt auf die Bewahrung unserer Würde. Und dieses Wort an Abraham lautet: Du sollst ein Segen sein, oder, wie es im Hebräischen noch einfacher heißt: Du wirst ein Segen sein, oder gar – weil in dieser merkwürdigen Sprache Gottes Zukunft und Gegenwart gar nicht zu unterscheiden sind –: Du, Abraham, bist ein Segen.

Sähe man nicht tagaus, tagein immer wieder und allerorten, daß Menschen, sooft sie Gott im Munde führen mögen, viel stärker das Gefühl haben, sie belasteten die anderen nur, sie seien verwünscht in den Augen der anderen, ihre Nähe eine Zumutung, am besten wäre schon, sie wären gar nicht existent, dann würde man nicht verstehen, warum in diesem Wort eine ganze Welt sich ändert. So sind wir gemeint, und so dürfen wir von uns denken, ja, wir haben vor Gott die heilige Pflicht, unser Leben so zu begreifen: als einen Segen. Wir sollten die Möglichkeit wiedergewinnen, über unser Dasein froh zu werden und uns zu segnen dafür, daß es uns gibt. Einziehen sollte in unser Herz ein Gefühl der Dankbarkeit für unsere Existenz, und fühlen dürften wir, daß wir mit unserem Dasein andere bereichern, zu ihrem Glück beitragen, so daß Reichtum, Freude und Schönheit in das Leben eines anderen dringen.

Es gibt fortan nur noch eines, was Gott nicht will und wogegen er noch ein letztes Mal aufsteht, wie um zu drohen: Sollte es künftig jemand wagen, sich vor den anderen hinzustellen mit den Worten: »Ich verfluche dich«, so lädt er die Strafe der Verweigerung auf sich selber. Setzt er die Menschenangst, den Menschenhaß und die Verzweiflung fort, so ändert sich nichts, und das Paradies liegt unendlich weit entfernt.

Was hier in Abraham beginnt, aber soll die Grundlage aller Geschichte sein. So klein auch immer es hier anhebt, es soll die Welt verändern, denn Gott wird mit uns durch die Geschichte gehen.

Nach diesen Ereignissen stellte Gott Abraham auf die Probe. Er sprach zu ihm: Abraham! Er antwortete: Hier bin ich. Gott sprach: Nimm deinen Sohn, deinen einzigen, den du liebst, Isaak, geh in das Land Morija, und bring ihn dort auf einem der Berge, den ich dir nenne, als Brandopfer dar.

Frühmorgens stand Abraham auf, sattelte seinen Esel, holte seine beiden Jungknechte und seinen Sohn Isaak, spaltete Holz zum Opfer und machte sich auf den Weg zu dem Ort, den ihm Gott genannt hatte. Als Abraham am dritten Tag aufblickte, sah er den Ort von weitem. Da sagte Abraham zu seinen Jungknechten: Bleibt mit dem Esel hier! Ich will mit dem Knaben hingehen und anbeten; dann kommen wir zu euch zurück.

Abraham nahm das Holz für das Brandopfer und lud es seinem Sohn Isaak auf. Er selbst nahm das Feuer und das Messer in die Hand. So gingen beide miteinander. Nach einer Weile sagte Isaak zu seinem Vater Abraham: Vater! Er antwortete: Ja, mein Sohn! Dann sagte Isaak: Hier ist Feuer und Holz. Wo aber ist das Lamm für das Brandopfer? Abraham entgegnete: Gott wird sich das Opferlamm aussuchen, mein Sohn. Und beide gingen miteinander weiter.

Als sie an den Ort kamen, den ihm Gott genannt hatte, baute Abraham den Altar, schichtete das Holz auf, fesselte seinen Sohn Isaak und legte ihn auf den Altar, oben auf das Holz. Schon streckte Abraham seine Hand aus und nahm das Messer, um seinen Sohn zu schlachten. Da rief ihm der Engel des Herrn vom Himmel her zu: Abraham, Abraham! Er antwortete: Hier bin ich. Jener sprach: Streck deine Hand nicht gegen den Knaben aus, und tu ihm nichts zuleide! Denn jetzt weiß ich, daß du Gott fürchtest; du hast mir deinen einzigen Sohn nicht vorenthalten.

Als Abraham aufschaute, sah er: Ein Widder hatte sich hinter ihm mit seinen Hörnern im Gestrüpp verfangen. Abraham ging hin, nahm den Widder und brachte ihn statt seines Sohnes als Brandopfer dar. Abraham nannte jenen Ort Jahwe-Jire (Der Herr sieht), wie man noch heute sagt: Auf dem Berg läßt sich der Herr sehen.

Der Engel des Herrn rief Abraham zum zweitenmal vom Himmel her zu und sprach: Ich habe bei mir geschworen – Spruch des Herrn: Weil du das getan hast und deinen einzigen Sohn mir nicht vorenthalten hast, will ich dir Segen schenken in Fülle und deine Nachkommen zahlreich machen wie die Sterne am Himmel und den Sand am Meeresstrand.

ZUM ZWEITEN FASTENSONNTAG

Deine Nachkommen sollen das Tor ihrer Feinde einnehmen. Segnen sollen sich mit deinen Nachkommen alle Völker der Erde, weil du auf meine Stimme gehört hast. Darauf kehrte Abraham zu seinen Jungknechten zurück. Sie machten sich auf und gingen miteinander nach Beerscheba. Abraham blieb in Beerscheba wohnen. GEN 22,1–19

Wenn man die Geschichte von Abrahams Opfer zum erstenmal oder mit unbefangenem Gemüt in sich aufnimmt, muß sich in einem das Gefühl des Grauens und des Entsetzens regen. Wie denn: Gott sollte zu einem Mann in Israel gesagt haben: »Nimm deinen Sohn, deinen einzigen, den du liebhast, und bring ihn mir zum Opfer?« Und es sollte der Stammvater Israels dieses Wort seines Gottes so verstanden haben, daß er Feuerbrand und Messer nahm, um seinen Sohn zu schlachten und zu opfern, seinem Gott zum Wohlgeruch?

Läßt man diese Geschichte so stehen, wie sie erzählt wird, mutet sie barbarisch, roh und grausam an, und keine noch so kluge Erzählung und Erklärung darüber hinaus wird mit diesem Eindruck versöhnen können. In gewissem Sinne zählt diese Geschichte zu den gefährlichsten der ganzen Bibel, denn das Gottesbild sehr vieler Frommer in Israel wie im Neuen Bund wird durch das äußere Verständnis dieser Geschichte ganz und gar geprägt und wiedergegeben. Im Rahmen einer bestimmten Art der Frömmigkeit und des Glaubens ist diese Erzählung wie gemacht, um jede Art von religiösem Sadismus zu rechtfertigen und zu begründen. »Was immer dir dein Gott befiehlt, das mußt du tun«, lautet eine der Regeln einer solchen Art von Frömmigkeit. Ein heiliges Gesetz ist zu befolgen ohne jede Rücksicht auf die Opfer. Menschen, die so erzogen werden, müssen ihre menschlichen Gefühle in sich selbst verleugnen, wenn ein Gott es von ihnen verlangt. Frommgläubige dieser Prägung von Religiosität müssen sich ihr eigenes Denken aus dem Hirn schlagen, wenn ein göttlicher Befehl ihnen entgegentritt und das Absurdum zu verlangen scheint. Und hat man Menschen erst einmal in diese Art Gehorsam hineingetrieben, sind sie die willfährigen Handlanger von jeder Art Unmenschlichkeit und Barbarei.

Es war gewiß kein Zynismus, als in den Vereinigten Staaten vor etlichen Jahren Psychologen ein Experiment starteten, dem sie den Namen »Versuch Abraham« gaben. Es ging darum, herauszufinden, was Menschen zu tun bereit sind, wenn man ihnen aufgibt, einander – mit vernünftigen Gründen, aus wissenschaftlicher Notwendigkeit – zu quälen. Für die Nichtbeantwortung bestimmter Fragen war eine Strafe in Form von Stromstößen zu verabreichen, die sich immer weiter steigerten, bis in die Gefahrenzone. Die Testpersonen wußten, daß Stromstöße in diesem Bereich tödlich wirken können. Es wurde ihnen das Schreien ihrer Opfer vorgespielt. Tatsächlich war der Versuch so gehalten, daß niemand gequält wurde, aber die Testpersonen mußten glauben, sie quälten durch ihre auf Befehl ausgeteilten Strafen Menschen bis zum Tödlichen. Und man hatte lauter normale, gute Bürger zu dem Test versammelt.

Das Ergebnis war, weil es so erschreckend wirkte, alsbald in aller Munde und weltweit verbreitet. Kaum jemand aus dem sogenannten guten Bürgertum würde einen Befehl verweigern, der ihm als wichtig dargestellt wird, selbst auf die Gefahr hin, daß er damit jemanden umbringt. So gehorsam und so willig sind wir für gewöhnlich schon, wenn's uns die Wissenschaft anzubefehlen scheint.

Und wie da erst, wenn's um das eigene Seelenheil geht, um den Befehl Gottes womöglich? Menschen haben keine Scheußlichkeit gescheut, keinen Wahn, keinen Krieg, kein Massaker, wenn's befohlen wurde, so daß man aufstehen möchte im Namen einer menschlicheren Religion und sagen: »Hör niemals mehr auf diese Geschichte von Abraham, sondern prüfe den Befehl, den du hörst, gleich, ob ihn ein Politiker, ein Priester, ein Papst, ein mächtiger Diktator gibt, wer auch immer ihn gibt – prüfe den Befehl, den du hörst, ob er menschlich ist oder nicht, und erscheint er dir unmenschlich, so verweigere dich. Lerne, daß Ungehorsam heiliger sein kann als Gehorsam!« Gegen die Geschichte von Abraham möchte man wünschen, daß Gottesdienst so beschaffen wäre.

Gewiß, die Exegeten dieser Stelle lehren uns, es sei sogar ganz richtig ausgelegt, so zu sprechen, denn der Gott, der Abraham eben noch befahl, seinen Sohn zu schlachten auf dem Berge Morija, sei ihm ja selber in den Arm gefallen, sprechend: »Nicht sollst du deinen Sohn opfern, Abraham.« Und dies sei der wirkliche Sinn der ganzen Geschichte, daß der Gott Israels solche Opfer nicht mehr verlange. Anders als die heidnischen Religionen, sei die Religion der Bibel menschlicher. Nur, die Geschichte erzählt es anders. Sie erzählt, daß Gott den Abraham erst gesegnet habe, als er das, was ihm am liebsten war, zu opfern bereit war. »Weil ich gesehen habe, daß du bereit warst zum Äußersten«, spricht Gott, »will ich dich segnen.« Und was für ein infames Spiel, daß die Menschlichkeit nur wieder eingeführt wird durch einen gegenläufigen Befehl und man also, je nachdem wie's geboten wird, bald ein Sadist und bald ein Mensch sein kann. Soll das die Lehre dieser Stelle sein?

Man muß sich solche Fragen stellen, denke ich, weil selbst die Folgewirkung dieser Geschichte, der Hinweis auf das Kreuzesopfer Christi, durch zweitausend Jahre niemals gänzlich davon frei war, Gott den Menschen nach der Art eines Quälgeistes vorzustellen. Wie wenn Gott uns ständig gebieten würde, zu opfern und zu leiden, und wir das, was wir gerade an Gefühlsregung der Liebe, der Zuneigung, der Zärtlichkeit, des Gefühls einer tiefen Verbundenheit gewonnen haben, grausam zerstören müßten. Als wenn es all das, was wir menschlich mögen können, im Namen eines solchen Gottes nicht geben dürfte und wir überhaupt erst fähig wären, den Segen dieses Gottes zu erwarten und zu erhoffen, wenn wir alles in uns, das menschlich ist, preisgegeben, zerstört und zerstückelt haben.

Von dieser Art des sadistischen Gottesbildes lebt mit Berufung auf solche Stellen in der Bibel so viel in der Religion, daß man gar nicht laut genug und oft genug sagen kann: Ein Gott, der etwas Inhumanes gebietet, gibt sich damit selbst als Schöpfer seiner Menschen preis, er ist kein Gott, sondern ein Götze, er hat nichts zu sagen, sondern ist ein reiner Popanz menschlicher Angst, er ist nicht der Gott, der die Welt schafft und den Menschen mittendarin, sondern ein Wahngebilde menschlicher Beschwörungskünste, ein Alptraum der Nacht, eine Repräsentation des Scheußlichsten, was wir auf Erden kennengelernt haben, eine Fratze der Unmenschlichkeit, und verwünschen möchte man sie, kämpfen muß man gegen sie, bis sie endlich aufhört zu quälen.

Und trotzdem, wie in allen wirklich tiefen Geschichten der Bibel ist die Erzählung von Abraham in einem tieferen Sinne wahr. Noch einmal: Nimmt man die Erzählung von Abraham als eine Rechtfertigung äußerer Machtbefehle, hat sie uns nicht nur nichts zu sagen, sie verdient, daß man gegen sie Stellung nimmt und sie ausmerzt aus dem wirklich religiösen Sprechen von Gott. Nimmt man sie aber innerlich, als eine Entwicklungsgeschichte des menschlichen Herzens, liest man sie als Symbol und bildlich, dann atmet in ihr eine große Weisheit.

Man muß, um sie zu verstehen, damit beginnen, daß die Frage, warum wir überhaupt leben, sowohl im Alten Testament wie in der ganzen Natur ringsum wie auch normalerweise in der sogenannten bürgerlichen Ordnung stets durch die Nachkommenschaft beantwortet wird. Jede Schwalbe, die im Frühling die Flügel ausbreitet und das Fliegen lernt, wird schon übers Jahr die Frage, warum sie auf die Welt kam, damit beantworten, daß sie selber ein Nest baut, Eier darin brütet und Junge großzieht. Dafür lebt jedes Tier und jedes Geschöpf. Und auch wir Menschen wissen unmittelbar aus dem Erbe der Natur keine andere Antwort als: Wir leben weiter in unseren Kindern. So dachte das ganze Alte Testament: Was ein Mensch ist, erweist sich dadurch, daß er in die Kette der Nachkommen eintritt bis hin zu dem späten Segen menschlicher Geschichte in der Gestalt des kommenden Messias. Nur als Vater und Mutter von Kindern gehört er zum Weg des Heils und hat er teil an dem göttlichen Segen. Hat man diesen Hintergrund, dann liest man die Geschichte Abrahams anders: Sie ist die Erzählung eines Mannes, der auf diesen Traum kommender Generationen jahrzehntelang warten muß. Er hat einen Gott vor Augen, der ihm befiehlt, die unmittelbaren Sinngebungen seines Lebens immer mehr abzustreifen. Er lebt gar nicht in dem, worin die anderen ihren Sinn finden können. Unfruchtbar ist seine Frau und kinderlos er selber. Da schließlich, als er es selbst nicht mehr erwartet, empfängt Sara den Sohn Isaak. Und kaum ist er groß, kaum ruht auf ihm das Versprechen Gottes, beginnt die Drohung des Opfers, daß Gott es zurückfordert, woran er sich grade klammert, und erst, als er bereit ist, dies wieder von sich zu geben, wird er wirklich Träger des Segens für alle Zeit.

Diese Entwicklung kann man verstehen, wenn man sie nach innen zieht: Was wir Menschen selber sind, was in uns groß sein möchte und leben will, diese Frage wird sich niemals beantworten, indem wir auf etwas hinweisen, das wir selbst hervorgebracht haben, sei es biologisch oder durch die Tat unserer Hände. Das, was uns ausmacht im Leben, wird niemals das Produkt unserer Hervorbringungen sein. Vielmehr: solange wir glauben, wir seien erst durch das, was wir geschaffen und in die Welt gesetzt haben, wirkliche Menschen, Segen ruhe auf uns erst durch unsere eigene Tat, durch die eigene Produktivität, leben wir nicht mehr, sondern weniger, und so hat es seinen guten Sinn, wenn Gott erwartet, daß wir dieses Denken abstreifen. Wir leben nicht erst durch das Produkt unseres Lebens. Wir existieren in uns selber. Wir sind nicht erst gerechtfertigt durch Fruchtbarkeit und Hervorbringungen, es gilt uns selber.

Schon im Umgang mit den Generationen zeigt sich das so. Eine Mutter oder ein Vater, die sich an ihr Kind klammern, das heranwächst, weil sie darin eigene Stütze, eigenen Lebenssinn sehen und erhoffen, werden nur erreichen, daß ein solches Kind sich rasch und schnell von ihnen entfremdet, sich erstickt fühlt und eines Tages aus dem Getto der Fürsorge ausbrechen möchte. Erst wenn Mutter und Vater lernen, für sich selbst dazusein und andere freizugeben, wird am Ende das gewissermaßen Geopferte ihnen tiefer gehören, in Freiheit zurückkommen. Aber in diesem Schritt des Verzichts werden sie gelernt haben, selbst zu existieren, unmittelbar mit dem eigenen Dasein vor Gott hinzutreten und Segen zu empfangen dafür, daß sie selber sind.

Insofern ist das Opfer Abrahams ein unerläßliches Gesetz der Reifung, ein notwendiger Verzicht auf dem Wege zu sich selber, der wichtigste Punkt, an dem wir mit dem eigenen Dasein Gott gegenübertreten, daß er uns zum Segen wird. Derart werden wir nur behalten können, was wir von uns geben; nur was wir freilassen, wird bei uns bleiben, und nur was wir opfern, uns geschenkt werden. Innerlich gelesen, ist die Geschichte von Abrahams Opfer weise und groß und zutiefst religiös; und der Gott, der dann spricht, kommt nicht mehr von außen, er ist keine Gestalt gegen uns, er ist ein Geheimnis tief mitten in unserem eigenen Dasein.

Zum zweiten Fastensonntag

Nach sechs Tagen nimmt Jesus den Petrus, den Jakobus und dessen Bruder Johannes mit und führt sie auf einen hohen Berg – abseits. Da ward er verwandelt vor ihnen: Sein Gesicht erstrahlte wie die Sonne, seine Obergewänder wurden weiß wie das Licht. Und da! Mose und Elija ließen sich vor ihnen sehen, wie sie mit ihm sprachen. Petrus aber hob an und sprach zu Jesus: Herr, gut ist es, daß wir hier sind! Willst du, so mache ich hier drei Zelte: dir eins und Mose eins und Elija eins. Noch redet er – da! Schattend kam eine hell-lichte Wolke über sie her – und da! Eine Stimme aus der Wolke, die sagt:
Das ist mein Sohn, der Geliebte,
an dem ich Gefallen habe.
Hört auf ihn!
Als die Jünger das hörten, warfen sie sich auf ihr Gesicht und fürchteten sich sehr. Und Jesus kam her, hielt sie fest und sprach: Wacht auf und ängstigt euch nicht! Da hoben sie ihre Augen, aber niemand sahen sie – nur ihn, Jesus, allein.

Als sie vom Berg niederstiegen, gab ihnen Jesus Weisung und sagte: Zu niemand dürft ihr von dem Gesehenen sprechen – bis der Menschensohn von den Toten erweckt ist. MT 17,1–9

In diesen Tagen vor Ostern möchte die Kirche uns vorbereiten auf die Feier des Leidens Jesu. Um so merkwürdiger, daß sie an diesem Sonntag die einzige Szene aus dem Evangelium aufgreift, die davon erzählt, wie Jesus glücklich war, so sehr, daß seine ganze Gestalt von Licht durchflutet schien und er selber dem Himmel und den Wolken nah, weit entrückt den Niederungen des Lebens. Offensichtlich gehört die Erfahrung der Weite unserer menschlichen Berufung und der Größe unseres Herzens zur Voraussetzung für den Schritt ins Leiden. Es ist möglich, daß wir dem Leiden ausgesetzt sind, ohnmächtig, dumpf, ohne zu verstehen, ein hilfloses Stück Kreatur. Um Leid bewußt auf sich zu nehmen, muß man es von innen her akzeptieren und in gewissem Sinne sogar wollen. Es gibt Formen des Leids, die nötig sind, um ein Stück Menschlichkeit glaubwürdig zu leben. Grade so muß es sich im Leben Jesu verhalten haben. Er hätte nur seinen Standort durch Flucht verändern müssen oder seinen Standpunkt geistig zu verändern brauchen, und nichts wäre geschehen. Er wäre zurückgetreten in die Front all derer, die unbemerkt bleiben und über die der Wind der Zeit hinweggeht. Grade die

Erfahrung auf dem Berg der Verklärung muß es gewesen sein, die er niemals verleugnen und vergessen mochte. Worin also bestand sie, wenn sie ihm die Kraft verlieh, geraden Wegs bis Golgota zu gehen? Das Evangelium erzählt, er habe auf dem Berge Mose und Elija mit ihm reden hören. Mehr nicht? möchte man fragen. In der Tat, das ist alles, worum es im Leben Jesu geht, bis dahin, daß schließlich Gott sich zu ihm bekennt als zu demjenigen, auf den alle hören sollten bis ans Ende der Tage.

Auf einen solchen Berg, auf dem man Mose und Elija reden hört, gelangt man nicht durch eine Bewegung im Raum. Man kann einen solchen Ort nicht auf der Landkarte suchen. Derartige Berge des Herzens setzen eine gewisse Höhe des Geistes, einen gewissen Aufschwung des Gemütes, ein Abstreifen der Fesseln des Lastgewichts der Tiefe voraus. Dann aber kann es sein, daß man unverfälscht und wahr die gesamte Botschaft des Alten Testamentes, konzentriert in diesen beiden Brennpunkten Mose und Elija, so hört, daß sie das Leben endgültig verändert.

Mit dem Mann Mose fing all das an, was wir, als gefügte Form von Religiosität, das Alte Testament nennen. Mose trug in sich eine Vision, die ihn in der ersten Szene, da wir ihm als Erwachsenem begegnen, wie ein Anfall der Empörung und des Jähzorns überkommt. Er sieht mit an, wie einer seiner Stammesbrüder von einem ägyptischen Fronaufseher geschlagen wird. Über diesen Ägypter fällt Mose her und schlägt ihn tot. Er muß fliehen vor der gerechten Strafe der Verfolgung. Er hat alles falsch gemacht, noch ehe es überhaupt beginnen konnte. Er ist weitab von seinem Volk, weitab von allen Menschen. Aber der Inhalt seiner Leidenschaft bleibt wahr, und das, worum er kämpfen wollte, ist vor Gott und Menschen richtig: Menschen sind nicht die Kreaturen von Menschen. Sie sind nicht dazu berufen, anderer Leute Sklaven zu sein. Sie sind nicht dazu in die Welt geboren, daß sie ihr Daseinsrecht verdienen müssen durch Sklaventätigkeit, Unterwürfigkeit und Speichelleckerei, um dann noch zu winseln, daß man sie dulde wie in fremdem Lande.

Die Vision und die Leidenschaft des Mannes Mose gehörten der Idee der Freiheit; nur in diesem Zusammenhang wollte er, daß von Gott die Rede sei. Nur so galt ihm das Sprechen von Gott als wahr, weil nur auf diese Weise Wahrheit ins menschliche Leben kommen könnte. Und so verführte er ein ganzes Volk, den Ägyptern ungehorsam zu werden, um

Gott gehorsam zu sein, und fluchtartig das Land der Knechtschaft und der Entwürdigung zu verlassen.

Wieviel lassen wir uns die Freiheit kosten? Sie bedingt, daß wir auf Schritt und Tritt nicht wissen, wohin der Weg uns führt. Sie fordert, daß wir den Mut haben, Wege zu begehen, die vor unseren Augen keine Wege zu sein scheinen, eher Abgründe, Schluchten, Wüsteneien. Auf Schritt und Tritt werden wir Menschen begegnen, die sich in den Weg stellen und uns den Weg verlegen. Flüchten wir vor ihnen aus Angst, so werden wir kreuz und quer irren, statt geradeaus voranzukommen.

Auch für Mose gilt, was die Bibel mit dem ersten Wort Gottes an das Volk der Auserwählten schon von Abraham sagt: Zieh fort aus deinem Vaterhaus! – Alles, was man gelernt hat, alles, worin man sich heimisch glaubte, sogar die Menschen, mit denen man sich verbunden fühlte – all das kann zur Gefahr werden, wenn es darum geht, Gott zu finden und frei zu sein und ein Segen für die Menschheit zu werden.

Daß das Volk Mose gedankt hätte, kann man kaum sagen. Es gab Augenblicke, in denen Israel seinen Führer verwünscht hat, der Zumutungen und der Härte dieses Weges in die Freiheit wegen. War es nicht in Ägypten sehr viel einfacher, sicherer, geordneter? Man wußte, wovon man leben konnte – es gab dort Lattich, Radieschen und Gurken, wie man gegen Mose vorbringt –, und ist es leid, das Manna aufzusammeln, das zwischen den Zähnen klebt und immer gleich schmeckt. Man beschuldigt Mose schließlich, daß er statt an einen Gott an einen Dämon glaubt, der sein Volk in die Wüste hetzt, nur um es zu schikanieren und zugrunde gehen zu lassen. An wen glaubt der Mann Moses, wenn der Weg so beschwerlich ist?

Wir aber begreifen, wieviel es in unserem Leben kosten mag, Mose reden zu hören, auf einem Berg, der Übersicht schafft und das Leben der Niederungen weit drunten läßt. Denn die Entschuldigungen und die Ausreden sind immer dieselben. Sie heißen heute nicht Ägypten, aber sie heißen ein geordnetes, bürgerliches, übersichtliches, versichertes, bestätigtes Leben. Ist das nicht das kleine Opfer der Freiheit wert? Man richtet seine Meinung, so wie es gewünscht wird, fahnengleich nach dem Wind, heult mit den Wölfen, ist ein wenig lebensklug, bewahrt sich seine Selbstachtung, indem man nie *ganz* mitmacht, immer einen gewissen Abstand auch der Selbständigkeit – innerlich wohlgemerkt – behält; wenn es vorbei ist, war man nie ganz dabei, vielleicht immer schon dagegen, aber hat es überlebt, und dies zeigt doch, daß man klug war. Hat man sich am Ende nicht nur etwas vorgelogen und die Zeit vertan, in der man hätte leben sollen? Auf Mose zu hören bedeutet für Jesus, geradewegs vom Tabor nach Golgota zu gehen.

Den Propheten Elija zu hören ist unter Umständen noch aufregender, denn sein Kampf ist innerlich, richtet sich nicht mehr gegen die Abhängigkeit von anderen Menschen, sondern gegen die Unterdrückung durch innere Mächte, gegen eine Art von Götzendienst der Grausamkeit und der Entwürdigung mitten in der Seele von Menschen. Israel ist im Kulturland, alle Verheißungen Gottes haben sich scheinbar erfüllt, aber es glaubt an Gott auf eine Weise, daß es Menschen quält, entfremdet und umbringt. Es ist vielleicht nichts schwieriger, als einem Menschen seinen Gott zu nehmen. Nichts macht ihn einsamer, ausgesetzter, verunsicherter und hilfloser. Aber grade das muß man oft tun, wenn man sieht, daß sein Gott in Wirklichkeit nichts weiter ist als ein System verinnerlichter Zwänge und Ängste, die ihn hindern zu leben und infolgedessen auch alle anderen Menschen an seiner Seite zu leben hindern. Elija stand dafür, mit wuchtigen Worten einzutreten für einen Gott der Menschlichkeit und die Quälereien und Götzenopfer zu beseitigen.

Nur auf diese beiden Pfeiler der Freiheit des Menschen von Menschen und der Menschlichkeit Gottes im menschlichen Herzen, auf Mose und Elija, gründet Jesus alles, was er zu sagen hatte, alles, was er tun wollte. Es läßt sich voraussehen, was passieren *muß,* wenn er vom Berge der Verklärung, dem Gipfelpunkt der Erleuchtung und der inneren Evidenz, hinabsteigt in die Täler und Niederungen. Es wird ein einziger Spießrutenlauf. Grad die Menschen, die er befreien möchte, werden sich aus lauter Angst am meisten sträuben, die Freiheit zu lernen. Grad die Menschen, die eigentlich auf Güte, Verstehen und Mitleid warten, werden zurückschrecken vor den Konsequenzen einer solchen Offenheit, einer solchen Dichte der Existenz. In der Tat, eine bestimmte Erfahrung von Glück ist konsequenterweise identisch mit der Vorbereitung zum Leid. Vielleicht gibt es überhaupt nicht zwei Berge, den Tabor hier und Golgota da, vielleicht ist beides ein und dasselbe, das Glück und das Leid. Die Schwierigkeit ist nur, daß man Golgota so aufdringlich von außen sieht, während der Tabor immer im verborgenen bleibt. Wir aber glauben daran: Das Verborgene ist mächtiger als alles, was man sieht, und es gibt Formen des Glücks, die selbst durch den Tod nicht zu töten sind.

Mitten auf den Weg, der uns in diesen Tagen zur Vorbereitung auf die Feier des Todes und der Auferstehung unseres Herrn Jesus Christus führt, stellt die Kirche diese Erzählung von der Verherrlichung Jesu auf dem Berge. Mitten auf dem Weg, der die Jünger an der Seite Jesu nach Jerusalem und damit in die Stunden des Leidens und der Auferstehung ihres Herrn führt, begibt sich diese Vision, die Jesus inmitten einer Mandorla gleißenden Lichtes aus der Sphäre des Himmels zeigt. Im Matthäusevangelium stellt sich diese Erzählung wie der zentrale Pfeiler eines Kirchengewölbes zwischen die beiden Ereignisse am Beginn und am Ende des öffentlichen Wirkens Jesu. Es hebt an mit der Taufe Jesu, als der Himmel sich vor den Blicken Jesu selber öffnet und eine Stimme aus dem Himmel ihm verkündet: »Du bist mein geliebter Sohn.« Es wird am Ende unter dem Kreuz sein, daß als Repräsentant der Völker der heidnische Hauptmann mitten im Beben der Erde unter einem finster gewordenen Himmel bekennt: »Dieser war ein Gottessohn.« Aber zwischen die Vision Jesu von seiner Berufung und das Bekenntnis der Völker stellt Matthäus diese Erzählung, wie Jesus seinen Jüngern, den Verkündern seiner Botschaft offenbar wird. *Sie* haben die ganze Wahrheit der Person Jesu gesehen und gehört. Auf ihn sollt ihr hören, er ist mein geliebter Sohn. Es ist ein Wort, das für jüdische Ohren ungeheuerlich, weil lästerlich ist, ein heidnisches Bekenntnis durch und durch. Jesus selber hat, der möglichen machtpolitischen Mißverständnisse wegen, ausdrücklich verboten, auch nur den Messias-, den Christustitel auf ihn anzuwenden. Aus diesem Titel heraus zu entwickeln, was in den Königspsalmen Israels, rein ästhetisch freigesetzt, noch formuliert wird – Psalm 2: mein gelieber Sohn –, ist für jüdische Ohren nicht nur an der Grenze, sondern der erwiesene Tatbestand der Lästerung.

Aber echt jüdisch und wirklich verbunden mit dem Glauben Jesu muß die Rede des Mose und die Verkündigung des Elija auf seine Person und seine Wirklichkeit hin gewesen sein. Mit Mose verbinden wir das Gesetz und mit Elija die Prophetie, aber was in Mose lebte, längst vor dem Ereignis am Sinai, ist der Gedanke des Exodus, an dessen Spitze er selber steht, der Mann Mose, mit der Kraft, ein ganzes Volk zu erwecken, so daß es, jenseits der Versklavung unter Menschen und der Abhängigkeit von der Tyrannei der Angst, den Aufbruch zur Freiheit wagt. Er lehrte ein ganzes Volk, Wege zu gehen, die unbegehbar schienen, und sich mitten durch das Wasser zu wagen im Vertrauen auf den Mann am anderen Ufer, der seinen Stab streckte über die Fluten und sagte: Komm! Die Wohlversorgtheit im Lande Ägypten, den Wohlstand und die scheinbare Sicherheit ließ dieses Volk fahren, um sich der Führung des Gottes seiner Väter auszusetzen, inmitten der Wüste, unterwegs zu dem Ort der Verheißung. Wann immer man wissen will, woraus Menschen leben – das ist der Gedanke des Mose –, muß man auf dieses Geheimnis im Hintergrund der Welt blicken, so frei und offen wie die Wüste, so wagemutig wie diese Welt jenseits der Furcht vor den Menschen und stets unterwegs, noch einmal den Jordan durchquerend, ehe man anlangt am Ort der Bestimmung. Alle Gesetze formen sich aus diesem Erleben und sind sinnlos ohne diesen Aufbruch, ohne das Aufrichten von Menschen unter den Augen Gottes. Wo immer dies geschieht, rückt ein Stück vom Himmel der Erde zum Greifen nahe. Und so sehen die Jünger Jesus hier, ihren Herrn: dicht bei den Wolken, die Füße noch auf der Erde, aber die Stirn unter den Sternen. Es ist Licht der Sonne, das ihn einhüllt, und der Lichtglanz des Himmels umflutet ihn. Wann irgend wir selber uns fragen, wo und wann wir in das Leben eines Menschen an unserer Seite etwas von dieser Sehnsucht und von diesem Mut zur eigenen Freiheit getragen haben, haben wir ein wenig gehört von der Stimme des Mose. Wer immer Jesus verstehen will, tut es am besten in dieser Vision.

Und genauso Elija. Es war das Problem dieses Propheten, ein Volk anzutreffen, das mitten im Land seiner Verheißung dennoch den Götzen und Dämonen seiner Angst folgte. Vielleicht gibt es nichts Schwierigeres, jedenfalls kaum etwas Grausameres, als einem Menschen seine Götter zu zerstören. Und doch ist es nötig, weil parallel zu der Angst vor der Umgebung und den Menschen um uns alle Furcht noch verzweifelter und aussichtsloser uns innerlich gefangensetzen kann. Grade die Angst führt uns dahin, selbstgeschaffenen Idolen zu folgen. Wir stellen sie auf die Nachtkonsole, damit sie uns beschützen in den Stunden, da es dunkel wird, aber am Tage nehmen sie uns besetzt und versperren unser Leben. Wir glauben an alles mögliche, das uns nahe ist und sich dingfest machen läßt, als wäre es ein Teil dieser Welt. Wir möchten uns daran klammern, aber es hindert uns zu leben. Ein alter buddhistischer Gedanke war: Wenn dir Gott begegnet auf dem Wege, töte ihn. Die Buddhisten wollten sagen: Gott, wenn du ihn gegenständlich triffst, hindert den Weg zu dir selber; schaff ihn beiseite, aus dem Weg, denn es ist kein Gott, ein Trugbild ist es, ein Phantom, das dir verwehrt, zu dir selber zu gelangen. – Wie aber bringt man Menschen dahin, frei zu werden im Inneren und alle Fremdlenkung, die sie in sich aufgenommen haben, als wäre es die Stimme Gottes, als wäre es das Wort ihres eigenen Gewissens, fahrenzulassen, um bei sich selber anzulangen? – Die Botschaft des Elija lebte zentral auf in der Verkündigung und Gestalt des Jesus von Nazaret. Er wollte, daß wir endlich damit aufhören, Gott, den er seinen und unseren Vater nannte, zu dämonisieren und zu vergegenständlichen. Er sollte sein ein schweigendes Geheimnis, eine beredte Nähe in uns und um uns, ein Ort des Vertrauens, aber nicht mehr der Furcht, ein Ende der Ideologie des Zwangs und des Terrors im Namen Gottes. Grade deswegen überwarf er sich mit all denen, die Gott ganz sicher glaubten, die ihn auswendig kannten und zum Lernen aufgaben, wie wenn man hier etwas fertig Gewußtes hätte.

Gott ist der Gott des morgigen Tages, ein Gott, der kommt und Zukunft eröffnet, kein Gott der Toten, der abgeleiteten und abgeleisteten Vergangenheit, der fest fixierten Traditionen. »Ich werde sein, als der ich dasein werde.« So war die Antwort des Gottes Israels an den Mann Mose am brennenden Dornbusch auf die Frage: Wer bist du und was ist dein Name? – Daraus lebte Jesus, daß wir Menschen nichts hätten als die Hoffnung, das Vertrauen und die Liebe, und sie sollten sich erweisen an der Menschlichkeit. Versöhnung sollte sein zwischen Himmel und Erde und des Menschen mit sich selbst und mit allen an seiner Seite. Deshalb wagt dieses Evangelium ihn mit Berufung auf die Offenbarung des Himmels »Sohn Gottes« zu nennen. Und der Herr aus den Wolken bekennt sich selber zu dem Mann aus Nazaret. Die Menschen fallen zu Boden vor Schrecken, möchten Hütten bauen, wo keine Bleibe ist, sondern nur ein Fortgang der Ereignisse und ein Hinübergang ins Endgültige. Aber einmal berührt, bleibt die Gewißheit für immer: Er ist der Herr des Lebens, denn er besiegt den Tod.

Zum zweiten Fastensonntag

Dann zog er durch die Dörfer ringsum, die Lehre fortsetzend. Da ruft er die Zwölf herbei und fing an, sie auszusenden, jeweils zu zweit, und gab ihnen Vollmacht über die unreinen Geister. Auch gebot er ihnen, nichts auf den Weg mitzunehmen, außer einen bloßen Stab, kein Brot, keine Tasche, kein Geld im Gürtel, allein Sandalen untergebunden, und: Zieht euch nicht doppelt Gewänder an! Auch sagte er ihnen: Wo ihr in ein Haus kommt, dort bleibt, bis ihr weggeht von dort. Doch wo ein Ort euch nicht aufnimmt und sie nicht hören auf euch – wenn ihr weggeht von dort –, schüttelt den Staub unter eueren Füßen ab, ihnen zum Zeugnis. Da gingen sie hinaus und verkündeten, es heiße umkehren. Auch Abergeister trieben sie viele aus und salbten mit Öl viele Kranke und heilten. MK 6,6b–13

In diesen Tagen der Vorbereitung auf die Feier von Tod und Auferstehung Jesu, unseres Erlösers, sollten wir uns der Umkehr unseres Lebens widmen, so werden wir immer wieder in den Lesungen dieser Tage gemahnt und angeleitet. Wer davon hört, glaubt eigentlich zu wissen, was gemeint ist: Umkehr, das ist Abkehr von den Sünden, und Sünden wiederum sind Übertretungen der Gebote, die Gott am Sinai erlassen hat, die niedergelegt sind im Gesetz des Alten und Neuen Testamentes und die ausgelegt werden durch das Wort der Kirche. So betrachtet, liegen die Dinge eigentlich einfach, es käme nur darauf an, daß wir auch täten, was wir sollten, und das könnten wir vollbringen, wenn wir nur den rechten Willen aufzubringen vermöchten.

Solange man die Welt so sieht, bleibt sie, mehr oder minder, fest geformt und wohlgeordnet, nur mit uns selber tun wir uns immer wieder schwer, tasten uns von guten Vorsätzen zu guten Vorsätzen voran und fallen doch immer wieder ins Loch. Es scheint, daß Jesus sich bei der Verkündigung in den Dörfern Galiläas immer mehr von den klaren Richtlinien und Anweisungen weggedrängt gefühlt hat, die sein Lehrer Johannes der Täufer den Menschen vorgetragen hatte. Offensichtlich steht es nicht im Belieben grade der Verlorenen, der Verlaufenen, einfach deshalb, weil sie möchten, zurückzukommen. Es gibt in ihrem Herzen so vieles, was sie in die Außenzonen des Lebens schiebt, und noch viel mehr, was sie dort festhält. Jesus muß sich grade diesen Menschen, die ihr Leben keinesfalls in der Hand hatten und die es ganz gewiß nicht, einfach weil sie es sich vorsetzten, auch schon zu ändern vermochten, sehr nahe gefühlt haben. Jedenfalls nimmt, als er seine Jünger aussendet, um in den Dörfern Galiläas zu verkünden, es heiße umzukehren, das Wort der Umkehr in seinem Mund einen sehr merkwürdigen Klang an: Als erstes sollten seine Jünger den Menschen die Hände auflegen und die Dämonen vertreiben. Es ist, als würde in den Augen Jesu unser Leben besetzt gehalten durch einen ganzen Heerbann fremder Geister und Mächte und als verfügten wir – selbst in den klarsten Gedanken – oft am wenigsten über uns.

Dieser Eindruck scheint sich immer wieder zu bestätigen, wenn man nur tief genug nachschaut. Kaum ein Problem, das sich lösen ließe mit den Mitteln der Moral. Anders ausgedrückt: Es scheint, als wäre unser klares Sprechen von Gut und Böse eine Verkürzung des menschlichen Daseins, eine Art Zwangssystem, das immer wieder hilflos bleibt gegenüber den tatsächlichen Problemen der Menschen. Ich entsinne mich noch sehr deutlich, wie mir – wenige Wochen schon nach meiner Priesterweihe – jemand nach der Messe an einem schönen Sonntagmorgen in einem Zustand höchster Verwirrung auf der Straße entgegentrat. Er hatte, nach ein paar Tagen des Kuraufenthaltes, eine Frau kennengelernt und sich sehr in sie verliebt. Er war seit mehr als zwanzig Jahren ein gut verheirateter Ehemann, treusorgender Vater seiner Kinder – und nun dies. Was er erlebte, war, daß plötzlich, wie bei einer Flut, die Fundamente seines Lebens hinweggespült wurden als nicht tragfähig, als morsch.

Wer dies begreift, daß es so im menschlichen Leben sein kann, für den verändert sich die Welt. Nichts gilt mehr so wie vorher. Es scheint, als wenn die Moral und ihre Gesetze allenfalls Symptome zu beschreiben vermöchten, keinesfalls die Ursachen, ganz sicher nicht die Krankheit. Es ist aber in den Augen Jesu unser ganzes Leben offenbar wie eine Krankheit, wie etwas, an dem wir selber leiden und mit dem wir allein nicht zurechtkommen. Was ist dann zu tun? Soll man jetzt denken: Not kennt kein Gebot? Und muß man sich als neue Lehre anhören, daß der Ehebruch vielleicht ganz harmlos ist, nichts gilt? So nicht. Wohl aber gilt es nachzusehen, was im menschlichen Herzen vorgeht. Dann kann etwas, das, von außen betrachtet, als falsch erscheint, inwendig wie nötig, unvermeidbar, richtig sein. Es gilt nicht, an der Oberfläche einfach kurzzuschließen: hier die Satzung, da das Handeln und dazwischen die Menschen wie in einer Zwingpresse. Es kommt drauf an, entlang den Spuren der Not in die Tiefe zu gehen und zu fragen, wie ein ganzes Leben sich geformt hat. Dann werden wir alle, in den Augen Jesu: ausnahmslos, entdecken, daß wir von klein auf darum bemüht sind, in irgendeiner Form Liebe und Anerkennung zu erringen, und für dieses Ziel alles tun. Wir geben uns die größte Mühe, investieren unsere besten Absichten, und es führt dazu, daß am Ende, je erfolgreicher wir werden, sogar noch eine Menge anderer Menschen in unser Leben einbezogen wird und das Maß der Verantwortung wächst. Je weiter wir auf diesem Weg voranschreiten, desto mehr werden wir zu Opfern der einmal gefällten Entscheidungen. Es ist, als schlüpften wir auf einer Theaterbühne in ein Kleid und trügen fremde Masken so gekonnt, daß alle Welt und am Ende sogar wir selber uns die Rolle glauben, bis sie uns überfordert, vielleicht bis wir an uns selber scheitern oder bis fremde Not uns belehrt, daß es gilt, wahrhaftig zu werden. Immer wenn wir am Rande sind, ist die Umkehr unausweichlich. Und eben deshalb waren es wohl immer wieder die Menschen, die nicht weiterwußten, auf die Jesus zuging und die zu ihm kamen.

Es hat ein alter chinesischer Weiser 500 vor Christus einmal die Not und die Lösung unseres Lebens auf eine knappe und wunderbar schöne Formel gebracht. Er sagte: Wenn der Sinn verlorengeht, dann auch das Leben. Wenn das Leben verlorengeht, dann auch die Liebe. Wenn die Liebe verlorengeht, dann die Gerechtigkeit; wenn die Gerechtigkeit, dann die Sitte. Die Moral ist Treu-und-Glaubens-Dürftigkeit und aller Verwirrungen Anfang. Und er gab zwei Beispiele: Wenn die Ordnung einer Familie zerstört ist, beginnt das Sprechen von Elternpflicht und Kindesliebe. Wenn die Ordnung eines Staates verlorengeht, tauchen die tüchtigen Beamten auf. Laotse, der alte chinesische Weise, wollte sagen: Wo finden Menschen zurück zum Sinn ihres Lebens, und wer lehrt sie das Glück des Daseins, daß sie die Liebe fließen ließen aus dem großen Maß einer dankbaren Zufriedenheit mit den Gesetzen der Welt? Alles an Rechttun und Sittlichkeit würde sich dann ganz von innen ergeben. Es ist nur eine einzige Art der Umkehr: nicht die des zwanghaften Wollens, wohl aber des tieferen Vertrauens in eine Gnade, die begleitet und vergibt.

Es geschah aber ungefähr acht Tage nach diesen Worten: Er nahm Petrus und Johannes und Jakobus mit und stieg auf den Berg, um zu beten. Und es geschah, während er betete, ward das Aussehen seines Gesichts anders, und sein Gewand blitzend weiß. Und da! Zwei Männer sprachen mit ihm: Es waren Mose und Elija, die – sichtbar geworden in Herrlichkeit – seinen Ausgang ansagten, den er in Jerusalem zu vollenden habe. Petrus aber und die mit ihm, waren schwer benommen vom Schlaf. Hellwach geworden sahen sie seine Herrlichkeit und die zwei Männer, die bei ihm standen. Und da geschah es: Als sie sich von ihm trennen wollten, sprach Petrus zu Jesus: Meister, gut ist es, daß wir hier sind! So laßt uns drei Zelte machen: eins dir, eins Mose und eins Elija. Er wußte ja nicht, was er sagte. Aber während er das sagte, kam eine Wolke und überschattete sie. Furcht ergriff sie, während sie in die Wolke eingingen. Und eine Stimme geschah aus der Wolke, die sagt: Das ist mein Sohn, der Auserwählte.
Auf ihn hört!
Und als die Stimme kam, fand sich Jesus allein, und sie schwiegen. Keinem berichteten sie in jenen Tagen von dem, was sie gesehen.

LK 9,28–36

Was verstehen wir von der Wahrheit eines Menschen? Jahrelang kann er an unserer Seite leben, und wir bemerken an ihm nichts Ungewöhnliches. Aber man kann ein Menschenleben nicht beurteilen nach den gewissermaßen alltäglichen Begebenheiten. Es gibt Stunden und Augenblicke in unserem Dasein, wo sich alles, was wir sind, verdichtet und zur Entscheidung stellt. In solchen Höhepunkten der Intensität tritt am klarsten in Erscheinung, wer wir wirklich sind. Dabei entscheidet sich nicht eigentlich in solchen Augenblicken erst die Wahrheit unserer Person, es wird vielmehr nur deutlich, aus welcher Vision und Überzeugung auch unser Alltag sich gestaltet hat.

Der entscheidende Augenblick im Leben Jesu war ohne Zweifel die Stunde von Getsemane und Golgota. Für die frühe Kirche aber wird in diesem Augenblick klarer denn je, welch ein Bild Jesus all die Zeit über vor Augen gestanden haben muß. Selbst seinen Jüngern wurde die Wirklichkeit Jesu so nicht klar, ihre Augen waren wie schlafend in der Müdigkeit des Herzens, von Angst verschleiert, und sie konnten nichts erzählen, solange Jesus noch bei ihnen war. Deutlicher läßt sich eigentlich nicht sagen, daß dieses Evangelium von der Erscheinung auf dem Berge gewiß erst nach Ostern entstanden ist. – Aber geht es uns nicht fast immer so, daß wir im Rückblick, oft Jahre später, die Wahrheit eines Menschen nur um so deutlicher begreifen und finden, wir seien nahezu blind gewesen, als wir mit ihm zusammen waren? Was war die Wahrheit Jesu, oder vielmehr: worin besteht sie für alle Zeiten? Dieses Evangelium meint, man müsse, um Jesus zu verstehen, mit ihm einen hohen Berg besteigen. Im Bild gesprochen, verläuft unser menschliches Leben in den Niederungen und Tälern wie durch und durch bestimmt von den Gesetzen der Umgebung und den Gesetzen von Trägheit und Schwerkraft. Betrachtet unter dem Blickwinkel der flächigen Weltanschauung, sind wir Menschen fast immer wie an Fäden gezogene Marionetten, mehr Opfer denn Handelnde. Aber ein solches Leben, das sich wie ein Kleben an der Erde gestaltet, verdient nicht, menschlich genannt zu werden. Bestimmt sind wir zur Höhe und zur Größe, und befähigt sind wir, daß unsere Seele Flügel bekommt. Es gilt, alles zu versammeln, was in unserem Leben, in unserem Wesen angelegt ist.

Und so nimmt Jesus die drei Jünger mit sich, verläßt die Niederungen, und buchstäblich begibt er sich zu einem höheren Standort, wo der Blick frei wird und die Augen klar blicken. Wie besteigt man einen solchen Berg? Man kann ihn nicht im Raume suchen, solche Berge des Herzens sind Aufschwünge des Glücks, Erlebnisse einer absoluten Befreiung, wie wenn man endlich in das Zentrum der Welt träte, wie wenn man ein Heiligtum aufsucht und alles Erstickende, alles Umlagernde und Bedrängende verläßt. So sind wir Menschen berufen, daß unsere Stirn den Himmel berührt und in unser Herz die Stimme Gottes dringt.

Was in der Person Jesu lebte und wie ein flutender Lichtglanz aus seiner Gestalt hervorbricht, beschreibt dieses Evangelium mit den beiden Säulen des Alten Testamentes, Mose und Elija. In Mose lebt die Vision einer Freiheit, die ein ganzes Volk aus Menschenknechtschaft und Despotie quer durch die Wüste in die Freiheit führte. Wir Menschen sind nicht Sklaven von Menschen, wir sind einzig gegenüber Gott in Freiheit verantwortlich mit unserer Geschichte. So der Mann Mose. Es ist aber Gott kein grausamer Götze, und es gilt keine Religion angstbesetzter Dämonie, so der Prophet Elija, als er die Götzenbilder zerschlug.

Freiheit vom Menschen und Vertrauen zu Gott, das verkörpern Mose und Elija. Sie reden mit Christus, sie verdichten sich in Christus, sind in ihm lebendig. Für die frühe Kirche bedeutet dies, daß, so neu vieles an der Gestalt und Botschaft Jesu auch erscheinen mag, in ihm doch sich fortsetzt, was schon im Alten Bund Gegenwart war. Nur: man muß begreifen, wie unerhört neu das scheinbar Alte immer wieder ist und wieviel Aufregung es zu jedem Zeitpunkt stiftet, sagt doch Jesus selber zu den Leuten seiner Zeit: Ihr errichtet den Propheten Denkmäler, aber damit beweist ihr nur, daß ihr selber Söhne der Prophetenmörder seid. Man kann sich auf das Unerhörte berufen wie auf etwas sattsam Bekanntes, nur um es zu ersticken.

Freiheit gegenüber den Menschen und Vertrauen gegenüber Gott – wieviel an Angst wird auf den Plan gerufen, wenn Menschen so beginnen zu leben, und wieviel Schlafmützigkeit und Müdigkeit des Herzens muß durch Beunruhigung aufgerüttelt werden, wenn dies gilt. Aber es *soll* gelten. In dem Moment, wo Jesus es erfährt, ist es unmittelbar wie ein Hinweis auf Jerusalem und den Tod. Es ist wahr: Um Golgota aushalten zu können, bedarf es des Tabor. Wieviel Leid ein Mensch verträgt, nicht als fremde Zumutung, sondern als in eigener Entscheidung eingegangen, kann man nur verstehen an dem Maß seines Glücks, an der Evidenz seiner Wahrheit, an der Macht seiner Nähe zum Himmel.

Es ist nicht möglich, solche Augenblicke festzuschreiben, so als wenn man Hütten bauen und darinnen sich seßhaft machen könnte. Diese Welt ist uns nicht versprochen als Paradies, eher als Stätte der Auseinandersetzung, der Krisen, der Angefochtenheiten. Aber die Tiefe des Abgrunds im Tal von Getsemane wird doch umleuchtet, ja überhaupt erst ermöglicht durch den beseligenden Augenblick auf den Höhen des Tabor. Die Jünger mag Angst ankommen in der Dichte der Wolken des Himmels, und doch gilt es zu hören auf Jesus, an dem Gott sein Wohlgefallen hat als an seinem Sohn. Es ist die Botschaft, in der sich alles bündeln läßt, was Jesus uns vermitteln wollte. Wir selber sollten uns sehen als Kinder des Lichtes, als Söhne und Töchter der Sonne, als Geschwister unter den Augen Gottes. So hoch sollten wir vom Menschen denken und so hoch den Menschen setzen. Was sich daraus ergibt, hat die Kraft, die Welt zu verändern.

Zum zweiten Fastensonntag

Wenn Gott für uns ist, wer ist dann wider uns? Der doch seines eigenen Sohnes nicht geschont, sondern ihn für uns alle ausgeliefert – wie sollte er uns nicht das Allsamt schenken mit ihm? Wer wird die Erwählten Gottes beschuldigen? Gott ist es, der gerecht macht! Wer will dann noch verurteilen? Der Messias Jesus – er, der gestorben, ja mehr noch: auferweckt ist, der zur Rechten Gottes ist, der auch einspringt für uns? RÖM 8,31b–34

Manchmal schreiben Menschen Briefe, in denen ihr ganzes Wesen und ihr ganzes Leben enthalten sind. Selbst wenn wir vom Apostel Paulus nur seinen Brief an die Gemeinde von Rom besäßen, könnten wir doch zuversichtlich sagen, wir kennten den Mann aus Tarsus ganz. So sehr spricht er sich in diesem einen Brief aus.

Es ist eine eigentümliche Tatsache, daß offenbar nur Menschen, die selber durch viel Leid gegangen sind, anderen etwas Wesentliches zu sagen vermögen. Paulus ist durch viel Leid gegangen mit einer Frage, die sich immer wieder stellt, in jeder Religion, in jedem Menschenleben. Das Problem lautet: Wie verhalten sich Gerechtigkeit und Liebe, die Ordnung des Äußeren und die Ordnung des Herzens, Gesetz und Güte zueinander? An dieser Frage ist Paulus fast zerbrochen, aber in seinem Scheitern hat er Zugang gefunden zum Geheimnis von Tod und Auferstehung Jesu. Zu Menschen von der Art des Paulus gehört es, daß sie Leiden nicht vermeiden. Sie wollen keine Abkürzungen, sondern Klärung, und wenn ihnen ein Problem als wesentlich aufgegeben ist, beißen sie sich daran fest und wollen auf Gedeih oder Verderb von dieser Frage nicht lassen, bis sie sich beantwortet in Wahrheit.

Manch anderer hätte die Frage nach Gesetz und Güte auf seine Weise gelöst; er hätte sie nicht so wesentlich genommen, nicht so wichtig, nicht so prinzipiell. Er hätte sein Ein- und Auskommen dabei gefunden. Nicht so der Mann Paulus aus der kleinen Stadt Tarsus in Kleinasien. Es gab zu seiner Zeit in Israel eine relativ kleine Gruppe, etwa zehntausend Leute nur, mit dem Namen »die Besonderen, die Peruschim, die Pharisäer«, eine Art Laienorden. Ihnen hatte Paulus sich angeschlossen mit der glühenden Begeisterung eines unbedingten Idealismus. Denn diese Gruppe glaubte aufs Wort, daß in den 663 Gesetzen Israels die ganze Wahrheit des Lebens und der Welt enthalten sei, wenn man sie nur leben wollte. Würde es auch nur ein einziges Mal einen Sabbattag in

Israel geben, der rein und richtig begangen würde, es würden sogleich der Messias und sein Reich auf dieser Welt erscheinen. Und was sollte einen Menschen, der es gut meinte, daran hindern, die 663 Gesetze der Väter und die rund 2000 mündlichen Erklärungen der Rabbinen und der Schriftgelehrten zu halten?

An gutem Willen mangelte es Paulus weiß Gott nicht. Und dennoch ist er an seinem Bemühen fast tödlich gescheitert. Warum eigentlich? Paulus muß eine Erfahrung gemacht haben, die sich wirklich nur stellt, wenn man es ganz und gar gut meint und will. Man möchte nur *richtig* leben, so vollkommen und so vollständig, als es irgend geht. Da aber regen sich in der Seele eines Menschen Wünsche, Strebungen, Gedanken, Gefühle, die nicht vollkommen sind, sondern noch erst wachsen möchten, die noch nicht ausgereift sind, sondern grad erst einen Weg suchen, um sich zu entfalten, die noch nicht Anspruch darauf machen können, richtig zu sein, sondern noch unterwegs und auf der Suche sind. Diese Gefühle muß man bekämpfen, unterdrücken, abdrängen, man muß anfangen, sich in ihnen zu hassen, vor sich selber Angst zu haben. Und immer mehr, bei allem guten Willen und richtigen Bemühen, reißt die Seele auseinander. Die Gedanken, die man am Tag verdrängt, suchen einen heim bei Nacht, die Gefühle, die man mit dem Willen unterdrückt, stellen sich unwillentlich ein. Man kann noch so unwillig über sich selber werden, man entrinnt sich nicht, und darüber gerät Paulus in Verzweiflung. Zwei Kapitel vor dem Text der Lesung von heute schreit er heraus, wie er sich vor der Begegnung mit Christus fühlte: »Grade das tue ich, was ich nicht will, und was ich will, vermag ich nicht zu tun. Wer erlöst mich aus diesem Leben?«

Man kann sagen, Paulus hätte weiser oder im bürgerlichen Sinne klüger sein sollen; kein Mensch muß und darf das Gesetz so ernst nehmen. Man muß halt auch einmal Ausnahmen machen, über seinen Schatten springen können, oder man muß sich überhaupt sagen, daß man vielleicht so streng für das Gesetz gar nicht leben muß.

Diese Hanswursterei hätte Paulus gehaßt und nie geduldet. Gott sei Dank nicht. Denn seine Treue im Unbedingten wurde seine Erlösung. Gott sei Dank auch, daß Paulus nicht wie die allermeisten Pharisäer zurechtgekommen ist. Sie tun nur das Richtige, aber sie merken nicht, daß sie aufhören, richtige Menschen zu sein. Sie haben ihre Moral, ihre Gesetze, ihre Bestimmungen, ihre Ordnungen; an die halten sie sich. Sie haben sich niemals etwas vorzuwerfen, und sie werden nicht verstehen, wenn Menschen ihnen sagen, daß man nicht gut sein kann, nur um seinen Seelenfrieden zu haben, daß man sich nicht vor dem Leben schützen und alles vermeiden kann, was zum Dasein gehört, nur um selber rein, richtig und in Ordnung durch die Welt zu gehen. An der Seite solcher Leute werden immer wieder Menschen wie Anna Karenina oder Effi Briest in Verzweiflung oder Krankheit verenden. Aber die Herrn Karenins werden sich nicht ändern; sie werden die Schwäche ihrer Mitmenschen nicht begreifen, die Exaltiertheiten nicht, diesen Mangel an gutem Willen nicht, die Haltlosigkeit und Verzweiflung nicht, denn sie wissen, wie es richtig ist: 663 Gesetze und 2000 Erklärungen – warum halten sich Menschen nur nicht an das alles?

Paulus, Gott sei Dank, kam nicht zurecht. Er hat es ein letztes Mal versucht. Da gab es in Israel eine kleine Gruppe von Leuten, die an einen Mann glaubten, den man offenbar zur rechten Zeit gekreuzigt hatte. Er sollte aufgetreten sein mit einer sonderbaren Lehre: daß die menschliche Not und der Hunger ein Recht gäben, am Sabbat – am Sabbat! – Ähren zu raufen und zu essen; daß man eine Ehebrecherin, statt sie zu steinigen, freilassen könne, weil jeder, der sie verurteile, nicht besser sei als sie selber; daß Gott Barmherzigkeit wolle und nicht Opfer... Diese Gruppe von Menschen hat Paulus gehaßt. Er wollte sie töten, genau wie ihren Gründer. In seinem eigenen Herzen schrie es nach Vergebung und Güte, aber Paulus wollte keine Vergebung und Güte, keine unmännlichen Schwachheiten und keine faulen Kompromisse – das Gesetz, das ganze Gesetz! So wurde er zum Denunzianten, zum Inquisitor, zum Verfolger, zum Mörder bis zum Zusammenbruch vor Damaskus, als er wie in einem Anfall von Umnachtung oder Erleuchtung eine Stimme aus dem Himmel hörte: »Saulus, warum verfolgst du mich?« Es war das erste Mal, daß Paulus nicht mehr ausweichen konnte, wollte und durfte vor einem anderen Gesetz des Lebens, das zu verkünden er künftig nicht mehr müde wurde.

Es ist seine Erfahrung geblieben, daß das gesamte Gesetz Gottes, aufgeschrieben im Alten Testament, Wort für Wort seine Ordnung haben mag, seine Wahrheit und Berechtigung. Aber wenn Menschen fragen, warum sie leben, was es mit ihrem Dasein auf sich hat, und ihre Angst beruhigen, indem sie sich an die Gebote klammern, werden sie unmenschlich, starr, unverständig und grausam. Das hatte Paulus am Anfang seines Weges nicht gewußt. Jetzt aber weiß er es: Gott ist für und nicht gegen uns. Wir brauchen Gott nicht zu versöhnen wie unsere

Scharfrichter und Inquisitoren durch Anständigkeit und Perfektion. Gott will, daß wir leben, so, wie er uns gemacht hat. Wir brauchen keine Rechtfertigung dafür, daß es uns gibt, durch Makellosigkeit, Unbescholtenheit, Anständigkeit. Es hat kein Mensch einem anderen etwas vorzuwerfen, wenn Gott auf seiner Seite ist. Und Gott *ist* auf seiner Seite. Gott wächst in seinem Herzen nicht durch die Gerechtigkeit, wohl aber durch die Liebe. Sie ist bei Gott schrankenlos. Gott schenkt uns alles, ist die Erfahrung des Paulus, vor allem, daß wir leben dürfen, daß es uns geben darf, möglicherweise mit allen Verkehrtheiten, Zweifeln, Wagnissen, Risiken, mit allem Suchen, mit dem ganzen Leben. Aber dieses unser ganzes Leben soll und darf es geben vor Gott.

Und nun steht Paulus auf und fragt: Wer kann uns anklagen, die Erwählten Gottes? So dürfen wir denken von Gott: Ein jeder für sich wird nicht etwas Besonderes durch die Gesetzestreue, sondern ist vor Gott ein Auserwählter, ein Begnadeter zum Leben. Er macht sich nicht gerecht, sondern Gott wächst in seinem Herzen, und das macht alles richtig. Es ist immer noch Juristenrede, wenn Paulus sagt:»Wer kann uns verurteilen, wenn doch Christus am Thron Gottes für uns eintritt?« Es ist immer noch die Sprache der Rechtskanzleien, aber nur, um sie ein für allemal loszuwerden.

Kinder des Lichtes sind wir, will Paulus sagen, Söhne Gottes, so wie Jesus es verkündete. Und im Hause unseres Vaters gibt es nicht Befehl, Zwang, Unterdrückung, Terror, Gebote, Gehorsam, Forderung; es gibt Liebe, Einvernahme, Güte, ein wechselseitiges Sich-Tragen und Getragen-Werden, ein Reifen im Umraum einer warmen Zuneigung. Und so beginnt das Leben.

So wollte Paulus, daß die Kirche Christi sei. Sie sollte kein Ort mehr sein, wo man zum anderen sagt:»Berichte, wie du die richtigen Gesetze richtig gelebt hast, oder müssen wir dich erst, damit du zu uns gehörst, abrichten, herrichten, zurichten, hinrichten?« Es sollte die Kirche ein Ort sein, an dem die erste Frage ist: Mit welchem Wesen hat Gott dich geschaffen? Wozu hat er dich berufen? Mit welchem Wort, das sich nur in dir aussprechen kann, hat er dich ins Dasein gestellt? Laß es mich hören. Wie zögernd, verängstigt, suchend auch immer – sprich dein Wort, such deine Melodie, finde dein Wesen. Und dann wird es niemanden mehr geben, der gegen dich ist. Denn einzig die Liebe ist ewig, mehr noch als der Glaube und die Hoffnung. Mit ihr allein wächst das Reich Gottes und unsere Menschlichkeit.

Zum dritten Fastensonntag

Mose weidete die Schafe und Ziegen seines Schwiegervaters Jitro, des Priesters von Midian. Eines Tages trieb er das Vieh über die Steppe hinaus und kam zum Gottesberg Horeb. Dort erschien ihm der Engel des Herrn in einer Flamme, die aus einem Dornbusch emporschlug. Er schaute hin: Da brannte der Dornbusch und verbrannte doch nicht. Mose sagte: Ich will dorthin gehen und mir die außergewöhnliche Erscheinung ansehen. Warum verbrennt denn der Dornbusch nicht?

Als der Herr sah, daß Mose näher kam, um sich das anzusehen, rief Gott ihm aus dem Dornbusch zu: Mose, Mose! Er antwortete: Hier bin ich. Der Herr sagte: Komm nicht näher heran! Leg deine Schuhe ab; denn der Ort, wo du stehst, ist heiliger Boden. Dann fuhr er fort: Ich bin der Gott deines Vaters, der Gott Abrahams, der Gott Isaaks und der Gott Jakobs. Da verhüllte Mose sein Gesicht; denn er fürchtete sich, Gott anzuschauen.

Der Herr sprach: Ich habe das Elend meines Volkes in Ägypten gesehen, und ihre laute Klage über ihre Antreiber habe ich gehört. Ich kenne ihr Leid. Ich bin herabgestiegen, um sie der Hand der Ägypter zu entreißen und aus jenem Land hinaufzuführen in ein schönes, weites Land, in ein Land, in dem Milch und Honig fließen, in das Gebiet der Kanaaniter, Hetiter, Amoriter, Perisiter, Hiwiter und Jebusiter. Jetzt ist die laute Klage der Israeliten zu mir gedrungen, und ich habe auch gesehen, wie die Ägypter sie unterdrücken. Und jetzt geh! ...

Da sagte Mose zu Gott: Gut, ich werde also zu den Israeliten kommen und ihnen sagen: Der Gott eurer Väter hat mich zu euch gesandt. Da werden sie mich fragen: Wie heißt er? Was soll ich ihnen darauf sagen? Da antwortete Gott dem Mose: Ich bin der »Ich-bin-da«. Und er fuhr fort: So sollst du zu den Israeliten sagen: Der »Ich-bin-da« hat mich zu euch gesandt.

Mose antwortete: Was aber, wenn sie mir nicht glauben und nicht auf mich hören, sondern sagen: Jahwe ist dir nicht erschienen? Der Herr entgegnete ihm: Was hast du da in der Hand? Er antwortete: Einen Stab. Da sagte der Herr: Wirf ihn auf die Erde! Mose warf ihn auf die Erde. Da wurde der Stab zu einer Schlange, und Mose wich vor ihr zurück. Der Herr aber sprach zu Mose: Streck deine Hand aus und fasse sie am Schwanz! Er streckte seine Hand aus und packte sie. Da

wurde sie in seiner Hand wieder zu einem Stab. So sollen sie dir glauben, daß dir Jahwe erschienen ist, der Gott ihrer Väter, der Gott Abrahams, der Gott Isaaks und der Gott Jakobs . . .
Doch Mose sagte zum Herrn: Aber bitte, Herr, ich bin keiner, der gut reden kann, weder gestern noch vorgestern, noch seitdem du mit deinem Knecht sprichst. Mein Mund und meine Zunge sind nämlich schwerfällig. Der Herr entgegnete ihm: Wer hat dem Menschen den Mund gegeben, und wer macht taub oder stumm, sehend oder blind? Doch wohl ich, der Herr! Geh also! Ich bin mit deinem Mund und weise dich an, was du reden sollst. EX 3,1–10a. 13f; 4,1–5.10–12

Alles, was wir von dem Mann Mose wissen, hüllt sich in das Gewand der Sage und Legende, und doch ist seine Person über den Graben von mehr als dreieinhalb Jahrtausenden uns gegenwärtig und nahe, als wären wir seine Zeitgenossen.

Alles beginnt im Leben dieses Mannes mit einem Aufschrei der Empörung, als er, am Hof der Ägypter, soeben erwachsen geworden, mitansehen muß, wie einer der Aufsichtsbeamten einen Israeliten brutal niederschlägt. Der Zorn, der den Mann Mose ergreift, ist so heißblütig und unkontrolliert, daß er selber zum Mörder wird an dem Mörder. Was er fühlt, ist wahr und ergreift ihn wie eine göttliche Macht, eine Leidenschaft des Herzens für die Gerechtigkeit und Freiheit eines jeden Menschen unter dem Himmel. Aber alles im Leben des Mose ist scheinbar schon vertan, eh' es beginnen könnte; aus Angst vor Verfolgung und Strafe muß er fliehen, fort in die Wüste. Er heiratet dort die Tochter eines Priesters der Midianiter, die so schön gewesen sein muß, daß sie den Namen »Zippora – das Vögelchen« trug. Aber das Herz des Mose wollte sich nicht getrösten, wenn er des Volks der Hebräer gedachte.

Wann können wir sagen, daß Gott mit einem Menschen redet? Projizieren sich die menschliche Sehnsucht, das menschliche Leid und die Kraft des menschlichen Herzens, wenn es zum Höchstmaß entflammt, in das, was wir Gott nennen, hinein und wir geben ihm nur den Namen einer absoluten Beauftragung und Größe? Oder sollten wir umgekehrt sagen, wir Menschen wagten keinen Augenblick lang uns selber in der Wahrheit, die in uns steckt, zu vollziehen, fühlten wir uns nicht durch ein Gegenüber einer solchen absoluten Anrede beauftragt und bevollmächtigt? Nach dem Zeugnis der Bibel ist das Leben des Mose nur auf diese zweite Weise zu verstehen. Er, der in seiner Person seine Zeit und sein ganzes Volk bis heute überragt, zeigt sich gradewegs in dieser Geschichte von solchem Kleinmut und solchem Zweifel an sich selber, daß nichts zustande käme ohne den geradezu furchtbaren, kaum zu tragenden Befehl des Allmächtigen: »Und jetzt gehst du!«

Alles beginnt mit einem großen Gesicht, das als Symbol für das Leben des Moses insgesamt stehen darf, der Vision von einem Dornstrauch, der nicht verbrennt. Es gibt in der Bibel selber eine Stelle, die deuten kann, was damit gemeint ist. Als sehr viel später das Volk Israel sich um einen König scharen möchte, um bei ihm Führung und Halt zu suchen, schwingt ein Mann in Sichem mit Namen Abimelech sich auf, König zu werden über das Volk. Da singt vom Berge Garizim herab ein früher Prophet sein Spottlied, daß eines Tages die Bäume und die Sträucher sich einen König machen wollten und alle edlen Pflanzen sich weigerten, von ihrer Süße und Schönheit etwas abzutreten, nur der Dornstrauch schwang sich auf zum Königtum. Diese Fabel sollte bedeuten, daß es im Grunde grade das Wertlose sei, was am meisten nach Macht strebe. Könnte es sich mit Mose nicht ähnlich verhalten: daß er grad in dem Moment, da er sich mit Berufung auf Gott selber zum Führer des Volkes erklären möchte, nichts weiter wird als arrogant und hochmütig und sich selber entlarven wird als nichts denn ein Dornstrauch? Feuer geht aus von dem Dornstrauch und verzehrt die Bäume, singt jener Prophet vom Garizim. Könnte es nicht sein, daß Mose sein Volk bei der Hand nimmt, nur um es am Ende in die Irre zu leiten mit seinem Vertrauen auf die Freiheit und Unabhängigkeit von Menschen? Dieser Verdacht durchzieht alles, was die Bibel später vom Wüstenzug Israels berichtet wird. Schritt für Schritt sucht der Zweifel es heim – und Mose an der Spitze. Ist er nicht am Ende womöglich nur einem Dämon gefolgt, einem Wahngebilde des Herzens, und war nicht alles, was er unternahm, zum Scheitern verurteilt? Worauf ist Verlaß, wenn man der Sprache des eigenen Herzens folgt?

Die Vision vom brennenden Dornstrauch ist das Geheimnis des ganzen Lebens dieses großen Mannes am Anfang der israelitischen Religion. Wir Menschen mögen nichtig sein, Strauch mitten in der Wüste, brauchbar allenfalls für die Schafe und Ziegen auf den Triften, sonst aber wertlos und unnütz, und wollte Gott davon Besitz ergreifen, müßte es mit unserer Existenz sein, wie wenn Feuer vom Dornstrauch

Besitz ergriffe und ihn zu Asche verbrennte. Es ist das Wunder, an das Moses glaubt und das die ganze Religion der Bibel bestimmt, daß Gott von diesem Wertlosen, das wir sind, auf eine Weise Besitz ergreift, daß er darin zur Erscheinung kommt. Er macht uns nicht anders, formt uns nicht neu, will uns nicht besser. So, wie wir sind, sind wir imstande, die Flamme des Göttlichen zu tragen und weiterzugeben. Im ganzen Leben kommt es nur darauf an, zu spüren, welch ein Feuer uns ergreifen könnte und welche Leidenschaft tief genug ist, sich auszusagen und mitzuteilen, daß sie andere an unserer Seite in Aufbruch und Freiheit hinüberreißt über den Graben des Roten Meeres.

Da steht in der Selbsterfahrung des Mose alles dawider, daß es jemals so kommen könnte. Es ist nicht, daß er in diesem Moment am Inhalt dessen zweifelt, was zu sagen wäre: es ist ja die Wahrheit selber, vollkommen stimmig und glaubhaft. Aber alles zerbricht an seiner eigenen Person, so wie er sie kennt, und nicht erst heute, sondern seit gestern und vorgestern, immer schon. Der entscheidende Einspruch lautet, »zerbrochen« geredet, so wie Mose sich fühlt:

»Aber bei mir, Herr« – soll heißen: Alles, was du sagen möchtest, soll gesagt sein und muß gesagt werden; es geht aber nicht, nicht mit mir, weil ich nur Mose bin. Und du selber solltest dich in der Wahl deiner Boten nicht so vertun. Und zum Beweis: Kein Mann der Sprache, ich, sondern schwer der Mund, schwer die Zunge, ich.

Es gibt im Leben von Menschen keine schlimmere Form von Verzweiflung, als zu wissen, wie das Leben aussähe und was nötig wäre, es zu ergreifen, daß dagegen aber als wesentliches Hindernis all das steht, was man von sich kennt. Derselbe Mann, der den Ägypter erschlägt, lebt im Feuereifer der Freiheit, daß es ihn selbst buchstäblich förmlich verzehrt, aber er ist nicht imstande, Worte zu setzen und langsam zu reden und geduldig zu erklären. Er, wie alle großen Seher, möchte Gott jetzt, unmittelbar, so eindringlich und nahe wie nur möglich. Und es kommt aus ihm heraus wie ein Katarakt von Ungeformtem, Klobigem, und so wird es bleiben. Was tut man, wenn man auf solch furchtbare Weise sich selbst der Wahrheit im Wege fühlt? Es ist ein Experiment, das Gott an dieser Stelle mit seinem Mann Mose unternimmt.

»Was hast du in der Hand?« fragt er ihn, so wie jeden von uns inmitten der Selbstzweifel. Und wir könnten getrost sagen:

»Einen Stab, etwas Zuverlässiges und Handfestes.«

Aber es gibt nichts Handfestes und Zuverlässiges im Taumelspiel der Angst.

»Wirf es weg!«

Und es ist nicht der Stab, es ist unser ganzes Leben, das wir aus der Hand geben und einfach fallenlassen können. Dann ist kein Auftrag mehr und in gewissem Sinn auch keine Angst mehr nötig, nur daß wir selber plötzlich anfangen, vor uns selber noch viel mehr Angst zu bekommen. Erst ist es die Angst, daß niemand uns glauben wird und wir niemandem das Wirkliche zu erklären vermögen. Aber aus lauter Angst vor den Menschen wird alsbald die Angst vor dem, was in uns selber ist, und aus einem Leben der Angst wird ein Leben endloser Flucht. Es gibt keinen anderen Weg, als noch einmal zu hören, was Gott in dieser Probe aufs Exempel unseres Daseins sagt:

»Faß zu, ergreif sie am Schwanz!«

Und dieser Mut des Zupackens macht aus uns, aus unserer Person und unserem Leben, wieder etwas Tragfähiges und Solides, nicht weil wir's in uns selber wären – es geht nicht um ein Zusammenbeißen der Zähne, um ein Stück heroischen Selbstvertrauens, es geht um das bißchen Zuversicht, das wir im Vertrauen auf Gott in uns selbst zu setzen lernen. Und genauso mit unserem Körper und unserer ganzen Seele. Wir können die Hände in die Hosentaschen stecken, aus lauter Angst. Wir tun dann überhaupt nichts mehr, so starr sind wir vor Furcht. Und das Ergebnis wird sein, daß die Menschen anfangen, vor uns zu fliehen, weil wir faulig werden. Menschen unter dem Übergewicht der Angst erträgt kein Mitmensch. Es gibt keinen anderen Weg gegen die Angst, als zu tun, was wir am meisten fürchten: wir selber zu sein und hervorzuholen, was wir haben und in der Hand halten.

Dann ist es der vielleicht erstaunlichste Satz der ganzen Bibel, mißverständlich in jedem Falle, aber heilend wie wohldosiertes Gift, wenn wir's richtig aufnehmen, als Gott sagt:

»Wer ist es, der da setzt einen Menschen stumm oder lahm oder blind oder taub?«

Es ist am Ende, daß wir selber unsere Gebrechen und Mängel nicht mehr als Einrede gegen Gott verstehen sollen, sondern als etwas, was wir von Gott zugeschickt erhalten haben. Und so steht gegeneinander: das Ich des Mose mit seiner Erfahrung im Negativen und das Ich Gottes, der alles will, was wir sind und was wir nicht sind – in jedem Fall *genug* für ihn in seinen Händen.

Und so heißt es schließlich aus Gottes Mund: »Geh also!«
Es ist ein Befehl, der Grammatik nach aber eigentlich die Form des Futurs, und man könnte und müßte deshalb womöglich besser übersetzen: Und jetzt darfst du gehen, jetzt kannst du gehen, und deshalb wirst du tun, was du am meisten ersehnst und am leidenschaftlichsten fühlst: Du wirst, indem du mir gehorchst, ganz zu dem werden, der du bist.

Es ist ein weiter Bogen von drei biblischen Büchern, der sich hinüberspannt zum letzten Kapitel im Buche Deuteronomium, als Mose auf dem Berg Nebo ganz Israel von Dan bis Beerscheba und die Oase des Palmenhains von Jericho vor sich sieht. Er aber wird das Gelobte Land nicht mehr betreten, seiner Zweifel wegen. – Es stand aber, versichert dieser Text, kein Prophet mehr auf in Israel als Mose, dessen Augen klar waren im Alter und dessen Hände stark, mit all den Zeichen und Wundern vor Gott und dem Volk. Wo sein Grab ist, weiß niemand.

Das Judentum aber kennt eine feinsinnige Nuance: In unseren Bibelübersetzungen heißt es: Und Mose starb nach dem Wort des Herrn. Es steht aber wörtlich da: Und Mose starb nach dem Munde des Herrn. Und so dachten und denken manche der Juden, Mose sei gestorben zum Munde des Herrn hin, weil doch er, ein Mensch zerbrochenen Mundes, zum Künder des göttlichen Wortes wurde. Und so hieße denn sterben überhaupt nur, daß Gottes Mund im Augenblick des Todes die Seele hinwegküßt. Kein Prophet in Israel war so bis zum Rand der Verzweiflung Mensch und gerade deshalb fähig, von Gott zu reden. Und ganz Israel wird nie etwas anderes sein, als daß es in Mose Gestalt gewinnt, ständig suchend und zweifelnd und leidend an der Last der Berufung und immer zu schwach, Gott auf den Lippen zu tragen, aber immer auch ein Dornbusch, welcher nicht verbrennt.

Zur selben Zeit kamen einige vorbei, die ihm von den Galiläern berichteten, deren Blut Pilatus mit ihren Schlachtopfern vermischt hatte. Und er hob an und sprach zu ihnen: Meint ihr, unter all den Galiläern seien nur diese Galiläer Sünder gewesen, weil sie dies erlitten haben? Mitnichten – ich sage euch vielmehr: Wenn ihr euch nicht bekehrt, geht ihr alle ebenso zugrunde. Oder jene achtzehn, auf die der Turm von Schiloach stürzte und sie tötete: Meint ihr, nur die seien gegenüber allen anderen Menschen, die Jerusalem bewohnen, schuldig gewesen? Mitnichten – ich sage euch vielmehr: Wenn ihr euch nicht bekehrt, geht ihr alle ebenso zugrunde. LK 13,1–5

Dies ist einer der ganz wenigen Evangelientexte im Neuen Testament, welche die wohl unheimlichste Frage im Verhältnis des Menschen zu Gott aufgreifen: die Frage nach dem Unrecht, das Menschen von Menschen und von seiten der Natur zugefügt wird. An vielen Stellen sonst spricht Christus von dem Vertrauen, das wir gegen alle Angst und gegen alles Wehklagen in den Gang der göttlichen Führung haben dürfen und sollen. Hier aber drängen die Leute verschreckt zu ihm und machen zu ihrer eigenen Beruhigung sich selber ein bestimmtes Urteil von Gott, das Christus zu einer Stellungnahme zwingt, wie er sie in dieser Weise an keiner Stelle sonst abgibt.

Man muß die Not der Leute, die zu Christus kommen, wohl verstehen. Wie kann es sein: Menschen stehen am Altar, sind mitten im Gottesdienst, im Angesicht des Heiligen, da fallen Heiden und Gottlose meuchlings über sie her und schlachten sie selber als Opfer auf das grausamste ab. Wie kann der Gott, an den man glaubt und den man ehrt, solches zulassen?

Diese Frage ist so furchtbar, daß sich Israel seit Jahrhunderten darüber zu beruhigen suchte. Gott ist gerecht, sagten die Theologen, die Priester und die Schrifterklärer, Gott wird seine Gründe haben, wenn er dies zuläßt. Auf der Seite des Ewigen gibt es keinen Irrtum. Wenn also über Menschen Unrecht hereinzubrechen scheint, ist dies nur scheinbar. Der Allwissende hat sicher Kunde von den verborgenen Fehlern des menschlichen Herzens, sie ahndet er, geheime Schuld rächt er an den nur scheinbar Nichtschuldigen. Es ist eine Art von Theologie, die Gott freispricht. Aber Christus meint: Sie ist nicht menschlich; sie begleicht die Rechnung zwischen Gott und Mensch auf Kosten des

Erbarmens, derart daß man die Unglücklichen schließlich zusätzlich zu allem Leid noch im moralischen Sinne verurteilt. Dagegen legt der Herr sein Veto ein. So kann man nicht denken, meint er. Es ist, um es noch einmal zu sagen, eine der ganz wenigen Stellen im Neuen Testament, wo Christus sich von der eigenen Güte gedrängt sieht, das Antlitz Gottes zu umhüllen, das Bild seines Vaters vom Menschen wegzurükken.

Ein anderes Beispiel: In Schiloach ist ein Turm eingestürzt und hat eine Gruppe von Menschen erschlagen. Der Vorfall ist in aller Munde. Und wieder ist der Schrei des Entsetzens: Wie kann Gott dies dulden? Wieder ist die Erklärung, daß Gott in seiner Weisheit Gründe haben wird, zumal im verborgenen Unrecht der Menschen. Christus meint als erstes: Man kann unter den Menschen nicht trennen zwischen gerecht und ungerecht, zwischen schuldig und unschuldig, und schon gar nicht kann man sich berufen auf die Trennlinie zwischen den Glücklichen und den Unglücklichen, den Heimgesuchten und den Davongekommenen. So simpel ist es nicht, daß der Wohlbehäbige auch schon als besserer Mensch gelten kann. Diese verborgene calvinistische Gleichung geht im Leben nicht auf. Das ist es, woran Christus vornehmlich liegt. Aber was für ein Bild von Gott wird dann gemalt?

Wir sind gewohnt, Gott zu suchen und zu finden im Gang der Natur. Wir stehen bewundernd vor den Werken der Schöpfermacht Gottes. Sie ermöglicht uns Menschen, und sie gibt uns eine kurze Zeit lang Raum zum Leben. Jedes winzigste Detail in ihr ist geordnet, die Weisheit, die sie in jedem Atom birgt, ist für unser Denken unerreichbar groß. Aber auf uns Menschen nimmt dieselbe Natur keine besondere Rücksicht. Ein winziges Blutgerinnsel genügt, eine kleine Embolie, und das Feuer des Geistes im Gehirn eines Genies wird auf immer erlöschen, es genügt eine kleine Verstopfung einer Herzarterie, und ein Herz, das erfüllt ist von Liebe, wird kalt und tot. In Sekundenschnelle entscheiden die Gesetze der Natur über Leben und Untergang, in ihrem Kreislauf sind wir selber die Kinder des Zufalls, Geburten undurchdringlicher Nacht.

Wir bewundern die Gesetze der Natur, die uns ermöglichen. Aber das Christentum, ja schon das Judentum war darin schlecht beraten, uns glauben zu machen, wir könnten von den Gesetzen der Natur her eine besondere Rücksichtnahme auf menschliche Fragen erwarten, in ihnen womöglich eine moralische Ordnung entdecken nach Maßgabe von Recht und Unrecht. Weil im Namen der Religion immer wieder so gelehrt wurde, hat in den letzten zwei Jahrhunderten aus der Verzweiflung an der Naturordnung, die nicht moralisch ist, der Atheismus seine Nährkraft gewonnen. Der große Georg Büchner schildert den Dichter Lenz, der im Steintal Zuflucht sucht bei dem protestantischen Pfarrer Oberlin, einem Freund Goethes, einem Genie der Menschlichkeit. Wenn in der Goethezeit irgendein Mensch beschworen wurde, in dem Humanität und Frömmigkeit miteinander verschmolzen, eine Person, für die es selbstverständlich war, ganz nebenbei Kindergärten zu erfinden, Hospitäler einzurichten, Lieder der Liebe auf Gott zu dichten, so war es Pfarrer Oberlin. Der Dichter Lenz sucht bei ihm Zuflucht, heimgesucht von der Angst seines Herzens, am Rande des Wahnsinns, und er hofft, in den Tröstungen dieses beinahe Heiligen Ruhe zu finden. Er findet sie nicht, das ist das Grauen, das Büchner beschwört. Im Steintal stirbt ein kleines Kind, Lenz steht bei ihm und betet über das Sterbende die nämlichen Worte, die Christus über die Tochter des Jairus sprach. Ohnmächtig und verzweifelt kommt er zu Oberlin zurück. Wenn ich so wäre, stammelt er, so mächtig, wenn ich so wäre, ich würde retten, retten. Aber Gott tut's nicht, darf's nicht, kann's gar nicht, das ist die Wahrheit. Wollte er's tun, auch nur in einem einzigen Detail, mit Rücksicht, sei es, auf den kostbarsten Menschen, die ganze Kuppel des Firmaments stürzte im gleichen Augenblick ein. Ihre Ordnung erhält sich über Millionen von Jahren, über Millionen von Lebewesen, und sie kann auf kein einzelnes Rücksicht nehmen. Dies ist die Natur, majestätisch groß und für unser menschliches Verständnis grausam und oft unbegreifbar.

Deswegen lebt in der Gestalt Christi eine andere, parallele, fast widersprechende und dennoch genauso wahre, genauso absolute, genauso richtige Weise, Gott zu sehen und zu erkennen. Wir als Menschen finden einen menschlichen Weg zu Gott nur an der Seite eines anderen Menschen. Das ist die Wahrheit des Christentums, wenn man so will, seine einzige, schönste. Wenn wir jenseits des majestätischen Gottes der Schöpfung ein menschliches Bild von Gott in unserem Herzen tragen, so liegt es daran, daß wir Menschen begegnen, die im Vertrauen auf Gott leben. Wann irgend uns ein Mensch, den wir lieben, so prägt, daß sich unser Wesen unter ihm wandelt, hin zu sich selber, sind wir dem Gott unseres Herzens ganz nahe. Wir sind im Kosmos ein winziger Schimmelüberzug auf einem stecknadelkopfgroßen Planeten am Rande unserer Milchstraße. Einzig die Liebe vermag einen anderen

Menschen in seiner Winzigkeit als unendlich groß, unendlich wichtig, für alle Ewigkeit bedeutend zu entdecken. Nur in der Liebe haben wir Menschen einen Wert, der unvergänglich ist, und nur die Liebe wird an die Unsterblichkeit glauben. Daß wir zu ihr berufen sind, dies lernen wir nur in der Gegenwart eines anderen Menschen, der uns sehr liebhat und den wir sehr lieben. Nur zu zweit gelangt man in den Himmel. Und eben dies wollte Christus uns lehren mit seiner Güte und mit seinem Verständnis. Die Natur mag grausam sein, wir aber vermögen einander an die Hand zu nehmen und um so mehr nicht aufzuhören, uns zu lieben. Es mag sein, wir können uns nicht schützen und nicht gegenseitig retten vor den Gefährdungen der äußeren Existenz, aber innerlich können wir zusammenstehen, und es wird nie aufhören in Zeit und Ewigkeit. Deshalb schon sollte das Unglück, das Menschen zustößt, kein Argument der Trennung sein und keiner Unterscheidung zwischen Recht und Unrecht Vorschub leisten. Es gibt nur ein einziges Reich der Menschlichkeit und der Güte. Daß man über niemanden richten darf, dies gehört zum Kostbarsten, was der Herr uns lehren wollte. Einzig den Mangel der Güte im eigenen Herzen mag man beklagen. Da trifft zu, was dieses Evangelium sagt: Die Zeit, in der wir die Güte miteinander und aneinander lernen können, ist nicht unbegrenzt.

Und das Pascha der Juden war nahe und Jesus stieg hinauf nach Jerusalem. Und im Heiligtum fand er die Rinder- und Schaf- und Taubenhändler und die Münzentauscher, die dasaßen. Und er machte aus Stricken eine Peitsche und trieb sie allesamt zum Heiligtum hinaus – auch die Schafe und Rinder. Er schüttete die Münzen der Wechsler aus und stieß die Tische um. Und zu den Taubenhändlern sprach er: Schafft das weg von hier. Macht das Haus meines Vaters nicht zu einem Handelshaus. Seine Jünger erinnerten sich, daß geschrieben ist: Der Eifer um dein Haus wird mich verzehren.

Die Juden hoben nun an und sprachen zu ihm: Welches Zeichen hast du uns vorzuweisen, daß du solches tun darfst? Jesus hob an und sprach zu ihnen. Löst diesen Tempel auf und errichten werde ich ihn binnen drei Tagen. Und die Juden sprachen: In sechsundvierzig Jahren wurde dieser Tempel gebaut – und du willst ihn binnen drei Tagen errichten! Jener aber redete vom Tempel seines Leibes. Als er dann von den Toten auferweckt war, erinnerten sich seine Jünger, daß er das gesagt hatte. Und sie glaubten der Schrift und dem Wort, das Jesus gesprochen hatte.

Wie er dann in Jerusalem zum Pascha war, im Festgetümmel, wurden viele glaubend an seinen Namen, da sie von ihm die Zeichen schauten, die er tat. Jesus selber aber setzte seinen Glauben nicht in sie, weil er alle erkannte und weil er es nicht brauchte, daß jemand über den Menschen bezeugte – erkannte er doch selber, was im Menschen war. JOH 2,13–25

Die ersten drei Evangelien stellen sie an das Ende, das Johannesevangelium an den Anfang des öffentlichen Wirkens Jesu; in Wahrheit ist die Reinigung des Tempels von Jerusalem Ausdruck und Inhalt des ganzen lebenslangen Bemühens Jesu.

Es gibt Leute, die mit der offiziellen Religion in Auseinandersetzungen geraten, weil sie ihren wesentlichen Inhalt hohl und nichtssagend finden; Philosophen, Künstler, Gelehrte aller Jahrhunderte haben sich von den Religionssystemen ihrer Zeit innerlich und offiziell entfernt. Es gibt andere Menschen, die zur bestehenden Religion in Spannung geraten müssen, weil sie sie ernster nehmen, als sogar ihre beamteten Vertreter sie ernst genommen wissen möchten; von dieser Art sind zu allen Zeiten die Propheten gewesen. Doch selbst ihre Gestalt kann sich noch einmal spalten.

Man kann die Religion auf eine Weise ernst nehmen, daß man sich aus

Angst an sie klammert wie ein Ertrinkender und bei allem guten Willen von ihr verlangt, daß sie gegen die innere Angst absichert, stabilisiert und einen undurchstoßbaren Panzer bildet. In den Tagen Jesu war diese Art von Protest konzentriert auf den Kreis der Wüstenmönche von Qumran. Sie verfluchten den Tempel von Jerusalem, hielten ihn für eine einzigartige gotteslästerliche Veranstaltung und wollten ihre Hände nicht besudeln mit den frevelhaften Opfern der pharisäisch eingestellten Priesterschaft.

Es gibt aber auch eine andere, gegenteilige Weise, die Religion ernst zu nehmen, bis daß es bitter und schmerzhaft wird: indem man so viel Angstfreiheit, Menschlichkeit und Wagemut von ihr fordert, daß es all denen, die sie verwalten möchten, darüber graust. Diese letzte Art verkörperte sich in der Person des Jesus von Nazaret. Die Tempelreinigung war nicht ein einmaliger Aufstand, ein vorübergehendes Symbol, das sich zu seinem übrigen Leben wie zufällig verhielt; sie drückt aus, was er insgesamt wollte.

Es muß gleich bei den ersten Auftritten seines öffentlichen Wirkens angefangen haben, als er in der Synagoge von Kafarnaum an einem Sabbat einen Menschen, der verkrümmt war, im Widerspruch zu den Pharisäern und den Schriftgelehrten in die Mitte des Volkes stellte. Darf man, fragt er, aufs höchste erregt und zornig wie später im Moment der Tempelreinigung, am Sabbat Gutes oder Böses tun? Soll sagen: Muß man Böses dadurch wirken, daß man die Hände sauber hält in der rechtschaffenen Ordnung des Sabbatgebotes, oder sollte man nicht lieber ein geschriebenes und wichtiges und unter Todesstrafe befestigtes Gebot Gottes notfalls mit Füßen treten, als daß man gewalttätig und grausam durch das Leben von Menschen geht? Dieser Mann, der verkrümmt dasteht, erscheint in den Augen Jesu wie jemand, der von der Last eines autoritär verkündeten Gesetzesgehorsams erniedrigt und zu Boden gedrückt wird. Was hätte Gott in diesem Augenblick getan? Die Sabbatordnung rechtfertigt sich mit dem Argument, Gott selbst habe am siebenten Tag geruht und gefunden, daß seine Schöpfung sehr gut geraten sei. Aber ein Mensch, der leidet, widerspricht der Sabbatruhe Gottes und erlaubt es nicht, die Schöpfung im ganzen sehr gut zu finden. Gott, wenn er diesen Verkrümmten sähe, müßte und würde sein Werk vollenden. Nur tut er das nicht anders als durch unsere Menschlichkeit. *Das* heißt die Sabbatordnung Gottes von innen her reinigen und läutern und vermenschlichen.

So wurden die Weichen gestellt vom ersten Wort und der ersten Handlung Jesu, und so ging es weiter bis zu dieser Szene in Jerusalem. An der Spitze der Gruppe derer, die sich ihm angeschlossen haben, weil sie verzweifelt genug waren, um zu wissen, was Gnade heißt, und weil sie hoffnungslos genug waren, um an nichts anderes mehr zu glauben als an Gott, und beteten, wie Jesus sie lehrte: Vater, dein Reich komme, klagt Jesus am Ort der Verkündigung Gottes in Jerusalem Barmherzigkeit und Menschlichkeit von seiten derer ein, die das Sagen haben: Hohepriester, Schriftgelehrte, Pharisäer. Es kann Jesus nicht verborgen geblieben sein, daß die Dinge im Untergrund zusammenhängen. Was er in Galiläa in den Dörfern rund um den See Genesaret immer wieder tat, nennen wir in der Verharmlosung des Theologendeutschs Vergebung der Sünden. Das Wort ist so verstaubt, verhunzt, verfeierlicht und mystifiziert, daß so recht niemand mehr etwas damit anfängt. Würden wir statt: »er vergab die Sünden« sagen: »er kämpfte gegen jede Art von Außenlenkung, Unterdrückung, Angstabhängigkeit und verinnerlichter Gewalt«, dann würden wir die Dinge beim Namen nennen. Denn Jesus sah, daß man die einfachen Leute auf dem Lande im Namen Gottes immer wieder einsperrte in die Fesseln einer Gehorsamsethik, die sie erstickte und nicht leben ließ und am Ende aus Gott einen Tyrannen machte, so daß man ihn nur fürchten und meiden konnte, statt zu ihm Vertrauen zu gewinnen und sich ihm zu öffnen. Diese Art von Religion verleumdet Gott, der zu den Menschen väterlich ist und uns als Geschwister möchte, die miteinander zu leben verstehen.

Was auf der einen Seite die Tyrannei im Sprechen von Gott ist, stellt sich auf der anderen Seite als Ursache und Folge, als Motiv und Ziel, als ein sehr berechnetes, wohlkalkuliertes System von Macht und Geldgewinn dar. Und ebendiese barbarische Außenseite der verwalteten Religion trifft Jesus im Tempel von Jerusalem, da, wo der Kopf des Ganzen sitzt und alle Fäden zusammenlaufen, wo die Entscheidungsträger Platz nehmen und von wo jedes Reglement den Ausgang nimmt. Wir hören von Jesus zumeist, daß er sehr liebevoll spricht und eine Sprache redet, die den Menschen aus dem Herzen kommt. Er konnte unendlich gütig und verständnisvoll sein, aber in diesem Moment packt ihn die Wut, mit dem Prophetenwort ausgedrückt: »die Leidenschaft für Gott«. Was er tut, ist eindeutig. Es gibt keine Worte mehr. Er tut, was wir, kennten wir dieses Evangelium nicht, kaum für möglich hielten: er macht eine Peitsche und schlägt einfach zu, auf die Leute, die womöglich nichts dafür können, Geldwechsler, die das Heidengeld eintauschen gegen die Landeswährung, die im Tempel aus bestimmten rituellen Gründen zugelassen ist, und gegen das so getauschte Geld die Opfertiere verkaufen, die man darbringen muß, um Gott gnädig zu stimmen. Jesus erzürnt dieser Schacher an heiliger Stätte so sehr, daß er hinausfegt, was er hinausdrängen kann, weil es mit Gott nichts zu tun hat.

Und nun muß man den Kontrast ganz deutlich sehen, denn seit den Tagen Jesu bis heute lautet die Frage: Was sagt die Weise, wie Jesus mit Gott leben wollte, über Gott? Wir denken, daß wir uns in der Kirche sehr zu Recht auf den Mann aus Nazaret berufen können; er gibt uns den Namen, wir sind auf Leben und Tod durch die Taufe mit seiner Existenz verbunden. Wir versammeln uns um den Altar der Kirche, um zu sagen, daß Er uns wie Speise und Trank ist. Aber ist die Art, wie wir Jesus verstehen und leben, so gemacht, wie er es wollte, so innerlich, leidenschaftlich und menschlich? Was hat die Kirche, in der wir existieren, mit dem Propheten aus Nazaret zu tun, der gebot, zu wählen zwischen Gott und dem Geld, zwischen dem Vater im Himmel und dem Mammon als dem Gegengötzen? Man könnte denken, es sei doch unvermeidbar, daß im Raum einer verfaßten Religion natürlich auch Geld eine gewisse Rolle spielt, immer wohlgemerkt in Dienstfunktion für das Heilige, aus Gründen, die caritativ notwendig und gerechtfertigt sind: bauliche Maßnahmen, Personalausgaben, Instandsetzungsarbeiten... Keine Kirche, die als ein wohlverfaßter Leib Christi in Erscheinung treten will, als eine vollendete Gesellschaft, wie man seit dem 16. Jahrhundert sagt, wird aufs Geld verzichten können, selbst die Orgeln und die Heizung und die Fenster, alles das muß bezahlt werden. Richtig, wenn man bis drei zählt. Aber Jesus wollte überhaupt nicht, daß man anfängt zu zählen, auch nicht bis drei. Er wollte, daß man mit Gott rechnet und auf Menschen sieht.

Und das ist nun die Frage: Wie wertvoll ist uns Gott, daß wir die Religion nicht veräußerlichen? In den Tagen Jesu konnte man alle Probleme an Personen festmachen. Die Tempelbezirke, in denen der Schacher getrieben wurde, gehörten dem Geschlecht des Hohenpriesters Hannas, aus dem auch später der Hohepriester Kaijaphas kommt, der Jesus gegenübertritt und das Todesurteil betreibt. Irgendwo sind immer Kreise, die an der Religion verdienen, ihre Alibis gilt es zu entlarven.

Es ist immer das gleiche in zwei Punkten festzumachen, die strukturell die Religion zu stabilisieren vorgeben und sie in Wirklichkeit unterminieren. Das *eine* ist: man verwandelt die Gotteserfahrung, die persönliche Begegnung in eine Lehre von außen, eben in die Doktrin von Gesetzlichkeit und Zwang, die Jesus im Herzen der Menschen als Besessenheit und Krankheit wiederfand und aufzulösen suchte. Machen wir die Probe aufs Exempel, wie das Christentum sich darstellt. Bei einiger Ehrlichkeit kommen wir nicht umhin zu sagen: spätestens seit dem 4. Jahrhundert fast ausschließlich als Lehrbetrieb, eingerichtet von bestimmten Schichten, die auslegen, wie man an Christus glauben muß, das heißt, welche Formeln man sprechen muß, um zu beteuern, daß man an Christus glaubt; und wer diese Sprache nicht exakt auf der Walze hat, gilt nicht als Mitglied der Kirche, ist als ein Ungläubiger auszustoßen. Um ein solches System zu halten, braucht man sehr viel Geld für eine jahrelange Ausbildung, für die Einrichtung gewaltiger Bibliotheken, für den Aufbau eines riesigen Systems einer Machtverteilungspyramide. Ein solches System erhält sich, indem dem kleinen Mann vorgemacht wird, daß seine Erfahrungen, seine Gefühle vor Gott nichts gelten, es sei denn, sie würden durch das Sprachspiel der Experten beglaubigt. Sie wissen, wann man gläubig und auf dem rechten Wege ist, und solange dies nicht gewährleistet ist, gilt nichts in Sachen Gott und Jesus Christus. – Was würde Jesus tun, käme er zweitausend Jahre später zurück in diese Welt, und mit was für Peitschen müßte er zuschlagen, um uns zu treffen? Man braucht viel Macht, um dieses System weiter fortzusetzen. Man braucht den Zugang zu den Bildungsmonopolen, man braucht die Kollaboration mit der Staatsmacht, man braucht die Rückversicherung der öffentlichen Ordnung, man ist am Ende sogar selber systemerhaltend für die bürgerliche Ordnung, liefert die metaphysische Rechtfertigung ihrer Ethik, ihrer zeitbedingten Sittlichkeit, der Hauptform des Zusammenlebens, und wird immer abhängiger, und entfernt sich immer weiter von Gott. Muß uns nicht Traurigkeit überkommen, wenn wir die kostbarsten Leistungen des Christentums im Abendland aufgereiht sehen in großartigen Domen und Kathedralen, so schön, daß sie als Museum ein erhabenes Zeugnis der Baukunst, der stilistischen Sensibilität, des Opfermutes und des Reichtums vergangener Epochen sind, und wieviel Blut klebt an dem ganzen Gold und Geld! Die römischen Basiliken – sie wurden ausgekleidet mit dem Gold der Azteken, einer geschändeten und erwürgten Kultur, im Dienst für Gott, gewiß – aber welches Gottes? Des Vaters Jesu Christi? Sicher nicht.

Zum *zweiten* muß man sich vorstellen, daß es all das ja nicht nur draußen gibt. Es ist nicht nur die Institution, sondern wir sind es wesentlich selber, die wir es offenbar besser nicht wünschen, sondern uns damit beruhigen, daß die Dinge einfach so laufen, die wir mitmachen, wie man uns bei der Hand genommen hat, die wir dazugehören, wie wir sollen, die wir uns nicht zu entscheiden wagen zwischen den Evangeliaren aus Gold, die man an erhabenen Stellen aufblättert, um das Wort Jesu vor Kaisern und Königen, Fürsten und Statthaltern sorgfältig und weise auszulegen, und dem heiligen Franziskus, der die letzte Bibel weggab, um sie zu verkaufen für einen Bettler. Wenn Gott nur im Herzen spricht, ist alles sehr billig, aber wir selber sind sehr reich. Und das, so wollte Jesus, sollten wir entdecken können.

Als im Mittelalter Meister Eckhart über dieses Evangelium predigte, meinte er: Der Tempel von Jerusalem, den Jesus reinigte, das ist unser Herz. Dort gibt es das alles, die Angst und die Antwort darauf, die Machtgier, die Geldgier, den Untertanengeist, die Abhängigkeit. Es gibt darin aber auch die Sehnsucht nach Freiheit, den Mut zu leben, das Glück der Menschlichkeit und die Kraft der Liebe. Der Bereich im Tempel, den Jesus reinigte, war der Vorhof der Heiden. Und das wollte er auch: daß es keine Religion mehr gibt, die sich verschließt vor jenen Menschen, von denen wir sagen, sie verstünden nichts von Gott. Jeder Mensch, und sei es ein Heide, kann ohne Opferkult und Ritual Gott finden, denn er ist als Mensch, als Geschöpf seines Vaters unmittelbar in den Händen des Ewigen. Wer ihn dort findet, lebt Jesus Christus. Wer sich dem verweigert, und sei es unter den frömmsten Formeln, verrät ihn in diesen Tagen vor Golgota und Getsemane.

Als nun Jesus erfuhr, die Pharisäer hätten gehört, Jesus mache und taufe mehr Jünger als Johannes – obschon Jesus selber nicht taufte, sondern seine Jünger –, da verließ er Judäa und zog abermals nach Galiläa. Er mußte aber durch Samarien hindurchziehen. Er kommt also in eine Stadt Samariens, genannt Sychar, nahe dem Landstück, das Jakob seinem Sohn Josef gegeben. Es war aber dort eine Quelle Jakobs. Abgemüht von der Reise setzte sich Jesus also an der Quelle nieder. Es war um die sechste Stunde.

Kommt eine Frau aus Samarien, um Wasser zu schöpfen. Sagt Jesus zu ihr: Gib mir zu trinken. Seine Jünger waren nämlich zur Stadt gegangen, um Zehr zu kaufen. Sagt also die samaritische Frau zu ihm: Wie kannst du, ein Jude, von mir, einer samaritischen Frau, zu trinken begehren? – Juden verkehren nämlich nicht mit Samaritern. Jesus hob an und sprach zu ihr: Wenn du die Gabe Gottes kenntest und wer es ist, der zu dir sagt: Gib mir zu trinken, so hättest du ihn gebeten, und er hätte dir lebendiges Wasser gegeben. Sagt die Frau zu ihm: Herr, du hast keinen Eimer und der Brunnen ist tief. Woher willst du also das lebendige Wasser haben? Du bist doch nicht größer als unser Vater Jakob, der uns der Brunnen gegeben und selber aus ihm getrunken hat, samt seinen Söhnen und seinem Vieh. Jesus hob an und sprach zu ihr: Jeder, der von diesem Wasser trinkt, wird abermals dürsten. Wer aber von dem Wasser trinkt, das ich ihm gebe, der wird nicht dürsten – nicht auf Weltzeit hin. Vielmehr: Das Wasser, das ich ihm gebe, wird ihm zur Quelle eines Wassers, das sprudelt zu unendlichem Leben. Sagt die Frau zu ihm: Herr, gib mir dieses Wasser, daß ich nicht mehr durstig werde und hierher zum Schöpfen kommen muß.

Sagt er zu ihr: Geh, ruf deinen Mann und komm wieder her. Die Frau hob an und sprach zu ihm: Einen Mann habe ich nicht. Sagt Jesus zu ihr: Recht hast du gesprochen: Einen Mann habe ich nicht. Fünf Männer hast du ja gehabt und jetzt hast du einen, der nicht dein Mann ist. Da hast du Wahres gesagt.

Sagt die Frau zu ihm: Herr, ich schaue: Du bist ein Prophet. Unsere Väter haben auf diesem Berg sich tief verneigt. Doch ihr sagt, in Jerusalem sei der Ort, wo man sich tief verneigen müsse. Sagt Jesus zu ihr: Glaube mir, Frau: Die Stunde kommt, da ihr euch weder auf diesem Berg noch in Jerusalem vor dem Vater tief verneigen werdet. Ihr verneigt euch tief vor dem, den ihr nicht kennt, wir verneigen uns tief vor dem, den wir kennen. Gewiß: Die Rettung kommt aus den Juden.

Aber: Die Stunde kommt – und jetzt ist sie da –, wo jene, die sich wahrhaft tief verneigen, sich vor dem Vater in Geist und Wahrheit tief verneigen werden. Und solche sucht ja der Vater, daß sie sich tief vor ihm verneigen. Geist ist Gott, und die sich tief verneigen vor ihm – in Geist und Wahrheit müssen sie sich tief verneigen. Sagt die Frau zu ihm: Ich weiß: Der Gesalbte – der Messias genannte – kommt. Wenn er kommt, tut er uns alles kund. Sagt Jesus zu ihr: Ich bin es – ich, der mit dir redet...

Aus jener Stadt aber wurden viele von den Samaritern glaubend an ihn – auf das Wort der Frau hin, die bezeugt hatte: Er hat zu mir über alles gesprochen, was ich getan habe. Als nun die Samariter zu ihm kamen, baten sie ihn, daß er bei ihnen bleibe. Und er blieb dort zwei Tage. Und es wurden ihrer noch viel mehr glaubend – auf sein Wort hin. Und sie sagten zu der Frau: Nicht mehr auf deine Rede hin glauben wir. Wir haben selber gehört und wissen: Der ist in Wahrheit der Retter der Welt. JOH 4,1–26.39–42

Es gibt Texte im Neuen Testament, die noch wie unentdeckt im Staub der Zeit verborgen liegen und die sich unserem Verständnis erst sehr langsam erschließen. Selbst zweitausend Jahre danach sind wir im Verständnis dieses Gesprächs zwischen Jesus und der Frau am Jakobsbrunnen buchstäblich erst am Anfang all dessen, was es uns zu sagen hat.

Es beginnt damit, daß Jesus Judäa den Rücken gekehrt hat. Man debattiert dort über die Frage, wer wohl mehr Jünger mache, Jesus oder Johannes der Täufer. Es ist ein Rechnen in Statistiken der Religionszugehörigkeit, und Jesus scheint von dieser Art der Nachfolgemacherei der verwalteten Religion so angewidert zu sein, daß er dem Land Judäa, dem Ort jahrhundertealter Gottesverkündigung, den Rücken kehrt und sich buchstäblich im Niemandsland des Religiösen wiederfindet. Samaria ist das Feindvolk der Rechtgläubigen, und national, religiös und politisch besteht seit Jahrhunderten Erzfeindschaft zwischen der Religion der Synagoge und diesen Auch-Juden, die schlimmer sind als die Heiden, da sie sich ausgegrenzt haben aus dem Kordon der Rechtgläubigkeit. Es ist der Rest des alten Nordreichs, der in Samaria weiterlebt, und politische Intrigen, Königsfeindschaft, religiöse Ideologien haben ein Volk der Offenbarung zerrissen, so wie im christlichen Abendland etwa noch vor Jahrzehnten Protestanten und Katholiken in manchen Gegenden in ihrem Bekenntnis, das im Grunde doch gemeinsam war, einander als Feinde gelten konnten. Dieses heutige Evangelium also beginnt mit der Frage, wie es möglich ist, unter solchen Umständen, in einem ganz anderen Verstehensraum und unter völlig veränderten Voraussetzungen, von Gott glaubwürdig zu sprechen. Es ist die Frage, die uns im Christentum bis heute beschäftigt: Wie sagt man als Vater oder Mutter den Kindern glaubwürdig etwas von Gott? Wie verkünden wir unsere eigene religiöse Überzeugung in eine Welt hinein, die scheinbar solche Fragen gar nicht hat, und wie sprechen wir in Räumen ganz anderer Religionsgeschichte von unserem Glauben an Gott, wie Jesus ihn verkörperte?

Es ist erstaunlich, daß dieses Gespräch am Jakobsbrunnen gar nicht zustande käme, würden wir diese unsere erste Frage, wie man den Glauben an Gott verkündet, für den Einstieg und das Zentralproblem halten. Nichts in diesem Gespräch könnte sich vollziehen, wenn nicht mindestens drei Tabus auf einmal überwunden würden, einfach indem man sich erinnerte, daß es so etwas gibt wie eine internationale Sprache der Verständigung. Alles beginnt damit, daß Jesus in der Mittagshitze Durst hat und müde ist und sich an den Brunnen setzt und eine Frau kommt, Wasser zu schöpfen. Ein stolzer Jude hätte Charakter zeigen und sich den Durst verbeißen müssen. Er hätte den Kontakt mit einem Nichtjuden, einem Samariter, in dieser demütigenden Form der Bitte um Wasser sich selber untersagen müssen. Schon gar hätte er als Mann die Pflicht, sich nicht dahin herabzulassen, eine Frau zu ersuchen, ihm hilfreich zu sein. Und es würde ihn die Schranke der Religiosität dazu bestimmen, die eigene Bedürftigkeit tapfer zu verleugnen. Es wäre nicht möglich, daß dieses Gespräch, das im Leben der Frau aus dem Dorfe Sychar alles ändert, auch nur in den Anfangsbedingungen zustande gekommen wäre, wenn nicht Jesus den Mut gehabt hätte, das Tabu der Nationalität, das Tabu der Religiosität und das moralische Tabu zwischen Mann und Frau inmitten einer patriarchalischen Gesellschaft zu überwinden.

Was hier auf dem Spiel steht, muß man buchstäblich ins 20. Jahrhundert übersetzen, wo uns immer noch Staatsgrenzen als das Ende der eigenen Menschlichkeit vorgestellt werden, so daß die nationalen Interessen beispielsweise immer noch verhindern, daß wir uns weltweit an Hunger und Durst erinnern. Es wäre aber ein Auftrag der Menschlichkeit, daß wir begreifen: einfach weil wir einen Körper haben, der auf den Kreislauf von Energie und Nahrung angewiesen ist, gehören wir zusammen in solch ganz einfachen Erfahrungen. Was Müdigkeit ist, Hunger ist und Durst ist, versteht ein jeder auf dieser Welt. Es kann aber ein Grenzstein bereits bedeuten, daß wir durch Lichtjahre voneinander getrennt sind.

Es kann der Dünkel der Religion darin bestehen, nur denjenigen zu helfen, die an unserer Seite sind. Ich entsinne mich, daß ich vor Jahren, grade in den Vorweihnachtstagen, als für Adveniat kollektiert wurde, auf den Straßen eine Kollekte versuchte für die Flüchtlinge in Bangladesch, die zu Millionen, mehr als zwölf Millionen, aus Bengalen hinausgedrückt wurden. »Das geht nicht«, hörte ich sagen, »das schafft Konkurrenz, wir sammeln jetzt für Adveniat.« Ja, aber worum geht es denn, wenn wir sammeln? Um die Demonstration der eigenen Macht, des finanziellen Angebots der Stärke? Oder nicht vielmehr um ein Wissen, daß Menschen, die auf Zeitungen schlafen, unserer Hilfe bedürfen, gleich welcher Hautfarbe, Sprache oder Religionszugehörigkeit?

Und wann wird in unserer Gesellschaft, speziell in unserer Religion, ein Mann wagen, einer Frau zu sagen: »Ich bitte dich um ein Glas Wasser«? Und wenn gar das Wasser nur ein Symbol ist und er am Verdursten wäre und nicht nur das Tun des anderen brauchte, sondern seine Person, ein Mann eine Frau, wären wir sogleich im Feld des Anrüchigen, des scheinbar Verbotenen, des Tabubeladenen. Wie frei muß man werden, um menschlich zu sein?

Ohne dieses Fundament der Menschlichkeit käme kein Wort in diesem Gespräch zustande. Dann ist es wahr, daß Jesus gleich das Ende von allem vorwegnimmt und aufgreift: Wenn du wüßtest, wer der ist, der mit dir redet! Was wir bedürfen im Leben, ist niemals *etwas*, sondern das Gegenüber einer Person, und wir werden auf dieser Erde niemals Ruhe finden, bis uns im Hintergrund von allem etwas Absolutes aufscheint, eine Person, die will, daß wir sind. Nur: wie findet man zu dieser Erkenntnis?

Wenn Jesus in der Sprache der Religion redet, erweist es sich zunächst als voller Mißverständnisse. Da geht die Bildrede vom Wasser des Lebens, und augenblicklich versteht es die Frau am Jakobsbrunnen auf ihre Weise. Von Vater Jakob im Alten Testament, von diesem Gottesträumer und Wegesucher, von diesem Liebenden und Werbenden um die Gunst Rachels, dem Stammvater Israels, ist als sein Erbe einzig ein Brunnen übriggeblieben, aus dem er selbst, seine Diener und sein Vieh seinerzeit tranken. So kann es Menschen packen, daß der Inbegriff all des Wünschenswerten auf der Ebene dessen gelegen ist, was wir als Menschen brauchen. Die leibliche Versorgung wäre unendlich viel für all diejenigen, die sie nur in einem Übermaß der Mühsal oder der Entbehrung sich zu verschaffen vermögen, und es wäre ein fast paradiesischer Traum, nichts mehr wäre nötig von der Plackerei und Schufterei, die bloßen Existenzbedingungen zu erstellen. Und doch ist es nicht das, was uns Menschen ausmacht. Gesetzt selber, wir lebten so, wie wir am Ende des 20. Jahrhunderts in der Bundesrepublik beinahe leben, enthoben der Not oder der Angst um die Sicherung der äußeren Existenz, uns flösse das Wasser ins Haus und wir verfügten über alle Mittel, uns einigermaßen angenehm einzurichten, so sehr, wie es die Pharaonen vor viertausend Jahren nicht zu träumen wagten – wären wir dann am Ende unserer Sehnsucht und unseres Verlangens? Wir würden bald merken, was wir vielleicht hier in Westeuropa inzwischen deutlicher wissen als die Menschen in den Ländern der Dritten Welt, daß Hunger, Armut, Durst, Müdigkeit, Traurigkeit, Einsamkeit, Verzweiflung, Krankheit *innerlich* noch viel tiefer uns heimsuchen können, als das äußerlich ehedem der Fall war. Am Ende *haben* wir alles und wissen doch nicht, wofür wir *sind*. Wir brauchen nur in den Kühlschrank zu schauen und wissen, wovon wir leben, aber wir wissen nicht, wozu, und was mit unserem eigenen Leben gemeint ist. Davon scheint uns eine ganze Welt zu trennen.

Es ist die zweite Frage, die Jesus an diese Frau am Jakobsbrunnen richtet: wovon sie wirklich lebt. Jesus spricht ihr auf den Kopf zu: »Fünf Männer hattest du, und der, den du jetzt hast, ist nicht dein Mann.« Es ist, daß wir Menschen nach anderen Menschen suchen, an die wir uns klammern können. Nur in ihren Augen werden wir so etwas gewinnen wie Schönheit, nur aus den Worten ihres Mundes so etwas wie Berechtigung und nur an ihrer Seite so etwas wie Geborgenheit und Frieden. Wo gibt es solche Menschen? Diese Frau hat gesucht und gesucht in einem Übermaß und ward immer wieder enttäuscht und machte sich erneut auf die Suche. Es kann sein, daß wir unglücklich sind in der Maßlosigkeit unseres Verlangens nach Glück, und immer kreisen und kreisen wir, drehen wir uns und wissen an kein Ziel zu kommen.

Ich höre in unseren Tagen oft sagen, daß zwischen Religionen, speziell der des Christentums, und dem Bemühen um Selbstverwirklichung von Menschen ein krasser Gegensatz bestehe und beides miteinander unvereinbar sei. Dieses Evangelium aus dem 4. Kapitel des Johannes mag uns zeigen, daß wir zu Gott nicht anders finden, als daß wir mindestens die Gründe unseres Unglücks begreifen. Es ist, daß Jesus an dieser Stelle mit der Frau durcharbeitet, was sie sucht, wonach sie verlangt und was sie immer wieder zurückwerfen muß in einem Feld von Enttäuschungen und Vergeblichkeiten. Erst jetzt, an dieser Stelle, wo das Leben der Frau sich klärt, beginnt die Sprache auf die Religion zu kommen. Und da hat man erneut den Kontrast: Ihr Juden betet an in Jerusalem, wir Samaritaner auf dem Garizim, und welche Religion, die die Väter gelehrt haben, ist richtig und wahr? Es ist ein unglaublicher Atemwind im Munde Jesu, wenn er, wie aus der Ewigkeit kommend, in das Leben dieser Frau hineinspricht. Es geht nicht darum, daß durch die Tradition und die Herkunft ein Glaube sich festlegt. Was Gott sucht, sind Menschen, die aus innerer Wahrheit und aus Geist, aus Überzeugung, die stimmt, sich zu ihm wenden. Und all das, was die Frau in diesem Gespräch erlebt hat, findet Eingang in ihre Wahrheit und ihre Wirklichkeit.

Noch einmal ist dann die Frage: Wie artikuliert sich und wie gestaltet sich eine solche Überzeugung aus Geist und Wahrheit? Kann es nicht sein, daß wir alles kennen und wissen's doch nicht zu leben, nicht heute, nicht jetzt? Mitten in unserer Kirche hören wir so oft sagen: Man darf nicht ungeduldig sein, man darf nicht Änderungen *gleich* erwarten, alles wird kommen für die, die ausharren. Es ist, daß wir warten und warten bis zum Sankt-Nimmerleins-Tag. So spricht diese Frau, ebenso gläubig wie verzweifelt: Ich weiß, daß der Messias kommt, und er wird uns alles zeigen. Aber wann wird der Messias kommen? Es gibt nur *eine* Art, christlich zu leben: Wer, wenn nicht ich, und wann, wenn nicht jetzt? – und es duldet keinen Aufschub. Und dann wird man an der Person des Jesus von Nazaret sehen, daß die Schranke zwischen Himmel und Erde sich öffnet und kein Gegensatz mehr ist zwischen Gott und Mensch und dem Sprechen von der Religion und dem Sich-Finden der Menschen und hier auf dieser Erde unter den Menschen keine Grenze mehr Bestand hat. Selbst die Leute in Sychar werden später sagen: Wir glauben nicht mehr deiner Rede wegen, Frau, sondern selber haben wir gehört.

Würden wir dieses Evangelium so verstehen, wie dieser Dialog der Stufen, der mühsame Weg der Erkenntnis gemeint ist, wir gingen zu auf eine Weltreligion der Geschwisterlichkeit, die wir als *eine* Menschheit brauchen. Heute noch trennt sich das Christentum in verschiedene Konfessionen, noch trennen sich die Religionen in ihren unterschiedlichen Bekenntnissen, aber wäre es nicht möglich, daß wir sie alle brauchen, und eine jede bringt ihre Erfahrung ein statt ihre Doktrinen? Dann hätten wir in diesem Evangelium zu lernen von den Buddhisten, die ihr ganzes Leben in diesem Erfahrungsraum zubringen, was es heißt, immer wieder unter der Zuchtrute des Durstes zur selben Quelle zu müssen in endlosem Kreislauf. Daß der Lebensdurst uns quält, weil er niemals zu sättigen ist, diese Erfahrung ist der Inbegriff des Buddhismus. – Und wie Mann und Frau einander suchen und dabei nach Gott verlangen, sich nicht vor ihrer Körperlichkeit und Sinnlichkeit fürchten, sondern sie in ihrem Verlangen durchseelen, bis daß sie anlangen an der Ewigkeit, dies ist der Weg des Hinduismus in seinen Mythen, seinen Gedichten, seiner Liebeslyrik und unvergleichlichen Poesie aller Naturkräfte im Menschen und rings um den Menschen. – Und das Warten, daß diese Geschichte sich erfüllt im Kommen des Messias und es bräche an ein wirkliches Reich Gottes unter den Menschen, ist das gesamte Erbe aus Judentum und Islam. Und all dieser Religionen bedürften wir; sie wären keine Gegensätze, sondern sie müßten erklären, woran wir selber glauben, sie alle wären Stufen ins Heiligtum des Christus, dessen, der sagt: Ich bin. Und es ist eine Wirklichkeit ganz und gar gestaltet als Freiheit, als Person und bereit, einen jeden von uns bei der Hand zu nehmen, auf daß er werde wie Gott, eine Person in Freiheit, gegründet in Liebe, abhängig als Kreatur, aber berufen zur Unendlichkeit.

Zum vierten Fastensonntag

Das Volk dürstete dort nach Wasser und murrte gegen Mose. Sie sagten: Warum hast du uns überhaupt aus Ägypten hierher geführt? Um uns, unsere Söhne und unser Vieh verdursten zu lassen? Mose schrie zum Herrn: Was soll ich mit diesem Volk anfangen? Es fehlt nur wenig, und sie steinigen mich. Der Herr antwortete Mose: Geh am Volk vorbei, und nimm einige von den Ältesten Israels mit; nimm auch den Stab in die Hand, mit dem du auf den Nil geschlagen hast, und geh! Dort drüben auf dem Felsen am Horeb werde ich vor dir stehen. Dann schlag an den Felsen! Es wird Wasser herauskommen, und das Volk kann trinken. Das tat Mose vor den Augen der Ältesten Israels. Den Ort nannte er Massa und Meriba (Probe und Streit), weil die Israeliten Streit begonnen und den Herrn auf die Probe gestellt hatten, indem sie sagten: Ist der Herr in unserer Mitte oder nicht? EX 17,3–7

Sonderbar sind diese Erzählungen vom Auszug Israels aus Ägypten. Generationenlang hat das Volk in einem Land gelebt, das es später im Rückblick den Glutofen und das Haus der Knechtschaft nennen wird. Nie wäre es nach Ägypten gegangen ohne den Zwang des Hungers, aber es erkaufte seine Versorgtheit um den Preis des Gefühls, unberechtigt in einem fremden Lande zu leben. Jeden Tag mußte es einwilligen, sich seine Aufenthaltsgenehmigung zu erarbeiten und zu verdienen, indem es den Rücken beugte unter der Knute und der Geißel der Treiber. Nicht einmal die Hoffnung blieb, seine Mühsal könnte belohnt werden durch das Glück eines kommenden Geschlechtes. Denn weggerissen wurde auf den grausamen Befehl des Pharao die Erstgeburt den Müttern und jedes männliche Kind erschlagen.

Angesichts dieses empörenden Leids und der nicht endenden Not hörte Gott das Schreien seines Volkes und gab ihm den Befehl ins Herz, den er jedem gibt, der die Menschensklaverei und -furcht nicht mehr erträgt.»Zieh weg aus diesem Land, noch einmal, und wähle deine Freiheit.« – Israel zog, wie jeder seine Freiheit antritt, wenn er Angst hat vor Menschen, bei Nacht und Nebel und fluchtartig, bis daß es am Gestade des Roten Meeres keinen Weg mehr vor sich sah und, kaum verweilend, hinter sich den Hufschlag der Streitwagenabteilungen seines Zwingherrn hörte, keine Aussicht vorwärts, kein Weg rückwärts. Es wäre zum Verzweifeln gewesen, hätte nicht der Mann Mose, am anderen Ufer stehend, seinen Stab über das Wasser gestreckt und dem Volk gesagt: Komm, setz deinen Fuß auf das, was dich ein Abgrund dünkt, betritt einen Weg, den du noch nie gegangen bist, geh geradeaus, und sei es wie blind; es gibt nur diesen einen Weg, alles andere ist der Tod. Wähle das Leben, indem du die Angst vergißt. Geh geradeaus weiter.

Es war am anderen Ufer, daß Israel lernte, noch einmal von vorn zu leben. Die Propheten werden später sagen, es sei die glücklichste Zeit des Volkes gewesen. Es gab nicht mehr die Reserven der Versorgtheit. Es gab nichts mehr zu planen an menschlicher Sicherheit, nichts zu machen, nichts zu tun, worauf man seine Zukunft hätte gründen oder wonach man sie hätte gestalten können. Man lebte buchstäblich jeden Tag von der Hand in den Mund. Und das, wovon man lebte, kannte man nicht. Man nannte es: »Was ist das? – Manhu.« Aber kein Morgen begann ohne die Dankbarkeit, leben zu dürfen, gerettet wie durch ein Wunder. Und man sammelte vom Boden stückchenweise auf, was im Munde süß wie Honiglebkuchen schmeckte. Eine Zeit der ungebundenen Freiheit, der Weite des Herzens, des frühen Morgenrots am Anfang einer neuen Welt.

Aber es kamen die Tage, da der Preis für die Freiheit zu hoch schien, die Last und die Mühsal des Weges zu groß, jeder Rastplatz nur der Beginn neuen Aufbruchs. Und das Volk stand auf, ein Aufstand der Müdigkeit, der Resignation, der Ungeduld, der Erschöpfung. Man begann zu zweifeln, ob das, was Mose betrieb, nicht nur ein großer Irrtum wäre, ob wirklich Gott inmitten seines Volkes sei als Beistand und Schirmherr, ob nicht all dies nur Wahn und Einbildung sei. Und man fing an zu reden, wie schön es in Ägypten gewesen sei, wo man sein Einkommen und Auskommen hatte. Man hatte Melonen und Gurken zu essen, Lattich und Schnittlauch, man war versorgt. Und ist nicht ein versorgtes Leben ungleich besser als ein freies Leben inmitten der Drangsal? Man verwünschte Mose und verfluchte ihn. Aber Mose hatte keine andere Antwort, als zu sagen: Am Horeb steht euer Gott. Es gibt keine Lösung für die Dauer. Es gibt kein Schlaraffenland auf Erden. Es gibt kein neues Paradies. Doch von Gott muß man nicht mehr wissen, als daß er *heute* da ist, daß er *heute* leben läßt. Mit den Worten des Neuen Testamentes: Sorgt euch nicht um den morgigen Tag; Gott ist da, als der er dasein wird. Einzig davon lebt ihr.

Dann war's, daß Mose auf dem höchsten Gipfel des Berges Pisga, dem Nebo, stand und das ganze Land sah, das er das Gelobte nannte, von Dan bis Beerschebe, von Nord bis Süd. Er selbst erreichte es nicht mehr, und vielleicht war's gut so. Denn kaum war es betreten, mußte gekämpft werden um jede Stadt, um jeden Ort in dem Gelobten Land. Und kaum bezwungen, schmolz das Reich zusammen wie Schnee in der Sonne, Jerusalem, eine Stadt mit Mauern, voller Blut. Vergäße ich dein, Jeruschalajim, müßte meine Rechte mir verdorren, so betete der Fromme in der Fremde. Niemals war das Gelobte Land gelobt, eher ein Traum.

Aber wir haben aus diesem Traum gelernt, daß es sich lohnt, miteinander zu gehen, und sei es bis zum Ende der Welt. Denn immer, wohin wir auch kommen, wird Gott auf uns warten, kein Paradies auf Erden, aber eine ständige Nähe, die sich erfüllt in der Ewigkeit. Hier auf Erden gibt uns Gott schon jetzt die Kraft, Wasser aus dem Felsen zu schlagen.

Am kommenden Sonntag ist die Misereor-Kollekte. Ich kenne im ganzen Kirchenjahr kein anderes Thema – außer denen, wo unmittelbar von Gott die Rede ist – als das Leid menschlicher Armut.

Es wächst eine Generation heran, die ihre Eltern schuldig spricht für den Zweiten Weltkrieg und die furchtbaren Massaker an dem auserwählten Volk. Mehr als 50 Millionen Tote zwischen 1939 und 1945 . . . »Wo warst du?« fragt die heutige Generation ihre Väter, die vieles wissen, was entlastend für sie sprechen kann und jeden Vorwurf ungerecht erscheinen läßt. Aber was wird die kommende Generation über uns sagen, wenn sie errechnet, daß in einem einzigen Jahr 50 Millionen Menschen elend Hungers sterben, weil auf der Nordhalbkugel sich die Mägen und die Märkte bis zum Bersten füllen? Geschähe nicht 10 000 Kilometer entfernt von uns, was sich an menschlichem Ruin und Leid abzeichnet, sondern nur hundert Meter neben uns, es käme die Polizei in unsere Wohnungen, uns zu verhaften wegen unterlassener Hilfeleistung. Wir haben keine internationale Polizei, aber haben wir deshalb ein Recht, zu leben wie in der Altsteinzeit, jede Jägerhorde schmatzend um ihr Opfertier versammelt und im Kampf gegen die Nachbarhorde? Und hinzugehen zum Altar, gemeinsam ein Mahl zu feiern, eingeladen und bestellt für alle Menschen? Es ist schwer, die Hypothek der Zeit zu tragen.

Ich bin nur ein Priester. Als der Mann Mose sah, daß man mitten auf der Wüstenwanderung nach all dem wieder anfing, das Goldene Kalb anzubeten, nahm er die Gesetzestafeln und zerschmetterte sie am Felsen. Gott hatte mit seinem Finger in den Stein geschrieben: Du sollst nicht morden – und der Stein ließ sich erweichen. Wo aber bezieht man Menschenworte her, die fähig sind, in Menschenherzen zu schreiben? Wie rettet man eine Generation, die heute heranwächst, davor, daß sie erstickt, weil all ihre Fragen nach Sinn, Gefühl und Inhalt nur beantwortet werden mit den Phrasen, was man tun muß, um zu verdienen, hochzukommen und sich am Leben zu erhalten, und davor, daß sie erwürgt wird in der blanken Sinnlosigkeit und Langeweile?

Wir stehen endgültig vor einer Wahl. Entweder wir lernen in Freiheit, das, was wir heute noch Vernunft und Politik nennen, nämlich die Ausdehnung eines uferlosen Gruppenegoismus, im Wettstreit der Völker zu beendigen, oder es wird, wie stets in der Geschichte, wenn es zu spät ist, die Not sich erheben mit Gewalt und Diktatur und auf blutigem und grausamem Wege Änderung erzwingen durch neue Formen weiterer Inhumanität.

Ich weiß, daß Einzelne wenig sind und ohnmächtig, wirksam zu helfen. Das hindert nicht, daß Sie, die Sie hier sind, die Diskussion längst leid sind, ob man 0,37% vom Bruttosozialprodukt für die Entwicklungshilfe opfern soll, oder, wie vor einem Dutzend Jahren schon versprochen, 0,7%, und daß Sie, die Sie angerührt sind von menschlichem Leid, finden, daß dies barbarisch und unsinnig ist. Das Zehnfache einzusetzen, ist Ihnen selbstverständlich. Und hoffen sollte man heute schon, daß es Kirchenführer und Staatsführer geben möge, die sagen, wir können nur noch gemeinsam als eine Menschheit überleben, gegründet auf das Teilen, nicht mehr auf das Besitzen, auf das Gefühl einer universellen Solidarität und nicht gestützt auf den Privategoismus irgendwelcher Nationalstaatengebilde.

Das Zeichen dessen, der sich opferte für die Menschheit, stimmt. Wir leben von der Hingabe aneinander. Und solange es noch in den Favelas São Paulos, in den Vorstädten von Madras, Bombay und Kalkutta Menschen gib, die die Ratten beneiden, weil sie den Abfall fressen können. weil ihnen die Abwasserkanäle und die Müllhalden zum Vorrat dienen, an denen die Menschen sich nur Krankheit und Infektionen zuziehen, so lange haben wir kein Recht, auf dieser Welt uns zu beruhigen und einzurichten. Wir haben die großartige Möglichkeit, für eine kurze Strecke des Durstes einander Wasser aus dem Felsen zu schlagen, wir haben die Chance, *ein* Volk zu werden, versammelt unter dem Beistand *eines* Gottes. Und schließlich wird uns Gott niemals nach etwas anderem fragen, als was wir getan haben für unsere Schwester und für unseren Bruder. Nur diesen einen Maßstab wird es geben.

Könnten Sie sich eine Freude ausdenken, die größer wäre und einfacher, als Menschenleben zu retten, dutzendweise? Das ist keine Phantasie; Sie könnten die Photos, die Unterschriften, die Briefkorrespondenzen von Menschen erhalten, deren Leben Sie heute vor dem Verfaulen an der Lepra, vor dem Verhungern retten. Das ist Misereor. Es ist kein Spuk, sondern die handgreifliche Freude und das Glück. Setzen Sie dagegen, was immer Sie wollen – die Waagschale der Gerechtigkeit mißt eindeutig zugunsten des Menschlichen. Heute noch mag die Barmherzigkeit schwach erscheinen, morgen ist sie eine Macht und wird die Welt erobern.

Zum vierten Fastensonntag

Er aber sprach: Ein Mann hatte zwei Söhne. Und zum Vater sprach der jüngere von ihnen: Vater! Gib mir den mir zukommenden Teil des Vermögens. Und er machte ihnen auseinander, was er zum Leben hatte. Wenige Tage danach, als er alles beisammen hatte, reiste der jüngere Sohn in ein fernes Land. Und dort verschleuderte er sein Vermögen in heillosem Lebenswandel. Nachdem er aber alles vergeudet hatte, kam eine schwere Hungersnot über jenes Land, und er begann zu darben. Und er ging und hängte sich an einen der Mitbürger jenes Landes. Und der schickte ihn auf seine Felder zum Schweinehüten. Und er gierte danach, sich den Bauch mit den Schoten zu stopfen, welche die Schweine fraßen – aber keiner gab sie ihm. Zu sich selbst gekommen sprach er: Wie viele Taglöhner meines Vaters haben Brot in Hülle und Fülle – ich aber gehe hier vor Hunger zugrunde. Aufstehen will ich, zu meinem Vater gehen und ihm sagen: Vater! Ich habe gesündigt gegen den Himmel und vor dir. Ich bin nicht mehr wert, dein Sohn zu heißen. Stell mich einem deiner Taglöhner gleich. Und er stand auf und ging zu seinem Vater. Als er noch weit entfernt war, sah ihn sein Vater. Und es ward ihm weh ums Herz. Und er lief und fiel ihm um den Hals und liebkoste ihn. Der Sohn sprach zu ihm: Vater! Ich habe gesündigt gegen den Himmel und vor dir. Ich bin nicht mehr wert, dein Sohn zu heißen. Der Vater aber sprach zu seinen Knechten: Schnell! Holt einen Talar heraus, den vornehmsten; den zieht ihm an. Steckt ihm einen Ring an die Hand und Schuhe an die Füße. Und bringt das Mastkalb; schlachtet es. Dann wollen wir essen und fröhlich sein. Denn dieser mein Sohn war tot und ist wieder aufgelebt; er war verloren und ist wieder gefunden. Und so begannen sie fröhlich zu sein.

Sein älterer Sohn aber war überfeld. Und als er kam, dem Haus sich nahte, hörte er Musik und Reigenlieder. Und er rief einen von den Burschen herbei und erkundigte sich, was das bedeute. Der sprach zu ihm: Dein Bruder ist da! Und dein Vater hat das Mastkalb geschlachtet, weil er ihn gesund zurückbekommen hat. Und er wurde zornig und wollte nicht hineinkommen. Sein Vater aber kam heraus und ermutigte ihn. Er antwortete dem Vater und sprach: Da! So viele Jahre mache ich dir den Knecht, und niemals habe ich eine Weisung von dir übertreten. Und du hast mir nie auch nur ein Böcklein geschenkt, damit ich mit meinen Freunden hätte fröhlich sein können. Als aber der da kam – dein Sohn, der, was du zum Leben hattest, mit Huren aufgefressen hat –, hast du ihm das Mastkalb geschlachtet. Er aber sprach zu ihm: Kind, du *bist allezeit bei mir, und all das Meine ist dein. Doch es gilt fröhlich zu sein und sich zu freuen, weil dieser, dein Bruder, tot war und wieder aufgelebt ist, verloren war und gefunden ist.* LK 15,11–32

Selten spricht Jesus sein eigenes Anliegen so eindringlich und dicht aus wie in diesem Gleichnis von den beiden Söhnen. Man muß sich die Szene, in die es hineingesprochen wird, deutlich genug vorstellen. Zu Christus kommen aus der ganzen Gegend Menschen, die in ihr Leben weder Glauben noch Hoffnung setzen konnten: die Verzweifelten, die Entrechteten, die in den Augen aller wertlos Gewordenen. Sie glauben, daß der Mann aus Nazaret ihnen Halt und ein Gespür für das, was sie in Wahrheit wert sind, zurückzugeben vermag. An seinem Ort glauben sie wieder Fuß fassen zu können. Und grade das will Christus. Er möchte, daß die Verlorenen und Verlaufenen zu Gott zurückgeführt werden. »Ich bin nicht gekommen«, spricht er, »für die Gesunden, sondern für die Kranken.« Er lehrt, daß Gott das hundertste Schaf, wenn es zurückkommt, mehr Freude macht als neunundneunzig andere, die der Buße nicht bedürfen. Sein ganzes Anliegen war es, daß von Gott, den er seinen Vater nannte, nur gütig, nur verständnisvoll und nur mit einem weiten Herzen gesprochen würde, ohne Schranken, ohne Grenzen. Doch eben das bedeutet einen Skandal bei denjenigen, die keinen Sabbat auslassen, in den Synagogen und im Tempel Gott zu dienen, auf deren Lippen die Gebete Gottes fließen und deren Herz erfüllt ist von den Paragraphen des Gesetzes. Sie, die im Leben Unangefochtenen, die Richtigen, drängen sich zwischen Christus und den Haufen der Verlorenen. Sie haben ein Interesse, das Band des Verständnisses zu zerschneiden, denn Gott verlangt Bedingungen für seine Liebe. Dies wissen sie und wollen sie, sonst macht es ihnen angst.

In diesen Zwiespalt zwischen Recht und Verachtung, zwischen Frömmigkeit und Elend, zwischen Gottesdienst und Herzenshärte möchte Christus eine Klammer fügen, die alle Menschen in Israel zusammenführt, und er möchte der einen Partei die Gefühle der anderen erklären und im Herzen eines jeden Bereitschaft wecken, auf den anderen zuzugehen. So erzählt er dieses Gleichnis von den beiden Söhnen.

Die Gestalt des Vaters, die er malt, ist sicher nicht ohne weiteres identisch mit Gott, und doch fließen die Züge ineinander. Denn wunderbar ist das Porträt dieses betagten Orientalen. Hart muß es ihn angekommen sein zu hören, wie sein jüngerer Sohn ihn zu Lebzeiten schon für tot erklärt. »Mein Erbe, das mir zusteht« – jedes Wort, wenn man so will, ist beleidigend und gemein, aber dieser Vater möchte nicht, daß es ihn beleidigt und gemein macht, er fügt sich in den ungestümen Freiheitswillen seines Sohnes, wissend, daß es gegen das Gefühl, gefesselt und abhängig zu sein, kein Mittel der Überzeugung gibt, es sei denn die Großmut und die Weitherzigkeit und das Vertrauen. Nur: kann ein Mann dies haben in einer solchen Situation? Später werden wir hören, daß in dem Moment, da der Sohn Abschied nimmt, er in den Augen seines Vaters geradezu in den Tod hineingeht. »Mein Sohn war tot«, wird er später sagen, so stark lastet auf ihm die Sorge, die Bitterkeit, die Angst. Nur daß er verständnisvoll genug ist, sich mit keiner Silbe etwas anmerken zu lassen. Er tut so, als ob ihm das alles nichts ausmachte, und er möchte, daß der Sohn findet, was er will: seine Freiheit, unverstellt, jedenfalls nicht behindert durch die Zuneigung seines Vaters.

In diesem Sohn nun malt der Herr das Porträt aller Verlorenen, aller Verlaufenen in Israel. Er malt die Sünde als die Geschichte einer betrogenen Freiheit. So fange es an, meint Christus, daß man glaubt, nur dann ein Mensch zu sein und zu sich selber zu gelangen, wenn man vom Hause seines Vaters, vom engen Getto der Pflichten Abstand nimmt. Und es scheinen die starken Charaktere zu sein, die sich nach draußen kämpfen in ein ganz anderes, fernes, weites Leben. Das Versprechen einer unbändigen Freiheit ist die versucherische Kraft auf dem Weg ins Unglück. Bald wird man erleben, daß man auf diesem Pfad statt reich und groß immer nur ärmer und kleiner wird. Die ungestüme Freiheitssuche schlägt um in schieren Hunger, in das vollendete Elend, und schließlich muß man froh sein, in Sklavendienst gestellt zu werden, und sinkt herab auf das Niveau der Schweine, ja, unter das Niveau der Schweine, nur um sein Dasein zu fristen. Das brennende Schamgefühl zwingt förmlich dazu, in dieser Lebensrichtung zu verharren, solange es geht. Erst dann wird der Weg frei zur Umkehr. Dieser Sohn spricht sich jeden einzelnen Satz vor, den er im Angesicht seines Vaters sagen wird, wie um ihn auswendig zu lernen. Dann endlich begibt er sich nach Hause.

So, will Christus sagen, verhält es sich mit den Menschen, auf die wir gern mit Fingern zeigen. In Wahrheit sind es Leidende, die wir die

Sünder nennen, die Dirnen, auf die wir verachtend und begehrlich zugleich schauen, heimgesuchte Opfer, die Zöllner, denen wir auf die Finger sehen, in Wahrheit arme Hunde. So müßte man die Sünde betrachten, nicht als Versuchung, sondern als Elend, nicht als ein Glück, das dem Frommen entgeht, sondern als ein vollendetes Unheil.

Man kann sich fragen, ob diese Diagnose der verratenen Freiheit ausreicht, um die Tragödie der Menschen zu verstehen, aber dies ist ein erstes und klar einfühlbares Motiv, es ist die Brücke zum Verständnis. Hinzufügen müßte man, daß die meisten, die ins Unglück kommen, ein solches Elternhaus, wie Christus es hier schildert, gar nicht besitzen, einen so freizügigen, verständnisvollen, weitherzigen Vater grade nicht haben, sondern wenn sie sich ins Unglück ihrer Freiheit stürzen wie auf den letzten Weg zum Leben, dann grade, um einem wirklichen Terror zu entrinnen, einer ständigen Versklavung, einem Un-Leben zu Hause, so daß sie sich's am Ende selber schuldig sind, das Letzte zu versuchen. Und sie stürzen sich ins Leben, wie man sich durchs Fenster stürzt. Das Unglück und die Not müßte man in vielen Facetten reicher malen, aber dies genügt vollkommen als Einstieg zum Verständnis dafür, warum sich Christus grade abgibt mit den Dirnen, mit den Zöllnern, mit den Sündern. Er möchte ein Stück weit leben, was dieser Vater im Evangelium verkörpert. Kaum sieht er seinen Sohn, vergißt er alle Würde, und schon von weitem läuft er ihm entgegen, unterbricht das Geständnis seiner Schuld, fällt ihm um den Hals und hat nur ein einziges Interesse: die Scham und die Schande wegzuputzen, die ihm in Kleidung und Gebärde auf den Leib geschrieben sind. Ein Ring, Schuhe, ein Freudenfest, dies ist sein einziges Anliegen, und dieses Evangelium könnte da schließen, fände es nicht grade an dieser Stelle seinen eigentlichen Adressaten.

Der ältere Sohn kommt vom Feld und ist erbost über Musik und Fröhlichkeit. In ihm malt Christus das Porträt des Frommen mit aller Anerkennung und allem Respekt. Dieser Sohn hat recht: nie hat er auch nur ein einziges Gesetz im Hause seines Vaters übertreten, nicht die geringste Schuld und Pflichtvergessenheit gab es bei ihm. So sind sie alle, die Frommen, die Pharisäer, die Kirchgänger, und dennoch wird ihnen die Frömmigkeit zu einer schlimmeren Versuchung als dem anderen der Drang zur Freiheit. Warum nur ist im Herzen der Frommen so wenig Freiheit, Freude und Verständnis? Warum nur sehen sie die Sünde als ein Stück von einem Glück, das ihnen gestohlen würde? Der ältere Bruder hat eine sehr konkrete Phantasie, wie wohl sein jüngerer Bruder das Geld durchgebracht haben wird. Was eingangs nicht berichtet wurde, der ältere Sohn malt es sich aus: Verpraßt hat er sein Geld mit Dirnen – ein sehr exakter Kommentar. Und ständig das Gefühl von Haß auf sich selber für die eigene Versuchbarkeit, ständig der sadistische Kampf gegen die eigenen Neigungen, die man in der Freiheit des anderen repräsentiert findet, Frömmigkeit nur als Selbstunterdrückung, als Kastration, als Verstümmelung, als Gegen-Glück, als Prinzip von Krampf, Versteinerung, Askese, Tod. So kann man Gott nicht lieben, selbst wenn man ihm treu ist. So kann man Gott nicht seinen Vater nennen, selbst wenn man tagaus, tagein in seinem Hause sitzt.

Es gibt nur einen einzigen Beweis, ob man Gott liebt: Das ist, wie sehr man imstande ist, die Not des eigenen Herzens und anderer Menschen zu verstehen. Die Frommen, die Anfechtungslosen haben nie gewußt, was Verzweiflung ist. Wie hilflos Menschen sein können, davon haben sie keine Ahnung. Lernt man Verständnis wirklich immer nur durchs Elend, immer nur durch die Not, immer nur durch die Tragödie? Man möchte es nicht hoffen, aber offensichtlich ist es so. Soll man glauben, daß diese Worte, die schönsten, die in der Menschheitsgeschichte je gesprochen wurden, zum Verständnis füreinander die letzte Herausforderung waren?

In zwei Wochen feiern wir die Konsequenz dieser Worte. Nicht, daß man zurückkehrt ins Haus, da Musik und Tanz ist, lernt dieser ältere Sohn, sondern daß ein Mann, der so spricht, beseitigt, ausgepeitscht, ans Kreuz geschlagen wird, wegen einer solchen schrankenlosen Liebe. Soviel Angst macht sie, soviel Terror dekuvriert sie, soviel Unmenschlichkeit und Bosheit legt sie frei im Herzen derer, die mit Gott auf du und du zu stehen scheinen und nur den Herr-Gott kennen, den Vater nie, die Gesetze auswendig wissen, das Erbarmen nie. Schließlich konnte Christus sagen: Die Zöllner und die Huren wissen, wer Gott ist. Sie gehen – wörtlich – vor euch in das Himmelreich, und das heißt auf gut hebräisch und gut deutsch: sie finden zurück zu ihrem Vater, ihr Pharisäer nicht.

Es sind Worte, wie wir sie alle brauchen, wenn wir uns selber kennen. Möge Gott uns unsere Schuld vergeben und unser Herz weit machen zum Verständnis und zur Vergebung für alle. Denn so lehrte der Herr uns beten: Vergib uns, Vater, unsere Schuld, wie wir einander bereit sind zu vergeben.

Mit diesem Gleichnis möchte Jesus sich rechtfertigen für das, was er tut. Bedarf es für die Güte und das Verständnis einer Erklärung? Offensichtlich. Denn wenig später schon wird man Jesus aburteilen, weil er das Volk durcheinanderbringt, von Galiläa bis Jerusalem. Für einen bestimmten Typ der Frömmigkeit und der Art zu leben ist die Güte eine tödliche Gefahr.

Warum versuchen wir, in unserem Leben Ordnung zu halten? Schaut man genau hin, so werden die meisten sich an bestimmte Gesetze und Weisungen zu klammern suchen, so wie sie sie gelernt haben. Der Grund dafür sind die Angst vor der Verurteilung durch andere oder vor dem inneren Chaos, die Macht der Gewohnheit und die Stärke der Schwerkraft. Es gibt die Tradition, es gibt die Institutionen, es gibt die Vorschriften, es gibt die Anweisungen, die Gesetze. Nicht aus Überzeugung, sondern weil »man« so handeln und so leben muß, handelt man eben so. Innerlich aber wird man den Eindruck nie los, daß die Freiheit jenseits der Grenzen beginne und jenseits davon ein unerhörtes Reservoir an Glück warte, könnte man es nur wagen. Alle Menschen des Zwangs haben Angst vor der Freiheit und vor dem Verlangen nach der Freiheit. Für sie ist die Freiheit eine ständige Versuchung, die sie in sich selber und bei ihren Mitmenschen mit Druck und Gewalt wegdrängen müssen. Die sogenannten Sünder, Asozialen, Gescheiterten und verkrachten Existenzen müssen sie mit den Füßen treten, damit sie selber in Ruhe durchs Leben gehen können. Denn Strafe muß sein. So hat man ihnen beigebracht, so leben sie selber. Wofür sind Gesetze da? Und könnte man sie ohne Maßgabe der Gerechtigkeit brechen, wo bliebe dann die Ordnung? Die Pharisäer und die Schriftgelehrten aller Zeiten werden Jesus nie vergeben, daß er eine andere Form, vor Gott und den Menschen zu leben, verkörperte. In diesem Evangelium muß er sich für seine Güte rechtfertigen, indem er den immer Gerechten, den stets Richtigen schildert, was es wirklich bedeutet, verloren zu sein, sich verlaufen zu haben und nicht mehr ein noch aus zu wissen.

Der jüngere Sohn im Evangelium scheint unter der Langeweile, der Freudlosigkeit seines Vaterhauses zu leiden, und es ist, wie wenn er seinen Vater zu Lebzeiten für tot erklärte, als er von ihm seinen Erbteil fordert, der ihm zusteht. Was mag in einem Vater vor sich gehen, dessen Sohn sich scheinbar endgültig von ihm trennt? An dieser Stelle sagt der Vater von sich kein Wort. Erst viel später erfahren wir, daß er tagaus, tagein gewartet haben muß, ob nicht vielleicht gegen alle Wahrscheinlichkeit sein Sohn doch zurückkommt. Ihm galt er wie gestorben, wie tot, so sehr muß er an dem Weggang dieses Sohnes gelitten haben. Aber er spricht nicht von seinen Gefühlen, er belastet den Weggehenden nicht mit Schuld, er entläßt ihn in seine Freiheit. Man kann nicht ohne weiteres sagen, daß dieser Vater für Jesus an der Stelle Gottes steht, wohl aber muß man – auch im Sinne dieses Gleichnisses – von Gott sagen, daß Gott vor nichts einen größeren Respekt hat als vor unserer Freiheit. Sie ist weder unsere Qual noch unsere Versuchung, sie ist unsere Bestimmung, unser Wesen. Sie macht uns zu Menschen. Es kann kein Gesetz geben, das uns hindert, sie zu gebrauchen, und es ist nicht möglich, sich Erfahrungen des Lebens zu ersparen, indem man immer schon alles weiß. Nicht einmal Eltern können ihren Kindern verwehren, freie Menschen zu sein, und keine Berufung auf Erfahrung, Alter und Wissen nützt gegenüber der Schule des Lebens und der eigenen Einsicht.

Der Sohn kann nicht weit genug entlaufen, »in ein fernes Land«, wie Jesus ausdrücklich sagt, und er lebt in Saus und Braus zum Fenster hinaus, ehe er merkt, daß er in all dem immer ärmer wird, nicht die Umstände werden es, seine Seele wird es. Und er, der auszog, frei zu sein, merkt mit einemmal, daß er immer abhängiger wird, von Menschen immer mehr in Dienst genommen, bis daß er von der Hand in den Mund lebt, und unter das Niveau der Schweine herabsinkt. – Es sind die stolzen und die starken Charaktere, die sich am längsten dagegen sträuben, umzukehren. Sie werden ein Äußerstes versuchen, herauszufinden, ob es nicht doch noch weitergeht. Aber für diesen Sohn geht es nicht weiter, und langsam erinnert er sich, wo er zu Hause war und welch ein Glück zu vergeuden er im Begriff ist.

Kaum aber befindet er sich in der Nähe seines Vaterhauses, als sein Vater selber von weitem ihm entgegenläuft, er läuft auf sein Kind zu, das er verloren glauben mußte, nimmt es in den Arm und hört kaum das Schuldgeständnis, das der Sohn hervorstottert, genau wie er sich's Wort für Wort vorgenommen hat. Einzig wichtig ist diesem Vater, daß der Sohn sich seiner Umkehr nicht schämt. Für seine Würde, für die Wiederherstellung seiner Schönheit soll gesorgt werden, einen Ring an den Finger, Sandalen an die Füße, ein Gewand – Freude ist das einzige Gefühl, nicht die Häme des Triumphs: Ich hab's doch gleich gesagt! Ich hab's doch kommen sehen! Hatte ich nicht recht? – Vor hundert Jahren meinte Friedrich Nietzsche, die Leute, die sich für gerecht hielten, sprächen das meist so aus, daß es aus ihrem Hals krächze wie: »Ich bin gerächt«, und immer brauchten sie die Qual und das Leid, um sich ihre Güte zu bestätigen. Dieser Vater liebt seinen Sohn, in allem, in seiner ganzen Freiheit, in seiner ganzen Person, und seine Liebe engt nicht ein. Einzig darin irrte der jüngere Sohn.

Gleichwohl ist dies keine Erzählung, die zu Buße und Bekehrung auffordern soll. Die Menschen in der Nähe Jesu werden mit Tränen in den Augen gesagt haben: »Genau so haben wir's erlebt, dies ist unsere Geschichte.« Aber nicht für sie erzählt Jesus dieses Gleichnis; er erzählt es für die Menschen, von denen er an anderer Stelle sagt, daß sie der Umkehr und der Buße nicht bedürfen. Den neunundneunzig Gerechten erzählt er es, damit Verständnis sei für das hundertste Schaf.

Es gibt den älteren Sohn. Sein Porträt zeichnet Jesus so vorsichtig, um ihm nicht wehzutun, aber auch so eindringlich, daß darin sein Leben, wenn er's darin erkennt, sich zu wandeln vermag. Nie in seinem Leben hat dieser ältere Bruder so etwas kennengelernt wie Freude und Glück. Er war gehorsam, pünktlich, fleißig, zuverlässig, ordentlich – der ganze Katalog der bürgerlichen Tugenden, in ihm war er gegenwärtig. So war er wirklich, muß man denken, jahraus, jahrein des Vaters rechte Hand. Aber war er ein Mensch? Ordentlich, pünktlich, zuverlässig, fleißig kann eine Maschine sein, ungestörter als jeder Mensch, denn sie hat kein Herz, sie hat keine Gefühle, sie hat nicht die Erfahrung der Weite der Menschlichkeit.

Was die Rechtschaffenheit dieses älteren Sohnes wert ist, erweist sich daran, wieviel Verständnis, Güte und Freude er aufzubringen imstande ist angesichts seines Bruders, der zurückkommt. Wohl kann er seinen Vater anschreien: Wo der da, dein Sohn, wiederkehrt, mußt du das Mastkalb schlachten! Aber ist es denn wahr, daß nur die Unterdrückung gute Menschen macht, nur der Zwang, der Terror, die Angst? Warum ist es so schwer, von innen heraus zu leben, menschlich zu sein, zu tun, was uns das Herz eingibt, und zu leben in der Weite unseres Daseins, ohne auszuschließen? Bald schon werden wir merken, wie wenig sich die Grenzen ziehen lassen zwischen Guten und Bösen. Vielleicht läßt sich äußerlich eine Grenze ziehen zwischen den Gescheiterten und den Erfolgreichen, aber betrachtet man's innen, so verschieben sich die Maßstäbe. Daß dieser Verlorene und Verlaufene zurückfand zu seinem Vater, erzählt Jesus als Gewißheit. Ob aber dieser richtige ältere Sohn in sein Vaterhaus zurückgekehrt ist nach all den Worten seines Vaters, das erzählt Jesus nicht mehr. Selber müssen wir uns fragen, wo wir stehen und wo wir hingehören. Es gibt nur eine Form, gut zu sein, das ist die Güte selber. Sie richtet sich nicht nach Gesetz, Druck, Strafe und Gewohnheit, sie richtet sich nach der Einheit, in der alle Menschen vor Gott Brüder sind.

Da war ein Mensch, von den Pharisäern einer, Nikodemus sein Name – ein Anführer der Juden. Der kam zu ihm bei Nacht und sprach zu ihm: Rabbi, wir wissen, von Gott bist du als Lehrer gekommen, denn niemand kann diese Zeichen tun, die du tust – außer es sei Gott mit ihm. Jesus hob an und sprach zu ihm: Wahr, ja wahr ists, ich sage dir: Wenn einer nicht neu geboren wird, kann er das Königtum Gottes nicht sehen. Sagt zu ihm Nikodemus: Wie kann ein Mensch geboren werden, wenn er alt ist? Er kann doch nicht ein zweites Mal in den Leib seiner Mutter eingehen, um geboren zu werden! Antwortete Jesus: Wahr, ja wahr ists, ich sage dir: Wird einer nicht aus Wasser und Geist geboren, so kann er nicht in das Königtum Gottes hineinkommen. Das aus Fleisch Geborene ist Fleisch, und das aus dem Geist Geborene ist Geist. Erstaune nicht, daß ich zu dir sprach: Ihr müßt neu geboren werden. Der Windhauch weht, wo er will, sein Brausen hörst du – doch du weißt nicht, von wo er kommt und wohin er geht. So ist es mit jedem aus dem Geist Geborenen. Nikodemus hob an und sprach zu ihm: Wie kann das geschehen? Jesus hob an und sprach zu ihm: Du bist der Lehrer Israels und doch erkennst du das nicht? Wahr, ja wahr ists, ich sage dir: Was wir wissen, das sagen wir, und was wir gesehen, das bezeugen wir – doch unser Zeugnis nehmt ihr nicht an. Wenn ich euch von Irdischem sprach und ihr nicht glaubt, wie werdet ihr glauben, wenn ich euch von Himmlischem spreche? Und keiner ist in den Himmel hinaufgestiegen, es sei denn, der vom Himmel Herabgestiegene: der Menschensohn. Und wie Mose die Schlange in der Ödnis erhöht hat, so muß erhöht werden der Menschensohn, damit jeder, der an ihn glaubt, unendliches Leben habe. Ja, so geliebt hat Gott die Welt, daß er den einzigen Sohn gegeben hat, damit jeder, der an ihn glaubt, nicht zugrunde gehe, sondern unendliches Leben habe. Denn nicht dazu sandte Gott den Sohn in die Welt, daß er die Welt richte, sondern daß die Welt durch ihn gerettet werde. Wer an ihn glaubt, wird nicht gerichtet. Wer nicht glaubt, ist schon gerichtet, weil er nicht glaubend geworden an den Namen des einzigen Sohnes Gottes. Das aber ist das Gericht: Das Licht ist in die Welt gekommen; doch liebten die Menschen die Finsternis mehr als das Licht. Denn böse waren ihre Werke. Ja, jeder, der Schlechtes macht, haßt das Licht. Und er kommt nicht an das Licht, damit nicht nachgewiesen werden seine Werke. Wer aber die Wahrheit tut, kommt ans Licht, daß zum Vorschein kommen seine Werke; denn in Gott sind sie gewirkt. JOH 3,1–21

Selbst wenn es vom Tode Jesu spricht, bleibt das Johannesevangelium auf eine merkwürdige Weise ruhig, gelassen und schwebend, als malte es ein ostkirchliches Altarbild auf einem Hintergrund aus Gold und Licht. Wenn auch Jesus zutiefst berührt werden wird vom Leid, so steht doch alles bereits fest; es ist die Sprache einer Feststellung in der Vergangenheit: Gott hat hingegeben seinen Sohn. Das Johannesevangelium beginnt überhaupt erst hier im dritten Kapitel, das Leben Jesu zu schildern, aber alles ist längst entschieden und das Ende vorweggenommen.

Wie beschreibt man überhaupt das Leben eines Menschen so, daß seine Wahrheit deutlich wird? Es ist die Frage, die sich die neuere Literatur immer wieder gestellt hat. Vor etwa vierzig Jahren kam es in der Theaterwelt zu einem mittleren Skandal, als der französische Dichter Jean Anouilh sein Bühnenstück von der Antigone ganz anders anlegte, als man es gewöhnt war. Wenn wir in ein Schauspiel gehen und der Vorhang auf der Bühne hebt sich, erwarten wir, Zeugen unerhörter und dramatischer Ereignisse zu werden. Wir gehen ins Theater, um selbst gefesselt zu werden von der noch unbekannten Handlung. Wir möchten, daß unsere eigenen Gefühle in Bann geschlagen werden, indem wir mit den handelnden Personen hoffen, leiden, enttäuscht werden, uns aufbäumen. Das ist die Sprache des Dramas. Anouilh gab sich in der Position des Weisen. Er schickte als erstes einen Erklärer auf die Bühne, um sein Anti-Drama zu formulieren, wie wenn man ein Kriminalstück damit beginnt, daß man den Kommissar die Handlung schon vorweg- und die Auflösung des Falles vorauserklären ließe. Wo bleibt da die Spannung? möchte man sagen. Im Unterschied zum Drama, erläuterte der Erklärer Anouilhs, ist die Tragödie der eigentliche Ruheort des Lebens. Die Würfel sind längst gefallen, und die Akteure wissen es. Wenn wir ehrlich sind, wissen wir Menschen längst, wie's kommt. Kein Aufbäumen also mehr, kein Zucken gegen den Spieß und den Pfeil, eher ein Ausformulieren dessen, was in einem lebt.

Genau so dachte sich das Johannesevangelium die Schilderung des Lebens Jesu. Weiß man nicht, wie die Menschen sind, und läßt sich's nicht voraussehen, wie sie reagieren müssen, wenn in die Welt ihrer Dunkelheit und Aussichtslosigkeit ein heller Strahl des Himmels fällt? Oder noch eher von Gott selber her gedacht: Läßt es sich denn denken, Gott schickte seinen Sohn in diese Welt, ohne das gräßliche Finale vorweggeplant, ja es sogar selbst gewollt und inszeniert zu haben? So spricht der Jesus bei Johannes, als ein Eingeweihter, als jemand, der die Pläne Gottes nicht nur kennt, sondern sie als sein vertrauter Bote mitteilt und die Menschen, die es hören wollen, in den Kreis der Kundigen mit einbezieht. Es ist ein Weltbild, in dem alles festliegt, eine göttliche Dramaturgie, eine vollendete Tragödie. Nur so gibt es die Chance, sich nicht mehr zu verzetteln und in Ruhe zu sagen, was ist, in einer schwebenden, Übersicht bewahrenden, das Ganze überblickenden Sprache und Darstellung.

Dennoch hat jede Perspektive, jede Methode und Darstellungskunst auch ihre Tücken, ihre Grenzen, sogar ihre Gefahren. Können wir denn als derart Unbetroffene, als der Entscheidung eigentlich schon im Glauben Enthobene zu Zeugen des Sterbens und Leidens Jesu werden, und ist es denn wirklich wahr: die Menschen sind wie vorweg entschieden auf der Seite des Lichts und der Finsternis, des Guten und des Bösen, und es gilt all dies nur offenbar zu machen? Es sträubt sich etwas in uns, wenn wir diese göttliche Determination an uns heranlassen sollen. So möchten wir nicht sein. Dennoch müssen wir anerkennen, daß es weitgehend so ist. Nur: wir müßten die Gesetzmäßigkeit, nach der alles abläuft, vom Himmel auf die Erde holen, aus der Sphäre des Thrones Gottes in das Gebiet, in dem er wirklich König ist, in unser eigenes Herz. Da verstehen wir Johannes sehr gut. Menschen sind, die das Licht scheuen. Man sollte meinen, wir sehnten uns nach nichts mehr als nach der Erlösung. Aber wenn sie dann kommt, ist es für uns so schwer, sie zu ergreifen, fast schwerer noch, als uns immer wieder blutig zu stoßen an den dunklen Wänden unserer Gefangenschaft. Das Motiv, das Jesus im Gespräch mit Nikodemus dafür nennt, lautet eigentlich: Scham und Angst. Es kann sein, daß wir so viel schon falsch gemacht und uns so sehr in das Netz der eigenen Lügen, der eigenen Fehler verstrickt haben, daß es gewissermaßen die Reste unseres Ichs sind, die uns daran hindern, frei zu werden. Es kann sein, daß wir so sehr mit dem Negativen identifiziert sind, daß wir schließlich unseren Stolz in das setzen, was ersichtlicherweise nicht stimmt, und wir behaupten unsere Würde, reklamieren unser besseres Sein grad an den Punkten, wo wir's am wenigsten sollten. Wir fürchten, alles zu verlieren, würde uns auch das dann noch genommen. Einfacher ausgedrückt: Es kann sein, daß wir eines Tages wie Fledermäuse, wie nachtaktive Tiere an die Dunkelheit so sehr gewöhnt sind, als wäre unser ganzer Biorhythmus auf diese Phasen des Schattens eingestellt, als täten uns

die Augen weh, als müßte das ganze Leben noch einmal umgekrempelt werden, sollten wir hervorgezogen werden aus den Höhlen und den verhuschten Angstformen des Daseins in die Ruhezonen des Lichts und der Helligkeit am Tage.
Genau das aber ist es, was Jesus uns zumutet. Er möchte, daß wir die eigentliche Sehnsucht nach einem Leben der Helligkeit, der Freude und des Glücks nicht länger mit Füßen treten, lieber alles fahrenlassen, was uns bis dahin wenigstens verteidigenswert, groß und stolz vorkam, und lernen, auf eine ganz einfache Weise zu leben. Gewiß kommt uns diese einfache Wahrheit zunächst grausam vor. Das bißchen an Vertrauen, das wir da lernen könnten, mutet uns zu, all die Angstsicherungen aufzugeben. Das bißchen Freude, das wir da lernen könnten, mutet uns zu, den Stolz der Selbstquälerei abzustreifen. Das bißchen Hoffnung, das wir da gewinnen könnten, mutet uns zu, die Sicherheit der Resignation fahrenzulassen. Und in all den Punkten müßten wir lernen, über diese Grenzzonen des noch Unsicheren hinüberzugehen wie über eine Brücke zwischen zwei Ufern in die andere Welt, die Gott gehört und in der es Geborgenheit nicht mehr durch Panzerung gibt, sondern durch Vertrauen. So gingen wir hinüber von Finsternis in Licht, von Qual zu Glück, von Tod zu Leben.

Das ist es, was Gott eigentlich will, meint Jesus. Er schickt seinen Sohn mit der Botschaft der Versöhnung nicht in diese Welt, um zu richten. Und dennoch liegt das ganze Gericht über das Leben eines jeden Einzelnen darin, wieweit er dies annimmt und begreift. Sobald von Gericht die Rede ist, hört man die harte Sprache, die sich bis zum Mißverständlichen auf Johannes berufen kann, von Ausrichten, Abrichten, Zurichten, Hinrichten. Wenn denn die Botschaft Jesu wie ein Gericht durch diese Welt geht, dann als ein ehrliches Angebot, uns aufzurichten. Aufrecht könnten wir durch diese Welt gehen, nicht so verkrümmt, nicht so zermartert und nicht so besessen, weiter grad das zu quälen, was uns retten könnte, und erst einmal zu töten, woraus wir wirklich leben. Das alles *muß* wohl so sein. Jesus hat es, so meint Johannes, von Anfang an in der Art gesehen und für sich akzeptiert und sogar geglaubt, daß Gott selber es so wollte. Aber in Wahrheit will Gott nicht den Terror der Angst, nicht die Tyrannei der falschen Schamgefühle, sondern er will unser Leben.

Zum fünften Fastensonntag

So spricht der Herr, der einen Weg durchs Meer bahnt,
einen Pfad durch das gewaltige Wasser,
der Wagen und Rosse ausziehen läßt,
zusammen mit einem mächtigen Heer;
doch sie liegen am Boden und stehen nicht mehr auf,
sie sind erloschen und verglüht wie ein Docht.
Denkt nicht mehr an das, was früher war;
auf das, was vergangen ist, sollt ihr nicht achten.
Seht her, nun mache ich etwas Neues.
Schon kommt es zum Vorschein, merkt ihr es nicht?
Ja, ich lege einen Weg an durch die Steppe
und Straßen durch die Wüste.
Die wilden Tiere werden mich preisen,
die Schakale und Strauße,
denn ich lasse in der Steppe Wasser fließen
und Ströme in der Wüste,
um mein Volk, mein erwähltes, zu tränken.
Das Volk, das ich mir erschaffen habe,
wird meinen Ruhm verkünden. JES 43,16–21

Gegen Hoffnungslosigkeit empfiehlt man für gewöhnlich Mut und gegen Traurigkeit gewöhnlich Optimismus. Aber unser Mut hängt häufig vom Zustand unserer Nerven und unser Optimismus vom Zustand unseres Gemüts ab. Bei wirklich schweren Infragestellungen unserer Existenz läßt sich weder mit Mut noch Optimismus auskommen.

Grade mit einer solchen fundamentalen Infragestellung von allem hat es aber der Mann zu tun, den wir den zweiten Jesaja nennen. Er muß antworten auf eine Katastrophe seines Volkes, ähnlich jener, die zweihundert Jahre früher geschah, als die Assyrer Israel ausnahmen wie ein Vogelnest. Diesmal, noch schlimmer, trifft es den kleinen Reststaat Juda und sein Zentrum Jerusalem. Die Babylonier haben den Tempel verwüstet, die Stadt in Schutt und Asche gelegt und das auserwählte Volk mit sich in die Verbannung geschleift. Zerstreut wie eine Herde ohne Hirt ist das Volk Israel über die Berge und Hügel des Landes. Nicht etwas hat man ihm geraubt, sondern im Grunde alles, woran es seine Hoffnung festzumachen suchte. Die Tragödie dieses Volkes ist im Kern eine Katastrophe seines Glaubens, so sieht es aus. Denn entweder will oder kann Gott seinem Volk nicht helfen gegen die stärkere Macht der Babylonier. Und auf wen hat man sich eigentlich verlassen mit all den Gebeten und Opfern?

Immer wieder wird es im Leben jedes Einzelnen solche Stunden geben, da ihm alles zerschlagen scheint, woran er sich festzumachen suchte. Und es schien ihm doch wie von Gott gegeben, es schien ihm zuverlässig und sicher und soll nun überhaupt nicht mehr gelten, weil die Mächte von draußen, die Angst und die Ohnmacht stärker zu sein scheinen? Was kann man antworten in den Stunden der Verzweiflung?
– Dieser Prophet versucht es, indem er eine Szene der Vergangenheit beschwört, eine Stunde, die genauso aussichtslos erschien, als Israel auf dem Weg in seine Freiheit vor den Streitwagenabteilungen der Ägypter floh. Das Rote Meer versperrte ihm den Weg, und es wußte nicht ein noch aus. Nach vorn durch das Wasser schien es nicht zu gehen, nach rückwärts war jeder Weg verriegelt. Es war der Mann Mose, der mit der Unerschütterlichkeit seines Vertrauens die Hand ausstreckte über das Wasser und einen Weg eröffnete im Unbegehbaren. Eigentlich nur durch ein solches stärkeres Vertrauen gegen jeden Augenschein ging es immer noch ein Stück weiter, und hätte es solche Stunden nicht auch gegeben, immer wieder gegeben, wären wir nie dahin gelangt, wo wir heute stehen.

Man wird einwenden: »Die Tage des Königs Nebukadnezzar sind nicht die Tage des Mose; nichts wiederholt sich in der Geschichte, und etwas, was war, kehrt nicht zurück. Welch eine Hoffnung läßt sich aus der Vergangenheit begründen?« Nun denn, dann wird dieser Prophet, dessen Namen wir nicht kennen, dessen Botschaft des Vertrauens aber über die Jahrtausende ergeht, beharrlich fragen, bohrend weiterfragen: Aber welche Verzweiflung läßt sich begründen nur aus dem Zeugnis dessen, was war? Je verzweifelter wir sind, desto stärker packt sie uns bei den Schultern und dreht uns um nach rückwärts und zwingt den Blick immer weiter in die Vergangenheit. Alles darin erscheint dunkel und wie ein einziger Beweis der Ausweglosigkeit und Aussichtslosigkeit. Und doch gibt es die Stunden auch, die nicht zu widerlegen sind, wo die Hoffnung siegt über die Angst im Leben jedes Menschen, oder wir hätten gar nie zu leben gewußt. Beide, die Zeugnisse des Glücks und die Zeugnisse des Schmerzes, könnten sich neutralisieren, jedenfalls wäre schon viel gewonnen, wenn wir selbst in den Verfolgern der Angst so etwas zu sehen vermöchten wie eine Zulassung Gottes, wie wenn er selber die Streitwagenabteilungen des Pharao gesandt hätte, um sie zu erledigen, ein für allemal. Dies jedenfalls sagt der Prophet, nicht von sich her, nicht als eine menschliche Möglichkeit, sondern als Bote Gottes: Dies spricht der Herr: Denkt nicht mehr an das, was früher war. Auf das, was vergangen ist, sollt ihr nicht achten. Es läßt sich irgendwann ein Schlußstrich ziehen unter das Leid der Vergangenheit. Es läßt sich der Blick befreien für die Zukunft. Und spüren kann man mitten im Leid, daß etwas Neues beginnt. Mitten in der verbrannten Erde regt sich neuer Same, brechen neue Halme und Spitzen durch, entfaltet sich das Leben weiter. Es ist unser selbes, gleiches Leben, kein gänzlich anderes, und doch werden wir im Raum der Hoffnung und der Zuversicht zu neuen Menschen, nicht mehr der Angst, nicht mehr der Ohnmacht, nicht mehr der Verzweiflung, sondern der Hoffnung, fähig des Glücks, reif für die Freude.

Man muß diese Erfahrungen der Wüste einmal vor Augen haben, denn immer wieder mitten im Leid werden wir uns so erleben wie vor Sehnsucht Verkommende, wie Umherirrende vor den Horizonten einer ständigen Fata Morgana, und wir glauben an nichts mehr aus Angst vor Enttäuschung. Man muß die Tiere sehen, die Schakale, die Strauße, die Antilopen, wie sie in den Tagen der Dürre in der Steppe und der Wüste stehen und offenen Mauls die heiße Luft zu trinken versuchen aus Sehnsucht nach Wasser, und der Glutstrahl trocknet ihre Münder und Atemwege nur immer unbarmherziger aus. Wenn die Seen vertrocknen, machen sich die Entenvögel auf, hinein in die Wüste, nach neuen Wasserstellen, lassen sogar ihre Jungtiere zurück, die nicht verstehen, warum dort, wo vor Tagen noch Seen und Tümpel waren, nichts mehr ist als glutheißer Sand. Aber dann, in wenigen Stunden, können sich von Westen her Wolken zusammenballen über der Wüste und die Sonne verdunkeln, und es bricht Regen auf die Erde nieder, prasselnd und stark. In diesen Stunden explodiert das Leben in der Wüste vor Glück und vor Freude. Meterhoch springen die Antilopen, die Strauße führen einen überschwenglichen Taumelreigen der Seligkeit auf. Sie wissen nicht, aber sie werden auch nicht widerlegt dadurch, daß Monate später wieder die Trockenheit einbricht und der Tod Einzug hält.

Im Leben der Natur ist nichts weiter vorgesehen als ein Gleichmaß von Kommen und Gehen, von Werden und Verfallen, von Leben und Tod. Aber wir Menschen sind von Gott so geschaffen, daß wir aus diesem Gleichmaß heraustreten und wider alle Erfahrung des Irdischen, die wir nur allzu gut kennen, ein gewisses Maß der Hoffnung immer wieder auf die Waagschale des Lebens werfen. Dieser winzige, grammweise Betrag läßt die Schale niedersinken und das Leben weitergehen, unser Leben, hier auf Erden schon. Denn diese Botschaft bleibt, und sie wird nicht zu erschüttern sein. Ein jeder von uns darf und soll so denken wie ganz Israel in der Schule dieses wunderbaren unbekannten Propheten im Exil in Babylon: Wir sind und bleiben Auserwählte Gottes. Gott hat sich mit uns nicht vertan. Er hält uns in seiner Hand und läßt uns niemals los, er verläßt uns niemals. Sein Eigentum bleiben wir, und er wird uns behüten, was immer geschehen mag. Unser Leben kann noch so gering aussehen, noch so ohnmächtig, noch so entwurzelt oft, wir bleiben das Eigentum Gottes in Zeit und Ewigkeit.

Zum fünften Fastensonntag

Jesus aber ging auf den Ölberg. Doch im Morgengrauen stellt sich Jesus abermals im Heiligtum ein. Und alles Volk lief zu ihm hin. Und er setzte sich und lehrte sie. Und die Schriftgelehrten und die Pharisäer führen eine beim Ehebruch ertappte Frau herbei und stellen sie in die Mitte. Und sie sagen zu ihm: Lehrer, diese Frau ist auf frischer Tat als Ehebrecherin ertappt worden. Im Gesetz nun hat Mose uns Weisung gegeben, solche zu steinigen. Und du – was sagst du? Das aber sagten sie, um ihn zu versuchen, auf daß sie gegen ihn zu klagen hätten. Jesus aber beugte sich nieder und schrieb mit dem Finger auf die Erde. Doch als die dabei blieben zu fragen, beugte er sich hoch und sprach zu ihnen: Der von euch, der ohne Sünde ist, werfe als erster einen Stein auf sie. Und abermals beugte er sich nieder und schrieb auf die Erde. Als sie das jedoch gehört hatten, gingen sie hinaus, einer nach dem andern – von den Ältesten angefangen. Und er blieb – er allein und die Frau, die in der Mitte stand. Da beugte Jesus sich hoch und sprach zu ihr: Frau, wo sind sie? Hat keiner dich verurteilt? Sie aber sprach: Keiner, Herr! Da sprach Jesus: Auch ich verurteile dich nicht: Geh! Von jetzt an sündige nimmermehr. JOH 8,1–11

Es hat lange gedauert, ehe die frühe Kirche es gewagt hat, dieses Evangelium in die heilige Überlieferung mit aufzunehmen. In das Johannesevangelium, das späteste Evangelium, ist es hineingeraten wie ein Fremdkörper und als ein Zeichen des Widerspruchs. Kann man mit einer Ehebrecherin so lax und großzügig verfahren, wie Jesus es an diesem Morgen auf dem Tempelplatz tut? Schon hört man die Stimmen der Moralisten aller Zeiten: Die Ehe ist die Grundlage jeder menschlichen Gesellschaft. Wer an dieser Institution rüttelt, bringt die Fundamente des menschlichen Zusammenlebens ins Wanken. Jede Schuld in diesem Bereich gefährdet den Bestand der Menschheit, also daß, wer sich darin vergeht, sich selber absondert vom Zusammenleben der Menschen. Tödlich ist sein Vergehen und tödlich deshalb die Strafe. So dachte man zur Zeit Jesu, und im Prinzip denkt man noch heute nicht anders. Auch die frühe Kirche hatte ihre Scheu, diese Szene als heilige Botschaft den Jahrtausenden auf den Weg zu geben.

Aber geht Jesus wirklich lax mit der Sünde um? Er vermeidet es, ein Rechtsurteil zu fällen, das ist wahr. Aber er setzt das mosaische Gesetz den Worten nach nicht außer Kraft, er erklärt nicht einmal, daß man diese Frau nicht steinigen sollte. Oder wozu sein Herz gewiß geneigt hätte, er erklärt nicht, daß die Paragraphen des Alten Testamentes im Grunde archaisch und barbarisch seien, in die Gegenwart nicht paßten und dringend überholt werden müßten. Er strengt keine Gesetzesreform an, so dringend sie nötig wäre, er schafft einzig ein Klima, in dem sich die Frage nach Recht und Unrecht, nach Gesetz und Legalität für einen Augenblick wie von selbst aufhebt.

Worum eigentlich geht es? Man hat nach einer wüsten Nacht eine ganz junge Frau beim Ehebruch ertappt. Der Liebhaber, wie stets in diesen Fällen, ist über alle Berge, die Zeugen, Männer allzumal, interessieren sich einzig für das Opfer, nicht für die Täter. Die Frau wird gegriffen und als eine Jungverheiratete eines um so schlimmeren Verbrechens überführt. Wie konnte sie, die scheinbar so flagrant Gewissenlose, ihre noch junge Ehe derart besudeln?

Von diesem Augenblick an muß man sich für die Psychologie der Häscher interessieren, für die Grundlage, welche die Institution der Steinigung im Herzen der Menschen besitzt, denn nicht daß Mose ein derartiges Gesetz erlassen hat, ist das Problem, sondern daß sich das Verlangen, seine Bestimmungen durchzuführen, immer wieder unter wechselnden Bedingungen im Herzen von Menschen erneuert. Das, was die Frau getan hat, reizt an zur eigenen Begehrlichkeit. Ihre Tat ist es, die für einen jeden im Bereich des Möglichen liegen könnte, und ein jeder hat deswegen ein Interesse, sich zu schützen. Es ist gewissermaßen seine Moralität, die ihn dazu verleitet, zunächst sich selber vom Geschehen auszunehmen. Aber die Unterdrückung und Verdrängung der eigenen Impulse schafft ein Gefälle des inneren Sadismus, und in dieser Form des verdrängten Sadismus schiebt sich die Abwehrhaltung nach außen. Es ist ein furchtbares Symptomgebilde, das sich in der Steinigung manifestiert. Wie kann man den Leib einer jungen Frau bedecken wollen mit Steinen, bis daß sie leblos am Boden liegt? Dieses gräßliche Ritual findet seine vollständige Aufklärung als ein Mischgebilde aus Wunsch und Abwehr. Der Wunsch wäre, an einer solchen gleichermaßen zu handeln wie in der Nacht ihr Liebhaber, und zwar im Kollektiv, als an einer Wehrlosen und Preisgegebenen, sie nach der Art von Männern brutal zu schänden, nicht mit Steinen sie zu berühren, sondern mit Händen, roh, grausam und vergewaltigend, so daß tatsächlich keine Seele mehr in ihrem Körper angetroffen wird. Dies ist der Trieb, der Drang, der Wunsch, der wach wird, als man sie des Nachts aufliest.

Aber so will man nicht sein, gewiß nicht, man möchte nicht einmal zugeben, daß man so wünschen könnte. Also setzt man dagegen die Härte der Verurteilung, die Strenge der Strafe. Aber all das ist ein fauler Kompromiß und zeigt den verdrängten sadistischen Wunsch auf das exakteste: die Steine, die man nach ihr wirft, sind beides in eins, die Gier wie die Verdrängung, die Barbarei der Unzucht wie die Gewalttat des Gesetzes. Schließlich hat man den Status der unschuldigen Mörder. Ein jeder von ihnen weiß am Ende, daß er durch den Drang des eigenen Herzens nicht gefährdet ist. Der eigenen Lauterkeit versichert er sich, indem er eine »solche«, wie es im Evangelium wörtlich heißt, ausmerzt. Lebt sie nicht mehr, lebt auch die Geilheit scheinbar nicht mehr, tötet man sie, tötet man sich selber ab. Und wann hätten die Moralisten dieser Welt je etwas anderes gepredigt als die Moral der Abtötung, der Kasteiung, der Verdrängung also?

Das Problem ist, daß dies alles wie automatisch funktioniert, hochgeschaltet auf der Ebene des Über-Ichs, der verinnerlichten Gewalt, des andressierten Zwangs. Und dies ist nun die Basis dafür, im Kollektiv zu handeln. Hier hat man an diesem Morgen auf dem Tempelplatz das ungeheuerlichste Raubtier dieser Erde vor sich, den Menschen in der Masse, die Bestie ohne Fell, den Menschen im Kollektiv. Man bestätigt ja nicht nur die eigene Moralität durch die Steinigung, man bestätigt auch die Solidarität der Gruppe, wie sie zusammenhält wie Pech und Schwefel und ihre eigene Unterminierung durch Wollust und Unzucht nie und nimmer dulden wird. Es wird, wenn es so wie geplant weitergeht, ein jeder seinen Stein werfen. Keiner hat gemordet, nur: die Frau ist am Ende tot. Und so ist die Masse ausgerichtet, wenn sie aktiv wird. Wie im Rauschzustand besäuft ein jeder sich an den eigenen Phrasen. Sie halten zusammen. Sie sind die Operationsbasis, sich auszuagieren, nur daß schließlich kein einziger mehr verantwortlich zu sprechen ist. Kein einziger ist zuständig, nur das »man«, der Schwarm, die Allgemeinheit existiert. So wie man, wenn man des Nachts betrunken war, am anderen Morgen die ungeheuerlichsten Taten, die frivolsten Späße, die gemeinsten Scherze als ein Ehrenmann entschuldigen kann – man war ja betrunken –, so in der Masse: man war en vogue, man war nur Teilatom im Kollektiv, weitab liegt der Gedanke, daß man für die eigenen Handlungen verantwortlich sein könnte, im Gegenteil, das Geschöpf selber war die objektive Allgemeinheit, und sie hat man befolgt in der Gemeinheit. Wie bekommt man es fertig, gegen diese brutalisierte Front der Masse einen Funken der Humanität zu zünden? Das ist im Grunde das Problem, dem Jesus sich an diesem Morgen gegenübersieht. Da ist noch hinzuzufügen, daß der Clan aufgeputscht wird in einem politischen Kabinettstück. Man führt das Gesetz des Mose ein wie im Triumph, nicht nur um die Frau, sondern vielmehr um Christus fertigzumachen. Der Masse ist es im Grunde egal, wen sie mordet. Da es keinen Einzelnen gibt, zählt auch nicht ihr Opfer. Sie berauscht sich im Moment, aber kurz drauf hat sie alles vergessen. Den Pharisäern und den Schriftgelehrten aber ist das Spiel mit der Menge wichtig. In Gegensatz dazu muß man setzen, was Jesus für gewöhnlich sagt: Richtet ihr nicht, sonst müßte Gott nach gleichem Maßstab euch richten. Was habt ihr für ein Interesse, den Splitter im Auge des anderen zu sehen, statt des Balkens innezuwerden, der euch selber quält? Vergebt einander. Sucht einander zu verstehen, aber werft den anderen nicht die Schuld vor, die in euren eigenen Herzen liegt. Niemals hört man eine einzige Verurteilung aus dem Munde Jesu, es sei denn die Verurteilung der mitleidlosen Rechthaberei, des Pharisäismus, der Gesetzesreligion – der Sünder nie. Dies paßt den Herren gar nicht, die die offizielle Religion verwalten, dies ist den Bürokraten aller Zeiten ein Skandal, und da sie die Anarchie fürchten wie nichts sonst auf Erden, müssen sie gegen Jesus eine Kasche, wie man auf hebräisch sagt, eine Fangfrage aufstellen. Die Fangeisen sind wohl organisiert, kaum daß man sehen kann, wie man den Fuß aus diesen Bügeln zu ziehen vermöchte. Sagt Jesus, diese Frau dürfe nicht gesteinigt werden, so erklärt er, das Gesetz des Mose sei zu verwerfen, also ist er selber nach dem Gesetz des Mose ein Verworfener. Sagt er, die Frau müsse gesteinigt werden, schilt er all das Lügen, was er an Menschlichkeit gewollt hat. Wie kann man handeln unter einem solchen Druck von Pöbelgemeinheit und pharisäischer Finesse? Wie kann man zwischen der Roheit der Masse und dem subtilen Verstand von Henkern einen Ausweg finden für die Frau und für sich selber?

Es geschieht an diesem Morgen auf dem Tempelplatz das Unwahrscheinliche, daß Jesus mit der Kraft seiner ganzen Persönlichkeit auf diese Szene reagiert. In solchen Momenten handelt man nicht überlegt, man verhält sich so, wie man ist. So im äußersten herausgefordert, zeigt sich das ganze Wesen eines Menschen, im Guten wie im Bösen, und kaum in einer Szene sonst begegnet man Jesus so unmittelbar wie hier.

Das Geheimnis dieses Augenblicks ist die merkwürdige Atmosphäre von Ruhe, von fast gewitterschwüler Einsamkeit in allem. Es ist nicht möglich, die Psychologie dieser Frau, ihre Hilflosigkeit, ihre Ausgeliefertheit, ihre Selbstvergessenheit zu erklären und zu kommentieren. Es hat auch keinen Sinn, das Raubtier der Masse und die Brutalität des scharfsinnigen Pharisäismus mit Argumenten zu reizen, aber das Unwahrscheinliche geschieht hier, daß Christus die Bestie der Instinkte, dieses Gebräu von Intelligenz und Triebleidenschaft zum Schweigen bringt durch diesen gedehnten Augenblick der Ruhe, so wie ein Dompteur im Zirkus einen Tiger zum Rückzug zwingt durch die angstfreie Ruhe seines Blicks. So sehen wir in vollkommener Gesammeltheit und Unbedrohtheit Christus wie selbstvergessen sich auf sich selbst besinnen. Er bückt sich, wie wenn's die ganze Menge nicht gäbe, und schreibt in den Sand.

Niemand weiß bis heute, was diese Szene soll. Vielleicht daß Christus sagen wollte: All die Gesetze, auf die ihr euch beruft, sind scheinbar auf steinernen Tafeln geschrieben; in Wirklichkeit sind sie nicht gültiger, als was in Sand geschrieben wird. Jeder Wind verformt sie und erschafft sie anders. Das einzige, was wirklich fest wäre, ist nicht, was man in Paragraphen schreibt, sondern was in eurem Herzen lebt. Nur: so wird es nicht erklärt, so muß es empfunden werden. Es muß ein Augenblick der vollkommenen Stille, der völligen Sammlung eintreten, und ihn erzwingt Christus durch sein Nichthandeln.

Erst als man immer weiter auf ihn eindringt, bringt er, ich möchte sagen, das größte seiner Wunder fertig: Wer von euch ohne Schuld ist, werfe den ersten Stein auf sie. Dieser wunderbare Satz vermag es, die Masse aufzulösen, und nur noch einzelne bleiben übrig. Dieser Satz erreicht, daß ein jeder für sich nicht nur das allgemeine Gesetz in seiner Hoheit im Gehirn hat, sondern beginnt, sich selber wahrzunehmen. Er fängt an zu sehen, welche Gefühle ihn beherrschen, Empfindungen der Schadenfreude, der Wollust, der Rechthaberei, des Sadismus, des Sich-die-Hände-Reibens. Und er entdeckt, wie in einem Abgrund, in sich die Möglichkeit, in Begehrlichkeit so handeln zu können, als wäre die Frau die Schuldige, als wäre die Unterrock-Schnüffelei von den Frauen erfunden, als hätte das Interesse am anderen Geschlecht der Art, wie wenn die Frauen bloß eine Ansammlung von Primärreizen wären, ihre Begründung in der Natur der Frauen, als wären nicht die Männer es, die ihre Beute suchen und schließlich schuldig sprechen, so daß vierzig

Jahre nach Christus ein frommer Zadig erklärt hat, der ganze männliche Gerichtshof, der über Frauen in Fragen des Ehebruchs zur Debatte sitzt, sei abzuschaffen wegen Befangenheit vor dem Gesetz. So denkt Christus nicht. Nicht auf der Basis des Gesetzes löst er das Problem. Er möchte, daß das Herz des Menschen an diesem Morgen einsichtig wird bis zu dem Punkt, daß jeder sich gestehen muß: auch ich wäre fähig, so zu tun. Erst dann hört die Moral der Verdrängung auf, wenn man sich die eigenen Gefühle und Möglichkeiten eingesteht. Erst dann hebt sich die Angst auf, die grausam macht. Erst dann löst sich das Chaos der verdrängten Triebe. Erst dann findet man Zugang zum eigenen Herzen und kann merken, wie unbedroht und ruhig man mit den eigenen Antrieben leben kann, denn ohne Angst sind sie nicht schlimm; unverdrängt und zum Leben zugelassen, sind sie sehr geordnet. Gott hat sich nicht vertan, als er das Herz des Menschen schuf mit all seinen Möglichkeiten, Wünschen, Leidenschaften und Energien. Ohne Angst und wie Gott es gemacht hat, ist es ein wunderbares Gebilde, unser Herz, und wir hätten keinen Grund, es zu fürchten. Wir könnten mit einemmal der Moral entsprechen ohne innere und äußere Gewalt.

Und so gehen diese Männer am Morgen auf dem Tempelplatz von dannen als sich selbst Zurückgegebene, vom Zwang des Gesetzes Befreite, als Erlöste. Und es geht diese Frau zurück in ihr Leben, freigesprochen, weil es vor Gott und in Wahrheit beurteilen keinen Menschen gibt, der sich hinstellen könnte und sagen könnte und dürfte: Du bist schuldig. Einzig das Verstehen lehrt, gemeinsam zu sein, die Aburteilung wird gemein. Niemand existiert, der sagen dürfte: Ich bin dein Richter, ich habe die Gesetze, nach denen ich dich wegdränge aus dem Zusammenleben der Geschwisterlichkeit. Daß grade der Verlorene Verständnis, Güte und Erbarmen braucht, dies war, was Jesus meinte. Daß man, wie wir am letzten Sonntag im Evangelium hörten, den Zurückgekehrten herzlich umarmt, dies wollte er.

Seit den Tagen der frühen Kirche bis heute macht diese kleine Erzählung den Theologen die größten Schwierigkeiten. Soll es denn wahr gewesen sein, daß Jesus im Fall eines so schweren Verbrechens wie eines Ehebruchs eine straffällig Gewordene einfach so hätte von dannen gehen lassen, ohne Ermahnung, ohne klare Schuldfeststellung, ohne Strafe? Bringt nicht ein solches Verhalten abseits des Gesetzes die soliden Pfeiler der bürgerlichen Ordnung in ihren Fundamenten ins Wanken? – Man hat sich fast ein Jahrhundert lang in der Entstehungsgeschichte des Neuen Testamentes gesträubt, diese Erzählung mit dem Leben Jesu im Umkreis heiliger Texte in Verbindung zu bringen. Sie ist deswegen sehr spät in das letztentstandene Evangelium nach Johannes eingeschoben worden. Aber man muß rückblickend sagen: Gott sei Dank.

Wir lesen in den Erzählungen der Evangelisten von manchen Wundertaten, die Jesus gewirkt hat, weil er Macht über das menschliche Herz besaß. Aber es gibt kaum eine andere Geschichte, die Jesus so wunderbar imstande zeigt, eine Gruppe von Menschen an einem Morgen auf dem Tempelplatz in Jerusalem von innen heraus zu verwandeln. Da sie im Neuen Testament steht, haben sich zwei christliche Gruppen dieser Geschichte besonders angenommen.

Die christlichen Pharisäer werden, zähneknirschend erst, aber dann mit zusammengebissenen Zähnen, erklären, daß dies genau *ihre* Geschichte ist, denn sie endet ja damit, daß Jesus die Sünderin auffordert, nicht mehr zu sündigen, und also ist die Welt wieder in Ordnung wie am Anfang und alles dazwischen nur eine kurzlebige erdbebenartige Erschütterung, die man leicht vergessen kann, nachdem die Mauerrisse neu verfugt sind. Die Wahrheit zu sagen, ist diese Geschichte das bleibende Zentrum eines Erdbebens, das nie wieder aufhören wird, eine Verunsicherung, die uns durchschüttelt bis zu den Fußspitzen. Nichts bleibt in Ordnung, wenn denn das menschliche Herz so ungeheuerlich ist, wie es Jesus hier erscheint, und so großartig, wie er hier vertraut. Es ist nicht möglich, über einem solchen Text zurückzukehren zur Ordnung der Legalisten und Gesetzesgeber.

Auf der anderen Seite ist diese Geschichte sehr beliebt bei denjenigen, die an der Änderung gesellschaftlicher Verhältnisse interessiert sind. Ist nicht das ganze Szenario hier überhaupt nur denkbar in einem extrem patriarchalischen Gesellschaftsumkreis? Da wird eine Frau beim Ehebruch ertappt, aber nicht sowohl der Mann, der es mit ihr getrieben hat. Da stehen die Männer da mit den Steinen in den Händen, aber die Frauen sind die schutzlosen Opfer dieser Gesetzespraktik, die immer nur die Wehrlosen trifft. Und entspricht dies nicht bis ins Detail dem männlichen Macho-Denken von heute? Eine Frau verführen ist eine Ehrentat, gewissermaßen eine Pflicht für mutige Herzen, aber die Frau, die man in die Ehe führt, muß selbstredend unbescholten sein. Doppelmoral von Männern darf man das wohl nennen und Herrschaftsausübung in jedem Falle, so daß es Rechtens ist, darüber zornig und empört zu sein. Es gab in den Tagen Jesu jemanden, der Partei ergreifen wollte für die wehrlosen Frauen. Grade er aber macht den Unterschied deutlich, der ihn von Jesus trennt. Rabbi Johanaan Ben Zakchai ging nach dem Untergang Jerusalems, vierzig Jahre nach Jesus, in denselben Fußspuren der Absicht ganz andere Wege, indem er das Problem des Ehebruchs und der Anklage gegen die Frauen mit Gesetzesverstand löste. Er nahm sich eine Stelle aus dem Propheten Amos, die besagt, daß ganz Israel ein Hurenvolk sei. Der Prophet meinte damit, daß niemand im auserwählten Volk ohne Treuebruch sei gegenüber Gott. Der jüdische Rabbi las daraus, daß kein Mann das Recht haben dürfe, über Ehebruch zu urteilen, weil er selbst befangen sei in eigener Sache. Die Pharisäer lösten die Härte des Gesetzes auf dem Weg der Argumentation mit Gesetzen.

In beiden Fällen brauchen die Gesetzgeber einen gewissen Status von Macht, und in jedem Falle geht es um eine bestimmte Art von Politik, vielleicht einer richtigeren, menschlicheren, aber immer geht es um Politik, und da liegt der entscheidende Unterschied, mit dem diese Erzählung bereits beginnt. Die Leute, die diese Frau vor sich her Jesus buchstäblich in die Arme treiben, haben an der Person der Ehebrecherin im Grunde nicht das geringste Interesse. Sie benutzen sie lediglich wie eine Schachfigur für ihre Interessen, und die lauten, daß man auf irgendeinem Wege an Jesus herankommen muß, um ihn in die Enge zu treiben. Wenn denn sein Sprechen gilt: »Gott läßt seine Sonne aufgehen über Gute und Böse«, als ob alles egal wäre, wenn denn seine Gleichnisse von einem Gott, der vergibt, einfach weil wir es brauchen, ernst gemeint sind, heißt das dann nicht überhaupt, die eindeutigen Grenzziehungen der Moral für null und nichtig zu erklären? Wenn das seine Meinung ist, steht er in klarem Widerspruch zum Heiligsten in Israel, zum Gesetz des Mose, und dann soll er sich dazu bekennen, und dann wird er dafür büßen müssen. Oder aber er bekommt Angst vor den

Konsequenzen seines eigenen Geredes, und dann wird man ihn überführen, daß er ein Sonntagsschwätzer und ein Gehirnverderber ist. Beruft er sich auf Mose, dann stimmt von dem, was er vorher sagte, nichts, und damit ist er noch mehr erledigt; in dem einen Fall als Mann von Charakter zwar, aber als Anarchist überführt, im anderen Fall ein Rohr im Wind, nach dem sich niemand mehr zu richten wagen darf. Er sitzt in der Falle, so hat man sich's gedacht, und um die Falle aufzubauen, braucht man einen Menschen. Es ist das Prinzip, mit dem man Politik macht: man muß Menschen zu Steinen machen, mit denen sich spielen läßt. Man muß das gesamte Spiel so konfigurieren, daß es den anderen immer mehr zusammenschnürt, und wenn es gelingt, mit Menschen so umzugehen, mag man sich trösten, daß dies alles zum Wohle von Menschen geschehe. Aber wann sind die Menschen hinter einem solchen Hürdenlauf von vorgesetzten Interessen wirklich an der Reihe, und wann dürfen wir uns erlauben, daß es uns einfach um Menschen geht?

Es kommt aber noch viel tiefer und viel prinzipieller. Solange es uns um andere Menschen geht, haben wir immer noch klare Vorstellungen. Da gibt es die Verantwortung, da gibt es das Mitleid, da gibt es die Fürsorge und die christliche Nächstenliebe, da sind wir gute, rechtschaffene Leute und immer in der Position des Besseren, des Stärkeren, derer, die den anderen etwas zu geben haben, und es schmeichelt unserem Selbstgefühl aufs äußerste. Es ist ein Augenblick, in dem der Himmel den Atem anhält, als Jesus auf die Frage »Was sagst du?« nichts sagt, sondern sich niederbückt, um auf die Erde zu schreiben. Die Schrifterklärer haben durch die Jahrhunderte gerätselt, was Jesus wohl geschrieben haben könnte. Es geht aber nicht um etwas, das zu schreiben wäre, sondern um den Inhalt all dessen, was sich schreiben läßt. In Gesetzesbüchern steht sehr vieles, aber besitzt es mehr Gültigkeit, nur weil es auf Pergament und Papyrus steht, als was wir mit dem Finger dem Sand anvertrauen würden, und der Wind weht darüber, und es ist unlesbar? Nichts von all dem hat wirklichen Bestand, aber gültig müßte und könnte sein, was Gott in unser Herz geschrieben hat. Was wäre zu sehen, wenn wir beginnen würden, uns selber zu erkennen?

An diesem Morgen auf dem Tempelplatz von Jerusalem ereignet sich vielleicht das größte Wunder, das Jesus gewirkt hat: Menschen, die sich keiner Schuld bewußt sind, die dastehen und eindeutig die Sache des Guten, bewehrt mit den Instrumenten der Strafe, in Händen haben, dahin zu bestimmen, daß sie statt nach außen, im Sinn der Verurteilung, in sich selbst hineinschauen nach den Gründen, aus denen heraus Menschen handeln. Es ändert eine ganze Welt. Gesetze können noch so vernünftig sein oder noch so dumm, was wir für Menschen sind, bestimmt darüber, wie wir sie anwenden. In unserem Herzen entscheidet sich alles, und allein die Macht des Verstehens ist imstande, Menschen in die Freiheit zu rufen. Dem widersetzen sich offenbar Jesu Kontrahenten im heutigen Evangelium eine ganze Weile, und es geschieht, daß Jesus sich aufreckt wie im Zorn und seinen Gegnern und Fallenstellern geradezu entgegenschleudert: »Wer von euch ohne Sünde ist, werfe den ersten Stein!« In einem Film aus den letzten Jahren ist diese Szene meisterlich dargestellt: Jesus selber nimmt die Steine in die Hand, schlägt sie wütend gegeneinander und hält sie seinen Widersachern, den Verteidigern des guten Rechts, unter die Nase. »Hier, werft!« schreit er sie an. Und hätte es nur einen einzigen gegeben, der in seiner Selbstsicherheit verharrt wäre, hätte auch Jesus den Justizmord oder besser die Exekution des richtigen Rechtes nicht verhindern können. Wer von euch ohne Sünde ist, werfe zuerst.

Es mag sich noch leicht anhören, als Jesus in der Bergpredigt formulierte: »Richtet nicht, damit ihr nicht gerichtet werdet!«, aber die Kraft aufzubringen, in einem solchen Moment äußerster Herausforderung sich so zu verhalten, übersteigt in seiner Menschlichkeit fast das Menschenmaß. Sie gehen fort, zuerst die Ältesten. Man traut seinen Ohren kaum, wenn man hört, daß Jesus am Ende sich selber nicht ausnimmt von der Gruppe der Menschen, die zum Verurteilen kamen. »Hat keiner von denen dich verurteilt?« fragt er, ein zweites Mal sich aufrichtend, die Frau. Und als sie sagt: »Nein, Herr«, fügt Jesus hinzu: »Dann verurteile auch ich dich nicht.« Es ist das Ende der Parteiungen, die wir bilden, indem wir die Menschen einteilen nach den Guten und den Bösen, es ist das Ende der moralischen Eindeutigkeiten und der klaren, gußeisernen Begriffe, es ist vor allem das Ende der Vorurteile, nach denen wir immer wissen, was im Leben anderer Menschen zu sein hat und auch im Umgang mit uns selber heute, morgen und übermorgen sein wird.

Da klammern sich die christlichen Pharisäer an den Schlußsatz: »So geh und sündige fortan nicht mehr!« Aber sie übersetzen ihn falsch, wenn sie ihn so formulieren. Das Hebräische ist eine launische Sprache.

Wenn es einen Imperativ formuliert, gebraucht es normalerweise das Futur, und so müßte man sagen: »Du gehst jetzt, und fortan sündigst du nicht mehr.« Das ist kein Befehl, viel eher die Gewißheit einer Tatsache. Und die ganze Kunst liegt darin, einen Menschen dahin zu führen, daß er nach dem Verlassen aller äußeren Absicherungen seines eigenen Herzens wieder, soweit es irgend möglich ist, sicher werden kann. Nach den Erschütterungen des gesamten Selbstvertrauens soviel an innerem Einklang und innerer Stimmigkeit in der Seele eines verwüsteten Menschen neu zu begründen, ist das zweite Wunder dieser Geschichte, größer fast noch als das erste, so daß es in unserem wirklichen Leben Jahre in Anspruch nehmen wird. Es ist im übrigen sehr offen, wie denn das Leben dieser Frau in Zukunft ausgesehen hat.

Um die Beunruhigungen, die von dieser Stelle ausgehen, ein wenig praktisch zu gestalten, darf ich daran erinnern, daß wir in einer Zeit leben, in der von dreihunderttausend Ehen, die im Jahr geschlossen werden, ein Drittel geschieden wird, und das ist nur der Anfang. In Kanada sind es vierzig Prozent der Ehen, die geschieden werden, in den Vereinigten Staaten fünfzig Prozent. Es geht nicht an, zu denken – wie dies in vielen kirchlichen Äußerungen geschieht –, all das sei nur die Folge von Treulosigkeit, Sittenverfall, maßlosem Sexismus. Es ist in Wirklichkeit oft ein tiefer Notschrei und ein verzweifeltes Suchen nach Liebe. Und auf dem Wege dahin – ich sage dies als Priester – sehe ich und höre ich vieles von Ehebruch, und ich muß gestehen, daß es mir nicht mehr möglich ist, eindeutig zu sagen: falsch und richtig – einfach deswegen, weil viele Menschen das, was sie tun, gar nicht bereuen können. Es tut ihnen leid, es schmerzt sie, ja, aber wenn etwas nicht nur ein Abenteuer ist, etwas, für das man sich am Morgen entschuldigen kann, weil man am Abend zuviel getrunken hat, wenn überhaupt seelisch sich etwas abgespielt hat, das in die Tiefe reichte, dann wird man nicht imstande sein, mit sich selber abzurechnen: richtig und falsch und ab morgen anders. Soll ich sagen, daß ich Ehebrüche kenne, die Frauen geheilt haben, die bis dahin unter psychosomatischen Krankheiten litten, und es war nicht ihr Mann und kein Psychotherapeut und kein Arzt imstande, sie zu heilen, aber irgendeine Ferienaufenthaltsbekanntschaft sehr wohl – und nachhaltig für Jahre? Kann es nicht sein, daß Frauen existieren, die vielleicht nach Jahren der Entwürdigung in ihrer Ehe irgendwo in einem Kur- oder Ferienbetrieb einem Mann begegnen, der ihnen ein Stück ihrer Würde wiedergibt und eine gewisse

Ahnung von ihren verlorenen Träumen? Kann es nicht sein, daß wir manchmal auf den scheinbar verkehrten Wegen laufen müssen, um das lebensnotwendig Richtige überhaupt erst zu finden? Und wie viele Ehen sind wie eingeschlossene Burgen, wie Bastionen im Belagerungszustand, die sich nur halten lassen, weil von fernher ab und an eine Brieftaube einfliegt? Was wissen wir von Menschen, und was glauben wir, bloß weil wir bestimmte Bücher haben, festschreiben zu können? Und was tun wir in der Kirche, indem wir uns nicht Atomkrieg und Atomrüstung, nicht Umweltverseuchung und -zerstörung, nicht die tägliche Ausrottung von Tierarten zum Anliegen machen, wohl aber dieses Thema der Ehe, in allen möglichen Erklärungen, Strafsatzungen, Bestimmungen vor der Ehe, in der Ehe, nach der Ehe? Wer da von uns ohne Schuld ist, werfe den ersten Stein! Und wer es vermag, einen Menschen von innen so zu berühren, daß er in Zuversicht sagen kann, das habe er hinter sich, der ist Jesus sehr nahe. Zwischen beidem liegt eine ganze Welt.

Einer war krank: Lazarus von Betanien, aus dem Dorf der Maria und ihrer Schwester Marta. Maria aber war es, die den Herrn mit Salböl gesalbt und seine Füße mit ihren Haaren getrocknet hatte. Ihr Bruder Lazarus war krank. Die Schwestern sandten also zu ihm und ließen sagen: Herr, siehe, dem du Frèund bist, der ist krank. Als aber Jesus das hörte, sprach er: Diese Krankheit ist nicht zum Tod, sondern zur Verherrlichung Gottes – daß der Sohn Gottes verherrlicht werde durch sie. Jesus liebte zwar Marta, ihre Schwester und Lazarus. Doch als er gehört hatte, der sei krank, blieb er daraufhin noch zwei Tage am Ort, wo er war.

Alsdann, erst danach, sagt er den Jüngern: Laßt uns abermals nach Judäa ziehen. Sagen die Jünger zu ihm: Rabbi, eben suchten die Juden dich zu steinigen – und abermals ziehst du dorthin. Antwortete Jesus: Hat der Tag nicht zwölf Stunden? Wenn einer am Tag umhergeht, stößt er nicht an, weil er das Licht dieser Welt erblickt. Wenn einer aber in der Nacht umhergeht, stößt er an, weil das Licht nicht in ihm ist. Das sprach er; und danach sagt er zu ihnen: Lazarus, unser Freund, ist eingeschlummert. Ich aber mache mich auf, um aus dem Schlaf ihn zu wecken. Sprachen nun die Jünger zu ihm: Herr, wenn er eingeschlummert ist, wird er gerettet. Jesus aber hatte von seinem Tod gesprochen; sie dagegen wähnten, er rede vom Schlummer des Schlafs. Darauf nun sprach Jesus freimütig zu ihnen: Lazarus ist gestorben. Aber ich freue mich euretwegen – damit ihr glaubend werdet, daß ich nicht dort war. Doch nun wollen wir zu ihm gehen. Sprach aber Thomas, der »Zwilling« genannte, zu seinen Mitjüngern: So laßt auch uns gehen, mit ihm zu sterben.

Als Jesus nun kam, fand er ihn seit vier Tagen schon im Grabe. Betanien war aber nahe bei Jerusalem – etwa fünfzehn Stadien entfernt. Viele von den Juden waren also zu Marta und Maria gekommen, um ihnen wegen des Bruders zuzusprechen. Marta nun, wie sie hörte, daß Jesus kommt, ging ihm entgegen. Maria aber saß zu Hause. Sprach nun Marta zu Jesus: Herr, wärst du hier gewesen – nicht gestorben wäre mein Bruder. Doch auch jetzt weiß ich: Was alles du von Gott erbittest: Gott wird es dir geben. Sagt Jesus zu ihr: Auferstehen wird dein Bruder. Sagt Marta zu ihm: Ich weiß, daß er auferstehen wird – bei der Auferstehung am Letzten Tag. Sprach Jesus zu ihr: Ich bin die Auferstehung und das Leben. Wer an mich glaubt: Auch wenn er stirbt – wird er leben. Und jeder, der lebt und an mich glaubt, nimmermehr stirbt er –

nicht auf Weltzeit hin! Glaubst du das? Sagt sie zu ihm: Ja, Herr! Ich bin zum Glauben gekommen, daß du der Messias bist, der Sohn Gottes: Er, der in die Welt kommen soll.

Und als sie das gesagt hatte, ging sie und rief ihre Schwester Maria. Und heimlich sprach sie: Der Lehrer ist da und ruft dich. Jene aber, als sie es hörte, richtete sich schnell auf und ging zu ihm. Jesus war noch nicht ins Dorf gekommen, sondern noch am Ort, wo Marta ihm begegnet war. Die Juden nun, die bei ihr im Hause waren und ihr zusprachen, hatten gesehen, daß Maria schnell aufgestanden und hinausgegangen war. Sie folgten ihr, wähnend, sie gehe zum Grab, um dort zu weinen.

Wie Maria nun dahin kam, wo Jesus war, sah sie ihn, fiel zu seinen Füßen nieder und sagte zu ihm: Herr, wärest du hier gewesen, so wäre mir der Bruder nicht gestorben. Wie Jesus sie nun weinen sah, und wie auch die mit ihr gekommenen Juden weinten, fuhr er im Geist jäh auf und geriet durcheinander. Und er sprach: Wo habt ihr ihn hingelegt? Sie sagen zu ihm: Herr, komm und sieh. Jesus weinte. Da sagten die Juden: Sieh, wie er ihm Freund war! Einige von ihnen aber sprachen: Hat er, der des Blinden Augen geöffnet, nicht machen können, daß dieser nicht sterben mußte?

Abermals jäh auffahrend geht Jesus zum Grab. Es war eine Höhle und ein Stein lag darauf. Sagt Jesus: Hebt den Stein weg! Sagt zu ihm Marta, die Schwester des Gestorbenen: Herr, er riecht schon; es ist ja der vierte Tag. Sagt Jesus zu ihr: Habe ich zu dir denn nicht gesprochen, du werdest – wenn du glaubst – die Herrlichkeit Gottes sehen? Hoben sie also den Stein weg. Jesus aber hob die Augen nach oben und sprach: Vater, ich danke dir, daß du mich erhört hast. Ich wußte wohl, daß du mich allezeit erhörst. Aber um der Leute willen, die herumstehen, sprach ich es aus, damit sie glauben, daß du mich gesandt hast. Und als er das gesprochen, rief er mit gewaltiger Stimme: Lazarus! Auf, heraus! Heraus kam der Tote, mit Streifen an Füßen und Händen gebunden, und sein Gesicht mit einem Schweißtuch umwunden. Sagt Jesus zu ihnen: Macht ihn los, und laßt ihn gehen. JOH 11,1–45

Von all den Bildern mit denen das Johannesevangelium den Übergang zum Glauben an Jesus als den Sohn Gottes zu beschreiben versucht, ist dieses letzte von der Auferweckung des

Lazarus das radikalste und das am meisten tröstende, unmittelbar vor der Erzählung von Tod und Auferstehung Jesu selber.

Gott zu erfahren, erklärt Jesus im dritten Kapitel des Johannesevangeliums im Nachtgespräch dem Ratsherrn Nikodemus, ist wie neu geboren werden aus der Kraft des Geistes. Wie wenn die Fesseln fielen, die uns gebunden halten, wird unsere Seele frei und wie getragen von der Kraft des Windes, ohne Grenzen, ohne Berechenbarkeit von außen, nur unendlich weit und einzig dem Atem Gottes folgend. Dieses Wunder ist möglich: noch einmal sich zurückgegeben zu werden und das Leben ein zweites Mal zu beginnen, wie wenn der Himmel auf die Erde käme.

Gott zu erfahren, wie er in Christus erscheint, so zeigt es Jesus dem Blindgeborenen im neunten Kapitel des Johannesevangeliums, ist, wie wenn unsere Augen aus endloser Nacht sich öffnen würden. Jahraus, jahrein kann unser Leben gefangen sein in Aussichtslosigkeit und geschlagen von Blindheit. Und doch ist es möglich, in einer Art zweiter Geburt, sich in dem Tümpel Schiloach die Augen zu waschen und die Welt noch einmal ganz neu zu sehen. Die Gesetzeshüter werden streiten und debattieren, ob diese Weltsicht wahr sei und erlaubt, aber es gibt Evidenzen der Menschlichkeit, die nicht mehr umzustoßen sind, wenn wir beginnen, wirklich zu *sehen*.

Die Erzählung von der Auferweckung des Lazarus ist die Zusammenfassung all dieser Bilder. Gott zu erfahren bedeutet, vom Tod hinüberzugehen ins Leben und die Krankheit der Verzweiflung, die ewige Gefangenschaft in den Kerkerwänden der Grabeshöhle und der Verwesung zu überwinden. Wenn die Leinenfesseln fallen und wir heraustreten in das Licht und dem Anruf Gottes folgen »Lazarus, komm heraus!«, so wird der Schoß der Erde uns nicht mehr gefangenhalten können, und wir sind frei.

Vor hundert Jahren hat der russische Dichter Fjodor Michailowitsch Dostojewskij diese Geschichte von der Auferweckung des Lazarus in den Mittelpunkt eines seiner größten Romane gestellt, der Erzählung von dem Studenten Rodion Raskolnikow. Irgendwo in den Straßen von Sankt Petersburg wohnt ein junger Mann, der sein Leben eigentlich noch vor sich haben könnte, genial begabt, mit überwachem Verstand, bestimmt zu Größerem. Er aber verkriecht sich in seiner Behausung, verbringt die Tage damit, untätig auf der Pritsche zu liegen und die Decke anzustarren, und grübelt und grübelt. Er wird hin und her gerissen von Selbstwertzweifeln, bitterster Selbstverachtung, Großmannsträumen bis zum Wahnsinnigen und kommt dabei weder zu sich selbst noch zu irgendeinem Menschen draußen. Er bringt es fertig, seinen letzten Freund mit Bitterkeit und Häme zu verstoßen. Die Armut quält ihn, das Elend bedrückt ihn, und des Nachts sieht er sich selbst, vervielfacht, in einem Meer von Ungeziefer versinken. Denn dafür hält er sich: für etwas vollkommen Wertloses, das zu zertreten man beinahe ein Recht hätte. Es ist ein Leben zwischen Tod, Wahnsinn und Mord, das, was man Verzweiflung nennt, die Krankheit, die als einzige wirklich zum Tode ist. Ihm zur Seite stellt Dostojewskij die Gestalt eines Mädchens, einer Dirne, die auf die Straße geht, um ihre Familie vor dem völligen Ruin zu bewahren. Auf sie trifft der Student und Mörder Raskolnikow. Als er ihre Lage begreift, sieht er im Grunde nur drei Wege für Sonja offen: Entweder sie wird sich mit all dem Schmutz und Ekel einverstanden erklären, oder aber sie wird völlig wahnsinnig werden, oder sie wird sich das Leben nehmen. Sonja aber tut nichts von alledem, sie verfügt über ein Geheimnis, das mitzuteilen sie lange sich weigert. Schließlich, als Rodion so lange in sie dringt, schlägt sie die Bibel auf, und es lesen gemeinsam die Dirne und der Mörder die Geschichte von der Auferweckung des Lazarus und wie Jesus zu ihm sagt: »Lazarus, Lazarus, komm heraus!«

Es ist möglich, daß Menschen, die das Licht der Welt nie gesehen haben, an diesen Ruf als ihre wirkliche Berufung zu glauben wagen. Es ist möglich, daß das Gefühl, bei lebendigem Leib zu verwesen, weil die Seele das Dasein nicht erträgt, sich überwinden läßt in einem Anruf der Liebe. Es ist möglich, daß ein Leben, das nur zum Tod bestimmt scheint, eine Ahnung empfängt von der Ewigkeit. Das Johannesevangelium legt den größten Wert darauf, daß wir an die Auferstehung nicht glauben wie an ein fernes, fremdes Geschehen am Ende der Tage. Es hätte sich niemals ein Ostermorgen ereignen können und wir hätten ihn, selbst wenn er sich ereignet hätte, nie bemerken können, vermöchten wir nicht mitten in diesem Leben Gott so zu erfahren, daß wir begreifen, was Leben ist, jenseits der Todesangst, jenseits der Endlichkeit, jenseits der Enge und der Angst dieser Welt. Dieser Ruf »Komm heraus!« gilt uns heute, gleich wo wir stehen. Ob zwanzig-, vierzig-, sechzigjährig – es ist niemals zu früh und niemals zu spät, zu fühlen, zu sehen und zu hören, daß es nicht zwei Welten gibt, ein Diesseits und ein Jenseits, zeitlich und wesentlich getrennt. Der Gott Jesu Christi ist gegenwärtig heute, im ewigen Präsens. Und dies ist unser ganzes Leben: zu glauben und zu wissen, daß es zwischen Erde und Himmel, zwischen Zeit und Ewigkeit, zwischen Menschlichkeit und Göttlichkeit keine Grenzen gibt, daß nur ein einziges Reich der Liebe und des Lebens ist, zu dem wir berufen sind.

*Da waren einige Griechen unter denen, die hinaufstiegen, um sich
am Fest tief zu verneigen. Die traten nun an Philippus heran – den aus
Betsaida in Galiläa. Und sie fragten ihn und sagten: Herr, wir möchten
Jesus sehen. Philippus geht und sagt es Andreas, Andreas und Philippus
gehen und sagen es Jesus. Jesus aber hebt an und sagt: Gekommen
ist die Stunde, daß der Menschensohn verherrlicht werde. Wahr, ja
wahr ists, ich sage euch: Wenn das Weizenkorn nicht in die Erde fällt
und stirbt, bleibt es allein. Stirbt es aber, so trägt es viel Frucht. Wer
sein Leben lieb hat, der wird es zugrunde richten; doch wer sein Leben
haßt in dieser Welt, der wird es zu unendlichem Leben bewahren. Wenn
einer mir dient, so folge er mir. Und wo ich bin, dort wird auch mein
Diener sein. Wenn einer mir dient, wird mein Vater ihn ehren.*

*Jetzt ist mein Leben durcheinandergeraten. Und was soll ich sprechen:
»Vater, rette mich aus dieser Stunde?« Nein, um dessentwillen
bin ich in diese Stunde gekommen: Vater, verherrliche deinen Namen!
Da kam eine Stimme aus dem Himmel: Ich habe verherrlicht und
abermals werde ich verherrlichen. Die Leute nun, die dastanden und
hörten, sagten: Ein Donner sei ergangen. Andere sagten: Ein Engel hat
mit ihm geredet. Jesus hob an und sprach: Nicht meinetwegen ist diese
Stimme ergangen, sondern euretwegen. Jetzt ist Gericht über diese
Welt. Jetzt wird der Anführer dieser Welt hinausgeworfen werden. Ich
aber, wenn ich erhöht bin von der Erde: Ich werde alle zu mir ziehen.
Das aber sagte er, um anzuzeigen, welchen Tod er sterben sollte.*

JOH 12,20–33

Seit zweitausend Jahren kommen Menschen aus den verschiedensten
Kulturen zu den Jüngern Jesu und bitten sie: »Wir möchten
den Herrn sehen.« Und vermittelt durch Menschen, die an Christus
glauben, gewinnen sie Einsicht in das Wesen und die Lehre Christi.

Das Evangelium von heute versucht, unmittelbar vor dem Beginn
der Leidensgeschichte des Herrn, in Form von Worten Jesu das Geheimnis
seines Lebens und seines Todes zusammenzufassen. Es ist ein
Augenblick, in dem Christus selber davon spricht, daß er angesichts des
sicheren Todes zutiefst erschüttert ist, geschüttelt von Angst. Aber nun
fragt es sich, wie ein Mensch lebt angesichts des Todes.

Mitunter hat man den Eindruck, als wäre die Unsterblichkeit des
Lebens etwas, an das man glauben könnte oder auch nicht. Es hat den

Anschein, als würde sich, je nachdem, kaum etwas wirklich ändern. Dieser Anschein wird als erstes in den Worten dieses Evangeliums durchbrochen. Es hängt die ganze Ewigkeit davon ab, woran wir wirklich glauben. Aber die Probe aufs Exempel läßt sich jetzt und augenblicklich machen, denn wir werden mit jedem Atemzug anders *sein,* anders existieren, andere Menschen sein, je nachdem, wie wir glauben, und das heißt wesentlich, wie wir dem Tod gegenüberstehen. Jesus wagt es, die letzte Herausforderung seines Lebens anzunehmen und ihr nicht auszuweichen. Deshalb kann man und muß man sagen, daß er für uns gestorben ist. Denn das, was sich in ihm verdichtete, ist in seinem Tod zu einer Botschaft geworden, die die Gräber öffnet und die Angst vor dem Tod hinwegnimmt. Was hätte Jesus sagen sollen? »Vater, rette mich aus dieser Stunde?« – »Aber deshalb bin ich ja in diese Stunde gekommen«, fügt er hinzu: damit sich in dieser Welt einmal etwas entscheidet. Solange wir denken, dieses irdische Leben gelte es zu verteidigen mit Krallen und Zähnen, wird sich unser Leben zusammenschließen, und es wird selber eine immer enger werdende Grabkammer sein. Die Angst vor dem Tode wird uns töten, längst ehe er uns physisch ereilt. Die Kraft, wirklich zu existieren, die Länge des Atems wird uns genommen, indem wir immer hektischer, immer eingeschnürter darauf aus sind, nicht mehr zu leben, sondern unser Leben zu sichern, abzusichern, zu versichern, rückzuversichern, und je sicherer es wird, desto sicherer ist es tot. Man muß diesen aufschreienden Gegensatz an dieser Stelle des Evangeliums einmal mit voller Wucht auf sich wirken lassen, wenn Jesus in hebräischer Gegenüberstellung so kraß wie nur möglich sagt: »Wer dieses Leben liebt, wird es verlieren. Nur wer dieses Leben, das irdische, sein eigenes, haßt, wird es gewinnen für alle Ewigkeit.« Man wird das nur so übersetzen können, daß es in den Augen Jesu ein für allemal gleichgültig wird, wie lange man lebt, wie sicher man lebt, wie äußerlich erfolgreich man lebt und wie man verteidigt, was man das erfolgreiche Leben nennt. Wer so beginnt, kommt nie zum Wesentlichen, findet nie sich selber und kann in dem Grab, das er sich für sein Leben schaufelt, die Ewigkeit am Ende weder glauben noch überhaupt wünschen.

Aber um etwas anderes geht es: daß man die Angst verliert, aus der Wahrheit zu sein. Und da ist der Tod nicht die letzte Macht im Leben. Wofür denn bringt man Jesus in diese Stunde, außer daß er lehren wollte und verkörperte, daß man über die Angst hinaus menschlich sein kann, weitherzig werden kann, großzügig sein kann und die Sicherungen aufgibt. Dadurch verstörte er alle. Dadurch wurde er zur Beunruhigung. Deswegen forderte er die Angstsicherungen und die Abwehr förmlich heraus. Aber er mußte dem standhalten. Um unserer Menschlichkeit willen mußte er einmal die Wand der Enge und der Einschnürung öffnen und dazu stehen, daß die Wahrheit wichtiger ist als die Frage, wie sie ankommt, daß die Menschlichkeit zu leben mehr lohnt als die faulen Kompromisse. Und dann gilt es. Es ist möglich, daß man bei jedem Wort von der Güte und der Menschlichkeit die eigene Rede im Munde umgedreht bekommt und anders ausgelegt erhält, als sie gemeint ist. Am Ende stehen die Richtigen da und werden sagen, man habe nur das Durcheinander erzeugt, das Chaos angerichtet, die Ordnung gestört. Ganz gewiß hat man die Ordnung gestört. Es ist möglich, daß man bei jedem Schritt zur Wahrheit und zur Menschlichkeit vorgeführt wird in seiner Schutzlosigkeit, Ausgeliefertheit, an den Pranger kommt und scheitert. Aber dies wußte Jesus, und er wollte uns ein für allemal zeigen, daß es schlimm sein mag, verleumdet, nackt vorgeführt, ausgepeitscht und zu Tode gequält zu werden. Und dennoch ist das alles nicht schlimmer, als jeden Tag sein eigenes Leben zu verlügen, zu beschämen, zu beschmutzen und dem Tode der Angst auszuliefern. Wir Menschen sind es uns selber schuldig, und wir sind es Gott, der uns gemacht hat, schuldig, an die Herrlichkeit des Lebens zu glauben, die eines jeden Menschen, uns selber eingeschlossen, die falschen Götzendienereien abzuschaffen und würdig und groß ihm gegenüberzutreten. Ein Mensch, der frei ist, ist die größte Verherrlichung Gottes, und darum betet Jesus. Dies ist sein Anliegen, daß Menschen durchsichtig und klar auf ihren Schöpfer hin zu leben vermöchten.

Da hört man eine Stimme vom Himmel, und nun ist die Frage, was wir vernehmen. Wir können die Welt in ihrem äußeren Bestand sehen. Dann sind die Fakten Fakten, dann sind die Dinge Dinge, dann ist unser Körper nur der Körper und das Leben mehr oder weniger eine Fügung von Naturgesetzen. Dann wird unser Kontakt zum Himmel darin bestehen, daß es über uns donnert oder regnet und der Wind weht, und irgendwann sinken wir in die Gruft. – Oder wir lernen eine neue Art der Weltsicht und der Weltvernahme. Dann geht es darum, mitten im Leben zu hören, wie der Engel Gottes mit einem jeden von uns spricht. Dann kommt es darauf an, dieses unser Leben zu begreifen als ein ewiges Geheimnis, das wir ahnen, langsam verstehen und, je tiefer wir's begreifen, um so faszinierender, unergründlicher und himmlischer finden. Denn die Wahrheit ist: dieses unser Leben gestaltet sich in einem nicht endenden Gespräch zwischen Diesseits und Jenseits, zwischen Erde und Himmel, zwischen Endlichkeit und Unendlichkeit, und der Gottesengel redet immerzu zu uns.

Dann gibt es dieses Bild vom Weizenkorn, das in die Erde fällt. Nehmen wir's biologisch, so ist es das Bitterste, was wir uns sagen können: wir wären nichts weiter als ein Teil der Natur mit einer vorübergehenden, rasch zu beseitigenden Existenz, und bald schon wird die Bilanz lauten, daß wir am besten daran tun, nachrückendem Leben Platz zu machen und ihm möglichst wenig im Wege zu sein. – Lebendig genommen, mit dem Blick auf den Himmel, als ein Bild verstanden, kann das Weizenkorn uns lehren, richtig zu leben. Wir selber, mit unserem kleinen, bedrohten und engen Dasein, haben einander unendlich viel zu geben. Ein jedes bißchen Liebe, das wir entgegen der Angst füreinander aufbringen, macht uns zum Brot des Himmels, zur Pilgerspeise auf dem Weg zur Unendlichkeit.

Und dies ist die Wahrheit: es gibt im Grunde keinen Tod. Es gibt aber eine Brüderlichkeit, die hier auf Erden beginnt und niemals endet. An dieser Frage entscheidet sich alles, daran hängt es, woran wir wirklich glauben: an die irdische Welt, und das Johannesevangelium steht dann nicht an zu sagen: an den Teufel – oder an Gott, und dann ist der Himmel uns nahe. Wir können uns äußerlich fragen, was sich dadurch ändert, ob wir so oder so glauben; sterben, biologisch, werden wir allemal. Es entscheidet sich an dieser Frage unser ganzes Leben und die ganze Welt! Die Jünger hätten Jesus sagen können:»Aber du gehst doch in den Tod!« Und Jesus hätte in diesem Augenblick antworten müssen:»Ja, grade deshalb, ich gehe in den Tod, und es ist die Herrlichkeit, weil so zu sterben nichts widerlegt von dem, was wahr ist, sondern es bestätigt und ein für allemal die Macht der Enge, das Sich-Klammern ans Diesseits aufgibt.« Umgekehrt: Jesus hätte der Angst folgen können, ein paar Jahrzehnte seines Lebens retten können, aber es wäre kein Leben mehr gewesen. Nichts weiter wäre es gewesen als eine erbärmliche Schande. So aber ist es und bleibt es für alle Zeiten etwas Preiswürdiges, Großes und Herrliches, das uns in Ewigkeit ahnen läßt, wozu wir berufen sind. Wir brauchen nicht mehr zurückzuschrecken vor den Götzen und Popanzen, die man vor uns aufstellt. Wir erleben das Paradox, daß der Tod weniger ängstigend ist als unter Umständen die Menschen an unserer Seite, für Kinder schon die eigenen Eltern, für die Erwachsenen andere, scheinbar noch größere Erwachsene. Aber nichts mehr ist zu fürchten, wenn wir uns selber finden unter den Augen Gottes, wenn wir mit den Worten dieses Evangeliums Jesus sehen in unserem Leben. Und die Kreuzigung ist der Anfang der Herrlichkeit und das Kreuz wie ein blühender Baum, eine Achse zwischen Himmel und Erde. Und die Stimme vom Himmel wird bei uns bleiben, die uns versichert, daß Gott uns liebt, ewig, wir aber miteinander niemals aus der Liebe fallen.

Zum Palmsonntag

Die Leidensgeschichte unseres Herrn Jesus Christus, die wir heute in der Fassung des Matthäusevangeliums hören, ist nicht eigentlich eine Darstellung der historischen Begebenheiten, vielmehr schildert Matthäus, in enger Anlehnung an das Markusevangelium, die Passion Jesu als ein schrittweise sich erfüllendes Gebet, als das Ende der Verheißungen des Alten Bundes, als den Willen Gottes, der jetzt endlich zu seinem Abschluß findet. Dahinter kann man die oft noch einfachere Wahrheit, den menschlichen Bestand in den Spuren erkennen. Nach Matthäus stirbt Jesus, weil er sich selber vor dem Hohenpriester als den Sohn Gottes, als den Menschensohn, der kommen wird auf den Wolken des Himmels, ausgegeben hat. Man mag historisch fragen, ob ein solches Verhör vor Kaijaphas je stattgefunden hat. Sicher ist, daß Jesus ein solches Bekenntnis nicht abgelegt hat.

Die Passionsgeschichte beginnt mit der Einsetzung des Abendmahls, wie Jesus sich selber den Jüngern unter der Gestalt von Brot und Wein als Speise und Trank gibt. Alles aber muß begonnen haben mit der einfachen Einladung Jesu an jene Menschen, die im Sinn der Schriftgelehrten und der Hohenpriester keine Chance hatten, zu Gott zurückzufinden, der Zöllner, der Sünder, der Huren. Er wollte sie versammeln, indem er sich zu ihnen setzte, und es sollte ein Stück vom Himmel auf die Erde kommen grade für sie. Alles muß auf den entscheidenden Punkt zugelaufen sein, als Jesus an der Spitze dieser Gruppe, die sich ihm anschloß und an seiner Seite Vertrauen gegenüber Gott und gegenüber der Berechtigung ihres eigenen Daseins fand, nach Jerusalem ging, um den Tempel zu öffnen. »Dieses Haus ist ein Haus des Gebetes für alle Völker.« Mit dem Wort des Propheten Jeremia will Jesus, daß das Heiligtum sich nicht mehr verriegelt gegenüber den Heiden, den Frauen, den scheinbar Unwürdigen, sondern daß die Welt Gottes offen ist wie zwischen Sonnenaufgang und Sonnenuntergang, ein voraussetzungsloses Erbarmen, eine Güte, die einen jeden umfängt. Das ist der eigentliche Grund der Ablehnung von seiten der Hohenpriester, der Schriftgelehrten und der Ältesten. Vieles schiebt ihnen das Matthäusevangelium absichtsvoll zu: das Bekenntnis zu Jesus Christus wird in der frühen Kirche oft dazu genutzt, die Synagoge anzuklagen, und so sehen wir in der Schilderung durch den Evangelisten diese

Gruppe im Prozeß Jesu so lange beim Volk intrigieren, bis dieses selber vor dem Stuhl des Landpflegers Pontius Pilatus den König Israels schuldig spricht.

Die einfachere Wahrheit grade der Darstellung der Passionsgeschichte Jesu ist, daß alle Menschen, die darin vorkommen, sich anders verhalten, als sie's eigentlich wollen. Petrus will *nicht* seinen Herrn verraten, aber grade das wird er tun, aus Angst vor einer Magd. Judas scheint scheinbar für schnödes Geld seinen Herrn auszuliefern, aber in Wirklichkeit möchte er ihn retten, wie seine späteren Worte verraten. Er hält ihn für unschuldig, und er möchte mit seinem merkwürdigen Taktieren offensichtlich Jesus und seine Ankläger zur Verständigung zusammenzwingen. Statt sich zu entscheiden, möchte er ausgleichen. Petrus selber greift im Garten in der Szene der Verhaftung zum Schwert, aber Jesus möchte nicht, daß Gewalt herrscht, denn jeder, so erklärt er, der zum Schwerte greift, wird durch das Schwert umkommen. Und ist Pilatus zu beneiden in der Rolle seiner Macht? Er ist ohnmächtig, ein Spielball des Volkes, und die Regierenden selber sind gehorsam und willfährig gegenüber den Regierten. Niemand tut und sagt in dieser Geschichte, was er wirklich denkt, mit Ausnahme der Frauen. Nur bei Matthäus finden wir, daß die Frau des Pilatus interveniert. Sie hat einen Traum gehabt, der warnte. Nur, wann hören die Menschen auf Träume, von Frauen zumal? So wird alles enden, indem die Gruppe der Frauen Jesus umfängt, als man ihn getötet hat, und ihn zu Grabe trägt als letzten Dienst der Liebe.

Dann ist die Frage an uns, was nun sein wird. Matthäus schildert den Tod Jesu als ein beginnendes Erdbeben. Es gibt keinen Grund mehr und keinen Halt mehr, wenn es möglich ist, *ihn* zu töten, der zumindest der Gruppe der Frauen das beginnende Leben war. Es werden die Gräber sich öffnen, und das, was man tot nannte, fängt an zu sein. Und umgekehrt wird man begreifen, daß das, was bisher Leben hieß, nichts weiter ist als eine endlose Praktik des Todes. Man kann ein Grab versiegeln, man kann es sogar unter Wache stellen, man wird das anfangende Leben nicht hindern bei denen, die es begriffen haben.

Zum Gründonnerstag

In dieser Nacht begeht der Herr das Passahmahl Israels als ein Ausgestoßener. Getrennt haben sich die Synagoge und der Tempel von seiner Botschaft und ihn verstoßen vom Dienst im Erbe des alten Israel. Ohne Passahlamm und ohne die Gemeinschaft der Gläubigen begeht Christus die Feier des Auszugs aus dem Hause der Knechtschaft Ägyptens, als einer, der wie ein Aufrührer erscheint, wie ein Stifter von Unruhe, Verwirrung und Verrat. Der Gegensatz hat sich mehr zugespitzt, als Jesus es je wollte und als in dieser Stunde seine eigenen Jünger es wahrhaben möchten.

Warum liegen über dem letzten Passahmahl des Herrn die Schatten des Scheiterns so lang und so dunkel? Christus muß sich diese Frage immer wieder gestellt haben. Seine Botschaft, den kurzen Zeitraum von nur zwei Jahren umgreifend, begann wie der Frühling in Galiläa, plötzlich und wie ein Wunder. Dann aber lief das Volk auseinander, es mehrten sich die Widerstände, und in diesem Augenblick des Abschieds des Herrn von seinen Jüngern steht es fest: die heilige Stadt Jerusalem wird sich nicht geistig erneuern lassen durch den Propheten aus Galiläa. Warum?

Man mag sich den Kopf zermartern, wenn man am Abgrund steht, was man falsch gemacht hat. Jesus wird alle seine Worte, alle seine Taten geprüft haben wie im Schmelzofen. Was hätte er anders sagen können? Wie hätte er anders handeln dürfen? Und was hat er gewollt? – Man wirft ihm vor, daß er das Gesetz verraten und übertreten, daß er die Weisung der Väter nicht genau genug befolgt habe. Aber das ist doch nicht wahr! Man kann die Bibel aufschlagen, wo man will: wenn man sie mit den Augen Jesu und mit seinem Herzen liest, sprechen all die Texte, selbst wo sie mehr als 660 Gesetze zelebrieren, selbst wo sie von Krieg, Verrat, Meineid, Mord, Haß und Rache reden, im Grunde nur eine einzige Sprache, auf die es ankommt. Mit jeder Zeile, wenn man sie mit den Augen Jesu liest, soll den Menschen, einem jeden einzelnen in Israel versichert sein, daß Gott ihn hört, wenn er schreit in der Not, daß er auf seiner Seite ist inmitten der Verlassenheit, daß er ihn aufhebt aus dem Staub inmitten der Verachtung, daß Gott die Fesseln des Todes sprengt, die die Angst um sein Herz legt. Das wollte Jesus leben, nichts weiter. Er wollte in seiner Existenz seinen Gott verkörpern, den er seinen und unseren Vater nannte, und ein für allemal sollte man aufblicken können zu diesem Gott wie mit den Augen von Kindern, die die Angst noch nicht gelernt haben, sondern grenzenlos vertrauen. So war es, daß, wenn er die Augen der Blinden berührte, sie sich öffneten zum Licht, und wenn Menschen sich selber in ihrer eigenen Existenz so unzumutbar, so abscheulich fanden wie Aussätzige, daß sie unter der Berührung seiner Hand sich rein fühlten, zugehörig zu den anderen und mit ihnen verbunden. Sollte an dieser Botschaft, an dieser Lebensweise, an diesem Wunder des Vertrauens irgend etwas falsch sein? – O ja, wenn man gegen die Angst ist, zerreißt man die Sicherungen, die Stacheldrähte, die Mauern, die Kerkerwände, die die Angst errichtet. Mit einemmal kann jedes Wort aufgenommen werden wie eine ungeheure Herausforderung. Menschen, die wagen, selbst zu leben, sind dem Terror der Einschnürungen, der Einengungen, der Vorschriften entnommen. Menschen, die keine Angst haben, sind frei, sind groß und wissen um ihren Wert. Eben dies, was Christus wollte, war wie ein Sprengstoff für all das, woran Menschen sich für gewöhnlich klammern, wenn sie Angst haben. Wer möchte, daß Menschen ihre Würde entdecken, stößt unbarmherzig auf den Widerstand derer, die möchten, daß Menschen sich beherrschen lassen. Jemand, der möchte, daß Menschen ihre Würde ahnen, gerät sofort in Konfrontation mit den zynischen Verwaltern des Menschenlebens. Jemand, der die Freiheit des Menschen will, ist augenblicklich auf der Gegenseite zu denen, die alle möglichen anderen Interessen, Gewinn, Geld, Kleidung, äußeres Gepränge, für wichtiger nehmen und es immer wieder fertigbringen, Menschen zum Mittel ihrer eigenen Zwecke zu erniedrigen.

Aber war es falsch, diesen Aufruhr gewollt zu haben, um des Menschen willen? Hätte man an irgendeiner Stelle sich zurückziehen sollen, wie die Jünger lehrten und warnend anempfahlen, das Licht unter den Scheffel zu stellen, kaum daß es brannte? Hätte man leiser, vorsichtiger, taktierender, diplomatischer reden und vorgehen sollen? – Nein und abermals nein. Wenn man den Menschen den Mut machen möchte, an sich selbst zu glauben, wie soll man sich dann vor lauter Angst immer wieder auf den Rückzug begeben? Dies war, was Jesus sagte, als es darauf ankam: Ihr könnt heute noch flüstern von dem, was ihr fühlt im Herzen, man wird es morgen von den Dächern schreien. Es ist nicht zu unterdrücken, was von Gott ist. Und was für eine Angst habt ihr vor Menschen, die nur Macht haben vermittels eurer Angst, indem

sie eure physische Existenz traktieren und foltern können? Es gilt nur
Gott zu respektieren, einzig Gott. Alles andere sind Vorwände, die ihr
möchtet und euch zurechtlegt, solange ihr Angst habt. Aber es ist nicht
nötig, glaubt es, es ist nicht nötig. Weder die Vorsorge für den
morgigen Tag noch das Sich-Klammern an die Gier des Geldes, an die
lausigen Scheinsicherheiten, hinter denen man sich verschanzt, die
immer neuen Versuche, Freiheit, Güte und Liebe zu ersticken, all das
ist nicht nötig. Das war seine Überzeugung.

Aber er, der wollte, daß man keinen ausstößt, steht in dieser Nacht
selber da als ein Ausgestoßener. Noch einmal spricht er mit den Jüngern
die Psalmen, die ihm so lieb sind und die man in dieser Stunde betet,
wunderbare Worte, wie der Jordan beim Auszug Israels aus Ägypten
floh vor Angst, weil ihm ein Volk begegnete, das in Gott gefestigt war:
Wenn Gott auf meiner Seite ist, so steht's in diesem Psalm, den Christus
in der Todesnacht betet, was kann ein Mensch mir dann tun?

Mit solchen Worten auf den Lippen muß er sich vom Saal des
Abschiedsmahles zum Ölberg begeben haben. Es ist der Augenblick,
da jeder fragt und die Bibel selber rätselt, mit welch einer Wucht und
welch einer Macht in diesem Moment Christus selber der Angst
ausgesetzt ist. Er, der nur das Vertrauen lehrte, bebt bis zum Blutschweiß vor Angst.

Es hat manche gegeben, die dachten, daß selbst der Herr in diesem
Augenblick seiner eigenen Botschaft, seines eigenen Vertrauens in die
Führung Gottes nicht mehr sicher gewesen sei. Und wohl ist es wahr,
daß all unsere Angst davon kommt, daß wir uns in Gott nicht mehr
verankert wissen. – Aber das Geheimnis dieser Ölbergnacht dürfte grad
vom Gegenpol des Vertrauens her stammen. Nicht in der Beziehung
zwischen Christus und Gott dürfte der Grund des Bebens, der Furcht
und des Entsetzens Jesu liegen. Er fühlte Gott in seinem Herzen so nah
und dicht, daß er jedem versichern mochte: Schau nur in dich selbst
hinein, dort ist das Himmelreich.

Aber zwischen dem Herrn und allen Menschen muß in diesem
Moment der Ölbergnacht endgültig und furchtbar ein Abgrund sich
aufgetan haben. Was kann man, soll man, müßte man Menschen sagen,
die jedes Wort der Wahrheit in sich fühlen können, aber aus lauter
Angst weiter lügen müssen, die genau wissen könnten, wie einfach das
Leben wäre, kehrte man zu dem zurück, was im eigenen Herzen
stimmt, und die dennoch weiter aus Gewohnheit, aus Trägheit, aus

Fortsetzung all der alten Mechanismen nur so weitermachen können, wie sie gewohnt sind, und zertreten müssen, was sie leben ließe, töten, wovon sie selber existieren könnten.

Wenige Stunden später, im Prozeß, wird Christus kein Wort mehr sagen.

Es ist möglich, Gott zu vertrauen, aber angesichts der Möglichkeiten, die Menschen haben, einander zu quälen, einander bis aufs Blut zu peinigen, wenn nicht einmal die Wundertaten in Galiläa, nicht einmal die wunderbaren Worte des Vertrauens und der Güte das menschliche Herz zu ändern vermögen – was kann auf dieser Welt noch geschehen? Oder umgekehrt: Wenn man sich selber völlig aus dem Spiel nimmt, wenn es immer nur so weitergeht, wie es weitergeht, ganz normal, stinknormal der Alltag, dem Menschen ausgeliefert sind, immer wieder – was wird da auf der Welt noch möglich sein?

Es gab die Propheten Israels, sie hätten das Problem anders gelöst. Sie hätten sich hingestellt – vielleicht auch mit Angst wie Jeremia –, aber ihr Gesicht versteinert und selber zu einer ehernen Säule geworden, und hätten dem Volk anklägerisch die Leviten gelesen und es im Grunde verachtet. Das kann Jesus nicht. Er ist in diesem Sinne kein Prophet, der sagt: »Hier stehe ich und habe recht; ihr aber solltet euch danach richten!« Er ist jemand, der mitfühlt, jemand, von dem das Johannesevangelium sagt: Er wußte, was im Menschenherzen ist. Das ist das Furchtbare: all dies, was Menschen tun, zu verstehen und es womöglich nicht ändern zu können, besser als die Akteure selber zu begreifen, was in ihnen vorgeht und welchen Zwängen sie immer wieder unterliegen, aber nichts bewirken zu können.

Es ist furchtbar, zu sehen, wie ohnmächtig auf dieser Welt die Güte ist, wie wirksam, schrecklich wirksam dagegen die probaten Mittel der Macht sind, die Rezepte der Gewalt, der »gesunde Menschenverstand«, aufgebläht von Wahnsinn, Phrasen und Nichtigkeiten. Es ist furchtbar, zu sehen, daß die Leute, auf die man gehofft und gezählt hat, die eigenen Jünger, davon die besten, nichts begreifen. Kein Wort, kein Gespräch, das über dieses Geheimnis des Leids mit ihnen möglich wäre: sie schlafen. Nichts geschieht, sie fliehen, als sie merken, was passieren wird. Und in diesem Moment scheint es, menschlich gesehen, daß alles umsonst ist.

Ein Mann, der das Leid des auserwählten Volkes tief in sich aufgenommen hat, der Jude Schalom Ben Chorin, meinte einmal: Wenn

Jesus irgend sich geirrt hat, wenn er vom Reich Gottes sprach, dann darin, daß er den Menschen zutraute, es zu verstehen. Ein Irrtum der Liebe.

In dieser Nacht, so erzählt das Neue Testament, habe Jesus zu Gott, zu seinem Vater gebetet, er möge, wenn es denn ginge, einen Weg finden ohne das Leid, einen Pfad zur Wahrheit ohne den Schmerz. Seit dieser Nacht steht fest, daß es einen solchen Weg wohl nie mehr geben wird, daß wir für alle Zeit die Weisheit zunächst durch das Leid lernen und daß erst jenseits der Tränen die Freude beginnt. Aber was wir aus der Nacht von Golgota mitnehmen und was wir lernen müssen, dürfen, können an der Seite Jesu, heute nacht, ist, daß alle Wünsche, alle Gebete, alle Hoffnungen sich umformen in ein neues, selbst angesichts des Todes nicht mehr zu zerstörendes Vertrauen. »Dein Wille geschehe«, spricht Christus am Ölberg, und er wird, am Kreuz hängend, den Psalm 31 noch einmal laut herausrufen: »In deine Hände gebe ich meinen Geist.« Niemals hat Christus diese Haltung verleugnen wollen oder auch nur können.

Es mögen Menschen miteinander machen, was sie wollen – wenn nur wir mit dem, was in uns lebt von Gott her, wirklich übereinstimmen, können wir's dem übergeben, der uns erschuf, und wissen: was in uns lebt von Gott her, wird sich endgültig nicht mehr zerstören lassen.

So geht denn diese Bitte vom Abschiedsmahl des Herrn am Gründonnerstag an uns. Es ist möglich, daß wir zertreten werden wie Trauben in der Kelter. Es ist möglich, daß wir ausgenutzt, mißbraucht, schikaniert, vorgeführt, ausgepeitscht werden – alles ist möglich, was Menschen tun können. Und dennoch ist es unnötig, von der Wahrheit auch nur einen Zentimeter abzuweichen, um sich davor zu schützen. Es schützt uns nicht, wenn wir uns jeden Tag selber anspucken und begeifern, nur damit es andere nicht tun. Es ist nicht sinnvoll, sich jeden Tag selber in der Angst zu zerwühlen und zu vergraben, nur damit andere uns nicht zuvorkommen im Betrug, im Hintergehen und in der Arglist. Es ist möglich, geradeaus zu leben, und der Tod ist kein Widerspruch dazu.

Möge, was in dieser Passahnacht des Ausgestoßenen begonnen hat, uns übergeben werden als eine Speise, von der wir leben, und uns miteinander verbinden als Schwestern und als Brüder, unverbrüchlich in alle Ewigkeit.

In dieser Stunde des letzten Abendmahls empfangen die Jünger, was sie seither für alle Zeiten selbst sein werden: Leib des Herrn. Es ist ein Augenblick, so widersprüchlich wie kein anderer im Leben Jesu. Endgültig ist der Abschied gekommen, und doch versichert Christus, daß es keine Trennung geben wird, in diesem Leben nicht und auch nicht in der anderen Welt. Es ist ein Augenblick, in dem die Macht des Bösen wie eine Riesenwoge über dem Haupt Jesu zusammenbricht, und doch ist es zugleich ein Augenblick der äußersten Vergebung und der Bereitschaft, allen alles zu verzeihen. Nie vorher muß die Angst und Einsamkeit Jesu größer gewesen sein als in dieser Stunde eines Gemeinschaftsmahles völliger Verbundenheit.

All diese Widersprüche fassen zusammen, was das ganze Leben Jesu war: ein einziger Gegensatz gegenüber all der gefrorenen Angst, der verfestigten Sicherheit in den Praktiken des Todes, der Normalität des Unmenschlichen. Man hat den Tod Christi längst beschlossen, und er selber weiß das. Es hilft kein Ausweichen mehr, kein mögliches Sich-Verstecken, keine Flucht. Sie sind ihm nicht erlaubt, allen anderen vielleicht, ihm nicht. Denn er wollte, daß wir Menschen unseren Glauben gegen alle Angst auf Gott richten würden, so fest und unverbrüchlich, daß unser Herz weit würde für die Fähigkeit zur Güte. Das aber ist der Punkt: Man nimmt ihm übel, daß er grenzenlos geliebt hat. Man verlangt und fordert ein die Grenzziehungen, Abriegelungen, Einordnungen und Einschnürungen; die Welt muß wieder sicher werden und nicht so maßlos beunruhigt, wie der Mann aus Nazaret es wollte. Man nimmt ihm übel die Unmittelbarkeit und die Nähe seiner Hoffnung. Sie richtet sich gegen die Resignation alltäglicher, grauer, abgestandener, unlebendiger Pflichttorturen, mit denen wir uns selbst nicht leben lassen und niemanden an unserer Seite. Es sollte unser Leben durchdringen wie ein Gesang. Dagegen erhebt sich das Pfeifkonzert und das Gejohle des Spottes. Alles ist vorauszusehen, was zwölf Stunden später Wirklichkeit sein wird, aber grade ihr *muß* Jesus standhalten, er allein und unbedingt, denn würde er fliehen oder weiter sich verbergen, wäre kein Wort des Vertrauens mehr glaubwürdig in dieser Welt. Man wüßte ein für allemal, daß es keine Macht gibt, die stärker wäre als die Angst. Um diese Welt zu ändern, muß ein für allemal gezeigt werden, welch eine Macht Gott in unserem Herzen haben kann.

Kann man, so fragte die deutsche Literatur alle Denkenden nach

1945, noch *an Gott glauben,* wenn es Auschwitz gibt, Dachau und Buchenwald? Kann über dem millionenfachen Leid Unschuldiger ein Gott sein, der offenbar untätig bleibt? Man hat immer wieder gedacht, daß diese Stunde von Getsemane auch im Leben Jesu zerrissen gewesen sei vor Unsicherheit gegenüber Gott. Was wird er tun? Was kann er tun, um Menschen in den Arm zu fallen? Wir, die wir die Bibel kennen, wissen es. Nichts wird Gott tun. Die Erde wird sich weiter drehen, die Sterne werden weiter ihr Licht in den Raum abstrahlen, und anders als es die Legende sagte, wird keine Sonne sich verfinstern und keine Erde beben. Aber grade das ist es, was Jesus wußte. Keine Heerschar von Engeln wird kommen, um die Soldateska, gekauft und bestellt vom Schacher zwischen Tempel und Thron, zur Räson zu rufen. Das Problem Jesu war nie die Frage, wie zuverlässig Gott ist. Ihm war Gott unendlich nahe, selbst in der Stunde des Todes. Die erschreckenden Worte des Psalms 22 »Warum, warum, mein Gott, hast du mich verlassen?« wird Jesus weiterbeten mit den Worten des Psalms 31: »In deine Hände, Herr, gebe ich meinen Geist.« Daß dies möglich ist, wird Jesus niemals zweifelhaft gewesen sein.

Aber etwas ganz anderes ist es, ob wir *an den Menschen glauben* können. Wie wird die Geschichte weitergehen, wenn sie fähig ist, das Kostbarste in ihr in kürzester Zeit wieder zurückzunehmen und zu zertreten wie etwas, das niemals hätte sein sollen? Um sich herum hat Jesus nur diesen kleinen Kreis von Jüngern, und er braucht ihnen nur in die Augen zu sehen, um zu wissen, wie brüchig all das ist, was er zu bauen versuchte. Da gibt es den stets selbstgewissen, tapferen Petrus, der sich selber überhaupt nicht kennt und mehr gefährdet ist als alle anderen. Ihn hat er ein Fundament aus Felsstein genannt, aber sieht man genau hin, so weiß man, daß selbst die Berge wanken und wandern können wie Dünen aus Sand, wenn der Wind nur lang genug weht. Es gibt den Mann Judas, der bestellt war, die Kasse zu verwalten, aus der man die Armen speisen wollte. Man kennt die Gründe nicht, die der Verrat hat, sie sind immer vielschichtig, niemals geradlinig, zusammengesetzt aus hundert Motiven, aber welch ein Abgrund ist das menschliche Herz! Es gibt Johannes, der Jesus liebt. Er wird ihm folgen bis zum Kreuz, und er wird verkörpern, wie ohnmächtig die Liebe in dieser Welt ist. – Wird es immer so weitergehen wie im Alten Bund, daß man die einjährigen Lämmer schlachtet, mit ihrem Blut die Türpfosten anstreicht, damit die rasenden Dämonen sich besänftigen und endlich vorübergehen? Und muß immer erst geschunden, gequält und getötet werden, eh' menschlicher Wahnsinn an sich selber ein Ende findet? Wie vermag man an den Menschen zu glauben? Das ist die Frage Jesu in dieser Stunde des letzten Abendmahls. Es bleibt nichts anderes übrig, als daß Jesus, ausgeliefert an die Hohenpriester und die römischen Kohorten, sich selber in die Hände seiner Jünger gibt. Sein Schicksal auf Erden wird von ihren Worten, ihren Taten abhängen. Was können sie tun, außer immer wieder zu entdecken, wovon sie wirklich leben? Sie mögen zu Verrätern, zu Lügnern, zu Ohnmächtigen werden. Immer, wenn sie das sind, werden sie fortan auf ihrer Zunge, in ihrem Herzen den Geschmack des wahren Lebens spüren, das in Christus gegenwärtig ist, niemals vergangen, immer noch Zukunft, Verheißung stets und bleibender Auftrag. Es ist möglich, inmitten der Nichtigkeit und der Niedrigkeit des Menschen die langsam deutlicher werdenden Wegspuren Gottes zu sehen, die allmählich wachsende Offenbarung seiner Schönheit. Und dies muß man, um Gottes willen, vom Menschen glauben: daß er fähig ist zum Guten, daß er würdig ist der Gnade, daß er begabt ist zur Liebe und daß er – was er auch tun mag – sich Gott nie wird aus der Seele reißen können. Worauf Jesus dabei vertraut: daß mitten in der Sünde eine Ahnung der Barmherzigkeit wohnt, mitten in der Niedrigkeit ein verborgenes Wissen um die verlorene Würde, Reinheit und Unschuld und daß es keine Bosheit gibt, die nicht an sich selber leidet und sich immer wieder ins eigene Fleisch schlägt und beißt. Es ist das Wunder der Verwandlung von allem, dank dem man fortan wissen wird, daß wir Gottes bedürfen, um zu existieren. Niemals mehr wollen wir nur essen, trinken und schlafen, sondern wir wollen und dürfen und müssen Verbündete sein und miteinander und aneinander Ruhe finden in der Nähe Gottes. Sie ist uns zugesagt, sie ist uns anvertraut, sie ist das, was uns begleitet, wohin immer wir gehen bis an die Grenzen der Erde.

Seit diesem letzten Abendmahl des Herrn ist es möglich, dem Menschen zu vertrauen und der kleinen Gemeinschaft seiner Jünger sich anzuvertrauen, aus keinem anderen Grund, als weil Gott selber an sie glaubt. Sie wird so wahr sein, diese Gemeinschaft der Jünger Christi, wie sie es wagt, an Gott zu glauben, denn fortan gilt es: Wir werden empfangen, was wir selber sind, der Leib des Herrn, das Zeichen der ewigen Nähe Gottes.

Die Szene im Abendmahlssaal, in der Jesus mit den Jüngern zu Tisch liegt, ist der Anfang seiner Passion. Schon hat der Hohe Rat den Todesbeschluß gegen ihn gefaßt, nur das Urteil muß noch gesprochen werden. Schon sitzt am selben Tisch der Verräter, und Jesus weiß und will es nicht mehr anders, als daß das Leid in dieser Nacht noch auf ihn wartet. Es gibt offensichtlich keinen anderen Weg mehr. Der von der Synagoge Ausgestoßene muß das Mahl der Väter an diesem Abend ohne das rituell vorgeschriebene Passahlamm feiern. Aber braucht man ein Opfertier? Wie war die Antwort, als Isaak am Berg Morija seinen Vater fragte: »Hier ist Holz, Schlachtmesser und Feuer; wo aber ist das Opferlamm?« – Abraham wußte damals keine Antwort. In dieser Stunde kennt Jesus sie, und es ist nur die Frage, wann seine Jünger und wann in Tausenden von Jahren wir selber verstehen, was eigentlich geschieht. Entsprechend den Texten der Passahliturgie nimmt Jesus Brot in seine Hände und betet in der Sprache seiner Heimat Galiläa die vorgeschriebenen Worte: »Das ist das Brot des Elends, das unsere Väter in der Fremde aßen. Jeder, der Hunger hat, komme zum Passahmahl. Der da ewig ist, der Allmächtige, er lasse seinen Segen ruhen über uns und über seinem Volk.«

So war es damals, als Israel hinauszog aus der Gefangenschaft und Fremdherrschaft hinüber in seine Freiheit. Es war ein Aufbruch, an dem alles sich entscheiden sollte, der Anfang eines unverbrüchlichen Bundes zwischen Gott und seinem Volk. Später, im Wolkendräuen am Sinai, bekannte Gott sich feierlich zu seinem Entschluß der Erwählung und der Sendung des Menschen zur Freiheit.

Was ist es, was Jesus von diesem Bund noch vor sich sieht?

Als er das Brot bricht und seinen Jüngern gibt, glaubt er nicht mehr daran, daß die Gemeinschaft des Menschen mit Gott noch Bestand habe. Der Prophet Jeremia ist ihm ungemein viel näher als Mose. Jeremia hatte miterlebt, wie Jerusalem in Flammen aufging und die Mauern zerstoßen wurden unter den Rammböcken der Babylonier und das Volk von neuem in Knechtschaft und Elend geführt wurde. Damals schrieb Jeremia von einem *neuen* Bund, den Gott schließen würde. Zerbrochen seien die Tafeln des Gesetzes, geschrieben auf Stein, aber Gott werde ein zweites Mal, am Ende der Tage, sein Wort in die Herzen der Menschen schreiben.

Daran glaubt Jesus in dieser Stunde des Passahmahls. Alles müßte noch einmal beginnen, nur ganz anders, damit die Freiheit des Menschen wirklich sei. Hatte er denn in seinem Leben jemals etwas anderes gewollt, als daß man aufhörte, von Gott zu reden, wie es geschrieben steht, äußerlich, auf Tafeln oder Pergament, auswendig zu lernen und herunterzuzitieren, die Menschen immer einteilend in die Guten und die Bösen, die Dazugehörigen und die Verlorenen, die Fertigen und die Fertigzumachenden? Wann würde Gott dem Menschen innerlich sein, fühlbar im Herzen, kein Terrorgott mehr, der dem Menschen mit Blitz und Donner Eindruck machen muß, sondern die Stimme eines verschwebenden Schweigens im Herzen der Menschen, im Unscheinbarsten am mächtigsten, im Fühlbarsten am stärksten und nirgends größer, als wenn ein Mensch sich beugt vor der Größe des anderen?

Das war es und das ist es, worum es geht und weswegen man ihn töten wird. Von Freiheit zu reden ist eines, sie zu leben ein ganz anderes; von Gott zu sprechen etwas Simples, sich ihm zu nahen in Wirklichkeit eine Erschütterung, die keinen Grund mehr kennt, und eine Zuversicht und eine Beruhigung, die keinen Grund mehr braucht. Alle sagen, sie seien freie Leute; nur, wenn sie jemanden treffen, der es wirklich ist, werden sie sich gegen ihn verteidigen und zu schützen suchen. Mehr oder minder sind alle der Meinung, sie seien glückliche und zufriedene Menschen; nur, wenn sie jemanden finden, der wirklich glücklich ist und sich nicht schützen muß durch Haß und Kampf und Konkurrenz, sondern imstande, selbstlos gut zu sein, glauben sie in ihm den Teufel zu sehen. So glücklich sind sie alle. Auf verborgenem Wege leiden sie und haben die Neigung, anderen Leiden zuzufügen.

Wie bringt man Licht in dieses Dunkel, und wie befreit man die Menschen von ihrer Lüge? Es kann nicht immer wieder wahr sein, daß man unschuldige Lebewesen schlachten und töten, ihr Blut nehmen und damit die Türpfosten bestreichen muß, damit irgendwelche raubgierigen Dämonen endlich aufhören, Menschen zu quälen. Dieses Ritual, archaisch, blutrünstig und grausam, ist oft genug zelebriert worden. Man braucht kein Passahmahl, kein Schlachtopfer mehr, es gilt endlich Ernst damit zu machen, was wir wirklich wollen: Menschlichkeit oder den Tod, den Haß oder die Liebe, den Terror oder die Freiheit. Es gilt die Probe aufs Exempel jenseits der Worte. Deshalb gibt es keinen Weg aus dem Saal des Passahmahls hinaus, der weiter als bis zum Ölberg und nach Golgota führen würde. Alles, was Jesus getan und gesagt hat, ist genug, aber immer noch steht es in Verdacht, man müßte nur die Schraube enger ziehen, um ihm andere Worte zu entlocken und ihn zu anderen Taten zu zwingen. Aber was hätte man damit bewiesen? Daß man Menschen in Stücke reißen kann wie einen Fladen Brot, mehr nicht. Und genauso wie beim Fladen Brot wird man merken, daß, um zu leben, man einen Grund zum Leben haben muß. Das Geheimnis der Menschen aber ist, daß sie nicht leben wollen, nur um sich am Leben zu erhalten, sondern wissen müssen, wofür. Sie brauchen Gott wie jeden Bissen Brot. Darum also wird es gehen.

Die Kirche sagt, daß Jesus in dieser Stunde im Abendmahlssaal das Sakrament des Priestertums eingesetzt und seine Jünger dazu bestellt habe, in alle Zeiten das Mahl des Gedächtnisses und die Verheißung der künftigen Gottesherrschaft mit den Menschen zu feiern. Wenn das Priester sein heißt, sollten wir alle Priester sein: Menschen, die Macht hätten durch die Kraft, andere zu segnen, den Himmel über dem Haupt eines jeden zu öffnen und ihm zu zeigen, wozu er berufen ist. Selbst mit dem Sakrament der Eucharistie hat man ganzen Generationen Angst einzujagen vermocht; würdig müsse man sein, um sich nicht das Gericht zu essen am Altare. Was Jesus wollte, war genau das Gegenteil: Menschen sollten in Gott ruhen mit einem solchen Vertrauen, daß sie spürten, sie seien angenommen, bedingungslos, voraussetzungslos, gleich, was sie getan hätten. Dafür ist Jesus eingetreten. Man kann nicht darauf warten, daß das hundertste Schaf von allein zurückfindet; aber es ist Gott wichtiger als die neunundneunzig anderen. Der Gott, an den Jesus glaubte, galt ihm dafür, daß er den Himmel verließe, um bei den Menschen zu sein und das Verlorene zu suchen und das Kranke zu heilen. Jesus lagen die Worte des Propheten Ezechiel über die Hirten seines Volkes auf der Zunge: »*Ihr* habt das Kranke nicht geheilt, das Zerbrochene nicht verbunden, das Verlorene nicht gesucht, aber das Starke mit Füßen getreten.« Wenn Jesus in der Stunde des letzten Abendmahls Priester eingesetzt hat, sollten es Hirten sein – anders als die Hohenpriester seiner Tage, die den Entschluß gefaßt hatten, zu töten, was leben ließe.

Wann immer wir seither gemeinsam Mahl feiern, sollte es im Sinne Jesu so sein, daß keine Schuld mehr unvergeben bleibt, keine Trennung untereinander endgültig ist und der Riß von uns genommen wird, der uns von Gott, von uns selber und den Menschen neben uns trennt. Es sollte ein Mahl sein, in dem das Reich Gottes vorweggenommen ist, eine Gemeinschaft aller Menschen, die zeigt, daß Gott mächtiger ist als alle Angst und größer als alle Macht. Denn am stärksten ist die Liebe.

ZUM KARFREITAG

Das Zeichen des Karfreitags ist das Kreuz. Hoch aufgerichtet steht es vor uns, und die Kirche möchte, daß wir es verehren und unsere Knie davor beugen. Wie kann man das – im Kreuz ein Zeichen des Heils sehen? Keine Theologeninterpretation wird es fertigbekommen, aus dem abscheulichsten Marterinstrument der Weltgeschichte auch nur den Schatten und den Schimmer von etwas Ehrwürdigem und Großem herauszudichten. Es existiert in zweitausend Jahren abendländischer Kultur kein einziges Bild, das imstande wäre oder auch nur den Mut hätte, die Szene des Karfreitags wahrheitsgemäß zu zeigen. Francisco Goyas Impressionen aus dem Bürgerkrieg, »Die Grauen des Krieges« benannt, taugen vielleicht als nächster Vergleich.

Wie man sich die rohe Wirklichkeit dieses Tages wird vorstellen müssen, habe ich an einem Julinachmittag in einer Seitengasse der südindischen Stadt Madras gesehen. Auf dem kochenden Asphalt verendete ein Hund. Alle viere von sich gestreckt, klebte sein Leib auf dem marternden Untergrund. Fliegenübersät lag er da, außerstande und zu schwach, auch nur den Harn und Kot noch zu halten. Aus seinen Lefzen rann die Körperflüssigkeit, und in jeder Höhlung seines Leibes, auf jedem Quadratzentimeter seines Körpers saugten sich die Fliegen fest, um ihn schon lebendig in ein Aas zu verwandeln. Einzig das Beben seiner Flanken zeigte den Rest an Leben, das verhechelte. Bis ins Wörtliche hinein müssen Sie dies übertragen auf die Szene von Golgota. Dann haben Sie die Wirklichkeit, bis auf den einen Unterschied, daß sich um dieses Tier niemand kümmerte, um den Gekreuzigten aber viele herumstanden.

Das Instrument der römischen Hinrichtungspraxis diente der Abschreckung, der systematisierten Folter. Die Gleichgültigkeit des Hundes in der Seitenstraße von Madras ist besser als die Praxis dieses Tages. Ein Gekreuzigter in den Händen der römischen Besatzer stirbt langsam in der Organisation eines berechneten Sadismus, so wie 1915 im Ersten Weltkrieg in den Schützengräben Frankreichs die Lanzer sich der Rattenplage zu erwehren suchten, indem sie eines der Tiere griffen und, solange es irgend ging, zu Tode quälten, daß es vor den Höhleneingängen schrie wie ein kleines Kind, zur Abschreckung. So, als instrumentalisierten Haß, müssen Sie sich das Kreuz vorstellen. Es ist entstanden aus der Barbarei, einen Pfahl durch einen Menschenleib zu treiben. Man hatte entdeckt, daß Menschen dabei zu schnell sterben; deshalb die Außennagelung, die Präzision der Hinrichtung im Verlauf von Stunden. Nichts an Verehrungswürdigem, nichts an Menschenwürdigem, nichts an Großem ist über diese Art des Kreuzes zu sagen und zu vermelden. Es ist die bestialischste Form, die man erfunden hatte, um abzuschrecken.

Aber wovor eigentlich will man abschrecken? Erst mit dieser Frage gelangen wir in das Zentrum dieses Tages. Einzig schrecklich findet man an Christus die Macht seiner Freiheit und seiner Unbefangenheit. Sie fürchtet man auf den Tod. Und zum Hassen findet man die Kraft seiner Güte. Sie erträgt man nicht.

Wir sind gewöhnt, in leichten Worten zu verkünden, wie Christus sich freiwillig hingegeben hat zum Sterben, aus Liebe zu uns Menschen. Aber diese Theologenrede geht viel zu leicht von den Lippen, und sie stimmt nicht. Wochenlang, so sagt selbst das Neue Testament, hat Christus sich versteckt. Er wollte nicht sterben. Und im wörtlichen Sinn hat er sich nicht hingegeben. Wozu denn, und wem denn? Er war gekommen, einem jeden Menschen zu sagen, daß dieses Leben, das er in der Hand habe, ein Werk der Gnade seines Vaters sei, dazu bestimmt, in Angstfreiheit und Unbefangenheit glücklich zu sein und im Glück Güte zu lernen und zu üben. An keiner Stelle findet man Christus in der Nähe zu Masochismus, Qual und Gewalt.

Wenn Christus sich in gewissem Sinne trotzdem den Häschern stellt, so muß es einen Grund haben, der einzig in ihm selber liegt, und ihn kann man verstehen. Denn was man aus seinem Munde hörte in jeder Rede und was man erfahren konnte in jeder Begegnung, bestand ausschließlich in der Versicherung, daß es nicht nötig sei, vor irgend etwas in dieser Welt eine solche Angst zu entwickeln, daß es den eigenen Charakter, das Werk Gottes, verbiegt und verlügt. Alles, was Christus lehrte, war einzig dies, daß wir festen Sinnes Glauben haben könnten und ein Vertrauen setzen dürften in die Grundlagen des Lebens selber. Geradeaus denken könnten wir und einfach die Wahrheit sagen dürften wir, an die Äußerlichkeiten uns zu klammern, wäre gar nicht nötig, sondern die Weitherzigkeit des Glücks könnten wir in jedem Augenblick des Lebens praktizieren. So lehrte er, und so lebte er, und ich denke, nur deshalb war er es sich selber schuldig, von einem bestimmten Zeitpunkt an, seiner Verhaftung nicht mehr auszuweichen.

Wahr ist, daß man ihm gesagt hat und inmitten der eigenen Herausforderung er womöglich selber sich zu sagen begann, daß all diese Bilder, Verheißungen und Worte die letzte Probe nicht bestehen würden. Paßt denn eine Botschaft der Angstfreiheit, des Vertrauens und der Güte in eine Welt, wie wir sie haben? Haben nicht alle recht, die ihm erklären, er sei ein Sonntagsredner, wie man sie kennt, ein phantastischer Schwätzer, der die Not, die Gemeinheit, die Herausforderung des Bösen nicht wirklich zur Kenntnis nehme? Beweist nicht die Macht des Faktischen an jeder Stelle, daß man so nicht leben kann? Oh, es muß Christus selber der tiefsten Versuchung ausgesetzt gewesen sein, die in den Leidensgeschichten zwischen den Zeilen spürbar wird. Es gibt die phantastische Gestalt israelitischer Prophezeiungen, daß am Ende der Tage nicht sogleich der Messias kommen werde, sondern ein Lügenprophet. Auf sein Schicksal parallelisiert sich eine Menge von Details der Passionsgeschichte. Wäre es nicht möglich, daß Christus selber sich gefragt hätte, was eigentlich an seiner Boschaft stimmt? Man klagt ihn nur eines einzig wahren Verbrechens an: daß er das Volk aufwiegele, von Galiläa angefangen bis nach Judäa. Aufruhr und Anarchie sind die Folgen seiner Rede und seines Handelns. Und in der Tat, alle Ordnung dieser Welt bringt der Mann aus Nazaret durcheinander. Alle gewohnten Verteilungen von Macht und Rang stürzt er um. Alle Selbstsicherheit, gegründet auf Geld, Macht und Gewalt, verliert ihre Basis, alle Rangabzeichen sind nichtig, alle Stufenpyramiden der Herrschaft auf den Kopf gestellt. Muß er sich nicht selber fragen, ob er nicht vielleicht die Macht der Tiefe zu stark herausgefordert hat, ob er nicht vielleicht zwar Gott genügend, aber den Menschen zuviel Vertrauen entgegengebracht hat? Wo sind die Menschen, die Christus ohne Angst vertragen, wo diejenigen, denen der Verstand nicht schwindelt, wenn sie ihn begreifen, wo solche, die nicht geneigt sind, entweder die Welt für verrückt oder den Mann aus Nazaret für dämonisch besessen zu erklären, um der Ungeschütztheit seiner Liebe und seiner Freiheit willen? Das Kreuz ist kein Zeichen der Ehre und kein Zeichen der Verehrung. Es ist die Zusammenballung alles Gegenmenschlichen, alles Gegengöttlichen, und wenn es an diesem Nachmittag irgend etwas zu bedenken und zu überlegen gibt, ist es die Frage, wie man das Kreuz für alle Zeit vermeiden kann.

Da gibt denn die Leidensgeschichte auf den verschiedenen Ebenen eine Reihe wichtiger Antworten:

Zuerst *für den Kopf,* in den Personen Kaijaphas und Pilatus. Ihr alle, sagt die Leidensgeschichte Jesu, die ihr die Denkzentralen dieser Welt besetzt haltet, die ihr die Programme macht, die Befehle gebt, hütet euch vor dem Aberglauben der Lüge. O ja, man kann das nachlesen bei den klugen Leuten dieser Welt, in Max Webers Buch »Politik als Beruf«. Es ist, können Sie dort lesen, einfach nicht wahr, daß aus guten Taten immer nur Gutes hervorgeht und aus bösen immer nur Böses. Wer dies nicht begreifen will, ist politisch ein Kind. Recht hat Max Weber. Aber wenn Sie von der Leidensgeschichte Jesu auch nur eine Silbe glauben, dann sage ich: Es ist auf dieser Welt tausendmal besser, als Kind zu sterben, denn als Erwachsener zu morden. Es muß irgendwann einmal möglich werden, daß zwei mal zwei gleich vier ist, im Denken und im Handeln, und die Dialektik aufhört, die jeden geraden Satz verbiegt und immer nur mit Tricks zum Erfolg zu kommen glaubt. Mahatma Gandhi hat dies versucht. Wenn du weißt, was recht ist, dachte er, sagte er, lebte er, stell dich hin und handle wie Christus. Wenn man dich schlägt, schlage nicht zurück, bleib stehen, wo du bist, weiche nicht zurück. Ich habe gesehen, daß das funktioniert, sagte dieser Mann, dem man den Namen »Die große Seele« – Mahatma – gab. Warum nur fällt es uns so schwer, einfach zu tun, was wir als Wahrheit glauben? Und warum lassen wir uns von den Zeitungen, von den Rundfunkmeldungen, von der Propaganda ständig einreden, daß die Wahrheit keine Chance habe und man sie nicht leben dürfe und daß die Gesinnungsethik eines, die Verantwortungsethik aber etwas andres sei? Pilatus wollte Christus nicht hinrichten, aber er glaubte es zu müssen. Diesen kalten Sadismus der Berechnung muß man verstehen. Kajaphas wollte Christus nicht abschaffen, aber von ihm stammt der Satz, daß man ihn sich nicht leisten könnte. Diesen Zynismus der Berufung auf Gott muß man begreifen, oder es wird der Karfreitag nie aufhören auf dieser blutbesudelten Erde.

Zum zweiten kann man lernen *für die Hände und die Arme.* Jeder Befehl, und sei er noch so falsch, hat seine Handlanger, und überall trainiert die Soldateska auf der Welt Achtzehn- und Zwanzigjährige, wie man am rationellsten und am praktischsten das Töten lernt und übt. Die römischen Kohorten haben nicht das geringste Interesse an Christus, er ist ihnen gänzlich gleichgültig. Um so besser taugt er als Objekt für ihren obszönen Sadismus. Die schlimmsten Verbrechen werden nicht unmittelbar aus Mordlust begangen, teuflischer ist der Gehorsam, der sich scheut, selber nachzudenken. Das furchtbarste Raubtier dieser Welt ist nicht der Panther oder der Löwe, sondern der Mensch, der das Denken aufgibt und seine Verantwortung delegiert an die Systeme, an die Befehle, an die Vorschriften. Die ständig unschuldig Verblödeten sind die Furchtbarsten; die haben hinterher immer ihre Entschuldigung, immer ihre Persilscheine und sind es nie gewesen. – Hört auf, nur Muskulatur der Inhumanität zu sein, ist eine zweite Botschaft der Leidensgeschichte. Schlagt euch das Denken nicht selber aus den Köpfen, sondern macht euch zuständig für die eigenen Taten!

Und zum dritten ein Auftrag und Befehl *für das Herz*. Undenkbar, daß man Christus getötet hätte, hätte ein einziger von den Männern, die hier tätig waren, auf die Frauen in der Leidensgeschichte gehört. Die Frau des Pilatus hatte einen Traum des Nachts, und sie warnte ihren Mann. Aber wo in dieser praktischen Welt hätten schon Träume etwas gegolten? Dostojewskij beschreibt einmal, wie ein junger Student, ehe er sich selber zum Doppelmord zwingt, in einer Traumvision sieht, wie ein Pferd zusammengeschlagen wird. Er selber, sein Gefühl, sein Herz ist es, das malträtiert wird. Und jeder Henker zerstört zunächst sich selber, ehe er fähig wird, im Vergessen seiner eigenen Träume die Wirklichkeit handfest zu machen und zu gestalten.

Es gibt Frauen von der Güte der Maria, die hingehen und den Leib des Herrn salben, ehe er zerstört wird. Und es gibt die Frauen unterm Kreuz. – Vergeßt niemals die Botschaft eurer Träume, die Wahrheit eurer Gefühle! Und mag ein Gesellschaftssystem noch so patriarchalisch sein, vergeßt nicht, was jede Frau weiß, die ein Kind zur Welt bringt: daß sie dies nicht tut für Tod, für Marter und für Folterung, sondern stets als ein Zeichen der Hoffnung und der Menschlichkeit und der instinktiven Güte.

Und eine letzte Botschaft gehört *unserer Seele*. Wenn wir an diesem Tag die Knie beugen, dann nicht vor dem Kreuz, wohl aber vor dem Gekreuzigten. Er war der wunderbarste Mensch, der je auf diesem Planeten gelebt hat. Alles, was wir je von Gott begreifen werden, war in ihm lebendig, und wo immer wir untereinander ein Stück Liebe pflegen und erfahren, werden wir nach und nach mehr verstehen von der Wahrheit dessen, was er uns sagen wollte. Wenn es an diesem Tage eine Hoffnung gibt, besteht sie in der Evidenz der Liebe. Nichts, was wir wirklich lieben, wird zerstörbar sein. Nichts, was uns hilft, Mensch zu bleiben, wird im Tod verkommen können. Unzerstörbar ist die Macht der Liebe, und Menschen, die wir wirklich liebhaben, können in unserer Vorstellung nicht sterben. Und diese Vorstellung unserer Seele hat recht. Selbst der Karfreitag ist nur ein Anfang. Begreifen wir Christus an dieser Stelle tief genug, so schwinden die Gründe der Angst. Denn wohl ist es furchtbar, angespuckt, ausgepeitscht, angenagelt zu werden, aber es ist nicht schlimmer, als jeden Tag sich selber anzuspucken, selbst zu schänden und selber einzupressen in die selbstgemachten Zwänge. Es gibt die Kraft der unzerstörbaren Liebe, und es gibt den Mut zur Wahrheit. Denn Gott ist ewig, und wir Menschen sind berufen zur Unsterblichkeit.

Zum Karfreitag

Als Jesus den Essig genommen hatte, rief er: Es ist vollbracht. Und mit gesenktem Haupte übergab er seinen Geist. Mit diesen Worten faßt das Johannesevangelium das Leiden Christi zusammen. Wenn man die Szene malen wollte, wie Johannes sie meint, darf man sie nicht so zeigen wie die Maler der Gotik, Matthias Grünewald zum Beispiel: ein Christus, dessen Gestalt schmerzzerrissen ist, das Porträt der Schande, des Entsetzens und der Qual. Wenn man die Szene malen wollte, wie Johannes sie versteht, so in der Weise eines romanischen Kreuzes: Hier geht ein König ein in seine Herrlichkeit. Er überschreitet die Infragestellung des Todes, der Angst und des Abgrunds. Hier zeigt sich die Herrlichkeit Gottes und die Herrlichkeit des Menschensohnes.

Schon im Sinn der anderen Evangelisten kann man Johannes fragen, wie er dazu kommt, so zu sehen. »Weißt du nicht, Johannes«, müßte man mit dem Matthäusevangelium fragen, »daß in der Stunde von Golgota die Sonne sich verfinsterte und die Erde bebte? Was sprichst du von Herrlichkeit und Erhöhung am Kreuz?« Ist es nicht wahrer, man zeichnete das Bild am Kalvarienberg so ähnlich, wie es Hieronymus Bosch am Anfang des 16. Jahrhunderts gemalt hat? Jesus auf dem Weg zur Schädelstätte, umringt von einer Gruppe von Menschen, die in ihrer ganzen Physiognomie und Haltung ausdrücken, wie wenig sie imstande sind, auch nur irgend etwas vom Sinn und Anliegen Jesu zu begreifen, ihre Augen stechend vor Gier und Dummheit, ihre Münder schreiend, rechthaberisch, gemein, höhnisch, verrenkt bis zur Widerwärtigkeit, so daß man die Tiere beleidigen würde, wollte man diese Fratzen tierisch nennen. Es sind Menschen. Unter ihnen Christus mit Augen, die müde sind vor Erschöpfung und Traurigkeit und die den Betrachter fragen, in welchem der Konterfeis ringsum er sich selber wiedersieht oder endgültig nicht mehr wiedersehen will.

Johannes hätte dennoch darauf bestanden, daß sein romanisches Bild von der Kreuzigung Jesu zu Recht besteht, gegen die Gemälde der Verzweiflung an Gott und am Menschen. Wenn du liest, hätte er uns gesagt, wie Christus stirbt, so betrachte sein Sterben nicht anders als sein Leben. Alles, was sich in ihm verkörpert, ist wie die Erfüllung eines langsam sich vollendenden Gebetes. Wenn du hörst, wie die Soldateska ihre Knobelbecher ausschüttet, um das Gewand seiner Nacktheit zu verhökern, nimm nicht nur den Zynismus der Außenseite, die Brutalität der Geistlosigkeit, die Infamie der Gefühlsroheit. Schlag auf den Psalm, der mit dem Aufschrei der Not beginnt, den Psalm 22: »Mein Gott, mein Gott, warum hast du mich verlassen?« Er endet mit den Worten der beginnenden Herrschaft Gottes über den Menschen. Und dazwischen gibt es diese Szene: »Über mein Gewand wirft man das Los.« Und wenn du hörst, wie Jesus schreit vor Durst, lies den Psalm 22, wie ein Mann in seiner Angst redet: »Meine Zunge klebt mir am Gaumen, mein Leib, wie hingeschüttet, haftet am Boden, all meine Gebeine kann ich vor Marter und Pein zählen.« Nein, Johannes hätte sich in dieser Szene nichts vormachen wollen. Der Versuch seiner Darstellung besteht darin, die äußerste Härte des Widerspruchs bis zum Ende zu treiben, bis daß wir im Abgrund der Verzweiflung Gott begegnen.

Also doch nicht wie ein romanisches Kreuz dürfte man diese Szene von Golgota malen, hoch aufragend die Königsgestalt des Kruzifixus vor dem Hintergrund aus Goldglanz. So ist es nicht, hätte Johannes gemeint, umgekehrt: die ganze Welt ist Finsternis, der ganze Hintergrund pechschwarz, aber wenn du in dieser Welt einen Ausweg sehen willst, wenn du mitten in der Dunkelheit Licht wahrnehmen willst, dann schau auf die Gestalt des Gekreuzigten. »Denn das Licht kam in die Finsternis, nur, die Welt liebte die Finsternis mehr als das Licht.« Damit beginnt das Evangelium des Johannes, und alles, was in der Passionsgeschichte zu sagen ist, scheint wie ein Beweis dieser Bilanz.

Gleichgültig, wie die Akteure dieses Szenariums der Hinrichtung Jesu heißen – sie hausen in uns allen.

Da gibt es die Rechner, die Judas-Menschen. Wieviel ist ein Mensch wert? Wieviel hat man vom Verkauf eines Menschen? Sagen Sie nicht: »Es ist jetzt doch schon 120 Jahre her, daß man in den Südstaaten Nordamerikas für zwanzig oder dreißig Dollars zwischen Tabak und Bananen Menschen verkaufen konnte.« Schauen Sie genau hin, und Sie werden finden, welche Macht Judas besitzt. Wie sehr organisieren sich menschliche Beziehungen nach der Kunst, zu rechnen, zu berechnen, zu verrechnen, abzurechnen! Was habe ich vom anderen? Was bekomme ich vom anderen? Was kann ich für Gewinn aus ihm herausziehen, kalkulierend, fixierend, taxierend? Inwieweit lohnt es sich, mit einem Menschen Beziehung zu haben? Und immer verrät man und tötet.

Da gibt es Leute von der Art des Petrus, die Pragmatiker. Sie bestehen darauf, daß man in jeder Situation weiß, was zu tun ist. Sie haben das Zepter in der Hand oder das Schwert. Sie haben die großen Sprüche im Mund, und sie sind Manns genug, dazwischenzulangen. Ihre Welt ist so einfach. Man muß dieses oder jenes tun, man muß dazwischenhauen, man muß Maßstäbe setzen, gradesetzen, zurechtsetzen. Sie verletzen, diese Petrus-Menschen, und sie lösen kein einziges Problem. Aber sie sind in ihrer Borniertheit ungeheuer tüchtig, fleißig, in gewissem Sinne sogar tapfer. Sie treten womöglich als Retter des Menschlichen und des Heiligen auf.

Es gibt die Leute vom Schlage des Hannas und Kaijaphas, diplomatische Menschen, Logiker der Geschichte. Sie wissen genau, nach welchen Gesetzen man Menschen auf die Waagschale der politischen, der kirchenrechtlichen, der öffentlichen Vernunft legt. Immer ist es besser, daß ein Einzelner stirbt, um großen Schaden zu verhindern. Immer sind sie verantwortlich, immer klug, immer bewaffnet mit guten Argumenten. Aber ihr Herz ist vereist, ihre Gefühle sind kalt, und ihr Mund braucht sich nur zu bewegen, und er spricht Todesurteile. Immer dienen Hannas und Kaijaphas der Verantwortung, der Ordnung, der Vernunft, aber alles, was sie tun, vermehrt die Inhumanität, die Korruption, das Ausmaß des Todes.

Es gibt die Leute wie Pilatus. Sie verwalten die Macht, sie sind die Funktionäre, die Apparatschiks des Systems, ohnmächtig selber und immer voll Angst. Sie bekommen es am Ende fertig, schuldlos auf dem Thron zu sitzen.»Ich wüßte nicht, wofür man Jesus hinrichten sollte.« Daraus folgt:»Nehmt doch ihr ihn und macht mit ihm, was ihr wollt.« Wunderbar, wie sich die Zuständigkeiten aufteilen, wie man mit dem Recht Schindluder treibt, und um so besser kann man dies, als man an die Wahrheit nicht glaubt. Welch ein Vorteil, wenn es nichts Festes gibt im menschlichen Leben, nichts mehr, wofür man sein Herz riskieren könnte oder sein Leben. Man glaubt an nichts, und also kommt man mit allem aus. Es gibt nichts, was Bestand hätte; also kann man weich, nach Quallenart jedes Hindernis überwinden. Man braucht weder Charakter noch Überzeugung noch Innerlichkeit, alles ist ein Geschäft, ein Gemächte, eine Folge des Kräftespiels. Wer dies begriffen hat, ist fähig, auf dem Lithostrotos Gericht zu halten, im Umkreis übrigens von lauter ordentlichen Leuten. Man achtet auf Tag und Stunde, man weiß genau, welche Zonen man am Passahtag betreten darf und welche nicht. Alle führen sie Gottes Wort im Munde, alle haben sie ihre heiligen Gesetze, ihre Verordnungen, Anweisungen, Dienstvorschriften.

Man muß nur so weiterlesen, und man merkt Schritt auf Schritt, Zeile um Zeile: Wir treffen in der Passionsgeschichte keine andere Welt an als unsere eigene. Nichts von alldem ist historisch einmalig oder zufällig bedingt. So geht es immer zu. Immer wird es die Rechner, die Pragmatiker, die Logiker, die Zyniker, die Ordentlichen, die Apparatschiks geben, und ihr Zusammenspiel ist unser Leben, besser gesagt: unser Tod. Am Ende kommen die Mechaniker, die ausführenden Organe, diejenigen, die das Denken endgültig unter Stahlhelmen verborgen haben, deren Leiber Instrumente zum Töten geworden sind. Sie werden sich schadlos halten durch Gemeinheit, Spott, Hohn und Unverständnis. Und wenn man sie fragt, warum, werden sie die Hacken zusammennehmen und sagen: »Wir handeln auf Befehl.«

Die Frage ist, woran wir glauben angesichts eines Lebens, das die Rücksichtnahmen nicht mehr verdient, die wir ihm gegenüber aufbringen. Es stand unter dem Kreuz eine Gruppe von Frauen, und es warteten auf den Gestorbenen zwei Männer, Josef von Arimathäa und Nikodemus, der in jenem Nachtgespräch mit Jesus gehört hatte, daß es das Wunder einer Wiedergeburt gebe und die Freiheit und Allmacht des Geistes, der weht, wo er will. Es gibt das Vertrauen eines Mannes, der sein Grab bereitstellt, weil er an die Macht der Gräber nicht glaubt. Und es gibt die wunderbare Frau aus dem Fischerdorf Magdala, die, befreit von sieben bösen Geistern, Jesus treu bleibt, weil er sie gelehrt hat, ihr eigenes Ich und ihr eigenes Denken wiederzufinden.

Woran wir glauben, das ist die Frage. Sehen wir die Außenseite von Golgota, wird die Welt so weitermachen; wir in ihr werden weiter so fertiggemacht, daß wir weitermachen müssen.

Aber sehen wir tiefer, erblicken wir im Glauben, was Golgota bedeutet, so geht uns auf: Nicht Menschen und nicht Umstände werden fürder *die* Angst machen können, daß man darüber sich selbst und was man liebt, verleugnen möchte. Es wird einen Raum der Sensibilität geben, wo nichts mit dem Schwert entschieden wird, aber mit der Kraft des Zuhörens, des Verstehens, der langsam reifenden Geduld und der Güte, wo es keiner Rechtfertigungen mehr bedarf, aber einer Blickweise, die Not und die Angst grad bei denen zu sehen, die sich so groß machen, so stark dastehen und vielleicht am meisten ausgeliefert sind: sich selbst und den Umständen. Es wird aber die Allmacht der Umstände nicht mehr geben, das Verschachern von Menschen nach einer übergeordneten Logik wird ein Ende haben, wenn man begriffen hat, wie wunderbar ein jeder Mensch in sich selber ist. Ihm zu dienen ist wichtiger als höheren, abgeleiteten und dem Menschlichen immer ferneren Zwecken. Sich zu beugen vor der Majestät des Menschen neben uns lehrt uns die Liebe, und sie kann nicht sterben. Deshalb ist Zeuge des Todes Jesu zu werden ein langsames Begreifen einer unzerstörbaren Herrlichkeit. Was denn fürchten wir, zum Teufel, was fürchten wir? Um unseren verdammt lächerlichen guten Ruf fürchten wir, um unsere lausigen paar Jahrzehnte Leben auf dieser Erde fürchten wir, um unsere Heilheit und Gesundheit und den Wanst unseres Geldbeutels fürchten wir. Aber sind das wirklich noch Dinge, um die man fürchten muß und die Werte darstellen, wenn man entdecken kann, welche Macht der Verzauberung in der Liebe ruht, welche Phantasie in unserem Herzen, welche Großmut und Stärke in unseren Köpfen? Wer denn hat dann ringsum etwas zu bestimmen und zu sagen? Ängstlich ist der Typ Pilatus, korrupt sind die Burschen Hannas und Kajaphas, unzuverlässige Typen die Begleiterklärer nach der Art des Petrus und nicht wert, sich damit aufzuhalten, die Leute von der Art des Judas. Sie werden doch nicht widerlegen, was es im Leben gibt an Verbundenheit der Liebe, der Freundschaft und der universellen Brüderlichkeit des Reiches Gottes! Der Glaube ist stärker als das Zeugnis der Sinne, und das Kreuz ist kein Kreuz, sondern Beginn des Lebens, eines, das den Namen verdient und beginnen kann – heute nachmittag oder ganz buchstäblich nie.

In dieser Stunde seines Sterbens, so sagt die frühe Kirche in ihrem Glaubensbekenntnis, sei Jesus hinabgestiegen in die Hölle, um den *Verdammten* die Botschaft von der Rettung und vom Erbarmen Gottes zu bringen. Warum erst im Moment des Todes? Wann beginnt die Hölle und wann hört sie auf?

Sieht man die Welt mit Jesu Augen, so sind alle Menschen, je auf ihre Weise, arme Teufel, allesamt bemüht, das Beste aus sich und ihrem Leben zu machen, und dennoch, wie unter der Führung eines grausamen Schicksals, immer wieder der Umkehrlogik ihrer besten Absichten ausgeliefert, immer wieder sich selber zur Qual und anderen eher zu Pein und Folter als zu Glück und Hilfe.

Gewiß gibt es die Menschen, die von sich glauben, mit beiden Beinen sicher auf dieser Erde zu stehen. Für sie ist die Hölle so weit weg wie der Mittelpunkt der Erde und der Himmel so fern von ihnen, wie die Wolken ziehen. Sie sind die rechten Bürger dieser Erde. Sie haben stets ein klares Urteil, sie wissen, auf welchen Platz sie gehören, und sie bestimmen zugleich, wohin man die anderen abkommandieren muß, damit sie ein gewisses Quantum zur Zufriedenheit aller beitragen. Menschen dieser Art sind moralisch mit sich vollkommen im Einklang. Bei einiger Ehrlichkeit werden sie zugeben, daß sie ab und an auch einmal etwas falsch machen, aber diese Fehler stabilisieren eher die Ruhe ihres Selbstwertgefühls und ihrer Selbstsicherheit, als daß daraus bleibende Erschütterungen hervorgehen könnten.

Für Jesus war dieser Schlag von Menschen eher unheimlich und beinahe verdächtig. In einem seiner unglaublichsten Gleichnisse skizziert er einen Mann dieser Solidität, eine solche Säule der Gesellschaft, einen solchen Pfeiler im Bau von Kirche und Religion in der Gestalt des Pharisäers, der in den Tempel kommt und betet. Alles, was er zu sagen hat, stimmt: Eine ganze Kette von guten Werken schmückt seinen Hals und gleitet wie eine Gebetskette Tag für Tag durch seine Hände. Er meint es sogar ehrlich, wenn er Gott dafür dankt, daß er sittlich so vortrefflich ist. Doch zur gleichen Stunde, so schildert es Jesus, kommt ein armer Zöllner, um auf seine Weise zu Gott zu beten. Dieser Mann weiß, daß er im Grunde ein Verlorener ist und nicht einmal die Chance hat, Gott zu geloben, er werde sein Leben bereuen, ändern und schließlich auf die gute Bahn zu bringen vermögen. Dieser Mann kann nur einfach dastehen und Gott um Vergebung bitten, nicht mehr nur für etwas, was er falsch gemacht hat, sondern für alles, was er ist. Das

Unerhörte aber liegt darin, daß Jesus diesen Mann, der nicht mehr ein noch aus weiß, vor Gott gerechtfertigt nennt, jenen Pharisäer aber nicht. Wer anfängt, die Welt so zu sehen, dem dreht sich ihre Ordnung um, für den bleibt kein Stein mehr auf dem anderen, und er wird über kurz oder lang für all die Guten und Frommen, die Richtigen und Ordentlichen eine so tödliche Herausforderung, ja eine solche fast wie mutwillig wirkende Beleidigung, daß sie alles daransetzen werden, diesen lästigen Quergeist und aktiven Provokateur loszuwerden und zu beseitigen.

Oft fragen wir uns, warum eigentlich Jesus nach einer so kurzen Zeit seines öffentlichen Wirkens sterben mußte. Und die größte Frage im frühen Kreis der Jünger Jesu lag gewiß darin, wie es möglich war, daß der Mann, den sie als den Messias Israels glaubten, in Leid und Kreuz eintreten mußte. Die Antwort ist nicht so schwer zu finden: Es ist grade die Grenzenlosigkeit seiner Güte, die den ganzen Haß auf sich ziehen *muß;* es ist die Einfachheit seiner Menschlichkeit, die den ganzen Terror der verinnerlichten Gewalt magnetisch anzieht. Es ist grade diese Sicht der absoluten Notwendigkeit von Gnade über unser aller Leben, die den Weg der Richtigen, der Guten und der Wissenden für eine Sackgasse erklärt.

Wie konnte es nur dahin kommen, daß die Kirche selber über lange Zeit hin, ja genau besehen noch bis in unsere Tage hinein, sich als eine Art von Arche Noah betrachtete, die auf den Fluten des göttlichen Gerichtes schwimmt? Rings um sie her versinken die Menschen in Elend, Schmutz und Morast, aber sie selber, die Kirche Gottes, ist wie ein sicherer Hort aller Auserwählten. Mögen die draußen noch tanzen und feiern, sie werden in ihrer Blindheit bald schon wehklagen, und dann wird es keine Rettung mehr geben. Schon steigt die Flut, und es gilt, sich im Schoß der Kirche in Sicherheit zu bringen.

Auch Jesus selber können Gedanken dieser Art nicht fremd gewesen sein. Zu seiner Zeit hatte eine ganze Gruppe von Wüstenmönchen sich am Toten Meer in den Höhlengebieten von Qumran als eine solche Elite von Auserwählten in den Tagen der Endzeit zusammengetan. Selbst Jesu Lehrer, Johannes der Täufer, scheint dieser Gruppe radikaler Wüstenmönche nahegestanden zu haben. Hätte Jesus irgendeine Chance gesehen, auf diesem Wege einwandfreier Gesetzesfrömmigkeit, strikter Selbstbewahrung und einer höchstmöglichen Lauterkeit in Gesetzesbefolgung, Gebetsrezitation und Paragraphentreue

Gott glaubwürdig vor die Menschen zu stellen, so hätte auch er wie der Bußprediger am Jordan das kommende Gericht Gottes in flammenden Buchstaben an die Wände der Welt gemalt. Es verändert eine ganze Welt, daß Jesus es nicht aushielt, bei diesem Gedanken seines Meisters stehenzubleiben. Er ging hinaus gerade zu den Verlorenen und Verlaufenen. Ihm war das hundertste Schaf wichtiger als die neunundneunzig anderen, die der Buße nicht bedürfen.

Und nun muß man nur einmal denken, daß in dieser Weise Menschen lebten: sie überschritten ohne jede Angst die schützenden Grenzziehungen zwischen den Guten und den Bösen, zwischen den Tugendhaften und den Lasterhaften, zwischen den Reinen und den Unreinen, den Frommen und den Ungläubigen, sie hätten keine Furcht, durch die Umarmung einer Dirne beschmutzt zu werden, sie fürchteten sich nicht, sich gemein zu machen mit den Erniedrigten und Beleidigten, sie sähen überall nur Menschen, die in Not sind, und verstünden die Verzweiflung eines jeden nicht bloß mehr nur als Frage, sondern als Infragestellung der Normalität, in der wir uns für gewöhnlich Schutz und Sicherheit verschaffen – dann wird man sehr bald einen solchen Grenzgänger, einen solchen Gesetzesübertreter genauso in die Gegenpartei des Abschaums, des Gefährlichen, Gemeinen und Minderwertigen hinunterzudrücken suchen wie all die Menschen, für die er Partei ergreift. So aber muß man die Vorbereitung für diesen Karfreitag verstehen: daß Jesus eines Tages an der Spitze all derer, über deren Tränen er den Segen Gottes herabrief, deren Hunger er seligpries und deren Traurigkeit er zu trösten kam, hinaufzog nach Jerusalem, um die Grenzen des Tempels aufzubrechen. Man sagt, daß der Konflikt zwischen Jesus und der Partei der ihn verurteilenden Pharisäer und Hohenpriester wesentlich in der Aktion der sogenannten Tempelreinigung ausgebrochen sei, als Jesus Stricke nahm und die Tische der Wechsler und Händler in den sogenannten Hannas-Hallen im Heidenvorhof auf seine Weise säuberte. Es war der Versuch, den Tempel als ein Haus des Gebetes zurückzuerobern und ihn zu einer Stätte zu machen, zu der alle Menschen, auch und sogar die sogenannten Heiden, Zugang hätten. Jesus wollte, daß ohne die Voraussetzungen besonderer Glaubensbekenntnisse, orthodoxer Redensarten, vorab zu leistender Bedingungen Menschen, gleich welcher Herkunft, Zugang finden könnten zum Innersten des Heiligtums. Er hatte ein solches Verlangen danach, einem jeden Menschen Gott zu zeigen als seinen Vater, als den Hintergrund eines grenzenlosen, absoluten Vertrauens, bejaht und berechtigt zu sein, bis in den Abgrund der Hölle. Nur wer versteht, wieviel durch eine solche Botschaft der Liebe ins Wanken gerät, wird begreifen, was in den Tagen um den Karfreitag sich ereignet. Wir nennen den Mann Judas einen Verräter, weil er Jesus für dreißig Silberlinge ausgeliefert und ihn bei der Verhaftung, wie zum Zeichen der Erkennung für die Häscher, geküßt habe. Alles aber, was wir in der Bibel lesen, spricht dafür, daß Judas gewiß kein geldgieriger Mensch war. Wie anders hätte er sonst den Hohenpriestern das Geld vor die Füße werfen können, als er sah, daß man Jesus zum Tode verurteilte! In Wahrheit muß Judas Jesus sehr geliebt haben, sonst hätte er sich nicht selber über den Tod seines Meisters bis zu Tode grämen können. Wie aber, wenn wir uns denken, daß Judas ein Mensch war wie wir alle, jemand, der fest verwurzelt war in der tradierten Vorstellung seiner Erziehung, seiner gelebten Frömmigkeit, seines fertigen Bildes von Gott und den Menschen und der nun in der Nähe Jesu merken mußte, wieviel an Freiheit, Phantasie und Zärtlichkeit eigentlich von Gott gewollt sind? Ein solcher Mensch muß plötzlich spüren, daß er zwischen zwei Polen zerrissen wird, zwischen dem Alten und dem Neuen, zwischen dem Gesetzlichen und dem Offenen, zwischen der Menschlichkeit nach Paragraphen und der Humanität des Herzens. Wie soll ein Mensch sich zurechtfinden in diesem Widerspruch, der nur gelernt hat, ausführendes Organ des Willens anderer, der fremden Vorschriften, des Überkommenen und Vorgefertigten zu sein? Vielleicht hat Judas gehofft, daß er die Synagoge mit der Botschaft Jesu in jener Nacht des Verhörs vor dem Hohenpriester habe zusammenbringen können. Vielleicht war in diesem Sinne der Verrat des Judas gar kein eigentlicher Akt von Hinterhältigkeit und Gemeinheit, sondern eine Art Freundschaftsdienst, mit dem Judas auch Jesus selber aus dem Leben der Gegnerschaft und der Verfolgung herausführen wollte.

Wo in der Kirche bis heute und wo in unserem Leben wären wir jemals imstande ein Gesetz, ein göttliches womöglich, zu brechen um irgendeines Menschen willen, der in Not ist, und wann hätten wir die Kraft, die Freiheit zu wählen gegen den Gehorsam? Das Paradox besteht darin, daß jemand, der in dieser Weise zu leben versucht, indem er sich ohne Hemmungen und Schranken Menschen zuwendet, aufgrund der Angst aller anderen sehr bald mit sich selber allein sein wird. Das Johannesevangelium malt vom Tode Jesu so etwas wie das Bild einer Ikone; ganz sicher darf man es nicht im Sinne eines photographischen Bildes verstehen. So schildert uns das vierte Evangelium, daß Jesus so grenzenlos einsam nicht gestorben sei, unter dem Kreuz hätten Maria, seine Mutter, und Johannes, sein Lieblingsjünger, gestanden. Aber das früheste Evangelium, das uns überkommen ist, das des Markus, berichtet nicht in dieser Weise. Im Gegenteil, es erzählt, daß Jesus, von den Angehörigen seiner eigenen Familie für wahnsinnig gehalten, mit Gewalt nach Hause habe zurückgebracht werden sollen. Und von den Jüngern sagt es, daß sie in jener Nacht der Angst allesamt die Flucht ergriffen hätten und buchstäblich um ihr nacktes Leben gelaufen seien. Es ist nicht möglich, die Hölle zu bestehen ohne eine Einsamkeit, die sich oft bis zum äußersten Horizont dehnt. Und dennoch gab es für Jesus keinen anderen Weg, sich selber treu zu sein und uns Menschen eine gewisse Ahnung von der Treue Gottes zu geben. Er wollte mitten in die Hölle dieser Welt hinein die Liebe leben, koste es, was es wolle. Und er wollte in diese Welt der Angst hinein Worte des Vertrauens glaubwürdig leben, und keine Anfeindung sollte mehr stärker sein als diese Überzeugung von der Gnade Gottes, die selbst den ärmsten aller Menschen, grade ihn, aus dem Staub erhebt.

Solange wir noch denken, im Grunde wüßten wir schon, wo wir stehen, so lange brauchen wir kein Kreuz, keine Erlösung, keinen Abstieg in die Hölle. So lange aber wird der Himmel über uns verschlossen sein und wird die Finsternis dieses Karfreitags sich nicht lösen. Es werden bis zum Ende der Welt die Armen, die Weinenden, diejenigen, die verzweifelt genug sind, wissen, wie unbedingt sie Gott brauchen, und diese unterirdischen Menschen werden den Lobpreis Gottes singen. Es ist das Gebet der Kirche am Karfreitag, dem Herrn dafür zu danken, daß er durch sein Kreuz die Welt erlöst habe. Die Kirche selber müßte seit dem Tag, an dem sie selbst begründet wurde, ein Tempel sein, der allen Menschen offensteht.

Ikonen, Bilder und Legenden mögen in historischem Sinn nicht glaubhaft sein, innerlich aber haben auch sie ihre Wahrheit. Sie enthalten die Frage an uns: Wo in der Leidensgeschichte Jesu hätten wohl wir gestanden? Gewiß möchten wir alle sein wie in der Beschreibung dieses Evangeliums, an der Stelle, da Maria und Johannes den sterbenden Christus begleiteten. Und doch spielt ein jeder von uns seinen Part, mutig und tapfer und feige und kleinlaut wie Petrus, ordentlich und rechtdenkend und zugleich intrigant und korrupt wie

Kaijaphas, machtlüstern und geldgierig und dennoch abhängig und ohnmächtig wie Pilatus, gehorsam und stumpf wie die Soldaten unter ihren Stahlhelmen; ihnen hat Jesus nie etwas getan, und sie würden auch ihm nie etwas tun, wäre es nicht einfach befohlen. Sie alle sind Handlanger des Kreuzes. Wie ist es möglich, dort zu stehen, wo der Legende nach Maria und Johannes waren? Wie beginnt Erlösung wirksam zu werden jenseits von allem? Wie kehren die Verdammten dieser Erde, die unterirdischen Menschen, zurück ans Licht, daß sich die Höhlen und die Gräber öffnen? Wie wandelt sich Karfreitag in den Ostermorgen?

Erhaben und feierlich sind die Worte, mit denen das vierte Evangelium das Leiden und Sterben unseres Herrn Jesus Christus zu beschreiben sucht, und vertraut ist uns seine Botschaft. So stirbt kein Mensch, so geht der König Israels nicht ein in seinen Tod, sondern in die Herrlichkeit seines Vaters, und was man für die Stunde seiner Schmach und Schande halten möchte, ist in Wahrheit der Augenblick seines Triumphes. Denn einzig in freiwilligem Gehorsam gegenüber dem Auftrag und Willen seines Vaters zur Erlösung von der Sünde der Welt gab er sich hin.

Es ist das Bild einer Ikone, das Johannes uns malt, und wenn wir von ihr ausgehen, geraten wir bald dahin, unser eigenes Spiegelbild inmitten des Goldglanzes kaum noch zu sehen. Groß steht vor uns die Person des Christus, aber wir selber vergehen darunter. Wir verstehen Gott nicht, der über seinen eingeborenen Sohn derart verfügt und der des Schmerzes am Kreuze bedarf, um selber Gnade zu üben. Und was sind das für Menschen, die so handeln, die Sünder, die Gottesmörder, wir alle also?

Da tauchen zwei Vorwürfe gegen Jesus auf, und beide lassen sich historisch nicht erhärten.

Der Vorwurf vor dem Hohen Rat lautet, Jesus habe Gott gelästert, und das, als äußerste Auskunft, erklärt man auch dem römischen Prokurator. Aber so *kann* es nicht gewesen sein. Es ist das Bekenntnis der frühen Gemeinde, mit dem sie sich aus der Synagoge löst. Es ist der Kampftitel auf Leben und Tod: »Jesus war Christus, der Sohn Gottes.« Er selber hätte es als Lästerung empfunden, von sich so zu sprechen, denn er *war* ein Jude. Dieses vierte Evangelium, wie alle anderen Evangelien, sieht Jesus sterben unter den Fluchreden der Juden: »Sein Blut komme über uns und unsere Kinder!« Zweitausend Jahre haben wir gebraucht, zu begreifen, was für ein Fluch das ist und was er anrichten kann. Es gibt Bibelausleger, die sich weigern, das Johannesevangelium auch nur zu übersetzen, weil das Wort »Jude« dort ein Schimpfwort ist, ein Inbegriff für Gottesmörder, während es doch darum geht, zu begreifen, wo wir selber stehen ... Nie hat Jesus Gott gelästert, indem er selber sich aufgeschwungen hätte bis zu den Sternen. Richtiger ist die Formel des alten Kirchenliedes, das auf Paulus zurückgreift: »Gedemütigt hat er sich.«

Aber selbst mit dem zweiten Vorwurf ist nicht auszukommen. Zwar schreiben die Römer schließlich den Schuldtitel »König der Juden« ans

Kreuz, dazu habe er sich in Revolte gegen die Staatsmacht in Rom gemacht, aber diese Anschuldigung hat man frei erfunden. Damit hat man ihn an die Römer verkauft. Als Jesus seine Jünger fragt: »Für wen haltet ihr mich?« und einer von ihnen, Petrus, es fertigbringt, zu sagen: »Du bist der Messias, du bist der König!«, verflucht er ihn: »Weiche von mir, Satan!« Jesus *wollte* nicht, daß man ihn als König ausrief und zum Messias erhob.

Die ganze Wahrheit im Johannesevangelium bündelt sich in dem einen Satz: »Mein Reich ist nicht von dieser Welt.« Und alles, was man sich denkt über Macht und Herrschaft, wird absurd im Angesicht des Mannes aus Nazaret.

Worum aber geht es dann? Jahraus, jahrein habe ich am Karfreitag die Trauer und den Schmerz über den gestorbenen Heiland am Kreuz gepredigt. Genau besehen ist selbst das gegen den Willen Jesu. Es gibt eine Kreuzwegstation, die erklärt, daß Jesus die weinenden Frauen getröstet habe. Aber was hat er ihnen gesagt? »Weint nicht über mich, sondern über euch und eure Kinder.« So waren sie alle, die Großen, ob Buddha, Sokrates oder Jesus: sie wollten, daß man von ihnen lernt fürs eigene Leben, aber nicht, daß man sie ständig betrauert und bedauert. Nachfolgen hieß das Wort, als Jesus lebendig war. Also werden wir einen Moment lang die Ikone vergessen müssen und hinabsteigen zu den einfachen Bildern der Katakombenmalerei, tief im Urgrund und Ursprung, und statt des Todes Jesu müßten wir ein Stück weit sein Leben referieren, um zu begreifen, was für eine Entscheidung *auf Leben und Tod* bis in unser Dasein hineinlangt, in der Tat als Kraft, zwischen Heil und Unheil zu richten, alles in Frage stellend und alles erneuernd, wenn wir beginnen, sie an uns heranzulassen.

Was wir vom öffentlichen Leben Jesu wissen, beginnt mit einem unerhörten Traum, der schon die Weichen stellt für alles, was folgt. Wir sehen, daß Jesus sich aufmacht von Nazaret und sich an den Jordan zu dem Täufer Johannes begibt. Schon wer diesen Weg geht, erklärt, daß er es leid ist, Gott in einem speicheltrockenen Munde zu Ende zu reden in ewiger Langeweile einer nicht endenden Mühle der Gelehrsamkeit. Was der Mann am Jordan verkündet, ist die brodelnde Unruhe. Man will nicht mehr hören, wie man Gott erklärt, man möchte ihn jetzt, zum Greifen nahe, heute am liebsten, spätestens morgen, und es duldet keiner Aufschub. Nach Jahrhunderten der Langeweile steht endlich jemand da, der von innen redet, ein Prophet, wie es ihn nie gegeben hatte unter der Gebetsmühle der Schriftgelehrten. Dieser Mann faszinierte Jesus, auf ihn hin wollte er sein Leben ordnen, und das hieß: vorbei am Tempel, damals schon, ganz am Anfang. Wie man den Menschen erneuert und auferbaut, das war die Frage des von Qumran hergekommenen Täufers, ein Beginn *aus Geist* und ein Neuanfang in allem. »Richtig«, dachte Jesus. Er selber ist wirklich erst aufgetreten, als man Johannes am Hof des Herodes ermordete.

Aber kaum daß der Mann aus Nazaret die Fäden des Täufers neu in die Hand nimmt, verwebt er sie auf eine ganz andere Weise, nach einem nie gesehenen Muster. Für Johannes war der Wille Gottes klar und eindeutig in den Gesetzen enthalten. Sie zu tun bedeutete, sein Leben in Ordnung zu bringen. Für Jesus war die Welt sehr bald schon ungemein viel komplizierter, verworrener, leiddurchtränkter, sensibler. Er sah die Menschen als vom Baum des Lebens verwehte Samenkörner auf ausgetrocknetem Boden, und er bückte sich zu jedem einzelnen, um es aufzusammeln und zurückzutragen an die Stätten des Lichtes und des Wassers.

In seinen Tagen gab es sogenannte Zöllner, Menschen, die man ablehnen *mußte* aus Gründen des Nationalstolzes und der Frömmigkeit, sie waren die chronisch Unreinen, die Parasiten, die Handlanger der Unterdrückung – kein Schimpfwort kann kennzeichnen, wie man sie haßte. Und was tut Jesus? Er setzt sich mit ihnen an einen Tisch, und er erklärt: Wenn Menschen zusammenkommen jenseits der Wände des Hasses, ist Gott, jetzt schon, mitten unter uns. Wir müssen nicht warten auf Gott, wir müssen lediglich die Grenzen, die Menschen voneinander trennen, aufheben. Wer kann schon bestimmen, wohin ihn das Schicksal stellt? Und mag er ein Zöllner sein, ist er deswegen schon ein schlechter Mensch?

Es gab Leute, deren Erwerbszweig seit Anfang der Menschheit zum Himmel stinkt, Dirnen und Huren. Wenn Sie die Schrift durchwühlen nach einem wirklichen Vorwurf gegen den Mann aus Nazaret, eine wirkliche Schuldurkunde, dann müssen Sie den Ehrentitel aus Hunderten von Worten herausfiltern: Er ist der Freund der Dirnen und der Sünder. Das hat er sich zugezogen, weiß Gott, und wissend. Er wollte nicht, daß man auf Frauen spuckt, die man im geheimen benutzte.

Er wollte, daß man Menschen sieht, und er begriff, daß das Problem nicht darin liegt, daß Menschen tierisch, verroht und gemein sind, wohl aber darin, daß sie sich keine Würde zutrauen, keinen Mut dazu haben, ein gewisses Maß an Stolz aufrechtzuerhalten und zu begreifen, wer sie *sind*. Einen jeden von ihnen muß man nehmen, bis daß er glaubt, daß es einen Gott gibt, der *ihn* gewollt und geschaffen hat. Und das ist ein langer Weg. Beginnt man so, dann ordnet sich die Welt vollkommen anders. Man sieht sie mit einemmal aus der Perspektive der Menschen, die nicht aus noch ein wissen. Sollen wir klar deutsch reden, was da auf dem Spiel steht, bei der Botschaft des Freundes der Zöllner und der Huren? Er wird den Schriftgelehrten seiner Zeit und den Pharisäern sagen: *Diese* kommen in das Himmelreich, mein Himmelreich, *ihr* aber *nicht*. In unseren Tagen müßte man wohl sagen: mitten in der Kirche. Ich kenne Menschen, die sind in ihrer Ehe gescheitert oder haben, geschieden, wieder geheiratet, aber sie sind keine Ehebrecher. Ich kenne Ordensschwestern, die sind aus ihrem Amt gegangen und aus ihrem Orden, aber sie sind keine Meineidige und keine Versagerinnen. Ich kenne Homosexuelle, die miteinander leben, aber sie sind keine wollüstigen Tiere und keine Unzuchttreiber. Ich kenne Frauen, die haben abgetrieben, aber sie sind keine Mörderinnen. Sie alle sind Menschen, die vielleicht verzweifelt nach irgendeinem Weg zu Gott gesucht haben. Sie haben dabei geweint und geflucht und am Ende vielleicht an gar keinen Gott mehr geglaubt. Aber was wissen wir denn, was Glauben an Gott ist unter den Augen Jesu? Gibt es nicht viele, die die Kirche meiden, aber Fragende, Offene, leidenschaftlich Suchende sind? Je länger es dauert, desto mutiger wird Jesus sprechen. Er wird schließlich das Gemälde seines Königreiches den Menschen vor Augen stellen und sagen: Auf *nichts* mehr kommt es an; nicht darauf, ob jemand ein Jude ist oder ein Heide, ein frommer Mensch oder ein unfrommer – der einzige Maßstab ist die Menschlichkeit. Wo irgend jemand dem Antrieb seines Herzens gefolgt ist und Mitleid mit irgendeinem der Notleidenden aufgebracht hat – Gott selbst wird ihm am Jüngsten Tage erklären, *wem* es geschah, selbst wenn er nie an Gott geglaubt hat; dann wird er's lernen, und es wird nicht zu spät sein; besser wird er es lernen als all diejenigen, die Bekenntnisse auf den Lippen hatten, nur um sich den Ernst des Lebens, die Last des Leids vom Leibe zu halten.

Oh, es gibt viele Gründe, sich die Last des Leids vom Leibe zu halten. Das Markusevangelium ist keine drei Kapitel alt, da wird man es genau wissen: Dieser Mann ist schlechterdings verrückt, wird man sagen. Schon wie er mit seiner Familie umgeht, schlägt jedem bürgerlichen Rechtsempfinden ins Gesicht. Vermutlich leidet er an irgendwelchen Komplexen. Man sagt nicht zu seiner Mutter: »Weib, was hab ich mir dir zu schaffen!« Und man wird auch nicht dauernd vom Vater im Himmel sprechen, ohne den eigenen irgendwann zu erwähnen. Ein solcher Mann ist alles andere als gesund und normal. Und was er über das Geld sagt und wie er über die Ehe spricht – es gibt nicht *einen* Satz, der *gerade* gedrechselt wäre, wenn er aus seinem Munde kommt! Statt dessen hat er eine überaus große Sympathie für alles, was krank ist, was morbid ist, was sich durchs Leben schleppt mit Aussatz und Gebrechen; *da* scheint er zu Hause. Und richtig: Alles, was mit Leid behaftet ist, findet die Nähe Jesu, und man schleppt sie auf Bahren an, bei Tag und bei Nacht, quer durch die Dörfer von Nazaret, so daß es ihn erdrückt, bis zur Erschöpfung. Aber in Jerusalem wird man sagen: »Dieses Volk interessiert uns überhaupt nicht. Dieses Volk kennt das Gesetz nicht, welches die einzige Brücke ist zu Gott, und es hört auch nicht auf uns, wir im Tempel sind ihnen völlig egal, sie haben ja nicht einmal das Geld, um richtig zu opfern, wie man es *muß*. Vermutlich können sie nicht einmal das Schaf für den Passah bezahlen, welches Mose vor Tausenden von Jahren vorgeschrieben hat. Was aber kümmert uns das Volk vom Lande! Soll er sein Unwesen treiben, wo er will, aber *uns* soll er nicht behelligen!«

An genau der Stelle sind wir bei dem wirklichen Schuldspruch über Jesus von Nazaret. Exakt das hat er gewagt: an der Spitze dieser Verlorenen und Verlaufenen hinüberzugehen nach Jerusalem just am Anfang des heiligen Passah und zu erwarten, daß man die Tempeltore öffnet. »Dieses Haus«, wird er sagen mitten in den ehrwürdigen Mauern, »ist ein Haus des Gebetes für *alle,* Heiden wie Juden, Sünder wie Zöllner; jeder Mensch gehört ins Heiligtum, weil jeder Mensch ein Heiligtum *ist*.« Das muß man sprechen, und man wird wissen, daß da Gott vor sei. Jedes menschliche Leid hat bissige Zähne und flinke Mäuler, es wird die schön geschnittenen Pfeiler des Tempels benagen, es wird über die Tempelpforten wie Schmutzwasser hinüberschwappen, und man kann nicht genug putzen und aufräumen, bis alles wieder blank und klar ist. Der Mann aus Nazaret mit all seinem pöbelhaften Anhang, diesem Elendsgeschmeiß, hat zu verschwinden aus Jerusalem, *das* ist zu besorgen! – Man muß die Stirn eines solchen Mannes wie Jesus von Nazaret haben, um mitten in diesen Stunden zur Geißel zu greifen und den gesamten Schacher im Tempel abzustellen. So unhistorisch auch immer das Johannesevangelium in allen Details sein mag, daß man als erstes Jesus, statt ihn ordentlich zu verhören, zu Hannas schleppte. Denn dem Mann gehören die Hallen, da wird das Geld zum Wechseln ausgegeben, da werden die Tiere zum Opfern verhökert. Was Jesus nie wollte, ist das wirkliche Faktum: Mit der einfachen Güte seiner Menschlichkeit bedroht er die Macht und reißt er in den Grund die Geldgier derer, die die Religion verwalten. Das ist der wirkliche Angriff, *das* lästert Gott. Wer die Hierarchen angreift, Hannas und Kajaphas, der greift Gott an. Wenn man soweit ist, Gott mit dem Apparat und die Frömmigkeit mit einer gut geölten Maschine zu verwechseln, dann lästert Jesus Gott, auf Schritt und Tritt.

Aber umgekehrt: wenn wir sprechen, daß er Gott gegenüber gehorsam war, dann versteht sich das im Sinne Jesu einzig, indem man auf den *Menschen* schaut. Der *Mensch* ist der Kommentar für Gott. Sein Leid, seine Bedürfnisse, seine Verzweiflungen, seine Ausweglosigkeiten, sie erklären Gott mehr als alle heiligen Schriften, Kommentartexte und Überlieferungen. *Das* steht auf dem Spiel! Und um die Sache kurz zu machen, wird er erklären:»Ich reiße diesen Tempel ab und baue ihn auf in drei Tagen.« *Das* wirft man ihm vor. Nach dem gemeinsamen Zeugnis der drei ersten Evangelien scheint dies historisch eindeutig – ein Rätselwort, über das man mutmaßen darf, was es gemeint hat. Soviel ganz sicher: Es wird diesen Tempel des Herodes mit seinen Steinquadern und dem ganzen Betrieb darin endgültig nicht mehr geben müssen und nicht mehr geben, er ist gleichgültig geworden vor Gott. Aber was Menschen sind in ihrem Herzen, *das* ist das Entscheidende, und das wird sich *jetzt* entscheiden; in ein paar Stunden, in ein paar Tagen wird man sehen, was übrigbleibt nach dem Abriß des Tempels.

Selbst zweitausend Jahre später hat man Grund zu denken, daß Jesus ein Phantast geblieben ist. In drei Tagen den Tempel wiederaufbauen! Aus Menschen, aus fühlenden Personen, aus redenden Individuen, aus erlebnisfähigen Körpern, aus denkenden Geistern einen neuen Tempel! Man wird im Namen Jesu alles mögliche für Millionen Geldes erbauen. Man wird ganze Landstriche verwüsten, um die Tempel in seinem Namen neu zu errichten. Die Reformation nimmt man in Kauf für den Petersdom; das Gold erschlagener Indios wird man verwenden, um die Kathedrale Santa Maria Maggiore auszuschmücken; man wird mit Berufung auf Jesus jede Art Gemeinheit zur Auferbauung des Tempels rechtfertigen.

Aber wie? Warten wir zweitausend Jahre später immer noch auf die Wiedererrichtung des Tempels? Mein Gott. Wenn irgendein Mensch aufsteht und sich nicht mehr durch die Angst tyrannisieren läßt und mitten hindurchgeht durch die Sperrwand »Ich habe Angst, ich habe Angst«, wird er ganz nah sein bei Gott. Auf der Stelle wird es keinen Pilatus mehr geben, der hin und her schwankt, wie er es dem Volk recht macht, dem Kaiser recht macht, dem geschriebenen Gesetz recht macht; er wird einfach schauen, was er vor sich hat: »Der Mann ist unschuldig und basta.« Es wird auch keinen wehleidigen Petrus mehr geben, der vor Frauen Angst hat und vor Leuten, die ihm sagen: »Du gehörst auch dazu«; er wird sagen: »Na und? Ihr solltet auch dazu gehören. Wenn ihr heute nacht begreifen würdet, was auf dem Spiel steht, ob die Sonne nie mehr aufgeht oder sich erhebt in ein paar Stunden – darum geht es, daran glaube ich. Dieser Mann aus Nazaret ist das Licht der Welt. Begreift, was er sagt! Ich kann nur wiederholen, was ich gehört habe am Ufer des Sees Gennesaret: Den Weinenden wird das Reich Gottes nahe sein, den Hungernden, den Dürstenden, den Verfolgten, all den Menschen, die nie glauben mochten, daß sie in der Nähe Gottes irgendeine Chance hatten.«

Und Gott wird sein wie Tau auf den Wiesen und Blumen, die erblühen über ausgetrocknetem Land, und sie werden sein wie ein Leben, das nicht mehr zu zertrampeln ist. Was müssen wir Angst haben und warum, wenn wir Jesus begriffen haben? Dessentwegen ist er gestorben, und *dies* war sein Königreich: unsere Seele, unser empfindsames, müdes, ausgezehrtes, aber auch begeisterungsfähiges Herz.

Es ist eine Wahl zu treffen, woran wir glauben: an die alte Welt oder die neue, und es entscheidet sich in der Art, wie wir leben. Jeder von uns hat der Welt Worte zu sagen, die so wichtig sind, daß sie im Munde Jesu sich formen durften als Anspruch auf Güte und Gnade. Drum heißt er für uns das ewige Wort Gottes. Und weil er einem jeden erlaubt hat, daß er wichtig genug ist für sein eigenes Glück, nennen wir ihn den Geschundenen, den Menschensohn. Aber aufhören sollten wir damit, das Leiden heiligzusprechen. Es hat einen einzigen Grund: unsere ewige Angst, unser dauerndes Zaudern, unsere dreimalklugen Einwände, was alles geht und was nicht geht. »Das Reich Gottes«, sprach er, »ist mitten unter euch.« Und so endete *nichts* am Karfreitag, es fing in Wirklichkeit an.

Zur Osternacht

Die Feier der Osternacht ist eigentlich noch nicht die Verkündigung der Auferstehung Jesu, vielmehr dient sie einer stufenweisen Vorbereitung, das Grab Christi leer sehen zu können. Auferstehung ist das Geheimnis, aus dem wir leben, aber es ist unsäglich schwer, es in Worte zu fassen. »Wovon man nicht sprechen kann, darüber muß man schweigen«, lautet das Wort des berühmten Philosophen Ludwig Wittgenstein, aber er sagt selbst kurz zuvor: »Es gibt allerdings Unaussprechliches..., es ist das Mystische.« Der Raum einer mystischen Erfahrung wird betreten in dieser Osternacht, und weil die Worte sich schwertun, gestaltet die Kirche in diesen Abendstunden eine Fülle von Bildern aus dem Erbe der Menschheitsreligionen aller Zeiten. Wenn wir diese Reihe der Bilder einmal abschreiten, die wir bis jetzt in dieser Feier beschworen haben, stoßen wir auf ältestes vorzeitliches Fühlen der Menschen, auf den Reichtum ihrer Sehnsucht und ihres Hoffens inmitten einer oft so zerfallenen und bedrängenden Welt. Was dürfen wir erwarten?

Es muß eine der frühesten Ahnungen der Menschen gewesen sein, zu erleben, was wir wie etwas Selbstverständliches am Beginn dieser Osternachtsfeier uns vor Augen geführt haben: heiliges Feuer. Schätzungsweise vor mehr als dreihunderttausend Jahren muß dieses Element, vor dem die Tiere fliehen, sich den Menschen in die Hände gelegt haben. Es war der erste wirklich radikale Schritt, mit dem wir das Tierreich verließen und zu Menschen wurden, ein gefahrvoller Schritt, so daß die frühesten Mythen der Völker von einem Raub sprechen, der den Menschen gelungen sei, indem sie sich das Vermächtnis der Götter zueigneten. Aber was geschah eigentlich? – Es müssen Menschen begriffen haben, aus dem totesten Material, aus den Steinen, Feuer zu gewinnen, indem sie sie aneinanderschlugen. Und so lautet die rituelle Vorschrift der Kirche bis heute, daß der Funke des österlichen Feuers gewonnen werden muß aus Stein – eine fast sinnwidrige Verkürzung, die Handlung zu beschränken auf die Handhabung des Feuerzeugs.

Solche Bilder geben etwas wieder über unser Herz und über die Art, wie wir uns oft fühlen: so schwer geworden, daß es uns zur Erde drücken möchte, und ein jeder mit der Hypothek einer Geschichte, die Jahrtausende zu umfassen scheint und in der alles nur langsam erkaltet ist und jetzt daliegt, ausgeliefert dem Wind und dem Regen, langsam immer nur weniger und schwächer werdend. Ganze Epochen unseres Lebens können so aussehen, aber nun soll die Erfahrung *sein* – und die Kirche beschwört sie in dieser Osternacht mit Berufung auf Christus –, daß aus dem Toten ein lebendiger Funke entspringen kann und es könnte ein ganz anderes Element des Lichts und der Wärme beginnen, Besitz von uns zu ergreifen. Wann immer wir uns wie frierende Tiere mitten in der Nacht des Lebens vorkommen, ist dieses Bild vom Feuer aus dem Stein alles, was uns leben läßt. Die Menschen, die es zum erstenmal entdeckten, wußten nicht, was sie da taten, und hatten keine Formel zur Erklärung. Es ist möglich, verfallenes Laub zu nehmen und totes Holz, aus welchem längst das frische Grün gewichen ist, aber wenn man es aneinander reibt, geduldig und zäh, und lebendigen Atem darüber bläst, kann man aus dem Toten Feuer entfachen und Wärme und Licht begründen. Wenn das gilt, gibt es dann in dieser Welt überhaupt etwas, von dem man sagen dürfte, es sei endgültig tot?

Es muß das erstemal gewesen sein, daß Menschen die dunklen Wände dieser Welt öffneten und in die Nacht des Lebens so etwas fiel wie der Lichtglanz aus einer anderen Welt, die wir nicht sehen, aber seitdem doch zu ahnen beginnen. Es ist, daß wir uns mit dieser Ahnung durch das Dunkel auf den Weg gemacht haben als Menschen, die wir sind, und an den Tod als letztes Wort über unser Dasein nicht mehr glauben möchten. Es ist in Wirklichkeit das Zeugnis der Liebe, die solche Macht in unserem Herzen hat, daß es die Augen leuchten und unsere Seele warm macht. Sie weigert sich zu glauben, daß etwas, das geboren wird, einfach dahinwelken, dahinfrieren könnte und vergangen wäre, als wäre es nie gewesen. Zum Funken des Feuers müssen die Menschen das gesamte Szenarium der Natur eingeladen haben, daß es sich erfülle mit poetischen Gesängen der Liebe über die Unsterblichkeit von allem, was ist, das menschliche Leben insbesondere.

An diesem Abendhimmel über uns ist noch das Wintersternbild des Orion zu sehen, grade im Begriff, nach Westen hin unterzugehen. Es wird sich in wenigen Wochen unseren Augen entziehen, und die Sternbilder des Sommers werden hervorleuchten aus dem Dunkel der Nacht. Kann nicht das uns völlig Unerreichbare, das an den Himmel Gestellte selber untergehen und nach angemessener Zeit wieder aufgehen? Ist nicht alles nur ein großer Wandel des Gehens *und* Kommens? – Der Mond am Himmel vergeht und entsteht in den Tagen eines Monats.

Zur Osternacht

Die ganze Schöpfung auf der Nordhalbkugel teilt den Rhythmus des Jahres in Sommer und Winter, in Welken und Blühen, in Vergehen und Wiederentstehen, und alles formt sich zu einem Gesang der Unvergänglichkeit des Lebens, das den Tod nur kennt, um sich selber zu erneuern. Nichts also vergeht wirklich. Es ist ein Erstaunliches, daß wir noch heute am Grabe eines Menschen, den wir sehr lieben, erneuern und beibehalten, was vor über siebzigtausend Jahren Menschen, ganz verschieden von uns selber, schon begonnen haben. Wir legen Blumen auf die Gräber, die die sterbliche Hülle eines Menschen an unserer Seite aufnehmen, und wir möchten damit sagen: Auch wenn wir nur ein Teil der Natur sind, hat doch jede Blume eine Botschaft des Lebens. Was vergeht, wird wiederkommen, und der Tod ist nur ein Übergang. In den Höhlen von Persien hinterließen die Frühmenschen Spuren von Blumen für ihre Verstorbenen, wir aber feiern Ostern am ersten Sonntag nach Frühlingsvollmond, wenn sich das Leben am Himmel wie auf Erden erneuert. Es ist der große Gesang einer Schöpfung, die wunderbar ist in ihrem Wandel und im Gleichmaß, in dem sie sich gestaltet.

Im Grunde ist es daher richtig, wenn wir die Texte der Osternacht aus dem Mund von Frauen hören. Sie sind berufen, von der Auferstehung zu sprechen. Die Passionsgeschichte, die wir am Karfreitag hörten, enthielt ausschließlich das Werk und das Tun von Männern, eine grausame und blutrünstige Geschichte. Aber seit alters sind Frauen Hüterinnen des Lebens. Sie mußten das Feuer bewahren, wenn die Männer auszogen zu Jagd und Krieg. In ihren Händen wärmten sie es und schützten sie es gegen den Wind. Sie verkörperten die Erde in ihrem Blühen; in ihnen selber, in der Periodik eines Monats, verkörperte sich das Geheimnis des Mondes. Ihnen eignete seit alters die Kraft, Leben zu schaffen, ohne daß irgendein Mensch das Geheimnis, woraus es entsteht, letztlich lüften könnte. Frauen sind berufen, die Botschaft der Auferstehung zu lesen. Sie sind ihr dem ganzen Wesen nach näher als wir Männer.

»Warum gibt es überhaupt etwas?« ist die Frage der ersten Lesung dieser Feierstunde. Nur wir Menschen können alles ringsum, was existiert, fragwürdig finden, und nichts ist uns selbstverständlich. Wir wissen heute, daß sich in über fünf Millionen Jahren in unserem Planetensystem und auf dieser Erde aus dem scheinbaren Chaos, schrittweise Leben gestaltet haben muß, nach Gesetzen, die weise und gut sind und am Ende uns ermöglicht haben. Es ist an keiner Stelle, an keinem Ende auch nur eines Schöpfungsabends zu sagen, was der

nächste Tag bringen wird und welch einen Schritt die Entfaltung des
Lebens als nächstes tun wird. Ein jeder Punkt dieses großen Werdegangs der Schöpfung ist geheimnisvoll, unerklärbar im letzten und voll
schöpferischer Phantasie, göttlich im Ganzen. Wann aber sind wir
imstande, die Schöpfung so zu sehen, daß sie zum Lobgesang wird und
ein jedes in ihr von den Werken Gottes spricht, denen es sich verdankt?
Auferstehung ist auch dies: dankbar zu werden für das unverdiente
Geschenk, daß es uns gibt, mit all der Schönheit der Welt.

Es gibt zwei Erfahrungen, die dem im Wege stehen. Ihnen gelten die
beiden nächsten Lesungen. Als erstes die Gefangenschaft und die Angst
vor den Menschen, wie Israel sie im Lande Ägypten erfuhr. Erscheint
uns unser Leben nicht oft genug einzig vorangetrieben von der Nötigung fremden Zwangs, unmächtig, uns selber zu bestimmen und auch
nur einen eigenen Gedanken oder einen eigenen Wunsch zu formulieren
oder gar zu realisieren? Und doch meint diese Lesung vom Auszug
Israels aus Ägypten, meint dieser Text der Passah-Nacht, der sich an die
heutige Abendfeier anschließt, es gebe in uns Menschen noch viel mehr
als nur das »Du sollst« und »Du mußt«, ausgeliefert an fremde Herrschergewalt, es gebe auch eine große Sehnsucht nach Freiheit, sie sei
immer wieder, so niedergedrückt wir auch sein mögen, stärker als die
Fesseln von außen. Ein ganzes Volk wie Israel ist imstande, sich auf den
Weg zu machen, freilich fast fliehend aus Angst und dennoch den Weg
gehend, den es muß, sei's auch in die Wüste, so doch in die Freiheit.
Jeder Mensch, der es versucht, wird ähnliches erleben wie Israel an den
Ufern des Roten Meeres. Kaum sind die ersten Schritte auf dem Weg
der Freiheit getan, erscheinen die Zwingherrn von einst als Verfolger
von jetzt, kommen hinter uns her mit schnelleren Streitwagenabteilungen, als wir selber zu laufen vermögen, und bald schon werden wir vor
uns auf Hindernisse stoßen, die wir zu durchschreiten nicht wagen, weil
wir den Fuß niemals dorthin gesetzt haben. Alles erscheint grundlos,
haltlos und endlos. Es ist das Wunder auf dem Weg unserer Freiheit, das
verdient, ein Bild der Auferstehung genannt zu werden, daß Israel
mitten durch die Wasser des Todes hindurchgeht und sich auf das
andere Ufer wagt, und es gilt keine Menschenabhängigkeit und Menschenfurcht mehr, es gilt nur der Anruf Gottes, der wieder ist wie Feuer
aus Stein, wie der Funke aus dem Staub, wie ein Leuchten in der Nacht
und wie Wärme in der Kälte, ein Anfang jenseits des Todes, ein neuer
Frühling des Lebens.

Schlimmer noch als die Abhängigkeit von außen, meint die Lesung des Propheten Ezechiel, kann es sein, sich selber wie völlig verwüstet zu fühlen. Es mag das auserwählte Volk sich selber eines Tages so begreifen, als ob es über die anderen – weit entfernt von seiner wirklichen Berufung – nichts brächte als Elend und Verwirrung, als Sünde und Frevel. Kann es nicht sein, daß wir uns eines Tages selbst so auf die Nerven zu gehen beginnen, daß wir uns hassen für das, was wir sind, und uns etwas Rechtes gar nicht mehr zutrauen, ja, daß sogar die wichtigsten Erfahrungen schließlich anfangen, dafür zu sprechen, daß wir alles falsch gemacht und die Menschen sogar geschädigt haben, die mit uns zu gehen versuchten? Eine schreckliche Vision, vielleicht die schlimmste von allen, noch ärger als das Schicksal des physischen Todes. – Es gibt nicht nur das, meint Ezechiel und schaut dabei auf Israel, es gibt auch mitten in Schuld und mitten im Durcheinander Neuanfang und Neubesinnung und das Wunder von Einsicht, von erwacherdem Mut und von Neubeginn. Nichts ist endgültig verloren unter den Händen Gottes. Auch dies ist Auferstehung.

Und wenn wir uns fragen, was das alles bedeutet, das Zeugnis der Natur, das Zeugnis der Geschichte, das Zeugnis des Herzens, so meint die Kirche bis zu diesem Augenblick der Osterfeier, es sei wie die Rückkehr der Glocken, es sei wie ein neuer Gesang. Man kann das Feuer so stark machen, daß der tote Stein schmilzt und Metall ausgießt, das, erkaltet, sich formen läßt und zu einer Glocke wird. So könnte unser Herz sein. Wo auch immer man es anschlägt, schwingt es in einem reinen, harmonischen Klang, und alle Gegensätze wären aufgehoben in einer einzigen Musik der Freude jenseits der Gegensätze, jenseits der Gräber, jenseits der Nächte. Das ist, was diese Nachtfeier sagen möchte: Wir gehen ins Licht, wir sind unterwegs, Gräber offen zu sehen.

Zum Ostersonntag

Von dem Geheimnis der Auferstehung läßt sich nur in Bildern und Symbolen sprechen, denn die Erfahrung, die sich damit verbindet, liegt tief im Inneren der äußeren Wirklichkeit verborgen. Vom Karfreitag kann man so sprechen, daß es sich mit Augen sehen und mit Händen greifen läßt. Alles, was roh ist, ist von dieser Art der Wirklichkeit. Das, was uns leben läßt, ist wirklich auf einer ganz anderen Ebene. Schon um zu begreifen, was sich im Tode Jesu ereignete, muß man den Blick von der Außenseite weg nach innen ziehen. Man darf nicht sagen, was man sehen konnte: Er starb an der Grausamkeit und der Verständnislosigkeit der Menschen. Man muß sagen: Er starb an der Liebe seines Vaters. Nur wenn man so sagt, versteht man, was auch in unserem Leben, mitten im Dasein, Auferstehung heißen kann. Wir können sterben an der Liebe, so daß sie uns zum Leben wird. Furchtbar und glücklich zugleich ist es, diese Einheit des Widerspruchs zu verstehen.

Wie leben wir denn für gewöhnlich, ehe wir einer Liebe begegnen, die uns im Wesen wandelt? Ist es nicht so, daß wir uns verzweifelt so anstrengen, daß man uns mögen kann? Wir vergeuden alle Kräfte, um uns liebenswert zu machen. Wir versuchen auf jedem Wege, die Aufmerksamkeit eines anderen zu erringen, und kommen auf diese Weise von unserem eigenen Leben immer weiter weg, verkrampfen uns immer mehr und leben immer weniger. Es ist oft furchtbar, mit anzusehen, wie dieses Scheingebilde eines nur äußerlich schönen Lebens, das in sich erfroren ist in der kalten Architektur von Eisblumen, unter dem ersten Anhauch einer wärmeren Begegnung wegschmilzt wie etwas Wesenloses, etwas nur scheinbar vorhanden Gewesenes. So aber ist es uns, daß die furchtbaren Anstrengungen sich mit einemmal als sinnlos erweisen, und diese Erfahrung ist wie eine tödliche Gefahr. Wenn Menschen nach Jahrzehnten verzweifelter Anstrengungen und Bemühungen der Angst lernen sollen, sie bräuchten um die Liebe nicht zu kämpfen, sie werde ihnen geschenkt, sie bräuchten sich nicht erst liebenswert zu machen, sie seien es längst, sie bräuchten nicht ständig voller Zweifel darüber nachzugrübeln, ob man so etwas wie sie wohl mögen könne – dann bedeutet diese Entdeckung zunächst keineswegs, daß man mit offenen Armen darauf zuläuft, es bedeutet zunächst, daß einem alles stirbt, wovon man bis dahin zu leben glaubte.

Erklären Sie einem Eskimo im ewigen Eis, der gelernt hat, in der Kälte des arktischen Winters zu überleben, daß es weiter südlich Gebiete gibt, in denen Bäume wachsen und Blumen blühen, und er brauche seine ganze Überlebenskunst nicht mehr, sondern ein einfacheres und gütigeres Leben warte auf ihn – ein solcher Mensch wird Sie verwünschen, denn Sie erklären ihm, daß all seine Bemühungen umsonst waren. Womöglich müssen Sie ihm erklären, daß er in seiner Angst und in seinem Kampf um Liebe selber grausam war und auch andere nicht leben ließ, die eigenen Kinder womöglich nicht – dies nach Jahrzehnten zu lernen ist furchtbar, und es ist wie ein Tod. In Wirklichkeit aber beginnt nur ein eigentliches Leben langsam Platz zu greifen. Das verzweifelte Un-Leben schmilzt dahin, und es beginnt der Anfang eines wirklicheren Daseins, denn man entdeckt die Macht der Liebe. Man verdient sie nicht, aber sie wird geschenkt. Man erkämpft sie nicht durch Leistung, aber sie trägt, begleitet und schützt. Und dann ist es, wie wenn Kräfte in einem selber, die nie hatten leben dürfen, wach werden und sich regen. Das erstaunlichste Wunder im Leben von uns Menschen ist dies: daß oft ein winziger Moment der Güte genügt, und wie verzweifelt und zugleich voller Hoffnung werden sich Menschen an diesen Augenblick klammern und alle Energie des Lebens freisetzen. Wie Wüstenblumen, die in der Dürre jahrelang am Rand des kristallinen Zustandes existiert haben, beim ersten Wasserguß plötzlich ins Licht explodieren und Blüten treiben, so wir Menschen. Diese erschütternde Kraft des Lebens, inmitten der erstarrten Un-Lebendigkeit dennoch seine geheime Energie aufzusparen für den Moment, da sie zum Leben zugelassen wird, ist das großartigste aller Wunder, die sich in unserem Menschenherzen beobachten lassen. Man wird zu dem Verleugneten zurückkehren, und das niemals für möglich Gehaltene wird mit einemmal wirklich sein. In der Liebe entdeckt man das schrankenlose und schamlose Glück, das unverschämte Glück zu leben. Man hat in den Bemühungen um Liebe ständig gefürchtet, die eigenen Schwach- und Fehlstellen der Vergangenheit aufdecken zu müssen. Man hat aus lauter Scham ständig gemeint, sich anders zeigen zu sollen, als man ist – mit einemmal braucht man es gar nicht mehr. Man kann vor den anderen hintreten, und es gibt keinen Rest mehr zu bereuen, weil man umfangen ist von Glück und Verständnis. Es gibt die Auferstehung der Unschuld.

In diesen Ostertagen, sagt die Kirche, wird uns die Reinheit zurückgegeben. So ist es. Wir können uns mit aller Anstrengung um Tugend,

Charakterstärke und Selbstdisziplin bemühen, wir werden mit unseren wirklichen Lastern niemals fertig. Aber es ist möglich, daß wir in der Liebe entdecken, daß sie sich wie ein Schutz um uns legt und wir keinen Grund mehr haben, immer wieder in den Morast hinabzusinken. Das, was uns zum Bösen antreibt, ist im Glück der Liebe kein Motiv mehr und wie verschwunden aus unserem Leben.

Vielleicht gibt es kein schöneres Zeugnis für diese Auferstehung mitten im Leben als den Brief, den der russische Dichter Fjodor Michailowitsch Dostojewskij am 28. April 1871 aus Wiesbaden an seine Frau richtet. Ich muß vorausschicken, daß dieser Mann über ein Jahrzehnt lang jeden Rubel und jede Kopeke, deren er habhaft werden konnte, in die Spielbanken trug. Er war so sehr verzweifelt und erpicht darauf, irgendwann im Leben einmal Glück zu haben und mit der ganzen Schinderei und Quälerei einmal Schluß zu machen, er wollte so sehr wenigstens den Menschen in seiner Umgebung, die er am meisten liebte, ein Stück Glück bringen, daß er bis ins Wahnsinnige jeden Rest an möglichem Glück vertat. Dieses Genie der Menschlichkeit war sich selber ausgeliefert wie einer stets gegenwärtigen Hölle. Es half keine Anstrengung, kein Vorsatz, keine Schande, keine Erniedrigung. Mitten im Winter verspielte er den besten Mantel seiner Frau, sogar den Brautring und die Ohrringe. Es gab scheinbar kein Halten. Aber in dieser Nacht des 28. April 1871 schreibt Dostojewskij: »Du mußt, Anna, mir ein letztes Mal glauben. Wer weiß wie oft habe ich gesagt, daß ich nie mehr an den Spieltisch gehen werde, und ich weiß, du hättest hundert Gründe, es auch diesmal nicht zu glauben. Aber seit heute nacht weiß ich, daß es stimmt. Ein neuer Mensch erstand in mir. Ich werde fortan arbeiten und dich und unsere Kinder liebhaben. Ich werde zu keinem Priester gehen, denn er würde mich nur festhalten in dem, was gewesen ist. Ich gestehe dir alles, was war und ist. Ab heute nacht bin ich ein freier Mensch.« So können wir sterben und auferstehen an der Liebe. Seine Frau Anna schickte noch einmal dreißig Taler nach Wiesbaden. Sie hatte dutzendmal erlebt, daß sich das nicht lohnte, daß jeder recht hat, der sagt: »Gebt einem Süchtigen nicht noch das Geld für seine Teufel.« – Sie hat ihn nur geliebt.

Wir können einen Schritt weiter gehen, und wir verstehen die Chiffren des Auferstehungsmorgens bis ins Detail genau. Die Erfahrungen, die wir mitten im Leben machen müssen, formen sich zu einer absoluten und endgültigen Erfahrung all dessen, was uns leben läßt. Es ist, so beschreibt es die Kirche in der Osternacht, wie der Beginn einer neuen Schöpfung, wie ein Hindurchgehen durch das Wasser. Links und rechts stehen seine Wände und drohen, uns hinwegzuspülen. Wir aber sehen auf die Hand des Mose, die sagt: »Komm herüber!« Es ist die Auferstehung, wie wenn das Feuer und das Wasser sich miteinander vermählen und den Wind gebären, wie wenn alle Gegensätze in unserer Seele ineinander verschmelzen und uns innerlich neu hervorbringen, auf geistige Weise.

Die Liebe, die uns leben läßt, kann selber niemals sterben. Dies ist, woran wir glauben. Und auch umgekehrt: Wir selbst entdecken mit der Kraft der eigenen Liebe den anderen als unvergänglich und unsterblich. Wenn wir einen anderen Menschen wirklich mögen, sagen wir ihm in jeder Begegnung: »Es ist gut, daß es dich gibt. Es ist unendlich besser, daß es dich gibt, als wenn es dich nicht gäbe.« Und wir sprechen damit und erfahren damit nur nach, was Gott gesagt hat, ehe er uns ins Dasein rief. Wir verstehen mit einemmal die Gründe, die Gott hatte, als er die Welt und einen jeden von uns ins Dasein rief. Daß dies, was wir an Auferstehung hier im Leben fühlen können, die letzten Infragestellungen überwinden wird, daran glauben wir, und diese Zuversicht besitzen wir, und sie müssen wir auch haben. Denn sehen Sie, die Auferstehung im Leben erfahren viele Menschen nicht. Wenig Sinn hat es, Ostern so fröhlich auszugeben, als wäre alles gelöst, als gäbe es für jede Traurigkeit einen Schlüssel, für jedes verschlossene Herz einen Dietrich. So ist es nicht. Selbst Christus fand, als er auf der Welt war, ganze Dörfer vor, die in der Angst verharrten und nicht zum Glauben kamen. Es ist in diesem Dasein nicht möglich, alle Schuld hinwegzuwälzen. Um so mehr müssen und dürfen wir glauben, daß die Erfahrungen eines wirklichen Lebens das letztendlich Ausschlaggebende sind. Es ist möglich, das Leben hundertmal zu töten, es wird tausendmal nur um so glaubhafter sich als die Macht der Liebe erweisen, die niemals vergeht.

Zum Ostersonntag

Spät nach dem Sabbat aber, im Aufleuchten des ersten Wochentags, gingen Maria aus Magdala und die andere Maria, um nach der Grabstätte zu schauen. Und da! Ein Beben ward, ein großes. Denn: Ein Engel des Herrn stieg aus dem Himmel hernieder und trat hin, wälzte den Stein weg und setzte sich darauf. Wie ein Blitz sein Aussehen und sein Gewand weiß wie Schnee. Aus Furcht vor ihm erbebten die Wächter und wurden wie Tote. Der Engel hob an und sprach zu den Frauen: Ihr da – ängstet euch nicht! Ich weiß, ihr sucht Jesus, den Gekreuzigten. Er ist nicht hier! Denn auferweckt ward er, wie er gesprochen. Kommt her, seht den Ort, wo er gelegen! Und eilends geht hin und sprecht zu seinen Jüngern: Auferweckt ward er von den Toten. Und da! Er geht euch nach Galiläa voraus, dort werdet ihr ihn sehen. Da! Ich habe es zu euch gesprochen. Und schnell gingen sie weg vom Grab, voll Furcht und großer Freude. Und sie liefen, um es seinen Jüngern zu berichten.

Und da! Jesus begegnete ihnen und sagte: Freut euch! Und sie traten heran, ergriffen seine Füße und verneigten sich tief vor ihm. Darauf sagt Jesus zu ihnen: Ängstet euch nicht! Geht, berichtet meinen Brüdern, sie sollen weggehen nach Galiläa, und dort werden sie mich sehen.

Sie waren noch unterwegs – da! Schon kamen welche von der Wache in die Stadt und berichteten den Hohenpriestern alles, was geschehen war. Und nachdem sich diese mit den Ältesten versammelt und Beschluß gefaßt hatten, gaben sie den Soldaten ziemlich viel Geld. Und sie sagten ihnen: So sollt ihr sprechen: Seine Jünger sind bei Nacht gekommen und haben ihn gestohlen, während wir schliefen. Und wenn das beim Statthalter ruchbar wird, so werden wir ihn überreden und euch aller Sorge entheben. Und sie nahmen das Geld und taten, wie sie belehrt waren. Und herumgesprochen ward diese Rede bei den Juden bis zum heutigen Tag. MT 28,1–15

Nur zwei Themen sind im menschlichen Leben wesentlich: die Liebe und der Tod. Und keine Angst ist größer als die des dämmernden Ostermorgens, daß der Tod die Macht hätte, die Liebe zu besiegen. Denn so furchtbar wirkt er schon im Gang der Natur, daß er Menschen, die einander so lieben, daß sie sich kaum vorstellen können, ohne einander zu sein, auseinanderreißt, unvorhersehbar oft, jäh und plötzlich wie ein Überfall.

Es habe, als der Herr starb, die Erde gebebt und die Sonne sich verfinstert, sagt die christliche Legende, und es ist wahr. Wenn ein Mensch, an dem wir derart hängen, uns entrissen wird, fühlen wir die Erde wanken unter unseren Füßen und sehen wir alles Licht der Welt erlöschen. Aber die grausame Wahrheit ist, daß die Natur sich weder für unser Glück noch für unseren Schmerz besonders interessiert. Die Erde dreht sich weiter, und die Sonne geht auf und unter, gleichgültig gegenüber unserem Schicksal. Haben deswegen nicht die Zyniker recht, die sagen, es lohne sich nicht, die Liebe so wesentlich zu nehmen; es sei Torheit, ihren Erfahrungen zu glauben, den einzelnen Menschen, den wir in der Liebe als unendlich kostbar entdecken, auch wirklich unendlich groß, schön und begabt mit der Kraft der Unendlichkeit zu sehen?

Schlimmer noch als der Tod der Natur ist das Sterben, das wir Menschen in der Todespraxis der Angst, im Zynismus, der nur den Tod sieht und einzig ihn glauben *will*, über uns verhängen können. Dies ist, was die Frauen auf ihrem Gang zum Grab am meisten quälen muß: daß die Logik der Gewalt und der Vernichtung recht zu haben scheint, als wären auf dieser Welt Güte, Verständnis, Menschlichkeit, Freiheit lauter tote Phrasen und als wären immer nur die breiten Stiefel der Mächtigen am stärksten und als würden die widerlichsten Verächter des Lebens durch den Augenschein bestätigt. Es ist so einfach, etwas, das kostbar ist, zu töten und zu beseitigen. Und was bleibt den Menschen, wenn ihnen genommen wird, woran sie ihr Herz hängen?

Wenn die Ägypter den Körper eines Verstorbenen salbten, so taten sie's in dem Glauben, daß der Tote im Grab lebt, und sie gaben ihm alle Lebensmittel und alle Nahrung, deren er bedurfte, mit in die Kammern der Ewigkeit. Die Frauen, die zum Grab des Herrn gehen, können so nicht glauben. Sie wissen, daß der Körper zerfällt und keine Macht der Natur dies ändern wird. Aber sie denken gegen den Zynismus, daß es so etwas gibt wie eine Treue der Liebe.

So dachte bereits Josef von Arimathäa, als er sein eigenes Grab für den Gekreuzigten zur Verfügung stellte. Es ist möglich, das Kostbare zu schänden; aber es gibt zugleich eine Pflicht der Anständigkeit, eine innere Verbundenheit der Treue. Sie wenigstens zu pflegen wäre angesichts der Barbarei sehr viel und zwischen Karfreitag und Ostern wenigstens die erste schmale Brücke. Nur, was ist dies für ein Leben, das sich dem Toten mehr als den Lebendigen verpflichtet fühlt? Wie kann man leben, wenn jeder Weg auf Erden zu einem Grab führt?

Man klammert sich an die Gedenkstätten, man klammert sich an die sterblichen Hüllen, aber es ist kein Leben, das man so zu führen vermöchte. Es ist viel, daß Frauen an diesem Ostermorgen zum Grabe gehen. Wie anders sähe die Leidensgeschichte des Herrn aus, hätte man auf ihr Wort irgendwann einmal Wert gelegt! Da ist die Warnung der Frau des Pilatus, die in der Nacht vor der Hinrichtung sah, was aus unserem Leben würde, wenn ihr Mann auf dem Lithostrotos spräche, wie er dann sprach: »Was geht das mich an?« und: »Ich wasche meine Hände in Unschuld!« und: »Nehmt ihr ihn!« Ein Alptraum würde aus uns und unserem Leben, dies wußte sie, und sprach es aus im entscheidenden Augenblick, ohne gehört zu werden. Oder die Frau, die auf Petrus zutrat am Kohlenfeuer und ihm ins Angesicht hinein sagte: »Du bist einer derer aus Galiläa« – und ihn zwingen wollte zur Ehrlichkeit und Tapferkeit eines offenen Geständnisses. Nichts erreichte sie.

Die Realisten dieser Welt, selbst die Jünger allzumal ohne Ausnahme, flohen vor der Gewalt, vor der Lebenszerstörung um ihr Leben nach Galiläa. Aber sie flohen in ein Leben, das keines ist.

Einzig eine Handvoll Frauen blieben unterm Kreuz, weil sie eine andere Wahl gar nicht hatten. Maria, die Frau von Magdala. Sieben böse Geister hatten sie zersetzt und verfolgt, ehe sie dem Herrn begegnete. Ihr Leben gewann erst menschliche Gestalt, kehrte zurück zu einer inneren Einheit, als sie ihm begegnete. Den Realisten dieser Erde scheint es kaum etwas zu bedeuten, ob man das Leben zerspaltet in drei, fünf oder sieben böse Geister, Rollenvorschriften, Zwänge, Ausreden, Pflichten, Gemeinheiten. Man muß sehr sensibel sein, um diese Welt wahnsinnig zu finden und daran wahnsinnig zu werden, um zu wissen, daß der Träumer Jesus viel mehr recht hat als all die anderen. Die Frauen, die am Ostermorgen zum Grabe gehen, tun's in dem Gefühl, daß der Tote lebendiger ist als sie alle, die Henker, die Mörder, die Überlebenden landauf, landab. Aber sie können so nicht leben. Das Grab ist ein Ort des Nirgendwo, ein Zuhause der Heimatlosigkeit.

In diesem Moment der bittersten Verzweiflung geschieht es, daß der Engel Gottes niedersteigt vom Himmel und sich der menschlichen Not erbarmt, indem er eine Wirklichkeit enthüllt, die jederzeit besteht, aber die wir mit den Augen der Tränen und mit dem Herzen der Verzweiflung nicht sehen. Es ist ein Bild von Gott, das wir in uns tragen und das wir hören können in unserer Seele. Mit den Augen unseres Geistes vermögen wir den Engel wahrzunehmen, der den Stein vom Grab schleudert und sich siegreich auf ihn setzt.

Immer wieder wird man versuchen, Menschen einzukerkern, Wachen sogar noch vor ihr Grab zu stellen und jede Ruhestörung eines sich regenden Lebens zu verbieten, jedes Dazwischentreten in die Routine des Un-Lebens zu untersagen. Diesen Wächtergeistern wird zum erstenmal angst. *Sie* sind wie tot, als das Leben aufbricht und es mit einemmal deutlich wird: man wird das, was ein Mensch ist, in alle Zukunft nicht mehr in einer Grabkammer einsperren können. Menschen werden es nicht schaffen, und die Natur kann es gar nicht schaffen, weil Gott, der uns erschaffen hat, will, daß wir leben, sonst gäbe es uns nicht. Es hat eine ganze Ewigkeit gedauert, etwas so Kostbares wie einen jeden von uns einzeln hervorzubringen. Es wird eine ganze Ewigkeit dauern, daß wir leben dürfen. An diesem Morgen aber wird es deutlich, im Herzen von zwei Frauen, die Gottes Angesicht sehen, mächtig genug, den Toten aufzuerwecken.

Es ist furchtbar, den Geliebten zu suchen als den Gekreuzigten, scheinbar Widerlegten, Geschändeten, Zerstörten. Aber wir brauchen das Leben nicht mehr zu suchen im Totenreich. Wir brauchen die Liebe nicht mehr widerlegt zu fühlen durch den Gang der Ereignisse. Sie mögen äußerlich weiter so sein, wie sie sind. Man wird in den Schreibstuben des Pilatus das Ereignis nicht verzeichnen. Es wird in die Annalen der Menschheit außerhalb des Neuen Testamentes nicht eingehen. Es wird in die Geschichtsbücher sich so nicht aufnehmen lassen. Aber es ist stark genug, unser Herz ein für allemal zu verändern. In Zukunft dürfen wir aufeinander zugehen, nicht mehr mit der Botschaft der Verzweiflung, sondern vom Grabe weg, auf den anderen zu, denjenigen, den wir für den Jünger Jesu halten möchten, und ihm sagen: »Auch du brauchst nicht mehr an die Angst zu glauben und an die Allmacht der Mittel, Menschen in die Knie zu zwingen. Du darfst an das Leben glauben.« Und beginnen wir, so aufeinander zu unterwegs zu sein, sagt dieses Evangelium, dann begegnet uns der Herr, tritt uns gegenüber, er, den wir lieben, den wir wissen als Grund all dessen, was dieses Leben lebenswert macht. Und wir werden ihm zu Füßen fallen und seine Füße küssen, anbetend.

In allen anderen Erscheinungsberichten wird das erste Wort sein: »Fürchtet euch nicht!«, weil überwältigend die Gestalt der anderen Welt, der Sphäre Gottes auf uns wirkt. Hier lautet das Wort des erscheinenden Auferstandenen: »Freut euch!« Und erst im nächsten Satz wird er, mit ganz anderer Blickrichtung, sagen: »Ängstet euch nicht!« Ihn, der uns leben läßt, werden wir nie mehr fürchten müssen, die Welt aber ringsum auch nicht mehr. Vor nichts und niemandem mehr werden wir Angst zu haben brauchen um unser so bedrohtes und gefährdetes Leben. Es ist gesichert, selbst angesichts des Todes. Und wenn's im Hohenlied der Liebe heißt, die Liebe sei stark wie der Tod, so gilt seit diesem Ostermorgen unverbrüchlich, daß sie unendlich stärker ist als der Tod. Diese irdische Existenz, die wir führen, ist nur scheinbar, ein erster Anfang der Wirklichkeit, nichts Endgültiges, aber der Beginn der Ewigkeit, Anfang, ewig zu schauen. Und schon sind wir gemeinsam unterwegs nach Galiläa. Jesus selbst spricht in diesem Augenblick nicht mehr von seinen Jüngern, sondern endgültig von uns als seinen Brüdern, wie wenn alles, was er sagen wollte, in die Wahrheit träte. Wir alle miteinander sind wie Schwestern und wie Brüder, und es gibt nur noch *eine* Kraft der Liebe.

Wenn irgend wir einen Menschen so entdecken können, daß wir die Unendlichkeit seiner Würde, die Ewigkeit seines Lebens wie eine sichere Tatsache fühlen, ist Ostern. Und keine Macht der Welt wird die Liebe mehr aus unserem Herzen reißen. Unser Leib wird vergehen, aber unsere Seele, unser unsterbliches Wesen wird sich zu dem Licht der Sterne erheben wie ein goldener Vogel, zurückkehrend in seine Heimat.

»Seht«, sagt der Engel am Grab, »ich habe es zu euch gesprochen.«

Eigentlich beginnt Ostern nicht mit dem Ostermorgen und fängt der Sieg über den Tod nicht mit dem Gang der Frauen zum Grabe an. – Die Menschen aller Zeiten haben an etwas wie ein Leben nach dem Sterben geglaubt. Denn gäbe es diese Vision über die Grenze des Todes hinaus nicht, so wäre dieses irdische Dasein nichts weiter als eine kurzzeitige Kerkerhaft. Kaum daß wir auf die Welt gekommen sind, beginnt die innere Uhr des Todes in jeder Zelle unseres Körpers unwiderruflich abzulaufen, und meist noch ehe sie an ihr Ziel gelangt, erreichen äußere Umstände und Einflüsse, daß wir diese Welt verlassen müssen.

Kein Mensch, der fühlt und denkt, kann mit der Bilanz wirklich *leben*, wir zögen dahin wie Schlachtvieh zur Grube. Selbst wenn uns das Todeslos in dieser Weise bestimmt wäre, wäre es doch inakzeptabel im Blick auf jeden Menschen, an dem uns wirklich liegt, jedes Lebewesen, das wir einschließen in unsere Liebe. Der Tod hat stets seine Entschuldigungen, er ist nichts weiter als ein gehorsamer Diener Gottes, aber die Liebe vermag auf ihn nicht zu hören. Der Tod ist nur ein Ende, aber die Liebe fühlt, daß ein menschliches Leben niemals zu Ende sein kann und niemals zu Ende sein dürfte. Sie verdichtet die Bedeutung des Lebens eines Menschen bis ins Unendliche. Sie taucht in ihren Erfahrungen zurück bis zu dem Wunder, da das Leben begann, und sie einzig versteht, warum es einen einzelnen Menschen geben muß. Deswegen nennen wir die Macht, aus deren Händen alles entsteht und das Wunder des Daseins seinen Ursprung hat, selber die ewige Liebe, Gott. Warum es überhaupt etwas gibt, begreifen wir nur in diesem unendlichen Gefühl der Sehnsucht und des Glücks. Die Kraft der Liebe ist so stark, daß sie alle Erfahrungen der Sinne herbeiruft, von der Unsterblichkeit auf geheimnisvolle Weise zu sprechen.

Wenn sich die Fluren am Beginn des Frühlings mit neuem Grün bekleiden – ist das nicht ein Bild dafür, daß das Leben weitergeht und sich neu formt, wie gereinigt und größer noch? Wenn am Himmel der Mond sich neu gebiert – ist es nicht, wie wenn er uns sagen wollte, daß die Dunkelheit niemals das letzte Wort behält, sondern nur überleitet zur Wiederkehr des Lichtes? Und am meisten die Sonne. An jedem Morgen neu besiegt sie die Finsternis und erstrahlt heller denn je. Alles wurde den Menschen der Vergangenheit zum Sinnbild und Gleichnis, auf daß es künde von der Ewigkeit des Lebens. Kein Zufall, daß auch wir Christen Ostern feiern am Frühlingsanfang, am Sonntag nach dem

Beginn der Vollmondzeit, in den Morgenstunden, als die Frauen zum Grab Jesu gingen, eben als die Sonne sich erhob nach einer tränendurchwachten Nacht der Angst und der Traurigkeit. So haben die Menschen zu allen Zeiten geglaubt, und insofern ist die Hoffnung und die Botschaft von der Auferstehung nicht neu, sie beginnt nicht mit uns Christen. Was aber mit der Person des Mannes von Nazaret beginnt, ist in Wahrheit der Sieg über den Tod als diejenige Macht, die unser ganzes Leben zusammengekrümmt sein lassen kann in ständiger Angst unter dem Schattenwurf des Zwinggriffs der Vernichtung. Kein Mensch wagt wirklich zu leben, immer aus Angst, was ihm geschehen könnte, vermittelt durch andere Menschen, endgültig besiegelt durch den Gang der Natur; und niemand von uns verleiht der Seele die Kraft, in Wahrheit zu sein, wozu sie bestimmt ist. Dies muß Jesus vor Augen gehabt haben, wie in uns verschlossen, wie auf der Flucht gejagt wir Menschen existieren und welch eine ungeheure Macht der Tod über uns hat. Mögen wir auch an die Auferstehung glauben, sie hat im normalen Bewußtsein mit unserer Art zu leben kaum etwas zu tun, sie ist wie eine Vertröstung auf den Jüngsten Tag, und die Zyniker sagen: auf den Sankt-Nimmerleins-Tag.

Anscheinend löst der Glaube an die Auferstehung nicht ein einziges wirkliches irdisches Problem; da gilt es zu denken und zu rechnen und zu machen und aus Angst vor dem Tod immer wieder selber zu töten. Aus lauter Furcht möchte jeder überleben, und am Ende ist lange zu leben fast schon das Beste, was wir erhoffen. Es kommt aber darauf an, richtig und wahr zu leben. Das ist der Sieg über den Tod, der mit Jesus begann. Jesus erwartete nicht die Auferstehung von den Toten, er lebte sie, hier in diesem Leben, so, daß in seiner Nähe Menschen sich aufzurichten begannen, die bis dahin nur wie gedrückt und wie verbogen durch dieses Leben zu gehen vermochten, daß Menschen, die sich versteckt hielten, weil sie sich wie aussätzig und wie gebrandmarkt fühlten, neu ans Licht sich hervorwagten aus den Grabkammern ihres Daseins. Und am meisten die Frau, der wir die Osterbotschaft als erster verdanken, Maria von Magdala. Sie muß in der Nähe Jesu erlebt haben, daß ihr eigenes Ich sich zusammensetzte. Sieben böse Dämonen hätten sie besetzt gehalten, berichtet das Evangelium, ehe sie Jesus traf. So kann unser Leben oft sein: derart verwüstet aus Angst, wie eine Wolke am Himmel, die von den Winden gejagt und gepeitscht und an den

Rändern ständig zerrissen und wie willenlos geformt wird, beladen mit Tränen. In der Person Jesu muß die Kraft der Liebe so stark gelebt haben, daß Menschen an seiner Seite ihr eigenes Ich zurückgewonnen haben, weil sie wußten, *sie* seien gemeint und ihr kleines, kurzlebiges Dasein trage die Bedeutung der Ewigkeit. Wer Jesus zuhörte, muß begonnen haben, sich inmitten seiner Kleinheit unendlich groß zu fühlen, in einer Würde, die bis zu den Sternen reichte. Und das ist ewiges Leben: ein Augenblick des Glücks, in dem der Himmel sich öffnet, während wir noch auf der Erde stehen.

Ostern beginnt in dem Augenblick, wo wir die wenigen Empfindungen oder Ahnungen oder Gewißheiten dessen, was wir sind und was uns möglich ist, wichtiger zu nehmen beginnen als alles Dreinreden von außen. Diese Macht ging von Jesus aus, er lebte das Leben, und so besiegte er den Tod. Er rührte alles auf, die ganze Welt des Todes brachte er gegen sich auf, denn schauen wir genau hin, dann zeigen sich die Gesetze, die wir für vernünftig halten, als absurde, despotische, wahnsinnige Formeln, das Leben einzurichten, indem wir es hinrichten. Wir wissen auf jede offene Frage gleich eine Antwort, für jedes Problem eine passende Anweisung, und woran wir selten glauben, ja was uns bedroht, ist der Umstand, daß Menschen frei sind. An der Seite Jesu wagten sie *ihre* Freiheit. Das ist der Anfang von Ostern.

Kein Mensch weiß und vermag zu schildern, was insbesondere Maria von Magdala zwischen Karfreitag und dem Ostermorgen erlebt haben muß. Es muß ihr so erschienen sein, als wenn noch einmal der Tod das letzte Wort behalten würde. Ist es denn möglich, so deutlich zu sehen, wozu wir Menschen bestimmt sind, und dann hinzugehen, inmitten der alten Angst, das alles Lüge zu nennen und nach Möglichkeit rasch zu beseitigen mit jedem Kunstgriff der Gemeinheit, nur damit alles so bleibt, wie es war, und die Menschen wieder hinuntergedrückt werden in die Gräber? Das Furchtbare ist, daß die größten Banalitäten die irdische Existenz zerstören können und unwiderruflich das hinwegraffen, wovon wir wissen, daß es nie vergehen dürfte. Diese zynische Logik ist in unsere Hände gelegt, und wir handhaben sie virtuos. Wir sind auf diesem Planeten wohl die einzigen Kreaturen, die wissen, daß es bei einem bestimmten Maß an Angst nur eine einzige, scheinbar endgültige Lösung gibt, den Tod. Und das glaubt man wirklich am Ostermorgen. Man hat es geschafft, man ist die Beunruhigung los, man kann Menschen wieder einschließen in Gräber, und wenn das nicht genügt, wird man einen großen Grabstein davorwälzen, man wird ihn versiegeln, man wird Wachen postieren, man wird aufpassen, bis keine Maus sich mehr rührt – es ist das furchtbare Bild eines Lebens, zu dem wir verdammt wären, wenn der Machtzynismus der Angst das letzte Wort über uns behielte. Maria von Magdala muß am Ostermorgen geglaubt haben, daß dies das letzte Wort sein könnte, denn wer würde schon hören auf die Trauer einer Liebenden, die nichts weiter hat als das Empfinden, daß alles, was in Zukunft Leben heißen wird, nichts weiter ist als Sterben.

Was sich am Ostermorgen begeben hat, läßt sich nur wiedergeben in den Bildern, wie der Evangelist sie versucht. Ein Engel des Himmels stieg hernieder, und die Frage ist: wie sieht man an einem verschlossenen Grab einen Engel? Da bebte die Erde. Ja, das tat sie am Karfreitag bereits, und man wird sagen müssen: wem in den Stunden von Golgota mit der Person des Jesus von Nazaret nicht alles starb, woran sich sein Herz halten konnte, wem in den Stunden des Karfreitags nicht die Erde sich auftat bis zum Abgrund und die Sonne sich verfinsterte, wird einen Ostermorgen nie sehen können, ihm begegnet kein Engel, der ihn tröstet. Bei Gott! – wenn irgend wir an etwas glauben, *muß* es wahr sein, was Jesus war und sagte. Dies ist das wahre Leben. Maria von Magdala muß dies mehr als jeder andere gespürt haben. Was die Leute die Vernunft nennen, hat sich in ihrer Seele längst als eine rechthaberische Lüge erwiesen, und was sie Ordnung nennen, als eine einzige Satanei gegen das Leben. Aber im Herzen des Mannes von Nazaret war alles, was Menschen gegen den Tod aufstehen lassen könnte. Deshalb gibt es über den Karfreitag hinaus ein Hoffen, oder die ganze Welt wäre nichts als Dunkelheit und Schatten.

Es ist das Wunder der Person Jesu, daß Gräber sich öffnen, daß Verzweiflung zum Glauben reift, daß Steine sich fortheben und daß wir wissen: Er geht uns voraus. Alles, was er sagte, bestätigt sich fühlbar, hörbar noch einmal, und keines der Worte, die er sprach an den Ufern des Sees von Gennesaret, ist verloren, vergessen oder widerlegt, sie sind die Zukunft, sie sind, was uns vorausgeht, und wir brauchen den Lebenden nicht länger bei den Toten zu suchen.

Die entscheidende Botschaft der Christen an die gesamte Menschheit kündet vom Sieg des Lebens über den Tod und gründet Zuversicht in die Auferstehung des Gekreuzigten, Jesus von Nazaret. Aber was steht in diesem 28. Kapitel des Matthäusevangeliums, das wir heute hören, wirklich? Wie kann man sich die Auferstehung vorstellen? Und was ist ein Leben jenseits des Todes? – Die Fragen sind so alt wie dieser Text, und Matthäus tut ein Äußerstes, fast bis zum Rand der Verzweiflung, sie zu beantworten. Es geht aber der Zweifel mit bis in die letzte Stunde, da Jesus auf dem Berg erscheint, als wäre jeder Schritt, den wir auf die Grenze des Horizonts zu tun, wo der Himmel die Erde zu berühren scheint, von einem Schatten begleitet.

Es muß am Anfang die Vision einer kleinen Gruppe von Frauen, vielleicht nur einer einzigen unter ihnen, gewesen sein, die Jesus sah und ihn als lebend glaubte, ihn, den Ermordeten. Damit muß alles begonnen haben: daß die Worte, gesprochen an den Ufern des Sees von Gennesaret, und die Gestalt dessen, der sie sprach, in ihrem Herzen wiedererstanden. Das war der Anfang von Auferstehung.

»Er kann gar nicht auferstanden sein«, sagten die Zweifler, »er ruht im Grabe.«

»Nein«, sagten die Christen, »sein Grab ist leer.«

»Unsinn«, sagten die anderen, »davor war ein Stein, und er bewegt sich nicht von selber!«

»Ein Engel wird gekommen sein, und die Erde wird gebebt haben und hat den Stein beiseite gerollt, und kein Grab war mächtig, ihn aufzuhalten, denn er lebt«, sprachen die Christen.

»Eine fromme Lüge, das kennen wir; ihr selber werdet die Englein gespielt haben bei Mitternacht, habt ein bißchen Erdbeben inszeniert und den Leichnam gestohlen, so wird's gewesen sein.«

»Unmöglich«, sagen die Christen, »die Römer selber haben geahnt, daß dies so kommen könnte, und haben eine Wache postiert, sie haben das Grab sogar versiegelt.«

»Na gut«, sagen die Zweifler, »dann werden die Wachtposten eben geschlafen haben, sie haben gut getrunken vorher, um die Kälte der Nacht zu überstehen.«

»Nein, römische Posten können nicht einschlafen, sie würden standrechtlich hingerichtet.«

»Nun, dann habt ihr sie eben bestochen, ihr selber habt den Wachtposten Geld gegeben, so zu sprechen, und sie sogar in Schutz genommen bei ihren Auftraggebern.«

Solange man nachforscht, werden die Auskünfte in immer höheren Spiralen immer verzweifelter.

Was berichtet dieser Text wirklich, und wie muß man ihn lesen? Er führt uns und nimmt uns bei der Hand, zurückzugehen an den Anfang oder hinüber an den Ort, da alles begann.

Der evangelische Dichter Kurt Marti hat einmal geschrieben:

ihr fragt
wie ist
die auferstehung der toten?
    ich weiß es nicht

ihr fragt
wann ist
die auferstehung der toten?
    ich weiß es nicht

ihr fragt
gibts
eine auferstehung der toten?
    ich weiß es nicht

ihr fragt
gibts
keine auferstehung der toten?
    ich weiß es nicht

ich weiß
nur
wonach ihr nicht fragt:
    die auferstehung derer die leben

ich weiß
nur
wozu Er uns ruft:
    zur auferstehung heute und jetzt

So fing es an, daß Jesus den Menschen Mut machte, nicht mehr sich zu ducken unter dem Lastgewicht der Angst, sondern den Kopf zu erheben und die eigene Stimme des eigenen Herzens zu gebrauchen. Habt keine Angst, sagte er, vor denen, die nur den Leib töten können. Die Einschüchterung der Seele ist schlimmer, und *Gott* wird sie richten. Habt keine Angst. Das, was ihr heute noch in den Kammern flüstern werdet, ruft man morgen von den Dächern. Und: Sorgt euch nicht um den morgigen Tag. – So kann es beginnen: eine Revolution der Freiheit, wenn der Tod aufhört, das Leben zu zerquälen, mitten auf dem Weg unseres Daseins.

Dieser Aufstand der Freiheit, der sich nicht töten läßt, ist Ostern. Wir gehorchen zuviel, wir ducken uns zuviel, und wir haben nicht den Mut, zu sagen, was wir denken, zu fühlen, was wir erleben, und wahrzumachen, was wir an Wahrheit in uns tragen. Das ist die Botschaft des Jesus: Auferstehung ist längst *vor* dem Tod, und sie beginnt *heute*. So fing es an, eine Botschaft auf Leben und Tod, die den Tod nicht mehr fürchtete und nur noch Leben sein wollte.

Wie das aussieht, kann erstaunliche Formen annehmen. Nie werde ich eine Ordensschwester vergessen, die es mich vor vielen Jahren lehrte, als sie nach mühseligen Überlegungen im Verlauf von Monaten zu dem Entschluß kam, ihre Gemeinschaft zu verlassen. »Sie wird einen Kerl kennengelernt haben«, sagten einige. Aber das war nicht richtig. Sie hatte nur ein Stück ihrer eigenen Wahrheit begriffen, und die wollte sie wahrmachen. Ich sehe sie heute noch vor mir. Sie zitterte am ganzen Körper, als sie den Brief an ihre Oberin schrieb, und ich mußte sie zum Briefkasten mehr tragen als begleiten. In diesem Brief nahm sie Abschied von Jahrzehnten der Gefangenschaft. »Ich weiß doch nicht, wie es weitergeht.«

Und ohne daß sie selber es wußte, erklärte sie genau die gleiche Szene aus dem Brauchtum und dem Überzeugungsschatz der Juden, die wir mit Auferstehung auf das dichteste verbinden, jene Szene am Roten Meer, als Israel das Unerhörte wagte und aufbrach, mit keinem anderen Ziel, als seine Freiheit zu wollen, im Gehorsam zu seinem eigenen Gott, die Streitmacht des Pharao dicht auf den Fersen. Es ging nicht mehr rückwärts, und es ging nicht mehr vorwärts.

Können Menschen das wagen: Schritte zu tun, wo kein Pfad ist, und Wege zu beschreiten, die bedeckt sind vom Meer? Man muß *geradeaus* gehen, sagt der ehrwürdige Text. Sobald du nach links schaust, steht dort das Wasser, und schaust du nach rechts, steht wieder das Wasser, und schaust du nach rückwärts, sind deine Treiber sichtbar hinter dir her. Du mußt gehen, einfach weitergehen, Schritt für Schritt, nur weiter. Du darfst nicht fragen: Was ist morgen? Überlaß das Gott. Und was am anderen Ufer sein wird, wirst du nur sehen, indem du dort ankommst. Kein Tag ist planbar, aber jeden wirst du empfangen aus den Händen Gottes.

Diese Ordensschwester opferte für ihre Wahrheit alles. Man jagte sie aus dem Beruf, man warf sie aus dem Orden, man boykottierte die Kontakte, sie war so allein wie nie zuvor. Aber sie fühlte in sich einen Aufbruch. Sie wagte, sich selber treu zu sein und darin ihrem Gott, der wollte, daß sie lebt.

Es kann die Botschaft vom Leben in unseren Tagen so viele Formen annehmen. Überall, wo Menschen aufstehen gegen den Tod für das Glück, für die Freude, für die Entfaltung aller Ansätze zum Dasein, geschieht ein Stück von Ostern; ob die Menschen es im einzelnen wissen, ist nicht so wesentlich.

Seit über dreißig Jahren marschieren Leute aller Couleur am Ostertage gegen den Krieg und gegen die Rüstung. Es steht eine Zeit dicht bevor, wo Menschen am Ostertag marschieren werden gegen die Zerstörung der tropischen Regenwälder, gegen die Vernichtung von Leben, Jahrmillionen viel älter als wir selber. Es ist möglich, daß sie sich dabei den Ostertag nur zufällig ausgesucht haben, weil gerade Frühling ist und ein paar Tage frei sind von der Last des Berufes – und doch tun sie genau das, was wir sollten, und leben aus einer Überzeugung, daß das Leben nicht kaputtzukriegen ist. Das ist, was Matthäus sagen will.

Das Markusevangelium endet noch wie ein stummer Schrecken am geöffneten Grab, erfüllt sind die Frauen von Furcht. Aber Matthäus setzt neben die Furcht die Botschaft Jesu: »Freut euch!« Und er läßt sogar auf dem Weg nach Galiläa das Versprochene schon wahr werden. Wenn ihr euch vom geöffneten Grabe nur aufmacht und euch an jedes der Worte, gesprochen in Galiläa, erinnert, werdet ihr Jesus *sehen*. Ihr werdet noch nicht einmal den anderen weitergesagt haben, was ihr zögernd zu hoffen beginnt – wenn ihr euch nur aufmacht, werdet ihr sehen. Und er wird euch begleiten. Ihr werdet erleben, daß er der einzige, wirkliche Herr dieser Welt ist.

Kann man das glauben? mag man sich fragen. Und was ist mit all denen, die nicht mehr vermochten, zu glauben? Wird über sie der Stab gebrochen, oder gilt auch für sie die Osterbotschaft?

Zum Ostersonntag

22. Februar 1942, Rio de Janeiro. Da nahm sich einer der größten Dichter deutscher Sprache in unserem Jahrhundert, Stefan Zweig, gemeinsam mit seiner Sekretärin und zweiten Frau, Lotte Altmann, das Leben. Stefan Zweig sah in diesem Augenblick, da der Faschismus den Höhepunkt seiner Macht, den Triumph der Herrschaft über Gesamteuropa erreicht hatte und da Japan Ostasien besetzt hielt, die Widerlegung all dessen, woran er geglaubt hatte. Er schämte sich der deutschen Sprache, er haßte die Übersetzung seiner eigenen Werke. Er hatte nur für Verständnis unter den Menschen plädiert. Er war bis zum Äußersten dabei gegangen. Er hatte Frauen geschildert, die zu Mörderinnen werden aus Liebe; er hatte die Weisheit der Wissenschaft in Gestalt des Erasmus förmlich gepredigt, den Mut eines Märtyrers der Wahrheit gegen den religiösen Terror Calvins; er hatte Partei ergriffen für einen Armen, dem die Macht in Gestalt Napoleons die Geliebte entriß; er hatte um nichts anderes angehalten, als daß Menschen befähigt würden, das Äußerste und Extreme der Empfindungen, die Rätselhaftigkeit des menschlichen Daseins, die Abgründe der Seele einzufühlen und zu durchtauchen, bis ein neues Leben möglich würde. Nun war Stefan Zweig verzweifelt, zerbrochen und einfach müde. Er wollte nicht mehr jubeln über die brennenden Tanker dieser oder jener Seite, er sah nur noch gequälte Menschen. Das war das Ende.

Gibt es für Menschen wie Stefan Zweig eine Osterbotschaft? Das ist die Frage. Vielleicht gibt es keine bessere Interpretation dessen, worauf wir hoffen, als die Formel der frühen Kirche, in den Tagen zwischen Karfreitag und Ostern sei Jesus hinabgestiegen in das Reich der Toten, wörtlich: »in die Hölle«, um den schon Verdammten Erlösung zu predigen. Und dies sei die Vorbereitung seiner Auferstehung: daß es Verdammte nie mehr gibt, wohl aber Menschen, die leidenschaftlich gesucht haben, Menschen, die mehr glauben wollten, als sie konnten, und Menschen, die sich weigerten, aus dem Ostermorgen ein Abonnement des Wissens abzuleiten. Es ist nicht so, daß es keine Katastrophen, keine Tragödien mehr gibt, daß die Rechnung stets aufgeht, weil über uns ein Himmel wacht, der es gut meint und jedes Schicksal des Einzelnen zum Guten lenkt – so ist es nicht. Noch leben wir in einer geschichtlichen Stunde, wo ganze Völker in den Wahnsinn geraten können, noch wird überall Leben zerbrochen, und wessen Schuld ist es dann? Ich entsinne mich eines Mädchens, das von Geburt an mit endlosen Schmerzen belastet war. Sein Körper war wie die Gefangenschaft eines Käfigs, in dem ihre Seele flatterte wie ein Vogel, der sich bei jedem Flügelschlag tiefer verletzte. Am Ende sah sie keine Hoffnung und kein Glück mehr, sie schied aus dem Leben, einfach aus Ohnmacht. Und doch lehrte sie mich viel von dem Glauben an Ostern: Die Rechnung geht nicht auf in diesem Dasein. Aber wann dann? Wenn uns das Evangelium des Matthäus lehrt, wir könnten, wo wir nichts als Gräber sehen, die Steine sich bewegen, die Erde sich rühren sehen, und sie gäbe die Toten heraus und setzte sie frei ins Leben.

Wir brauchen, um auch nur diese paar Jahrzehnte mutig zu vollbringen, die Aussicht einer Kontinuität des Bewußtseins über den Abbruch hinweg. Von dieser Zuversicht war Jesus getragen, aus ihrer Mitte heraus wagte er *alles*. Und das, was wir Auferstehung nennen, werden wir nur berühren, wenn wir *heute* zu *leben* beginnen, mit aller Kraft. Was haben wir zu verlieren? Die Angst vor dem Tode kann nur töten, die menschliche Ohnmacht und Schwäche ist groß, und sie umfängt, wie die Flügel der Nacht, so viele Seelen. Aber das *Licht* aus dem Anderen-Ufer-Bereich lockt uns doch heute schon durch die Pfade mitten im Meer und umspielt uns mit Visionen jenseits des Strudels. Gerettet, mag drüben äußerlich Wüste uns erwarten, und doch wird sie blühen, und reich ist unser Leben. Nichts, was wir hoffen für nach dem Tod, was sich nicht in Chiffren und Gleichnissen schon heute erfahren ließe: aufrecht zu gehen, gerade zu reden, richtig zu leben und die Furcht zu überwinden durch das Glück und die Freude – eine Botschaft von Engeln, die wahr wird, indem wir ihr folgen: Ostern.

Und als der Sabbat vorüber war, kauften Maria von Magdala, die Maria – des – Jakobus und Salome wohlriechende Öle, um hinzugehen und ihn zu salben. Und ganz in der Frühe, am Ersten der Woche, kommen sie zum Grab, als gerade die Sonne aufgegangen war. Und sie sagten [noch] zueinander: Wer wälzt uns den Stein vom Tor des Grabes? Da blicken sie auf und sehen: weggewälzt ist der Stein! Er war ja sehr groß. Da gingen sie in das Grab hinein und sahen einen Jüngling dasitzen, auf der rechten Seite, umgetan einen weißen Talar; da erschauderten sie. Er aber sagt ihnen: Erschaudert nicht! Jesus sucht ihr, den Nazarener, den Gekreuzigten; auferweckt ward er. Er ist nicht hier! Seht da: der Ort, wo sie ihn beigesetzt haben. Aber geht hin, sagt seinen Jüngern und auch dem Petrus: Vorausgeht er euch nach Galiläa. Dort werdet ihr ihn sehen, wie er euch gesagt hat. Und hinausgingen sie und flohen vom Grab, denn Zittern und Entsetzen hielt sie [gefangen]; und zu niemandem, gar nichts, sagten sie, voll Furcht, wie sie waren.

MK 16,1–8

Ihr aber, meine lieben Schwestern und Brüder, sagt den Jüngern: Nach Galiläa geht er euch voraus. – Mit diesen Worten endet das Markusevangelium, und es beendet alles, was über die Geschichte Jesu und über die Geschichte der Menschheit zu sagen ist. Denn eine endgültige Erkenntnis ist gewonnen: daß das Grab keine Macht hat über das Leben.

Seit den Urzeittagen der Menschheit beginnt eine Frage die menschliche Geschichte zu durchwehen, leise am Anfang, wie ein Sturmwind am Ende. Je mehr das menschliche Bewußtsein sich entfaltet, desto deutlicher wird ihm der Tod zum Problem. Je mehr wir Menschen dazu reifen, uns als Einzelne zu entdecken, desto verlorener fühlen wir uns im Gang der Natur, und unser menschlicher Geist formt zum erstenmal auf dieser Erde Fragen, auf die die ganze Welt uns keine Antwort geben kann. Seit den Anfangstagen der Menschheit rufen wir daher die Sinne auf, Zeugnis zu geben gegen die Sinne. Immer dünnwandiger wird das Gefängnis der Welt für den erwachenden menschlichen Geist.

Staunen muß in den Anfangstagen der Menschheit das Wunder des Lichts gewirkt haben als Zeugnis der Seele, wie aus den drei Tagen des Todes die Lichtgestalt des Mondes neu hervorgeht und aus dem Grab der Nacht der Sonnenglanz des Morgens. Alles, was in der Nacht vor

Ostern die Kirche aus dem Gedächtnis der Menschheit sammelt, ist wie ein Zusammentragen aus unvordenklichen Zeiten der Erfahrung und der Erinnerung: das Wunder des Feuers. Es ist möglich, das trockene, tote Holz, aus dem das Leben entwichen ist, so zu beatmen und zu reiben, daß Licht, Wärme und Glanz daraus entstehen. Es ist möglich, die harten Kiesel so aneinanderzuschlagen, daß Funken des Lichts daraus springen. Es ist möglich, daß der Wind so über das Wasser weht, daß Leben am Land daraus hervorgeht. Es ist möglich, daß in der Dürrnis der Wüste und der Kälte des Winters Korn aus der Erde und Blumen aus dem Erfrorenen entstehen. Ist es da nicht möglich, daß aus den Gräbern sich die Seele erhebt und aus dem toten Körper die Ewigkeit?

Es ist erschütternd zu sehen, wie in Jahrzehntausenden der menschheitlichen Erfahrung wie ein langsam reifender Hymnus sich die Gewißheit von der Unzerstörbarkeit des Lebens formt. Keine andere Botschaft vermöchte uns auch nur die wenigen Jahrzehnte der irdischen Existenz wirklich am Leben zu erhalten. Was denn wären wir ohne die Zuversicht der Ewigkeit? Wir klebten mit unserem Leib an der Erde, bis kein Unterschied mehr wäre zwischen Fleisch und Staub, und wir würden die besten Gedanken verbrauchen, um uns gegen den Andrang des Todes zu schützen. Aber aus Angst würde unser hellwacher Verstand immer wieder das Leben umschmieden in Waffen des Todes, und nie würden wir bei dem Versuch, das Leben zu sichern, wirklich zu leben beginnen. Belastet von Verzweiflung, umnachtet von Aussichtslosigkeit, zerquält von Sorgen und infiltriert von Unmenschlichkeit, würden wir nicht existieren, wir würden vegetieren, tiefer aber als die Tiere, die den Tod erleiden, aber nicht erleben.

Wir wissen um die Bedrohung unseres Daseins. Nur wir Menschen können in der Wachheit des Bewußtseins Einzelne, unvordenklich und unvertauschbar Einzelne sein. Wir allein wissen, daß es so etwas wie uns nur ein einziges Mal gibt im Kreisen der Sphären und im Gang der Natur. Und welch eine Antwort ist uns gegen die Macht des Verlöschens im Tode gegeben? Nur eine einzige: daß es auch jenseits der Welt Gott gibt als ihren Schöpfer, einen absoluten Willen, eine unendliche Liebe, der wir uns verdanken; und wir sind nicht ins Dasein geworfen als blinde Aussaat und Ergebnis von Gesetz und Zufall; es gibt einen Willen, der möchte, daß wir sind, und es gibt eine Liebe, die will, daß wir leben. Was die Menschheit als ganze durchläuft, muß jeder Einzelne für sich durchlaufen. Es formt sich eine wirkliche Person nur im Gegenüber einer anderen Person, der an uns absolut gelegen ist und die nicht locker läßt, bis daß die Schalen und die Hüllen wegfallen. Solche Menschen sind so, wie die Jünger Jesus erfuhren und wie die Frauen am Ostermorgen ihn jenseits der Zerstörung wieder suchten. Es gibt Menschen, die in unser Leben eintreten wie ein Erwachen aus langem Schlaf, wie ein Aufruf aus dem Tod zum Glück, wie ein Zerreißen bitterer Träume und ein Aufschlagen der Augen zum Licht. Es gibt Menschen, die treten in unser Leben und erreichen eine Verwandlung in allen Dingen, so daß das Altern wie eine neue Geburt wird und ein neuer Anfang, so daß das Verrinnen der Jahre sich formt zu reifenden Ringen des Glücks, der Zufriedenheit und der beginnenden Freude, und es gelten nicht mehr die alten Fesseln, die Vorschriften der Angst, die Bindungen der Umgebung, die Rollenzwänge der anderen. Mit dieser Macht muß Jesus in das Leben dieser Frauen getreten sein. Sie verließen ihre Ehe, ihre Familie, ihren bisherigen Beruf, sie gaben ihr Einkommen auf, sie streiften jede Fessel ab, sie zogen sich die öffentliche Schande zu, aber sie wußten um ihre unzerstörbare Ehe.

Maria, die Frau aus Magdala, mag für alle stehen, deren Leben von sieben bösen Geistern bis zur Unkenntlichkeit zerfasert und zerfressen wurde. Fragt man uns, wer wir sind, wird auf lange Zeit ein Geist nach dem anderen reden: wie wir als Kinder, als Jugendliche, als Heranwachsende, als Erwachsene waren, und immer mußten wir sein und durften nicht leben, immer wurden wir gelebt und hatten keine Chance, ein Ich zu entfalten. Aber es gibt die Wahrheit eines unzerstörbaren Beginns, es gibt den Anfang eines ewigen Glücks. In dieser Macht beginnt das Leben zum Weg zu werden, und es ist, wie wenn Funken aus dem Stein und Korn aus der Erde und Feuer aus dem Staub geboren werden. Begeisterung, Leidenschaft, Freude, Phantasie beginnen wie eine Fackel unser Leben zu verzehren. Mit einemmal gilt nicht mehr die Endlichkeit unseres Lebens wie eine Falle, wie eine Gefangenschaft uns einzukerkern. Mit einemmal weitet sich das Vertrauen, daß diese paar Jahrzehnte unseres Lebens ein Anfang der Ewigkeit sind. Welch eine Sprache haben dann noch die Gräber? Die toten Leiber mögen der Tau und die Erde umfangen und der Sarkophag des Firmaments mit allen Sternen umhüllen wie ein Leichentuch, aber unser wirkliches Leben, beginnend und reifend in der Liebe, wird unzerstörbar sein. Sammeln können wir schon hier in der kurzen Strecke des irdischen Daseins all die zeitlichen Stunden des Glücks, in denen die Uhren stehenbleiben und die Zeit zusammenfließt in einen Nu, der ewig dauern müßte. Sammeln können wir schon hier die traumgeborenen Phantasien und Sehnsüchte, die Ahnungen eines Lebens, wie es ewig und unzerstörbar ist, und nur noch die Wahrheit der Seele, die Reinheit der Worte, die Allmacht der Liebe gilt. Dies ist, woraufhin wir leben können.

War das Grab leer am Ostermorgen? Fragt man die Historiker, werden sie diskutieren bis zum Widerwärtigen. Aber das Bild gilt für alle Zeiten: Gräber sind keine Gräber mehr, sondern Brücken in die Unendlichkeit, Orte sind sie, einen Dialog zu beginnen mit dem ewigen Leben. Und so ist unser Leben eine Wallfahrt zurück zu allem, was Jesus uns lehrte in den Dörfern von Galiläa, in den Orten am See Gennesaret. Ewig wird er uns voraus sein mit seiner Botschaft der Menschlichkeit, der Unzerstörbarkeit eines jeden von uns. Seine Art, zu leben gemäß den Worten der Bergpredigt, provozierte allen Widerstand und bildete den Grund seiner Hinrichtung am Kreuz. Aber seine Auferstehung ist der Beginn der Gewißheit, daß es sich fortan nur noch lohnen wird zu leben in seiner Freiheit, seiner Weitherzigkeit, seiner Universalität der Liebe. Denn ein jeder von uns ist geboren zum Licht, ein Kind der Sterne, ein Sohn des ewigen Gottes. Und gemeinsam sind wir in der Kraft der Liebe auf dem Pilgerweg zurück nach Galiläa, zum Berg der Verklärung, zur Stätte, wo der Himmel die Erde berührt. Ewig werden wir leben, und die Macht der Angst, die Macht der Verzweiflung, der Schatten der Schuld werden vergehen wie ein Traum. Der Tag hat begonnen am ersten Sabbatmorgen in der Frühe, eben als die Sonne aufging und der Stein weggewälzt war von der Grabkammer unseres Herzens.

Welch eine Erfahrung verbirgt sich hinter dem Symbol des Wortes: Auferstehung von den Toten? Das Evangelium vom Ostermorgen beschreibt beim Gang der Frauen zum Grab Auferstehung als die Fähigkeit, Gräber geöffnet zu sehen und an der Stelle des Todes das Leben zu erblicken. Es ist eine Erfahrung, die alt ist und so tief verwurzelt in uns Menschen, daß vermutlich unser eigenes Bewußtsein, unsere Menschlichkeit nie vermocht hätte, zu reifen und sich selber zu vollziehen, ohne daß wir gleichzeitig das Vermögen entwickelt hätten, die Welt auch anders zu sehen als nur mit den irdischen Augen. Betrachten wir uns nur als Kinder dieser Welt, so sind wir Verlorene, und je mehr wir erwachen zur eigenen Individualität, zum Wissen um die Schönheit und die so bedrohte Größe unserer individuellen Existenz, wächst auch die Verzweiflung, nur für die wenigen Jahre, die wir auf Erden sind, so sein zu dürfen. Lautete die letzte Auskunft über unser Dasein, wir wären nur dies, was wir sehen, flüchtig Zusammengefügtes, Schattenumhülltes, so wären die wenigen Jahre, die wir hier sind, nichts weiter als ein flüchtiger Traum, etwas Unwirkliches, Unbegreifbares, fast mehr eine Laune und ein Spiel der Natur.

Deswegen beginnt die symbolische Poesie über das Leben der Menschen schon sehr früh und reicht so weit zurück, wie wir in der Menschheitsgeschichte Spuren sammeln können. Am klarsten, ausführlichsten und facettenreichsten liegt der Glaube an ein Leben jenseits des Todes in den Zeugnissen der alten Ägypter vor. Es ist ihre Sprache, die auch in das Christentum Eingang findet und aus der wir noch heute in vielen Zeichen und Riten leben. Es ist das erste Mal, daß sich so stark ein Vertrauen ausspricht, wir Menschen seien eigentlich gar nicht aus dem Staub der Erde gefügt, sondern wesentlich sonnenhaft, in uns atme das goldene Licht der Sonne am Himmel. Sie stirbt niemals vor unseren Augen, oder genauer gesagt: sie stirbt jeden Abend neu, um zu bekunden, daß es den Tod nicht gibt; sie überwindet ihn durch die Macht des Lichtes und der Wärme, mit der sie alles an jedem Morgen neu ins Leben ruft. So etwas Sonnengemachtes seien wir Menschen und der Tod das Unwirkliche, unser irdisches Leben nur ein schattenverspielter Traum, ein flüchtiger Abglanz des Eigentlichen und Wirklichen schon hoch über unseren Häuptern. An jedem Morgen des Sonnenaufgangs, wenn die Vögel, die Tiere und die sich öffnenden Blumen sich mit ihrem Gesang und mit ihrer Schönheit dem Licht zuwenden, wird unsere Seele eingeladen zu dem Gebet der Dankbarkeit und des Vertrauens: Es gibt keinen Tod. Es gibt nur ein Tor der Nacht, das wir durchschreiten, bis es sich öffnet zu einer Welt der Unvergänglichkeit. Alles ist nur Verwandlung, bis daß es mündet in eine Welt, die bleibt. So mußte nicht das Christentum uns eigentlich lehren, so wußten im tiefsten die Menschen Jahrtausende früher. So hofften sie jedenfalls, je mehr sie Menschen wurden. Die Fähigkeit, Gräber leer zu sehen oder sie zu begreifen als angefüllt mit den Bildern der Ewigkeit – diese Kunst versichert uns durch das Zeugnis der Liebe: es gibt niemals eine endgültige Trennung. Die Zeit vergeht, die Welt Gottes aber, die Sphäre der Sterne, die Mandorla der Sonne bleibt ewig und steht schon bereit, uns am anderen Ufer aufzunehmen.

Was die Frauen am Ostermorgen bei ihrem Gang zum Grab erwarten und erhoffen und was wir Auferstehung nennen, ist noch etwas anderes, menschlich Verdichteteres, existentiell Aufgebrocheneres. Es sind die frühesten und die spätesten Formeln aus den Paulusbriefen und später aus den Reden des Johannes, die einhellig die Auferstehung Jesu als eine Veränderung unseres Lebens hier auf Erden schon deuten. Es ist ja nicht, daß erst Jesus den Glauben an ein Fortleben oder Weiterexistieren nach dem Tode begründet hätte. Er hat diese Zuversicht übernommen aus dem Erbe seiner Väter, aus ganzen Teilen des Judentums, die so glaubten, und er hat selber diese Überzeugung verteidigt gegenüber den Sadduzäern. Viel wichtiger, als diese Erwartung wie einen Glaubenssatz zu bekennen, ist das geworden, was Jesus daraus machte. Er *lebte* das Leben gegen den Tod, und er wollte nicht, daß wir damit erst beginnen könnten, wenn wir der Erde physisch gestorben wären. Er sah vor sich, daß wir Menschen uns mitten im Dasein in unsichtbare Grabkammern, in schwere Lasten von Deckgestein einpferchen wie Höhlenbewohner, aus Angst vor der vernichtenden Tatsache, daß wir sterben müssen. Gegen sie wehren wir uns und sind doch am Ende dem Tod nur noch mehr ausgeliefert, wir machen aus dem Tod eine Waffe, um uns durchzusetzen und Angst zu verbreiten, und leben immer mehr nur als Gefangene der ewig gleichen Ängste. Diesen Spuk, mit dem der Tod uns fertigmacht, längst ehe er uns physisch erreicht, wollte Jesus auflösen. Er wollte die Zuversicht in die Treue und die Nähe Gottes heute schon so unmittelbar, so ungebrochen verwirklichen, daß von unseren Stirnen, aus unserem Herzen, aus unseren Händen wiche, was wir an Gebilden der Angst, an Waffen der Verteidigung, an Regungen des Hasses wie notwendig, wie ganz normal mit uns herumschleppen.

Die Frauen, die am Ostermorgen zum Grabe gehen, müssen das gespürt haben, wie viel an Macht zu einem richtigen Leben von Jesus ausging. Von der Frau von Magdala wissen wir so gut wie nichts, bis auf die kleine Notiz im Lukasevangelium, sie sei von sieben bösen Geistern besessen gewesen. Nehmen wir an, daß diese Frau, die uns die Botschaft der Auferstehung bringt, stellvertretend für uns alle dasteht, die wir ausgeliefert wären bis zum Verlust unserer eigenen Persönlichkeit, bis zur Verlorenheit und Entfremdung, bestünde nicht die Chance, in der Gestalt Jesu einem Ort zu begegnen, an dem wir aufgerichtet und uns selber zurückgegeben werden. So muß sie an der Seite des Mannes aus Nazaret erfahren haben, daß es wieder Worte gibt, sich selber auszusprechen und auf die Frage: »Wer bist du?« zu sagen: »Ich« – mit einem eigenen Namen, mit Worten, die stimmen, mit Inhalten, die vom eigenen Leben gedacht sind, so daß der ewige Taumel der Lüge, die ewige Gebrochenheit der Maskeraden, die ganze Artikulation verinnerlichten Zwangs hinweggeht wie ein Geisterzug von Besessenheit und Dämonie. Jesus muß diese Macht in sich getragen haben, durch sein Vertrauen in das Leben schon jetzt mit der Auferstehung von dem Tode zu beginnen.

Es ist so phantastisch, daß das Johannesevangelium in gewissem Sinne geschichtlich und historisch völlig recht hat, wenn es Jesus Worte in den Mund legt wie diejenigen an Martha bei der Auferweckung des Lazarus. »Glaubst du an die Auferstehung?« fragt er diese weinende Frau. Und sie sagt: »Ich glaube an die Auferstehung am Jüngsten Tage.« Das hätten die Ägypter auch gesagt, aber was christlich ist, setzt Jesus entgegen: »Ich *bin* die Auferstehung und das Leben, und wer an mich glaubt, wird den Tod nicht mehr kosten, selbst wenn er gestorben wäre.« Nichts steht in ferner Zukunft, sondern *heute* ist es möglich, mit dem Leben zu beginnen, und sei's wie das der Jünglinge im Feuerofen: daß die Macht der Angst und die Flammen des Todes nicht mehr die Kraft haben, zu verbrennen und zu zerstören.

Dann muß man hinzufügen, daß der Karfreitag dieser Gruppe von Frauen, die als einzige unter dem Kreuz verharrten, zeigen und bedeuten sollte, daß man auch das noch einmal zerstören kann, ja dies insbesondere, dieses mutige Sprechen: »Wer an mich glaubt, wird den Tod nicht kosten, auch wenn er gestorben wäre.« Es wäre anarchisch, es wäre gefährlich, es wäre das Ende aller eisernen Ordnungen, wäre unser Leben so frei und vermöchten wir so geradeaus zu lieben und würden wir die Fesseln einfach abstreifen und den Kerker der Todesangst durchbrechen. Es *muß* doch etwas dagegen zu unternehmen sein. Es *ist* etwas dagegen zu unternehmen. Unser Leib läßt sich zerstören, und unser Mund kann nur so lange sprechen, als er sich bewegen läßt, und die Artikulationen unserer Gedanken hängen ab von den Tätigkeiten unserer Großhirnrinde; vernichtest du den Körper, zerstörst du für die Irdischen vielleicht schon den Geist. Karfreitag war dieser Versuch, das begonnene Leben rasch wieder einzustampfen, damit es sich nicht ausbreitet, damit es nicht zu einem Flächenbrand voller Gefahren wird gegen die Ordnungen, gegen die Einrichtungen, gegen die Zwangsherrschaft, gegen alles, was tötet und was wir fälschlich »das sichere Leben« nennen. Man hat es geschafft, es ist ganz einfach: Man drehe ein Stück an den Gesetzen, man drehe ein Stück an dem Körper eines Menschen; seine Seele läßt sich so leicht herausquälen. Aber was hat man dann bewiesen? Für diese Frauen, die aushielten am Karfreitag, starb in der Stunde von Golgota alles. Und nur für den, dem mit Jesus alles stirbt, weil er ihm alles ist und alles bedeutet, gibt es keinen Tod mehr, der Macht hätte über das Leben. Wenn es danach noch weitergehen soll, dann dreht sich die Erde weiter, aber nichts mehr stimmt von dem, was normal ist. Alles, was bis dahin als fromm galt, erscheint plötzlich wie ein Verrat an Gott, all das, was Pflicht und Gebot war, erscheint wie zynisch und pervers, und es beginnt keimhaft eine ganz andere Erfahrung sich zu regen: daß die einfachen Worte des Mannes von Nazaret unsterblich waren. Nur, wie erreichen wir sie?

Es ist, daß aus den Grabkammern die Jünglingsgestalt eines Engels zu reden beginnt – auf der rechten Seite, dort, wo das Bewußtsein wohnt – und die Frauen dahin zurückverweist, woher sie kamen: nach Galiläa. Keines der Worte, an die sie geglaubt haben, keine der Taten, die sie vor sich sahen, ist ungeschehen, verloren oder widerlegt, gewiß nicht durch Karfreitag und sicher nicht durch die Machenschaften der Henker. Dies steht bei Gott, was Jesus war. Es ist das einzige, was uns wirklich leben läßt und was den Tod überdauert.

Zum zweiten Ostertag

Das Grab ist leer, der Held erwacht – so singen wir am Ostermorgen. Ist das Grab wirklich leer? So diskutieren die Theologen, so fragen die Ungläubigen. So am Ostertag zu fragen, scheint fast blasphemisch. Dennoch ist diese Frage wichtig. Man will nicht nur wissen, was die Auferstehung bedeutet, man möchte für sich selber auch erfahren, was sie ist. Was aus uns selber wird, wollen wir wissen und müssen wir verstehen. Es gibt an diesem Ostermontag – es läßt sich nicht verheimlichen – zwei ganz konträre Vorstellungen über die Auferstehung Jesu, und sie sind in keinem Verstande miteinander zu vermitteln, es sei denn symbolisch.

Es gibt die Art, in der – relativ spät – die Apostelgeschichte dem Petrus am Pfingstmorgen die Predigt von der Auferstehung in den Mund legt: Ihr Leute von Jerusalem, es gibt das Grab des Königs David. Am Berge Ofel könnt ihr es besichtigen. David ruht im Grab. Dies also ist nicht Auferstehung. Christus aber wird der Verwesung nicht anheimgegeben. Dies ist der Unterschied. In einer relativ späten Zeit der Urkirche denkt man die Predigt von der Ewigkeit des Lebens in diesem handgreiflichen Sinn, und so wird sie den Jahrhunderten weitergegeben. Dennoch wäre es ein Unrecht, sie nur in diesem handgreiflichen Sinne zu vermitteln.

Sollte es einen Unterschied ausmachen, ob jemand den Vorzug hat, wie der Pharao Tutanchamun dreieinhalbtausend Jahre unverweslich in einem goldenen Sarkophag zu ruhen, oder ob er wie der ärmste Knecht im alten Ägypten bald schon im Wüstensand dem geduldigen und präzisen Räderwerk der Chemie des Erdbodens ausgeliefert ist? Ist es für den Ewigen ein Unterschied, wann ein Grab sich leert und auf welche Weise? Besteht zwischen dem Körper, den wir haben und der zerfallen wird, und der Daseinsform der Ewigkeit eine Brücke? Man kann dies so nicht denken, sondern irgendwo liegt eine Zäsur zwischen dem Diesseits und dem Jenseits, zwischen dem Körper, der uns mit der Zeit verbindet, und der Ewigkeit, die Gottes ist.

Die früheste Form, in der die Christen Auferstehung erlebten und bezeugten, dürfte in dem Evangelium vom Gang der Jünger nach Emmaus enthalten sein. Das furchtbare Leid der zerstörten Hoffnungen begleitet sie. Aber während sie miteinander reden, was man eigentlich zerschlagen und gekreuzigt hat in der Person Jesus, begleitet sie innerlich der Herr, und aus einem Dialog der Verzweiflung formt sich Schritt für Schritt ein Gespräch des tieferen Verstehens. Alle Worte der Bibel lesen sich neu und wie ein geheimer Hinweis, daß das Leid kein Argument ist gegen die Hoffnung und schließlich selbst der Tod kein Beweis gegen das Leben. Dies ist die eine Erfahrung, daß Gott treu ist über den Tod hinaus, sonst lohnte es nicht, ihm treu zu sein im Leben. Und sie verdichtet sich in einer sakramentalen Erfahrung des gebrochenen Brotes, der verwandelten Gaben. In diesen Bildern aus dem Erbe von Jahrtausenden der Religionsgeschichte verdichtet sich aufs neue das Symbol des unsterblichen Gottes.

Wie also denken wir uns die eigene Unsterblichkeit? Es nutzt wenig, wenn die Theologen uns belehren, daß man sie sich nicht vorstellen *könne*. Schon weil wir einen Körper haben, sind wir an Sinne gebunden, wir brauchen Vorstellungen, sonst wird die Hoffnung blaß und die Zuversicht zu einem bloßen Schemen. Richtig ist es vielleicht, von der Vorstellung und von dem Bild auszugehen, dessen wir uns am Ostertage versichern: Wir werden hinübergehen im Tod, um Gott zu begegnen, der die Liebe ist. Sollten wir nicht so denken, daß uns die Liebe einen Umgang auch mit unserer körperlichen Existenz schon hienieden lehrt, von wo wir auch eine Brücke finden können in den ewigen Bereich des Himmels? Wie denn verhält es sich, wenn Menschen zueinander finden, so daß es gültig sein soll bis in alle Ewigkeit? Es ist gut, daß wir einen Körper haben, denn anders würden wir einander nicht sehen, nicht fühlen und nicht miteinander sprechen können. Und dennoch ist das Eigenartige, daß alle körperlichen Ebenen sich öffnen zu einem Feld nicht endender Poesie. Wir sagen einander, daß wir »Hand in Hand« durchs Leben gehen, und das ist ein Bild, genommen aus dem körperlichen Schema, aber eine Poesie der gegenseitigen Begleitung, des Vertrauens in eine nicht endende Verbundenheit. Oder wir sagen: der eine hält seine Hand wie zum Schutz über den anderen, und wechselseitig ist es so. Er braucht es sinnlich, räumlich gar nicht so zu tun, aber sie ist spürbar, diese Poesie der Hände. Oder wir sprechen von den Augen des anderen, die uns anschauen, und sie können hell sein wie die Sterne und uns ins Licht ziehen, und sie können schwimmen in Dunkelheit und Traurigkeit und tief wie das Meer werden, daß wir darin versinken könnten. Oder wir sehen das Haar des anderen, und es erinnert uns an Nacht und Sternenglanz, oder, silbrig geworden, an das Band der Milchstraße. Und so verwandelt sich ein jeder Teil des Körpers eines Menschen, den wir lieben, in einen Reichtum von Bildern, die sich ausdehnen, wie wenn der eigene Körper und der des anderen sich in der Liebe verunendlichten, Assoziationen, Verbindungen aufnähmen zur gesamten Welt der Schönheit, die uns umgibt. Und so lehrt uns die Liebe schon auf Erden, miteinander so zu leben, daß unser Leben sich an jeder Stelle ausdehnt und zum Gesang wird und zur Poesie.

Sollte man nun denken, daß Gott, der die Liebe ist, im Tod eigentlich nur dies tut: daß er die Liebe ewig setzt und aus ihr einen nicht endenden Gesang formt? Wir brauchen dann nicht mehr die Hände, die wir haben, nicht mehr die Augen, die wir jetzt benutzen, und nicht die Haare, die wir streicheln. Was wir wohl brauchen, ist eine Seele, die nicht aufhört, in Bildern zu fühlen, zu träumen und zu erfahren; sonst wären wir reine Geister, und das sind wir nicht und können wir nicht werden. Aber diese dichte Erfahrung einer nicht endenden Welt der Bilder, in der wir den anderen buchstäblich verklärt zu erfahren vermögen, sie wird uns bestimmt sein zur Ewigkeit. Die Kirche sagt, wir würden jenseits der Schranken Gott schauen. Das werden wir nicht mit den Augen, über die wir jetzt verfügen. Wir werden's nicht einmal mit den Augen unserer Seele können, denn Gott ist unendlich. Aber wenn wir einander lieben, werden wir im eigenen Herzen, verloren im anderen, spüren, wie Gott ist. Er ist die Liebe und ist uns darin nahe. So werden wir Gott sehen und seine Gesetze kennen und zutiefst innen im unvergänglichen Glück befolgen.

Ist das Grab also leer? Gewiß, wenn man's symbolisch nimmt. Jede Verzweiflung ist wie ein Grab, und dies ist so wörtlich wie nur irgend zu verstehen. Jede Traurigkeit ist wie ein Raum der fortschreitenden Verwesung an sich selber. Diese Art des begrabenen Lebens zur Lebenszeit öffnet sich in der Vision eines unendlichen Glücks. In Jerusalem braucht man den Lebenden nicht mehr bei den Toten zu suchen. Er begleitet uns und spricht mit uns und bricht mit uns das Brot. Er, der die Liebe ist, hört niemals auf, an uns zu glauben. Und weil dies für uns das Leben bedeutet und erwirkt, werden auch wir nie aufhören, an ihn zu glauben und einander liebzuhaben.

Zum zweiten Ostertag

Spät nach dem Sabbat aber, im Aufleuchten des ersten Wochentags, gingen Maria aus Magdala und die andere Maria, um nach der Grabstätte zu schauen. Und da! Ein Beben ward, ein großes. Denn: Ein Engel des Herrn stieg aus dem Himmel hernieder und trat hin, wälzte den Stein weg und setzte sich darauf. Wie ein Blitz sein Aussehen und sein Gewand weiß wie Schnee.

MT 28,1–3

Warum soll in einer Predigt stets nur das an Inhalt mitgeteilt werden, was durch Herkunft und Übereinkunft als allgemeine Meinung gilt? Warum nicht auch einmal den Vorschlag machen, eigene Gedanken über einen heiligen Text zu erwägen, insbesondere bei der Erzählung, die zum Kernstück des ganzen Evangeliums gehört.

Wenn wir von dem Glauben an Christus sprechen, so meist recht zwiegespalten. Da stehen auf der einen Seite die Wunder und Taten, die Gott durch Jesus Christus getan hat. Sie bestehen an und für sich, und daraus folgt für unser Leben, daß wir bestimmte Forderungen erfüllen müssen und Änderungen unserer geistigen Auffassung uns zu eigen machen müssen. So verstanden, ist das Verhältnis zwischen der Botschaft von Gott und Jesus Christus und unserem Leben im wesentlichen moralisch geprägt durch Verstand und guten Willen. So aber sprechen die Texte, die wir im Neuen Testament betrachten, niemals. Vor allem dieser Text von der Auferstehung Jesu spricht auf ganz andere Weise von dem Geheimnis des Glaubens.

Erzählt wird – und zwar in allen Auferstehungsberichten ohne Ausnahme –, daß Frauen des Morgens sich zum Grab des Herrn begaben und dort die Gestalt eines oder mehrerer Engel wahrnahmen. Seit ich diese Texte lese, stellt sich mir die Frage: Wie sieht und hört man eigentlich einen Engel? Keine photographische Platte und nicht die empfindlichste chemische Emulsion würde sein Bild festhalten und nicht das sensibelste Tonbandgerät seine Sprache vernehmen können. Einen Engel sieht man nur mit den Augen des Herzens, nicht mit denen des Körpers – kein Effekt der Optik, sondern ein Neuanfang im Inneren. Man hört seine Sprache nicht durch die Ohren, man muß sie vernehmen in einer sehr feinnervigen Schwingung innerer Poesie, in einem Angerührtsein in der ganzen Existenz. – Was ist überhaupt unter der Erscheinung eines Engels zu verstehen? Es ist spätestens seit den Tagen des Mittelalters eine sehr schöne und gütige Lehre der Kirche, daß

Gott einem jeden Einzelnen von uns auf seinem Lebensweg einen besonderen Engel zu seinem Schutz an die Seite gegeben habe. Das Bild dieses Engels zu sehen bedeutet, unter den Flügeln Gottes und seines Erbarmens sich so behütet und geborgen zu wissen, daß es in einem Feld der Angst und der Bedrohung Ruhe und Festigkeit vermittelt. Wann spüren wir unser Leben so geborgen und so aufgehoben, wie wenn ein Stück des Himmels auf die Erde käme und uns umfinge wie eine Wolke aus Licht? Den Engel Gottes in unserem Leben zu spüren, zu hören und zu sehen bedeutet vor allem, daß wir unseres eigenen Wesens innewerden. Mit dem Dasein eines jeden Menschen ist etwas Besonderes gemeint, etwas nur ihm Zugehöriges, ganz und gar Unvertauschbares. Dieses Bild, das Gott sich gemacht hat, noch ehe er uns erschuf, mag man, bezogen auf unser Dasein, als das Engelbild bezeichnen. Es begleitet uns ständig. Es mahnt uns, wenn wir abweichen, es führt uns, wenn wir in die Irre zu gehen drohen, es leitet uns und führt uns, wenn wir uns ihm anschließen. Ein jeder trägt in seinem Herzen ein solches sicheres Wissen von dem, was Gott mit ihm gemeint hat.

Sie mögen fragen: Was hat denn die Erscheinung eines solchen Engels, des Bildes unseres Wesens, des Sinnbildes göttlicher Vorsehung und göttlichen Schutzes, mit dem Erlebnis des Ostermorgens zu tun? Wir werden sagen müssen, daß die Menschen, die zum Glauben an Jesus von Nazaret gefunden haben, in der Person dieses Mannes ihrem Engel begegnet sind, so sehr, daß sich unter seinen gütigen Händen ihr eigenes Ich, ihr Selbst zusammenfügte als etwas Unzerstörbares. Wenn er die Stirn eines Menschen berührte, setzten sich seine Gedanken darunter zusammen, und sein Ich formte sich neu. Es muß unter den Worten Jesu so viel an Freiheit, an Reife und Ermöglichung zum Leben geschenkt worden sein, daß von der Nähe Gottes, von seinem Beistand, von dem Engel Gottes in unserem Leben machtvoll etwas hörbar und sichtbar wurde. Stellt man es so dar, so muß am Karfreitag für die Handvoll Weniger, Frauen zumal, die Jesus folgten bis in die Stunde des Todes, alles wie zerstört gewesen sein. Man kann gerade die neu begonnene Hoffnung, etwas ungemein Empfindliches, so leicht zerstören, und vermutlich ist kein Gesetz auf dieser Welt schlimmer als dieses: daß das Empfindlichste zerbrochen werden kann mit dem geringsten Aufwand. Um einen Stein zu zertrümmern, bedarf es eines Hammerschlages. Um eine kostbare Vase zu zerschmettern, genügt die unabsichtliche Bewegung eines Ellbogens. Aber um die Seele eines Menschen zu zerschmettern, genügt ein einziges unvorsichtiges Wort. Was man am Karfreitag arrangiert hat, hatte auf allen Ebenen System und Kraft, so daß es endgültig und unwiderruflich scheinen sollte. Nur wer gemerkt hat, daß Jesus ihm alles ist und ein Leben ohne ihn gar nicht mehr denkbar, wird imstande sein, einen Ostermorgen zu erleben. Keinem der Hohenpriester, keinem aus dem Kreis der Pharisäer erscheint am Ostermorgen oder irgendwann danach die Gestalt eines Engels, einzig der Frau aus Magdala und ihrer Begleiterin, wie das Matthäusevangelium erzählt, diesen beiden, die vom Grabe Jesu nicht lassen wollen noch können, ruht doch für sie in diesem Grab weit mehr an Leben als in all dem, was sich sonst zutragen mag. Die Erde wird sich weiter drehen, der Kosmos wird seinen Reigen tanzen, aber all das ist ein einziger Totentanz der Trauer und verdient nicht den Namen Leben. Nur Menschen, die so endgültig einzig das Grab als Ort der Wahrheit betrachten, kann im Sonnenaufgang des Ostermorgens eine neue Hoffnung, ein neuer Glaube werden. Es ist das Wunder dieses Ostertages, daß das, was in der Seele von Menschen begonnen hat, in der Botschaft des Jesus von Nazaret niemals mehr totzumachen ist. Im Gegenteil. Daß es sich verdichtet und zu einer eigenen Gewißheit wird, dafür stehen die Vision und das Hören eines Engels am Grabe.

Wie sieht man, daß ein Engel vom Himmel steigt und den Stein vom Grabe wälzt und die Kammern des Todes zum Leben öffnet? Es ist ein Vorgang, den wir selber immer wieder wahrnehmen können und wahrnehmen müssen, wenn wir denn Gläubige sind. Man muß offene Gräber sehen können, wo unsere Augen des Körpers womöglich äußerlich nichts sehen als Zerstörung und Qual. Offene Gräber sehen, das muß möglich sein mitten in dem Wust der Zerstörung 1917 am Chemin-des-Dames vor Verdun. Das muß möglich sein beim Betrachten der Fernsehbilder vom Schatt el-Arab im Jahre 1988, einem Feld von Toten unter dem Giftgaseinsatz der Irakis. Da, wo unsere Sinne nichts als Schändung des Menschlichen sehen, muß es der Glaube des Ostermorgens ermöglichen, die Wahrheit zu sehen: wie über dem Leben eines jeden Menschen – unsichtbar und doch strahlend wie ein Blitz – ein Engel Gottes wacht. Und es bebt die Erde bei dieser Wahrnehmung. Sie schreit auf unter den Verbrechen der Menschen, sie wird unruhig wie eine fühlende Kraft unter unseren Füßen, und sie möchte nicht, daß wir sie besudeln mit Bluttat und Frevel.

Engel, sagt das Matthäusevangelium, sind weiß gekleidet wie Schnee, und dies ist vielleicht die schönste Erfahrung des Ostermorgens: Es ist möglich, daß einem jeden Menschen das Gewand der Unschuld zurückgegeben wird. Im Raum der Kirche und in der Sprache ihrer Riten feiern wir das weiße Gewand zweimal: im Augenblick der Taufe, im Moment der ersten heiligen Kommunion, da scheinbar reserviert für die Mädchen allein, aber es gilt einem jeden. Es gibt ein Stück Kindlichkeit und unverbrauchten Wesens und nicht zu widerlegender Wahrheit. Dieses weiße Gewand zu tragen ist in der Geheimen Offenbarung die Auszeichnung der Erwählten, zu denen wir alle gehören, ohne zahlenmäßige Beschränkung. Einen Engel zu sehen bedeutet, bis ins Herz hinein betroffen zu sein von der immer gültigen, der ewig lebendigen Gestalt und Botschaft des Jesus von Nazaret. Nichts wird ihn töten, nichts widerlegen, er geht uns voraus, er ist unsere Zukunft und Galiläa der Ort aller Hoffnung.

Steht es so, werden wir über das, was wir Glauben nennen, noch einmal tief nachsinnen müssen. Es ist dann nicht möglich, etwas Äußeres auszusagen, das unabhängig von uns selbst, von unserer Erfahrung und den Bewegungen des eigenen Herzens, die Jesus hervorgerufen hat, getragen und veranlaßt wäre. Ohne daß wir dem Engel Gottes begegnen, werden wir auf dem Weg zu unseren Brüdern und unterwegs nach Galiläa auch des Auferstandenen selbst nicht ansichtig werden. Anders ausgedrückt: nur in dem Maß, wie wir selber zu leben beginnen, wie zur Erfahrung wird, was Jesus uns schenkte, spüren wir, wissen wir und können wir Glauben nennen, daß er lebt bei Gott und niemals stirbt und daß der Tod überwunden ist durch die Kraft der Liebe, durch die Macht des Lebens selber. Wir alle sind ihre Kinder und gehören ihr.

Und da! Zwei von ihnen waren am selben Tag auf Wanderung nach einem sechzig Stadien von Jerusalem entfernten Dorf namens Emmaus. Auch die unterhielten sich miteinander über all diese Ereignisse. Da geschah es: Während sie sich unterhielten und stritten, war Jesus selbst genaht und wanderte mit ihnen. Aber ihre Augen waren gehalten, daß sie ihn nicht erkannten. Er sprach zu ihnen: Was sind das für Reden, die ihr da im Gehen miteinander wechselt? Da blieben sie stehen, verdrossen dreinblickend. Hob der eine namens Kleopas an und sprach zu ihm: Du bist der einzige, der sich in Jerusalem aufhält und nicht erfahren hat, was in diesen Tagen darin geschehen ist. Und er sprach zu ihnen: Was denn? Sie sprachen zu ihm: Das mit Jesus, dem Nazarener, der ein Prophet war, kraftvoll in Tat und Wort vor Gott und allem Volk. Und wie ihn unsere Hohenpriester und Anführer dem Richtspruch zum Tode ausgeliefert haben und ihn kreuzigten. Wir aber hatten gehofft, er sei es, der Israel erlösen werde. Zu alldem hin aber läßt er diesen dritten Tag hingehen, seitdem das geschah. Jedoch einige Frauen von den unseren haben uns dazu gebracht, daß wir außer uns gerieten. Sie waren frühmorgens am Grab und als sie seinen Leib nicht gefunden, kamen sie und sagten: Sogar eine Erscheinung von Engeln hätten sie gesehen – die sagen, er lebe. Und da gingen einige von denen, die mit uns sind, zum Grab und fanden es so, wie die Frauen gesagt hatten. Ihn selbst aber sahen sie nicht. Da sprach er zu ihnen: O ihr – zu unverständig und trägherzig, um alles zu glauben, was die Propheten geredet! Mußte nicht eben das der Messias leiden, um in seine Herrlichkeit zu kommen? Und angefangen von Mose und allen Propheten erklärte er ihnen, was in allen Schriften über ihn steht.

Und so nahten sie sich dem Dorf, wohin sie wanderten. Und da tat er, als wolle er noch weiter wandern. Sie aber drängten ihn und sagten: Bleib mit uns! Es geht ja gegen Abend, und schon geneigt hat sich der Tag. Und er ging hinein, um mit ihnen zusammenzubleiben. Und es geschah: Als er sich mit ihnen zu Tisch gelagert, nahm er das Brot und sprach die Preisung, brach es und gab es ihnen. Da wurden ihre Augen erschlossen, und sie erkannten ihn. Und er – hinweg schwand er ihnen. Und sie sprachen zueinander: Brannte nicht unser Herz in uns, als er auf dem Weg mit uns redete, als er uns die Schriften erschloß? Und auf standen sie – noch zur selben Stunde, und kehrten nach Jerusalem zurück. Und dort fanden sie die Elf und jene, die mit ihnen waren. Die sagten: Wirklich – auferweckt ward der Herr, und er hat sich dem

Simon sehen lassen! Auch sie berichteten, was auf dem Weg geschehen, und wie er ihnen beim Brechen des Brotes kenntlich geworden

LK 24,13-35

Dieses Evangelium enthält wohl die früheste Ostererzählung der Christenheit überhaupt. So unterwegs und im Vorübergang haben die Jünger den Auferstandenen vor sich gesehen, ehe sie viel später imstande waren, das Grab Jesu leer zu finden. Es ist eine Geschichte, in der Jesus erscheint beim Lesen der heiligen Schriften als einer langen Kette verschlüsselter Weissagungen über die Notwendigkeit des Leids und der Macht Gottes, Schmerz in Verklärung zu verwandeln. Es ist die Geschichte der Erscheinung Jesu beim Brechen des Brotes, wie er es tat, als er die sogenannten Sünder, die Verlorenen, die Verzweifelten um sich sammelte, um ihnen zu sagen, daß an seiner Seite niemand ausgeschlossen sei von der Gnade Gottes. Und eben dies, wie Leid in Freude sich wandeln kann, Schuld in Vergebung, Verzweiflung in Hoffnung, ist die Erfahrung auf dem langen und so kurzen Weg von Jerusalem nach Emmaus.

Es ist, wenn man so will, eine Geschichte von der Unzerstörbarkeit der Liebe und der Freundschaft. So kann man vielleicht am leichtesten verstehen, welch ein Geheimnis Jesus umgab. Es ist etwas Erstaunliches: Jeder in unserer Kultur wird von Kindertagen an gehört haben, daß es die Lehre des Christentums sei, den Tod gebe es eigentlich gar nicht, sondern alles sei und werde aufgehoben in der Macht Gottes in der Auferstehung. Doch eine Umfrage noch vor ein paar Jahren kam zu dem statistischen Resultat, daß an so etwas wie ein ewiges Leben lediglich etwa vierzig Prozent unserer Bevölkerung glauben; und selbst wenn man diejenigen, die Sonntag für Sonntag die Kirche besuchen, also uns selber, fragen würde, wie intensiv wir denn diesen Glauben an uns heranlassen, so wären wir vermutlich erschrocken, wie wenig er uns gilt. Die meisten würden, wenn sie ehrlich sprechen, von ganzen Phasen zu erzählen haben, in denen sie viel zu müde sind, sich ein ewiges Leben vorzustellen, ja überhaupt nur wünschen zu können. Eine gewisse Kraft gehört dazu, wenigstens die Hoffnung aufrechtzuerhalten, und es muß so etwas geben wie ein eigenes Ich, eine eigene Persönlichkeit, um sich selber in eine Kontinuität zu setzen, die womöglich sogar die Zerstörungsarbeit des Todes überdauern könnte.

Es ist aber einzig die Liebe, die uns lehrt, daß wir mehr sind als nur ein Teil der Natur.

Nichts von all dem, was uns umgibt, beantwortet die wesentliche Frage unseres Lebens: warum wir existieren, warum wir überhaupt sind. Das kalte Feuer der Sterne schweigt auf unsere Fragen. Die Erde ermöglicht uns, aber wir sind ihr gleichgültig. Und bliebe es nur dabei, so müßten wir geradezu denken, die Natur habe sich erlaubt, mit uns gewissermaßen Scherz zu treiben, indem sie Wesen hervorbrachte, die immerzu Fragen in ihren Köpfen haben, auf die zu antworten sie nicht nur sich weigert, sondern auf die sie mit ihren toten Gesetzen überhaupt nicht antworten kann, als hätte sie nur herausfinden wollen, wie lange ein solches Wesen überhaupt auf dieser Erde zu existieren vermag, ohne zu verzweifeln. Denn nach der Weise der Tiere mögen wir nicht leben. Daß es nur darauf ankäme, zu essen und zu schmutzen, zu schlafen und Nester zu bauen – was wären das für Antworten für uns Menschen? Also geht es kaum anders, als daß wir uns zusammenschließen inmitten der grenzenlosen Einsamkeit der Natur und, so intensiv wir können, versuchen, gegen den Tod einander zu lieben.

Wenn jemand einen anderen wesentlich in sein Herz schließt, formen sich, ob er's will oder nicht, ob er es auch nur denkt oder für möglich hält, wie von selber all die Antworten, die uns wirklich tragen. In der Liebe entdecken wir, daß wir einander notwendig sind. Der Natur sind wir gleichgültig, der menschlichen Geschichte im ganzen völlig nebensächlich, aber einem Menschen, der uns liebt, sind wir wichtig und höchst bedeutsam, so daß er traurig würde und oft verzweifelte, gäbe es uns nicht. Wohlgemerkt, er liebt uns nicht, weil er uns nötig hätte, genau umgekehrt: wir sind ihm nötig, weil er uns liebt. Nur durch die Liebe sind wir imstande, uns selber als Personen zu formen, indem wir beginnen, an die eigene Bedeutung überhaupt erst zu glauben. Und vermutlich war dies die ganze Tat Jesu, als er auf Erden war, daß er Menschen, die sich bis dahin fühlten wie Blätter im Wind, lehrte und sie erfahren ließ, sie seien etwas unverzichtbar Wesentliches für Gott.

In der Liebe taucht man zu dem Punkt hinab, an dem man versteht, *warum* es all das gibt. Man begreift, wie Gott oder eine Macht im Hintergrund auf die Idee hat kommen können, es sollte all das sein, was uns ermöglicht, und schließlich sollte es sogar uns selber geben. Deshalb nennen wir diese Macht im Hintergrund, die wir nicht kennen, aber doch glauben, die Liebe selber, weil es einzig dieses menschliche Gefühl ist, das sich unendlich setzt und von dem her wir am Ende alles begreifen, was uns wie ein Irrwitz, ein reiner Unsinn, die Widerlegung aller Logik und die schiere Absurdität vorkommt. In der Liebe ordnet es sich. Darum hat es meistens gar keinen Sinn, jemandem zu sagen: »Du mußt an die Unsterblichkeit glauben.« Er mag noch so leiden an den Widersprüchen des Lebens, daraus allein geht gar nichts hervor. Doch es ist möglich, im Umfeld der Liebe das Gegenüber eines anderen Menschen sich so ordnen, sich derart zusammensetzen zu lassen, daß sich eine freie, selbständige, würdige Person darunter formt. Und das ist die Voraussetzung, an so etwas wie ein ewiges Leben überhaupt zu glauben. Lange Wege mögen das sein, so lang wie zwischen Jerusalem und Emmaus, aber es ist das Beste und das einzige, was wir mit Berufung auf Jesus füreinander tun können. Denn das wollte er.

Es ist die Liebe eine wunderbare und zärtliche Poesie, im Grunde immer ein Gesang der Unsterblichkeit. Es ist erschütternd zu sehen, auf wie vielen Wegen die menschlichen Kulturen immer wieder in diese Versicherung hineingewachsen sind: Es gibt keinen Tod im Augenblick des Sterbens. So legten Menschen, die ganz anders waren als wir, vor über siebzigtausend Jahren schon ihren Verstorbenen Blumen in das Grab. Noch in der Steinzeit gab man den verstorbenen Angehörigen, weil sie doch als lebend geglaubt wurden, Nahrungsmittel, Kleider, Schmuck und Waffen mit; sie sollten an nichts Mangel haben. Und am meisten übertreibend waren die alten Ägypter; sie vergrößerten diese Fürsorge für sterbliche Menschen fast ins Übermaß, sie bahrten ihre Toten auf einem Katafalk aus Sternen, denn sie dachten sich, im Tode nähmen wir Platz unter den Leuchtfeuern der Sterne, würden wir an den Himmel versetzt, oder anders ausgedrückt, es umfinge und umarmte uns die göttliche Mutter, deren Kleid übersät ist von den Sternen des Firmaments, der Himmel selber gebäre uns noch einmal. Sie glaubten daran, daß es so etwas gebe wie eine ewige Ruhe, ein Aufschauen zu einer Ordnung, die niemals vergeht, und ein Wiedersehen am anderen Ufer, ohne den Schmerz, ohne die Traurigkeit, und alles irdische Glück hinübergesetzt ins Unendliche. Es war viel Angst im Glauben der Ägypter; sie klammerten sich an diesen irdischen Leib und wollten ihn gegen alle Verwesung retten. Der kleinste Fehler kam ihnen entsetzlich vor in seinen zerstörerischen Konsequenzen. Sie mumifizierten, balsamierten, sie wollten jedes Stück der Erde aufbewahren. Einzig die Seele des Menschen hielten sie für einen goldenen Vogel, der selber die Kraft hätte, zu den Sternen aufzufliegen. Wir im Abendland haben diesen Vorstellungsrahmen weitgehend übernommen. Wir haben die Unsterblichkeit als Lehre im Christentum förmlich zum Dogma erhoben und wir stehen heute im 20. Jahrhundert ärmer da als jemals vorher. Was ist unser Geist anderes als das flackernde Licht einer Kerze? Nicht auch nur eine Stunde vermögen wir es gleichmäßig leuchten zu lassen, und jeder Windhauch vermag es auszulöschen. Unsere riesige Neuronenmaschine, die wir Gehirn nennen, mag Geist produzieren, aber es ist ein winziger, vergänglicher Ausschnitt aus dieser großen Melodie der Schöpfung.

Es gibt am Ende keine andere Zuversicht als den Glauben, den die Liebe lehrt. Und das war es, was Jesus wollte. Nichts, was wir sind, steht da mit dem Stolz, es sei in sich gültig. Einzig wenn es andere uns sagen, vermögen wir's zu fassen. Und Jesus wollte, daß wir es hören, so wie es Gott zu uns gesagt hat, als er uns schuf. Er wollte, daß wir das Vertrauen in die Macht des Hintergrunds der Welt so wesentlich, so überzeugend setzen sollten, daß all die Träume der Liebe uns stärker würden als die Tragödien des Hasses. Er wollte, daß wir diesen Surrealismus der Ewigkeit zu leben begännen und einzig der Spannkraft der Liebe Aufmerksamkeit, Wert und Hoffnung schenkten. Denn nur die Liebe hat die Chance, Leben zu erwecken. Sie ist die Kraft, die uns glauben macht, daß das Leben ewig ist, nicht das Leben der Menschheit im allgemeinen, sondern eines jeden Einzelnen in ihr. Auch das zählt zu dem Wunderbaren: Lieben kann man nie im allgemeinen, und nur die Egoisten lieben es, abstrakt zu sprechen. Die Liebe ist immer persönlich, höchst individuell und ganz konkret. In ihr allein ist das kleine Ich eines jeden so wichtig, daß der ganze Himmel darauf wartet.

Was diese beiden Menschen zurücklassen, als sie Jerusalem den Rücken kehren und nach Emmaus aufbrechen, ist ein verbrannter Ort aller Erwartungen. In den Mauern der heiligen Stadt wurde all das zerstört, worauf sie ihre Hoffnung setzten. Mit der Person Jesu verbanden sie nicht irgend etwas, sondern das Heil Israels, die Erfüllung aller Verheißungen. In seiner Nähe glaubten sie's mit Händen greifen zu können, nur um zu erleben, daß es vernichtet wird, und nicht von irgendwem, nicht durch ein Malheur des Zufalls, sondern nach Rechtsspruch und Richtspruch. Das zu begreifen ist nach Menschenmaß nicht möglich, und je weiter sie sich von Jerusalem entfernen, desto mehr gehen sie hinaus aus der Welt, in der ihr Leben war und in der sie Zukunft sahen. Emmaus in diesem Sinne ist ein Ort im Nirgendwo, kein Ziel, sondern ein Nichts; Jerusalem wird überall sein. Und doch kann man dort nicht existieren. *Das* heißt es, hinüberzugehen in dieses Dorf, nur sechzig Stadien entfernt; in Wahrheit liegt dazwischen der Abgrund einer ganzen Welt.

Insofern ist es viel, daß diese beiden nicht aufhören zu bereden, was sie erlebt haben. Es gibt einen Schmerz, der nur stumm ist und der das Gefühl vermittelt, daß kein Wort ihn mehr erreicht oder ihn auszudrükken imstande ist. Allein schon miteinander im Gespräch zu bleiben über das Unfaßbare ist viel und oft schon der Beginn von allem Glauben. Dabei kann man miteinander reden, wie wir's im dichtesten Zeugnis des Alten Testamentes erleben; da sitzt der Mann Hiob vor seinem Haus und versteht nichts mehr, so sehr hat ihn das Leid überwältigt. Er mag keinem Gott mehr glauben, und er versteht nicht, was man je über Gott geredet hat. Mit ihm sprechen, nach Tagen des Trauerschweigens, seine Freunde; aber sie reden über den bekannten Gott, sie verkünden, was man als frommer Jude sagen muß, und es erreicht Hiob nicht, der es ganz anders erlebt. Auch wir in der Kirche werden geneigt sein, Erfahrungen dieser Art zu verleugnen: so trostlos darf man nicht sein, so verzweifelt nicht, nicht nachdem Gott sich in Jesus Christus offenbart hat. Und immer werden wir dasitzen und reden, wie Elifas von Teman dem Hiob ins Gewissen redet, bis daß dieser zornig wird und sagt: »Mit euch Schwätzern stirbt die Weisheit aus.« Und das will sagen: Ihr habt sie, ihr wißt sie immer, nur vom Leben wißt ihr nichts, vor dem schützt ihr euch mit lauter Phrasen. Es wird lange dauern, bis Gott sich zu seinem ehrlich suchenden Hiob bekennt, so wie er sich bekennt zu diesen beiden ehrlich suchenden Männern auf dem Wege nach Emmaus. Dies ist eine Erfahrung, die man nur machen kann, wenn man sich auf den Weg macht. Die Welt mag zerbrochen sein, es ist die Verheißung und Versicherung, wir würden Gott finden und er werde uns begleiten, gleich wohin wir unsere Schritte lenken. Das ist der Anfang der Ostererfahrung, daß der Jesus, den man kennengelernt hat, uns nicht verläßt, sondern uns begleitet, geistig, schon weil von anderem keine Rede möglich ist.

Es geht eine Frage von diesem unerkannten Begleiter auf dem Weg nach Emmaus aus:»Was sind das für Reden?« Man ist immer geneigt, im Alten wie im Neuen Testament die Fragen, die Gott oder Jesus an die Menschen richtet, wie ein Stilmittel aufzufassen, wie eine Erkundigung, die es da einzuholen gelte. In Wirklichkeit müssen wir uns die Art Gottes zu fragen in schlaflosen Nächten vorstellen. Sie kehren immer wieder, die göttlichen Fragen, und sie sind viel mehr als eine Erkundigung, sie sind eine Infragestellung dessen, was uns so sicher scheint. Und ganz sicher erscheint oft die Trauer und Verzweiflung. Man widerlegt sie nie durch Gegenargumente, man kann sie nur aufarbeiten, indem man ihr den Mund öffnet, daß sie all das sagt, was sie schon gesprochen hat, und immer wieder und noch einmal. Man *muß* es wissen, und es kann nur so lange dauern, bis es sich klärt, wie wenn die Tränen zu Quellen werden und sich im Fließen reinigen. So diese Frage Jesu.

Da bleiben die Jünger auf dem Weg nach Emmaus stehen, und es hält die Bewegung des immer weiterschreitenden Flüchtens inne. Es ist in diesem Augenblick, als begänne sich zu sammeln, was dann aus ihnen herausbricht:»Das mit Jesus von Nazaret!« Und unfaßbar ist ihnen, daß es in Jerusalem jemanden geben könnte, der nicht wüßte und mitbekommen hätte, was sich dort ereignet hat. Und nun müssen sie's erklären in ihrer Art. Am allerschlimmsten ist der scheinbare Rechtsspruch, der erging, um soviel Unrecht zu schaffen. Und wie ist es möglich, daß die eigenen Hohenpriester das Wort Gottes mißbrauchen können, um einen Mann, der ersichtlich von Gott kam, zu ermorden, und die eigenen Anführer des auserwählten Volkes es fertigbekommen, ihn auszuliefern an die Heiden, damit sie, als Handlanger des Todes, das längst ergangene Urteil vollstreckten? Nichts scheint sich zu fügen, alles ist der reine Widerspruch. Daran ändert nichts, daß es von fernher Kunde von Hoffnung gibt, Berichte gar über Visionen. Man glaubt mit den weinenden Augen keinem Engel und ist außerstande, selber wahrzunehmen.

Dennoch nennt Jesus seine eigenen Jünger zu unverständig und
trägherzig, um alles zu glauben, was die Propheten geredet. Wenn wir
diese Stelle lesen, sind wir rasch darüber hinweg, denn wir nehmen sie
gewissermaßen als ein frühes Zeugnis der Schriftbeweise und der Art,
wie die frühe Kirche das »Alte Testament« zitiert, um es auf Jesus hin
auszulegen. Das tut sie zwar an jeder sich bietenden Stelle – sie nimmt
die Leidenspsalmen, sie nimmt die Gottesknechtslieder, sie nimmt
ganze Passagen aus dem Propheten Sacharja –, aber darum geht es hier
nicht. Mußte nicht der Messias all dies leiden, grad im Sinn der alten
Prophetie? Der wirkliche Wendepunkt dieser Geschichte liegt darin,
daß man das Leid bis zum Extrem ins Wesentliche treibt. Es war kein
Zufall, richtig. Hier wurde abgeordnet und abgeurteilt nach Gesetz und
Paragraph. Hier wurde Gott bemüht im Widerspruch zu der Botschaft
Jesu von Gott. Das alles stimmt, aber nun muß man die Bibel wirklich
noch einmal ganz von vorne lesen. Wann war das denn jemals anders?
Das muß man begreifen. Grade weil es kein Malheur und kein Zufall
war, muß man sehen, daß Jesus nicht widerlegt ist, indem man ihn
tötete, sondern daß er nur den Konflikt aussprach und zum Leben
brachte, der an jeder Stelle des Alten Testamentes sich deutlich macht
und artikuliert.

Die Zeitgenossen hielten Jesus selber für einen wiedergekehrten
Jeremia. Und wie verfuhr man mit Jeremia? Man warf ihn in die Grube,
weil er darum beten ließ, es möchte König Nebukadnezzar kommen und
die heilige Stadt Jerusalem zerstören, den Tempel mit inbegriffen.
Grade so sprach Jesus: »Ich reiße den Tempel ein.« Und er wollte nicht
die Religion des Äußerlichen, das versicherte Ritual, die garantierte
Formel, er wollte lebende Menschen überall dort, wo von Geist die
Rede sein konnte und wo Leben beginnen mochte. Es ist der ewige
Konflikt zwischen einer Religion der Äußerlichkeit und der Außenlenkung und einer Religion der Erfahrung. Es ist ein ewiger Konflikt
zwischen Prophet und Priester, zwischen dem Gemächte des Tuns in
überliefertem, tradiertem Informationsmaterial und dem Aufbruch des
wirklich Neuen – ein tödlicher Konflikt ist dies. Wann je war es anders?

Andere nannten Jesus den wiedergekehrten Elija, und so war er
wirklich, wie auf der Flucht, ganz entsprechend der Vorbildgestalt
dieses großen Mannes, der am Karmel gegen die Dämonisierung und
Vergötzung Gottes durch die Mächte der Angst kämpfte. Er war in der
Wüste zusammengebrochen unter dem Ginsterstrauch, als ein Engel

kam und ihn stärkte. Und hinüber ging Elija zum Gottesberg Horeb, wo Gott ihm erschien, säuselnd wie Wind und leise wie Worte der Zärtlichkeit, ein unhörbares Schweigen. So redete Gott zu Elija. Wie recht hatte Jesus, als er – nach dem Zeugnis des Lukasevangeliums – seinen Gegnern sagte: Ihr macht es immer wieder so! Ihr baut den Propheten Denkmäler. Wenn sie erst tot sind, überliefert ihr ihre Worte und benutzt sie weiter zum Rechthaben. Dann wißt ihr alles, schreibt sie auf und lehrt sie die Kinder. Ihr baut Tempel und heilige Hallen zur Erinnerung für die ermordeten Propheten, aber weil ihr in der Gegenwart nicht lebt und den Mut nicht habt, jetzt, wo ihr existiert, zu tun, was ihr wissen könntet, seid ihr nur die Söhne der Prophetenmörder. Der Kampf hört nicht auf. Nichts ist Zufall in dieser Geschichte; nicht widerlegt wurde Jesus, sondern bestätigt, grad nach dem Zeugnis all der großen Gestalten des Alten Testamentes. Was ist da Altes und was Neues Testament? Ein einziges Sprechen Gottes ist es, immer wieder neu. So bleibt er lebendig und geht durch die Zeiten. Und so muß man beginnen, die Schrift zu lesen: nicht als die Sprache eines Gottes für Tote, sondern zum Leben sich immer erneuernd. Nichts ist fest darin, es ist ein ewiges Fließen. Dann gibt es ein Bild, das nie mehr vergehen wird: daß er bei uns ist und uns einlädt, nicht uns nur, sondern alle Menschen.

Vielleicht ist dies das älteste Zeichen, über das die Menschheit verfügt: sich zusammenzusetzen und Speise zu teilen. So sind wir vermutlich überhaupt zu Menschen geworden, daß wir die erlegte Beute untereinander teilten, um gemeinsam zu sein – Urerfahrungen von Solidarität und sogar von Gerechtigkeit. Daß es ein Mahl gibt, das keinen Menschen ausschließt, war eines der Bilder, in denen Jesus sich in seinen Tagen ausdrückte. Er wollte die Verstoßenen, für die man kein Brot brach, über die man den Stab brach und nach denen man ausschlug, um sie fernzuhalten, einladen, an den Tisch der Gemeinsamkeit, unter dem gemeinsamen Himmel aller, und so sollte Gott sein. Dieses Zeichen wird leben, verwaltet von Priestern, aber offen für die Prophetie, für das Leben, das immer ist: ein Brot, in dem Jesus sich als niemals gestorben zeigt, und jedes Stück Güte wird ihn uns nahebringen, jede Erfahrung eines brennenden Herzens ihn uns vor Augen stellen, und alle Wege kehren sich um, zurück von Emmaus hinüber an den Ort der zerstörten Hoffnung.

Zum zweiten Sonntag der Osterzeit

Als es nun Abend war an jenem ersten Wochentag – und die Türen dort, wo die Jünger waren, aus Furcht vor den Juden verriegelt –, kam Jesus, trat in die Runde und sagt zu ihnen: Friede euch! Und als er das gesprochen, zeigte er ihnen die Hände und die Seite. Freuten sich da die Jünger, daß sie den Herrn sahen. Nun sprach Jesus zu ihnen abermals: Friede euch! Wie der Vater mich gesandt hat, so schicke auch ich euch. Und als er das gesprochen, hauchte er sie an, und sagt zu ihnen: Empfanget heiligen Geist! Welchen ihr die Sünden nachlaßt, denen sind sie nachgelassen; welchen ihr sie behaltet, denen sind sie behalten.

JOH 20,19-23

Die Menge der Glaubendgewordenen aber war in Herz und Leben eins. Und auch nicht einer nannte irgend etwas von seinem Hab und Gut sein eigen, sondern sie hatten alles gemeinsam. Und mit gewaltiger Kraft legten die Sendboten das Zeugnis von des Herrn Jesus Auferstehung ab. Gewaltige Gnade aber war auf ihnen allen. Es war denn auch kein Notleidender unter ihnen; denn alle, die Besitzer von Ländereien oder Häusern waren, verkauften und brachten den Preis des Verkaufs und legten ihn den Sendboten zu Füßen. Zugeteilt wurde aber jedem einzelnen, je wie es einer brauchte.

APG 4,32-35

Immer wenn Menschen fähig werden, einander zu vergeben, ereignet sich in unserem Leben eine Art von Wunder, denn niemals anders sind wir zur Vergebung wirklicher Schuld imstande, es sei denn, wir sähen vor uns eine Vision, ein traumhaftes Bild, wie es den Jüngern im Abendmahlssaal geschenkt wird. Es ist eine Vision von Wunden, die verklärt sind, von einem Leben, das nicht zu zerstören ist, von einer Güte, die durch das Leid nicht widerlegt wird, und von einem Frieden, der durch keine Art Gewalt mehr aus unserem Herzen zu reißen ist. Ohne dieses Bild ist jedes »Ich vergebe dir« nur ein Versuch und, selbst wenn gut gemeint, oft ein ohnmächtiger Betrug seiner selbst und auch des anderen. Oft versuchen wir viel zu früh, dem anderen zu sagen: »Es ist gut«, und: »Jetzt hör auf damit«, und: »Wir kehren es jetzt unter den Tisch«, und: »Ich will jetzt davon nichts mehr hören, ich vergebe dir, und es ist gut«, und wir meinen damit nur: Wühl in den alten Verletzungen nicht immer weiter, laß endlich Gras darüber wachsen. Aber solange uns eine wirkliche Verletzung wehtut und schmerzt, sollten wir so schnell nicht sagen: »Ich vergebe dir«, weil wir nicht die Kraft haben, es durchzuhalten. Vielmehr: wenn wir dem anderen wirklich vertrauen, daß er Einsicht besitzt und guten Willen genug, sollten wir versuchen, miteinander ins Gespräch zu kommen, wie weh etwas getan hat und warum ein unbedachtes Wort, eine Nachlässigkeit, vielleicht eine geplante Grausamkeit so sehr geschmerzt hat. Solange Wunden nicht geheilt sind, verfügen wir nicht über die Weitherzigkeit, die zur Vergebung nötig ist. Wir überfordern uns und schließlich auch den anderen. Es ist möglich, daß wir sagen: »Ich vergebe dir«, und es geht noch leicht, wenn uns der Schmerz nicht zu sehr drückt. Dann bedeutet »Ich vergebe dir« wirklich, was wir meinen: Es war nicht so schlimm. Aber wenn etwas sich wirklich in die Seele frißt und wehtut, ist Ehrlichkeit wichtiger – sollte ich beinahe sagen – als die Nächstenliebe. So kann man nicht sagen, weil Wahrheit und Liebe einander nicht widersprechen können noch dürfen. Aber ohne Wahrhaftigkeit in allen Herzensdingen finden Menschen nicht zueinander, auch nicht unter der Deckformel der Vergebung.

Die Vision aus dem Abendmahlssaal zeigt es tiefer und großartiger, woher die Energie der Güte stammt und worin sie ihren Ursprung findet. Es ist, sagt diese Vision von dem verklärten Leib des Herrn, wenn Vergebung in unser Leben treten soll, wie wenn Wunden anfangen, ein Teil menschlicher Schönheit zu werden, Verletzungen beginnen, den anderen liebenswert und kostbar zu machen, und das Leid, das ihm zugefügt wird und wurde, schließlich zum unverbrüchlichen Band der Treue, der Zusammengehörigkeit und der tieferen Verbundenheit wird. Nur wer das Wunder am eigenen Leib erfahren hat, daß man über den Schmerz hinausleben kann, über die Verletzungen hinauswachsen kann, lernt in einem größeren Glück die Großzügigkeit, dem andern zu vergeben. Vielleicht mag man sagen: Es war bei Christus einfacher als bei uns. Vielleicht. Wenn uns ein anderer zutiefst verletzt, so daß es uns kränkt, verformen sich zumeist die zugefügten Kränkungen in ein chronisches Gekränktsein, in eine Art unterschwelliger Gehässigkeit, in ein verdrängtes oder mehr oder minder eingestandenes Bedürfnis nach Rache.

Die Verletzungen, die man uns zufügt, bleiben bei uns Menschen nicht in den Kleidern hängen, sie ereignen sich auch nicht nur an der Außenfläche unseres Lebens, gewissermaßen am oder im Körper, sie fressen sich in die Seele, und dies ist meist unser schlimmstes Problem: daß die fremde Bosheit fast immer auch umschlägt in unsere eigene. Nur Menschen, die ganz gütig sind, so wie Christus ganz gütig war, werden es vermeiden können, daß das Leid vom Körper in die Seele vordringt. Fast alle, die wir hier sitzen, werden lernen müssen, über die Bosheit des eigenen Herzens hinauszureifen, nicht nur über das fremde Leid, sondern sogar noch über das Bedürfnis, Leiden dem anderen zuzufügen Erst vermöge einer tieferen Erkenntnis dessen, was uns selber quält, werden wir mächtig genug, auch das Böse im Herzen eines anderen aufzunehmen und zu beruhigen. Im Grunde sagen wir dem anderen damit nicht allein: »Ich vergebe dir«, sondern tiefer: »Ich verstehe von mir selber her, wie du dazu kommen konntest. Ich würde mich selber nicht kennen, wüßte ich nicht, was in dir vorging.« Erst in einer Gemeinsamkeit des Verstehens hören die Grenzen auf zwischen dem Verletzenden und dem Verletzten und fügen sich Hände über dem Abgrund ineinander in der Bereitschaft, einander nicht mehr loszulassen.

Man kann dem anderen nicht vergeben, was wie eine fremde Zumutung sich ereignet, als unbegreifbare Bosheit erscheint, mit der eigenen Seele sozusagen nichts zu tun hat. Die wichtigste Voraussetzung zur Vergebung besteht darin, zu merken und zu wissen: Man wäre an seiner Stelle nicht den Deut besser oder anders; es geht das, was sich in ihm ereignete, genauso in einem selber vor. Nur dann stoppt man den Kreislauf der Vergeltung, wenn man dies wahrhaft fühlt und weiß.

Deswegen glaube ich, daß die Begriffe, mit denen wir in der Religion für gewöhnlich das Geheimnis der Vergebung umschreiben, zu kurz geraten sind. Das Lehramt der Kirche äußert gelegentlich seine Besorgnis, daß die Katholiken das Bußsakrament nicht mehr recht zu würdigen wüßten, zu deutsch: daß sie zahlenmäßig nicht mehr so beichteten, wie sie sollten. Lieber gingen sie, so ist zu hören, zu den Psychologen oder Astrologen. Wenn von Buße diesbezüglich die Rede ist, dächte ich, daß die Kirche als allererste institutionell und öffentlich an sich selber Buße üben sollte. Daß die Sprache der Vergebung sich reduziert hat auf einen juristischen Akt, der nichts mit Motiven zu tun hat, nichts mit Gefühlen, nichts mit innerem Verständnis und nicht den

Wurzeln des Bösen nachgeht, sondern nur nachfragt, was an Fakten aufgeschüttet wurde, um dann zu sagen, dies sei vergeben, macht seit vielen Jahrhunderten aus dem Bußsakrament einen ohnmächtigen Verwaltungsvorgang, abgetrennt von der Seele. An diesem Punkt muß sich etwas ändern, wenn wir in die würdigsten Bilder der Heilung, die wir Christus verdanken, Ernst und Tiefe zurückholen wollen. Es dient ja nicht dem Leben, daß wir uns selber zurückschrauben auf die simple Buchhaltung, nach der wir die Gebote auf der einen Seite und unsere schmählichen Taten auf der anderen Seite miteinander in Vergleich bringen. Nichts ändert sich, und nichts bessert sich an uns, solange wir nicht anfangen, uns selber zu verstehen. Und da müßten wir begreifen, daß es kein Böses gibt, das wir einem anderen zufügen, wir hätten es denn zunächst uns selber zugefügt. Begreifen müßten wir, daß wir keine Lüge sprechen können, ohne uns selber zu betrügen, und wir müßten's am eigenen Leibe spüren, eher hören wir damit nicht auf. Daß wir mit jeder Unzucht ein Stück von der eigenen Würde preisgeben, müssen wir selber spüren, oder wir kommen davon nicht herunter. Daß wir mit dem Haß auf andere ein Stück persönlicher Liebenswürdigkeit einschränken und die Hochachtung vor uns selber mit Füßen treten, müssen wir merken, oder wir lassen nicht davon. Deswegen werden auch die Worte der Vergebung, selbst wenn ein Priester sie über ein sogenanntes Beichtkind sprechen sollte, niemals wirklich und nicht wirklich mächtig, wenn nicht im Hintergrund spürbar eine Beziehung waltet, die den andern leben läßt und sein Motiv verändert durch eine kräftigere Erfahrung von Liebe und von Glück.

Denn eigentlich nur vermöge des Glücks, das aus der Liebe wächst, lernen wir die Vergebung. Und da nun denke ich: Man kann nur aus den Vollzügen des Lebens selbst auch die Sakramente leben. Was das Meßopfer oder die Eucharistiefeier wert ist, werden wir lernen in der Menschlichkeit miteinander, und was die Vergebung wert ist, wird man nicht in irgendeinem Winkel, sei's des Doms der Franziskanerkirche oder der Georgskirche, lernen. Aber üben ließe sich und nötig wäre und eine große Sehnsucht läßt sich im Herzen eines jeden entdecken, daß wir eine Sprechkultur miteinander pflegen, die es möglich macht, von peinlichen, schmerzlichen, oft schon vergessenen Dunkelseiten des eigenen Herzens und der eigenen Vergangenheit stotternd, oft zögernd, würgend, mit zugeschnürter Kehle, weinend, schreiend, fluchend, wie auch immer, schließlich womöglich dankbar, leise, ruhig und, ich hoffe, eines Tages lachend zu sprechen. Vielleicht war dies ein Fehler der Kirche, daß sie gemeint hat, man müsse diese großartige Chance des Ostertages, zu vergeben, was Menschen einander zufügen können, an einen bestimmten Stand delegieren, die Priesterkaste, und diese wiederum nur einer bestimmten Geschlechtsgruppe, den Männern, zusprechen. Ich denke: Recht haben diejenigen Stellen des Neuen Testamentes, die von einem allgemeinen Priestertum sprechen. Und so steht es auch in Matthäus 18 zu lesen: nicht eine Berufsgruppe verwaltet das Werk der Vergebung, sondern jeder Gläubige ist fähig und aufgerufen zur Vergebung. Und wo irgend Menschen wahrhaft miteinander reden, so daß sich ihr Wesen unter den Blicken, unter der Güte, unter dem Verständnis des anderen wandelt, hören die Motive, böse zu sein, von allein auf. Nicht mit Gewalt, nicht mit gutem Vorsatz und geballter Faust gegen sich selber ändert man ein Leben, auch nicht mit zusammengepreßten Zähnen und dem Schwur, dies und das werde nicht wieder vorkommen, wandelt sich ein menschliches Herz. Aber durch das Glück, vom anderen geliebt zu werden, ist es nicht mehr schwer, gut zu sein.

Und dann mit einemmal kommt man zu den Entdeckungen dieser Traumvision des Ostertags. Mit einemmal entdeckt man, daß gerade die Wunden, die zugefügten wie die empfangenen, daß selbst das Leiden an der eigenen Schuld den anderen und einen selber liebenswert und kostbar machen, daß Wunden sich verklären können und man am anderen schließlich in den Spuren des Leids an der Schuld, der fremden wie der eigenen, nichts mehr auszusetzen findet, sondern ganz im Gegenteil, darin den Spuren der Gnade Gottes begegnet und viele Gründe findet, dankbar zu werden – dem anderen für sein Verständnis und seine Güte und Gott, der auf den krummsten Linien gerade zu schreiben beginnt. Und schließlich ist all das, was war, nur der lange Weg, auf dem wir die Menschen wurden, die wir sind: wunderbare Menschen, wie Gott uns sieht und wie er möchte, daß wir selbst uns sehen lernen.

Wenn wir uns in unserem praktischen Leben fragen, was sich ändern kann durch den Glauben an die Ewigkeit des Lebens und an die Auferstehung von den Toten, so ist es diese wunderbare Botschaft im Atemwind des Auferstandenen, die Fähigkeit, einander zu vergeben, alles zu vergeben. Man muß sich erinnern, wie Jesus in den Dörfern und Städten Galiläas sprach. Kaum ein Anliegen war ihm so wichtig wie dieses: Wir sollten nicht voreinander auf unsere eingebildeten und angeblichen Rechte pochen, wir sollten einander begreifen als gemeinsam Schuldige vor Gott und fähig werden zur Gemeinsamkeit eines grenzenlosen Verstehens. Diese Haltung war Jesus selber so klar, er lebte sie persönlich so selbstverständlich, daß er überhaupt nichts hören mochte von der Art, mit der wir uns für gewöhnlich auf die Gesetze und unsere eingetragenen Rechtstitel zurückziehen und einander vorrechnen und einander anrechnen und miteinander abrechnen, was wir auf dem Kerbholz haben. Denn so kommen wir nicht weiter. Es gilt zu begreifen, daß alle diese Rechte und all diese Rechthabereien erst dann in Kraft treten, wenn die Gemeinsamkeit der Liebe am Ende ist. Man kann mit Berufung auf alle Rechte ein guter Bürger sein, buchstäblich ein rechtschaffener Mann, untadelig und angesehen, aber was man auf diese Weise niemals wird, ist ein wirklicher Mensch, befähigt zur Güte.

Eben deshalb war alles, was Jesus sagte und dachte, wie Aufruhr, wie Anarchie, wie Sprengkraft gegen all die eingerichteten Absicherungen. Jesus dachte, es komme nur darauf an, zu sehen, was ein anderer Mensch braucht, wenn er sich vergeht, was er aus Not am allermeisten braucht und wie wir ihn dann zu begleiten, ihn zu begreifen vermöchten. Dies war sein Anliegen. O ja, man kennt die Spießerei, mit der am Ende einer sich vor dem anderen hinstellt und seine Großmut zelebriert, indem er spricht: »Ich vergebe dir« – und auf sublimere Weise nur weiter die Peitsche der Demütigung, der Herabsetzung, des Sadismus im Munde führt. So aber meint es Jesus nicht. Er meinte, daß wir überhaupt auf jede Form von Anspruch aneinander verzichten, aber daß wir um so mehr miteinander ins Gespräch kommen könnten. Würden wir nur begreifen, was im Herzen des anderen vor sich geht, wir würden sein Wegbegleiter. Wir brauchten uns vor ihm nicht mehr zu schützen. Wir würden ihm das Unterhemd geben, wenn nötig, und wenn er uns bäte, eine Meile mit ihm zu gehen, würden wir auch deren zwei oder vier – so viel als nötig – an seiner Seite sein. Das war es, was man Jesus übelnahm. Das war es, wofür man ihn an den Pranger stellte. Dies zerstörte alles, was sonst so sicher ist im normalen öffentlichen bürgerlichen Alltagsleben.

Aber nun zu denken, daß die Güte recht hat, denn sie dient dem Leben, daß das Leben gültig ist, denn es läßt sich vom Tod nicht ersticken! Das bedeutet, daß wir im Angesicht des Auferstandenen buchstäblich endgültig alle Angst von uns tun können, daß es keine Grenzen der Vergebungsbereitschaft mehr gibt. Solange wir Angst haben, werden wir selbst mit noch soviel gutem Willen nicht imstande sein, wirklich zu vergeben, die Bagatellfälle ausgenommen. Wir werden bestrebt sein, uns zu schützen, uns also abzusichern, und wieder Riegel vor die Türen legen und Kontaktbarrieren einrichten, wohlformuliert im Bürgerlichen Gesetzbuch, in den Regeln des Anstandes, der öffentlichen Moral, der ganzen Scheinberuhigung der menschlichen Existenz. – So aber können wir schutzlos einander gegenübertreten, und wir dürfen sehen, daß selbst die Wunden, die das Leben schlägt, sich verklären können. Denn Gott ist stärker als die Angst und seine Wahrheit größer als das Recht, die Macht der Liebe aber unbegrenzt.

Da schreibt Lukas in der Apostelgeschichte einen wunderbaren Kommentar. Parallel zur Universalität der Vergebung spricht er von der Grenzenlosigkeit des Gebens. Man mag sagen, er zeichne damit ein legendäres Ideal. Waren die frühen Christen wirklich so? Das sei dahingestellt. Aber recht hat Lukas: Wahre Christen sollten so sein, wie er's schildert in Kapitel 4 der Apostelgeschichte. Sie haben richtig gehört: Es gab in der Gemeinde der Gläubigen keinen, der Not litt, denn alle, die Grundstücke und Häuser besaßen, verkauften ihren Besitz. Das ist Geist und Atem Jesu. Wieder: Solange wir Angst haben, werden wir uns an den Besitz klammern und Besitztitel rechtlich absichern, die uns schützen und verteidigen gegen die Erfolglosen, die Habenichtse, die Nichtskönner, die des Besitzes Unwürdigen, und wir werden uns in den Wahn hineinsteigern, daß zwei Drittel der Menschheit wahrscheinlich bloß hungern, weil sie Nichtswürdige sind, wir aber die rechtschaffen Arbeitenden und also mit Besitztiteln Auszustattenden. Das Ganze funktioniert großartig. Darauf gründet sich unser sogenanntes öffentliches Leben, also daß wir den Tod organisieren, das Geld akkumulieren und die Materie verschleißen und umschichten, bis daß wir selber uns in Staub verwandeln, am Ende billig wie Dreck.

Die Wahrheit ist, daß wir in Freiheit von innen her augenblicklich in den Stand gesetzt sein könnten, mitzufühlen, mitzuleiden und also miteinander zu teilen. Es gäbe den Hunger nicht, das Elend nicht, würden wir uns nicht ständig aus lauter Angst an unsere guten bürgerlichen Gesetze und Rechte klammern. Bis dahin sind wir inzwischen verkommen, daß man selbst die Kirche in Anspruch nimmt, just diese Titel zu rechtfertigen, eine ganze Werteordnung der bürgerlichen Gesellschaft herunterzudeklamieren, in welcher Gott oberster Gesetzgeber und Titelhalter unserer Ansprüche auf Eigentum und Wohlstand ist. Sollte man nicht den Menschen zutrauen, daß sie Phantasie, Menschlichkeit, Idealismus, Weitherzigkeit tiefer und fester in sich trügen als die Geschäftemacherei, die Gewinnsucht und den organisierten Egoismus? Was haben wir denn zu verlieren, wenn uns ein ganzes Leben wiedergeschenkt ist, ein wirkliches, eigentliches? Miteinander offen und grenzenlos zu leben hätte nur eine Voraussetzung: das Vertrauen der Unsterblichkeit und die Allmacht der Liebe. Für sie ist Christus gestorben. In ihr ist er auferstanden zu unserem Leben.

Thomas aber, einer der Zwölf – der »Zwilling« genannte – war nicht bei ihnen, als Jesus kam. Nun sagten ihm die anderen Jünger: Wir haben den Herrn gesehen. Er aber sprach zu ihnen: Wenn ich nicht in seinen Händen das Abbild der Nägel sehe, meinen Finger in die Stelle der Nägel lege und meine Hand in seine Seite lege, glaube ich nie und nimmer. Und nach acht Tagen – seine Jünger waren abermals drinnen, auch Thomas bei ihnen – kommt Jesus bei verriegelten Türen, trat in die Runde und sprach: Friede euch! Darauf sagt er zu Thomas: Führ deinen Finger hierher und sieh meine Hände. Und führ deine Hand her und leg sie in meine Seite. Und sei nicht ungläubig, sondern glaubend. Hob Thomas an und sprach zu ihm: Mein Herr und mein Gott! Sagt Jesus zu ihm: Weil du mich gesehen, bist du glaubend geworden. Selig, die nicht gesehen und doch geglaubt haben.

Nun hat Jesus noch viele und andere Zeichen vor seinen Jüngern getan, die nicht in diesem Buche aufgeschrieben sind. Diese aber sind aufgeschrieben, damit ihr glaubend bleibt, daß Jesus der Messias ist, der Sohn Gottes. Und damit ihr als Glaubende Leben habt in seinem Namen. JOH 20,24–31

Wie gelangen wir Heutigen, zweitausend Jahre nach der Botschaft der Jünger, zum Glauben? Diese Frage stellt sich bereits dem Verfasser des Johannesevangeliums. Er weiß, daß er der Nachwelt nichts anderes überbringen wird als ein kleines Buch von fünfzig Seiten. Wie kann etwas nur Geschriebenes, ein menschliches Wort, anderen eine Hoffnung und ein Vertrauen geben, das als Botschaft und Zeugnis der Auferstehung vom Tod zum Leben führt? Diese Frage stellt sich nicht geschichtlich und historisch; sie ergibt sich immer wieder in unserem Leben.

Man sagt uns, daß wir an Gott zu glauben vermögen, wenn wir Menschen begegnen, die uns so lieben, daß es ein Stück vom Himmel auf die Erde bringt. Aber was ist mit den vielen, die eine solche Erfahrung in ihrem Leben nie gemacht haben? Immer wieder taucht diese Frage auf.

Man kann an Gott glauben, so wird gelehrt, wenn man sieht, wie Verletzungen, die im Leben zugefügt wurden, sich verwandeln können und schweres Leid sich zum Leben öffnet. Wie aber, wenn man eine solche Erfahrung in seinem Leben nie gemacht hat? Gibt es nicht

Menschen, die so etwas wie Heil oder heilgewordenes Leben nie kennengelernt haben, deren Leben scheinbar nur aus Unglück besteht und wie berufen ist, an der Schattenseite des Daseins lebendig zu verkümmern? Es ist dieses erschütternde Wort, mit dem das Johannesevangelium schließt als mit einem Wort des Auferstandenen: »Selig, die nicht gesehen und doch geglaubt haben.« Es ist möglich, niemals eine solche innere Vision der Überwindung des Todes, der Verwandlung des Schmerzes, des Siegs der Liebe auf Erden mit eigenen Augen geschaut zu haben, und dennoch gibt es in unserem Herzen die Sehnsucht und das Verlangen, daß diese Botschaft stimmt; anders vermöchten wir nicht zu leben, und anders wäre es für uns kein Leben.

Es ist möglich, anderen Menschen zu glauben, daß sie es so erfahren haben, wie die Jünger es hier am ersten Wochentag im Abendmahlssaal erzählen. Ein anderer, der nicht dabei war, wird vielleicht geneigt sein, es nur für frommes Gerede oder für bloßes Wunschdenken zu halten, ja vielleicht sogar für eine Art gewissenlose Schönrednerei, über das Leid und über die Gräber hinweg. Man hat ein Recht, mißtrauisch zu sein gegenüber dem Pomp der schönen Worte. Es ist soviel Unsinn geredet worden im Namen Gottes und weiß Gott viel zuviel schöngefärbt worden auf Erden. Es ist gut, daß es die Leute von der Art des Thomas gibt, die sagen: »Wir wollen sehen; vorher glauben *wir* nicht«, und die sich keinen Glauben aufschwatzen lassen, der nicht zeigt, wie sich im Kern, jenseits der Verletzungen und der tödlichen Verwundungen, das Leben dennoch wiederherstellen kann. Thomas hat gesehen und gefühlt, aber nach ihm kommt eine ganze Welt, die fragt wie er, und ihr wird keine neuerliche Vision zuteil.

Was soll man machen, wenn man die Unterschiede anerkennen muß zwischen den Visionären, die wenigstens für einen Augenblick ihres Lebens ins Licht getaucht sind, und den Menschen, die aus dem Schatten nicht herauskommen?

Jemand sagte mir einmal, wie er selber für sich den Glauben verstehe. Er wußte, daß er schwer krank war, und die Ärzte konnten ihm eine sichere Mitteilung über die Aussichten einer baldigen Operation nicht geben. Er aber versuchte, aus den Resten seines Lebens irgendwie ein Bild zusammenzufügen, das er mehr geahnt als je geschaut hatte. Er sagte: »Wenn ich ehrlich bin, hab' ich mein Leben lang mehr glauben wollen als wirklich geglaubt, und jetzt, wo ich den

Tod näher sehe als das Leben, verfüge ich im Grunde über keinerlei Kraft mehr, irgend etwas für wahr zu halten. Das Reden vom Sinn des Lebens kommt mir fast zynisch vor, denn ich selber fühle mich leer, unsinnig und frage mich jeden Tag, wie lang es dauert. Aber dann sage ich mir: Mein jetziger Zustand, gezeichnet von Krankheit und Schwäche, *kann* die wirkliche Welt gar nicht wiedergeben. Zu sagen, das, was ich jetzt sehe, sei die eigentliche Wirklichkeit, wäre doch so absurd, wie wenn ich verlangen wollte, daß ein zerbrochener Spiegel irgendeinen Gegenstand der Welt *wirklich* wiedergibt. Ich kann nicht erwarten, daß in Angst, Traurigkeit, Schwäche und Ohnmacht mein Verstand oder mein Gefühl die Welt so sieht, wie sie wirklich ist. Also sag' ich mir: Es gab mindestens ein paar Augenblicke, in denen ich dem Glauben näher war. Ich kann nicht sagen, jemals wirklich geglaubt zu haben, aber wären diese Augenblicke in meinem Leben stark genug gewesen, so könnte ich doch denken, aus ihnen hätte sich der Spiegel zusammengefügt, und es hätte eine Chance gegeben, richtig zu sehen.«

Ich glaube, so etwas meint das Johannesevangelium hier: Es ist möglich, den paar Leuten auf Erden zu vertrauen, die vermochten, richtig zu sehen. Selbst wenn wir es in unserem Leben nie klar und deutlich vor Augen geschaut haben, es gibt doch das Zeugnis dieser wenigen, und es ist nun die Frage, was wir damit machen: ob wir sie beneiden und uns selber bei Gott beklagen, daß wir nicht die Gnade des Thomas bekommen haben, zu sehen und zu fühlen, oder ob wir uns sagen: *Ein* Mensch wie Thomas genügt für Jahrhunderte; er wenigstens bestimmt die Richtung des Lebens, das auch in uns angelegt ist; er wenigstens hat einmal diese dunkle Wand des irdischen Daseins offen geschaut, und ein einziger Moment des Lichtes genügt, um zu wissen. Dann bleibt eine Erfahrung, die wir einander schenken können, jenseits der Unterschiede, jenseits der trennenden Kraft des Leids. Und dies meint das Johannesevangelium in seinem Abschluß. Wie wahr wir die Auferstehung Jesu glauben können und wie nahe uns ein Leben jenseits der Gräber ist, zeigt sich an der Kraft der Vergebung. Solange uns ein Schmerz wirklich peinigt, können wir uns anstrengen, wie wir wollen, wir werden ein Stück des Bedürfnisses, uns zu rächen, in uns tragen. Wir können uns das mit viel gutem Willen verbeißen, es wird trotzdem in uns nagen, und wir werden zur Vergebung nur sehr schwächlich imstande sein. Wirklich frei ist unser Herz, wenn wir erleben, daß wir über Verwundungen und Verletzungen hinweg reifen können. Und irgendwann stimmt es sogar: Das menschlich Wertvollste, das an uns persönlich Schönste sind am Ende all die Stellen unseres Lebens, die ursprünglich sehr weh getan haben mögen, aber mit denen wir gelernt haben weiterzuleben und die sich verwandelt haben in Quellen des Verständnisses und sogar schließlich der Güte. Dies ist, was Christus uns am Abend des Ostertages zeigt. Jenseits des Leids und des Schmerzes und jenseits des Wunsches nach Vergeltung gibt es eine Kraft des Lebens, die uns nahe bei Gott sein läßt, und ihre Worte sind die der Verzeihung, gültig im Himmel und auf Erden.

Durch die Hände der Sendboten geschahen viele Zeichen und Wunderdinge im Volk. Und sie waren alle einmütig in der Halle Salomos. Von den übrigen wagte keiner, sich ihnen anzuschließen; aber groß rühmte sie das Volk. Mehr und mehr Glaubende wurden zum Herrn gebracht, Mengen von Männern und Frauen. So kam es, daß sie sogar auf die Straßen hinaus die Kranken trugen und auf Pritschen und Bahren legten, damit, wenn Petrus käme, auch nur sein Schatten auf ihrer einen fiele. Es lief aber auch die Menge aus den Städten um Jerusalem zusammen, brachte Kranke und von unreinen Geistern Geplagte; die alle wurden heil gemacht APG 5,12–16

Es gibt ein uraltes menschheitliches Wissen, daß man vom Glauben an Gott glaubwürdig nur sprechen kann, wenn sich darunter Menschenleid und -not beruhigt und heilen läßt. Das große Vertrauen des Lukas in dieser Geschichte aus dem 5. Kapitel der Apostelgeschichte besteht darin, zu hoffen, daß in der Kirche Christi dieses Wissen sich fortsetze und verwirkliche. Ein kennzeichnender Unterschied bestand beispielsweise in der Art, wie Johannes der Täufer von Gott redete und wie Jesus es tat. Folgte man der Predigt des Täufers, so galt es als erstes, entschieden das eigene Leben zu ändern und den Willen anzuspannen, um Werke der Buße und der moralischen Erneuerung anzustreben und zu realisieren. Wir Menschen könnten gut sein, war das Vertrauen des Mannes am Jordan, wenn wir nur wollten. Es muß Jesus sehr schwergefallen sein, dieser einfachen und sogar wahren Botschaft der Umkehr den Rücken zu kehren. Was Jesus dazu bewogen hat, wissen wir nicht im einzelnen, aber das Gesamtbild ist untrüglich. Er muß uns Menschen viel hilfloser, ausgelieferter, unfreier und gequälter gesehen haben, als Johannes der Täufer es je für möglich hielt. Statt mit steilen und harten Forderungen die Menschen in die richtige Richtung zu drängen, glaubte Jesus, daß es gelte, eine sehr leise und gütige Sprache zum Herzen der Menschen zu reden, bis sich darunter die Angst, das Verschreckt- und Versprengtsein besänftige und Menschen zurückfinden könnten zu sich selbst und zum Ort des Heiligtums ihres eigenen Herzens als des Tempels Gottes. Es sollte keine Verlorenen mehr geben, keine Verstoßenen mehr, keine Verzweifelten, und lediglich diese Kraft des Vertrauens sollte uns tragen wie über ein offenes Meer zurück zum Gestade des anderen Ufers.

Nicht mit Drohung, nicht mit Forderung, Gebot und Gesetz sollte das menschliche Herz immer weiter verstört und in Unruhe gesetzt werden, sondern es sollte sich ordnen und wagen, selber zu leben. Es ist kein Zufall, daß wir von Jesus glaubwürdig überliefert hören, daß in seiner Nähe Menschen geheilt wurden, wenn nicht von allen Krankheiten, so doch von allerlei Gebrechen und Leiden. Es geschah, daß Menschen, die bis dahin wie verkrümmt waren, sich aufrichteten, daß Leute, die ihre eigenen Augen nie zu gebrauchen gewagt hatten und wie blind durchs Leben liefen, sich in die Sonne gehoben fühlten und vor ihren Füßen den eigenen Weg zu sehen vermochten. Andere, die bis dahin sich wie Aussatz fühlten, ein Ekel unter den Augen aller anderen, muteten sich wieder der Gemeinschaft ihrer Mitmenschen zu und glaubten an ihre ursprüngliche Schönheit und Würde. Von dieser Art waren die Werke und die Worte des Jesus von Nazaret. Und Lukas erklärt hier im 5. Kapitel seiner Kirchengeschichte, seiner Apostelgeschichte, anders könne er die Gruppe, die sich auf Jesus beruft, die Kirche des Christus, gar niemals sehen und glauben, als daß sie diese begütigende, heilende Botschaft weitergebe, so lebendig und stark, daß sie sich durch gelebte Erfahrung und gewirktes Heil fortsetze und bestätige.

Von unreinen Geistern Heimgesuchte fänden in der Nähe der Apostel zu sich zurück. Wie vieles in unserer Seele hat man für unrein befunden, wo es doch nur zu uns gehört, und, noch ehe daß es sich regen konnte, wegzensiert und wegkontrolliert als sündhaft, gemein, häßlich, gefährlich, unanständig, aufrührerisch, egoistisch. Wie aber, wenn das Unreine nur das Unfertige ist, das darauf wartet, reifen zu dürfen, und es könnte zu seiner Blüte und Größe heranwachsen, wenn nur die Angst zurückginge, die es immer wieder in den Boden stampft mit dem Terror einer gewaltsamen Moralität . . .

In unserer Glaubenslehre wissen wir noch von einem ursprünglichen Zusammenhang zwischen Glauben und Gesundheit, Sünde und Krankheit, ja, wir lernen und lehren, daß durch die Ursünde am Menschheitsanfang nach dem Zerfall des Paradieses und der Vertreibung überhaupt erst die Krankheit das Los unserer irdischen Existenz geworden sei, aber wir veräußerlichen diese Lehre, die tiefsinnig und weise sein könnte, indem wir den Begriff der Sünde rein äußerlich nehmen. Sündigen, das ist: bestimmte Gebote übertreten, und damit wird aus den Geheimnissen der menschlichen Existenz ein leicht aufzuzählender Katalog von immer gültigen Anweisungen. Es ist paradox, daß die

Moral des Zwangs nach fertigen Schablonen vielerlei Krankheiten überhaupt erst bewirkt und daß, was in der Tiefe stimmt, sich schließlich bis zum Neurotischen verdreht. Nicht um Moral und Gebotsübertretungen geht es im Kern, wenn wir von Sünde – in der Einzahl – reden, sondern darum, wie sehr verstört und zerrissen unser Herz sein kann inmitten der Angst, im Bannkreis eines grundsätzlichen Mißtrauens sich selbst und aller Welt und schließlich dem Grund unseres Daseins insgesamt gegenüber. Der Gegenbegriff zum Glauben ist nicht das Laster oder die Untugend oder der moralisch schwache Wille – der Gegenbegriff zum Glauben ist das Unvermögen, vertrauen zu können unter dem Lastdruck nicht endender Ängste. Aus *diesen* entstehen, buchstäblich, Krankheiten. Wenn wir uns nur noch fühlen wie Vertriebene, Ausgesetzte, Verlaufene inmitten einer fremden und gottverfluchten Welt, dann ist es kaum anders zu erwarten, als daß wir, Exzentriker der Angst, die wir sind, bis in den Körper hinein uns fremd werden und als bedroht erleben. Für gewöhnlich fühlen wir uns sogar gehalten, so abgespalten zu sein, daß wir ohne Rücksicht auf uns selber alles Mögliche durchzusetzen und durchzupeitschen suchen, bis daß am Ende unsere Seele nur noch in der Symbolsprache der Träume sich meldet und in der Symptomsprache der Krankheit unser Körper.

Es ist am Ende die Krankheit der letzte Appell an unsere verbliebene Vernunft, um auf Wahrheiten aufmerksam zu machen, die wir, oft mit dem besten Willen, immer wieder verleugnen. Dabei kommt uns das heutige Weltbild sehr entgegen. Wir haben mit dem Beginn der Neuzeit eine Menge von unserem Körper kennengelernt, aber nach einem Modell, das nur begrenzt richtig ist. Die Körperwelt – und darin unser Leib – hat sich uns dargestellt als ein Gebilde in Raum und Zeit, geordnet nach Gesetzen der Natur: physikalischen, chemischen, im Grunde mechanischen. Störfälle innerhalb dieses Getriebes ließen sich, so war unsere Meinung, am besten wieder mit chemischen, physikalischen, mechanischen Mitteln reparieren und korrigieren. Was irgend innerhalb dieses Modells zutrifft, wird praktisch handhabbar, aber wir können am Ende des zwanzigsten Jahrhunderts kaum noch übersehen, daß die Einseitigkeit dieses Weltbildes unzählige Krankheiten neu erzeugt, über die wir nicht Herr werden, solange wir Sklaven dieser Perspektive bleiben. Vornehmlich die Religion sollte ihren Beitrag leisten, kritisch ein Weltbild und Menschenbild zu verändern, das von der Seele kaum etwas weiß, von den Gefühlen des Menschen kaum noch etwas zur Kenntnis nimmt und immer weiter uns Menschen zu Maschinen erklärt, indem das Leben selber bis zum Mechanischen hin planbar, verwaltbar, formbar wird. Wir rechnen mit dem Kompliziertesten am allerwenigsten: mit dem, was Menschen in sich selber sind als fühlende, denkende, unvertauschbare Wesen. Man wird sogar zugeben müssen, daß das Christentum selber sein gerütteltes Maß an Schuld an dieser Veräußerlichung trägt, ja, es ist in gewissem Sinn sogar diese Lesung, an der man beobachten kann, wie es dazu kommt.

Bildhaft gesprochen wäre sie wunderbar: Da heilt ein Mann wie Petrus von unreinen Geistern Geplagte einfach dadurch, daß es ihn gibt. Seine bloße Gegenwart heilt, und es ist sein Schatten, der die der Hitze des Lebens Ausgesetzten so sanft berührt, daß er kühlend und lindernd wirkt – wunderschöne Bilder, würden sie so verstanden. In ihrer Wirkungsgeschichte zeigen sie sich gänzlich anders. Es ist nicht die *Person* des Petrus, die da heilt, es ist er, der Petrus und Felsenmann als *Amtsträger!* Er tut überhaupt nichts weiter, als daß er dasteht oder vorübergeht, und darin liegt die Heilung. Es ist dahin gekommen, daß wir in der Kirche an so etwas wie Heilung durch Glauben überhaupt nicht mehr glauben. Wir lehren heute sogar in der Glaubenskunde, daß sich die Wunder Jesu – man muß es für wahr nehmen – wirklich fortsetzen in den Sakramenten der Kirche. Durch diese wird niemand mehr geheilt, sie verwalten sich fast bis zum Erfahrungslosen, bis zur Routine, wieder bis zum Mechanischen. Wir verpassen das Wichtigste und müssen es heute in der Kirche wieder lernen: von den so abgespaltenen, fast feindlich gewordenen Brüdern des Christus, von Psychologen, Psychotherapeuten, Psychoanalytikern, Leuten, die geduldig und langsam versuchen, dem Verdrängten, Zerstörten, dem für unrein Erklärten nachzugehen, auf keinem anderen Weg, als den Jesus selber beschritt. Es kostet so viel, Menschen zu sich selber zurückzuholen. Gut denn, es geht nicht, für gewöhnlich, durch ein Wunder im Sinn einer plötzlichen Explosion, durch etwas Unbegreifbares, das vom Himmel fällt; uns dauern die Wunder sehr viel länger. Sie kosten uns als Menschen mehr. Aber wer hat uns eigentlich gelehrt, es müsse bei dem Unfug bleiben, der uns heute noch normal scheint, daß wir für drei Viertelstunden heilenden Gesprächs beim Psychotherapeuten hundert Mark und mehr bezahlen und im übrigen legitimiert sind, einfach so weiterzuleben, mechanisch, tüchtig, fleißig, bis zum Kaputtmachen und bis zum Kaputtgehen, und mehr ist überhaupt nicht zu erwarten, als daß Heilen heißt, irgendeine Reparaturwerkstatt anzufahren, in der man dann wieder fitgemacht wird für den Rest des Lebenskampfes? Es ist doch nicht Menschlichkeit, was wir da für normal erklären, und es hat mit den Visionen des Jesus von Nazaret kaum etwas zu tun! Das Johannesevangelium bekam es fertig, zu sagen: Er war und in ihm lebte das Wort Gottes an uns. Sollten wir nicht zweitausend Jahre nach dem Mann von Nazaret in irgendeiner Form lernen können und wollen, es gelte, Worte zueinander zu sprechen, in denen Schwingen des Himmlischen die Seele des anderen berühren und aufheben und tragen und umfangen bis zu einem Vertrauen, das heilt, und es seien menschliche Worte imstande, Bilder und Träume und die verschwiegene Poesie seines Herzens so zur Sprache zu bringen, daß es sich darunter noch einmal neu formt und ganz wird, und wir Menschen könnten so sensibel und fein aufeinander zugehen, daß einander zu berühren bedeuten würde: einander ins Licht zu heben und die Reinheit und Schönheit des Wesens sichtbar zu machen? Zweitausend Jahre nach Christus, das müssen wir ehrlich sagen, gilt es, noch einmal ganz von vorn zu beginnen und jeden Schritt neu zu lernen, weil wir verloren haben, wer Jesus Christus war. Eine Religion, die nicht heilt, ist eine nichtssagende, geschwätzige Religion und sicher nicht die des Jesus Christus von Nazaret. Eine Glaubenslehre, die sich nur aufsagt, ohne den Menschen etwas zu sagen, ist gerade das, was Jesus überwinden wollte. Zweitausend Jahre danach beginnt alles noch einmal von vorn, oder es wäre zu Ende. Was also ist uns Ostern?

Ich, Johannes, euer Bruder und Mit-Teilhaber in der Drangsal und im Königtum und im Harren auf Jesus: Ich war auf der Insel, die Patmos heißt, um des Wortes Gottes und des Zeugnisses Jesu willen. Ich war in Eins mit dem Geist am Tag des Herrn. Und ich hörte hinter mir eine Stimme – gewaltig wie eine Fanfare, die sagte: Was du erblickst, schreib in ein Buch. Und schick es den sieben Gemeinden: nach Ephesus und nach Smyrna und nach Pergamon und nach Thyatira und nach Sardes und nach Philadelphia und nach Laodizea.

Und ich wandte mich, um die Stimme zu erblicken, die mit mir redete. Und umgewandt sah ich sieben goldene Leuchter. Und inmitten der Leuchter einen – einem Menschensohn gleich – gekleidet in ein Gewand bis zum Fuß, umgürtet die Brust mit goldenem Gurt...

Und als ich ihn sah, fiel ich zu seinen Füßen – wie tot. Und er legte seine Rechte auf mich und sagte: Ängste dich nicht. Ich bins: Der Erste und der Letzte und der Lebendige. Ich war tot, und da! Ich bin lebend im All der Weltzeiten. Und ich habe des Todes und der Totenwelt Schlüssel.

Schreibe nun, was du gesehen: Das, was ist, und was geschehen soll danach.
OFFB 1,9–13.17–19

Wie ist es möglich, angesichts des Todes zu hoffen, und wie ist es möglich, gegen alle Welt zu glauben?

Diese Frage stellt sich das letzte Buch des Neuen Testamentes, das wir das Buch der Geheimen Offenbarung, die Apokalypse, nennen. Wir nennen einen Apokalyptiker für gewöhnlich einen Menschen, der mit schwarzen Farben das Menetekel der Welt an die Wände der Zeit und die Wände der Welt malt, indem er Katastrophen- und Untergangsvisionen vor unserem geistigen Auge heraufbeschwört. Für die frühe Kirche, der wir das Buch der Geheimen Offenbarung gegen Ende des ersten Jahrhunderts verdanken, ist es nicht mehr nötig, auf Katastrophen zu warten. Für sie hat sich das eigentliche Drama der menschlichen Geschichte längst zugetragen, als man das Leben kreuzigte auf Golgota. Alles, was die Propheten Jahrhunderte vorher mit dem Tag des Herrn verbunden haben, Wolkendunkel, Sonnenverfinsterung, Erdbeben und den Posaunenstoß nicht endender Kriege, all das nahm seinen Anfang und verdichtete sich in der Stunde, als Jesus laut rufend seinen Geist Gott in die Hände gab. Es ist für jeden Glaubenden der Entscheidungsmoment der ganzen Weltgeschichte. Entweder die Ankläger und Henker hatten recht, wenn sie für Utopie erklärten, was der Mann aus Nazaret als Menschlichkeit und Güte in diese Welt zu bringen suchte, oder aber, was wir Vernunft und Logik nennen, ja sogar für das ungeschriebene Gesetz der Geschichte ausgeben, ist in sich selbst der Lüge und Unmenschlichkeit überführt, ein für allemal. Jeder, der sich zu Christus bekennt, wird diese Welt seit dem Karfreitag sehen müssen, wie sie der flämische Maler Hieronymus Bosch Anfang des 16. Jahrhunderts malte: ein riesiger Heuwagen, eskortiert von geistlichen und weltlichen Würdenträgern, ein ungeheurer Aufzug der Narretei, der Gier und des Possenspiels. Von allen Seiten drängt sich die Menschheit heran, vom Heu auf dem Leiterwagen, vom allzu Nichtigen die Beute zu erraffen. Man schlägt sich tot dafür, kommt buchstäblich unter die Räder dieses ungeheuerlichen Wagens, der immer sicherer seiner Endstation, dem Inferno, entgegenrollt.

Dunkel sind die Bilder der Geheimen Offenbarung von der Welt, und dennoch drängt es in dem Mann, der in der Verbannung auf der kleinen Insel Patmos lebt, von innen her wie ein überwältigender Rausch von Bildern an die Oberfläche, andere Wahrnehmungen und Vorstellungen zu erwecken vom Menschen und von seinen Möglichkeiten. Es sind Visionen, wie wir sie für gewöhnlich bei Menschen finden, die wir in unsere Krankenhäuser und psychiatrischen Abteilungen abdrängen. Allesamt sind diese seelisch Kranken zutiefst Leidende an einer Welt, die kalt ist wie in einer sich ausbreitenden Eiszeit. In solchen Erfahrungszonen tauchen Bilder aus den Tiefenschichten der Seele auf, wie Gott sie uns gegeben hat, noch ehe er uns erschuf, Bilder von Hoffnung, Visionen der Gestalt, die zu sein wir eigentlich bestimmt sind.

Es ist wie ein lauter Fanfarenstoß, den Johannes auf Patmos hinter seinem Rücken vernimmt, so daß seine ganze Perspektive sich ändert: weg von dem Blick nach draußen, rückwärts, ins Innere. Da sieht er die Gestalt eines Menschen, erwartet und prophezeit. Schon Jahrhunderte zuvor. Immer schon stünde am Throne Gottes die Gestalt eines Menschensohns, dazu bestimmt, am Ende der Tage herabzukommen auf die Erde. Es ist ein Suchen, ähnlich paradox und verzweifelt wie das, das man dem griechischen Philosophen Diogenes zuschreibt, der bei hellichtem Tag auf dem Marktplatz von Korinth mit einer Laterne umherging und den Entgegenkommenden ins Angesicht leuchtete. Was der Unfug solle, fragte man ihn. Und stotternd antwortete er, er sei auf der Suche nach Menschen.

Das, in der Tat, ist die Frage: wo wir und wie wir Menschen begegnen. Vor den Augen des Johannes tritt die Gestalt des Menschensohnes auf unter dem Schein von sieben Leuchtern aus dem Raum des altjüdischen Heiligtums, die Vision all dessen, was in Christus lebte: Vergebung der Schuld, damit alle Verlorenen und Verlaufenen ihren Weg und ihre Heimat wiederfänden; Worte der Güte, mächtig, alle Angst zu beruhigen; Zeichen der Barmherzigkeit und der Vergebung, imstande, bis in die Zonen des Herzens zu rühren, wo Seele und Körper sich miteinander verbinden und Heilung von Krankheit und Ohnmacht möglich wird. Dies alles ist nicht tot und kann nicht sterben. Es ist möglich, das Licht töten zu wollen, weil sein Schein den ans Dunkel gewöhnten Augen schmerzend vorkommt. Und dennoch läßt sich der Aufgang der Sonne nicht mehr verleugnen.

Jeder Sonntag, den wir am Wochenanfang begehen, ist seit den Tagen der frühen Kirche der Tag des *ewigen* Ostermorgens, des Triumphs des Lebens über den Tod. So steht vor Johannes diese Gestalt eines Menschen, den man als den elendesten von allen tötete. Er steht da, bekleidet wie ein König, denn er wird mit seiner Milde der wahre Herrscher über das Herz der Menschen sein. Er steht da, bekleidet wie ein Priester, denn es ist die Macht seines Glaubens, die allen Segen auf unser Haupt herabruft. In der Hand hält er die Schlüssel des Todes und des Abgrunds, und fähig ist er, ein geheimes Wissen zu schenken, worum es für alle Zeiten im menschlichen Leben, in der menschlichen Geschichte gehen wird. Paradox genug, daß wir die Worte des Lebens so voller Widerspruchsgeist aufnehmen. Aber offenbar kostet es uns mehr als alles, gegen die Angst ein Stück Güte für möglich zu halten, gegen den Riesenaufwand endlosen Kämpfens und Sich-anstrengen-Müssens ein einfaches Leben der Wahrheit zu ergreifen. Die Geheime Offenbarung denkt so, und sie hat allem Anschein nach sehr recht. Die Botschaft vom Reich Gottes, der Nähe Gottes zu einem jeden von uns, ist wie der Beginn eines letzten Rasens aller Widersprüche.

Als 1942 Nazideutschland für jeden Denkenden längst besiegt sein mußte, brach doch der Krieg in einer unvorstellbaren Wucht erst richtig los und forderte in den drei weiteren Jahren weit mehr Opfer, als er bis dahin bereits aufgezehrt hatte. So ähnlich wird. die Wahrheit, die richtige Ahnung unseres wirklichen Wesens in uns und um uns alle

Gegensätze und Widersprüche überhaupt erst auf den Plan rufen. Man muß sie durchkämpfen, und man kann es: mit dem Bild des Auferstandenen vor Augen.

Unendlich nahe kann Gott uns heute sein. Das einzige, was immer wieder dagegen sprechen mag, ist die Schwermut und Schwerfälligkeit unseres Herzens, unser Mangel, an uns selber und an Gott zu glauben, der uns begleitet in Zeit und Ewigkeit. Schon steht seine Gestalt vor uns, mächtig, die Pforten der Hölle zu öffnen und zu schließen, den Tod der Seele zu besiegen durch die Macht des Vertrauens und der Güte.

Es ist ein wahres Bild der Osterszene, das die Ostkirche malt: Jesus sei zwischen Karfreitag und Ostern hinabgestiegen in die untersten Zonen der Hölle, um alle Verstorbenen bei der Hand zu nehmen, die Gräber zu öffnen und einen jeden durch die Berührung seiner Hände heraufzuführen zum Licht. Daß die ganze verbleibende Geschichte der Welt etwas davon wahrmachen möge, ist die Hoffnung des Christentums, daß alle Widerstände dagegensprechen, die sichere Gewißheit. Aber dazwischen, zwischen der Grausamkeit des Realen und unserer Hoffnung auf das Göttliche, bewegt sich unser Leben, immer wieder geängstigt und dennoch voller Zuversicht, immer wieder in Frage gestellt und dennoch bestätigt und getragen, dem Tode nahe und doch dem Leben verschwistert. Denn Gottes sind wir in Zeit und Ewigkeit. Er ist der Anfang und das Ende und Schutz und Begleiter auf dem Weg zwischen den Ufern.

Zum dritten Sonntag der Osterzeit

Danach erschien Jesus selbst abermals den Jüngern am See von Tiberias. Er erschien ihnen so: Beisammen waren Simon Petrus, Thomas – der »Zwilling« genannte – und Natanaël von Kana in Galiläa, die Söhne des Zebedäus und zwei andere von seinen Jüngern. Sagt Simon Petrus zu ihnen: Ich gehe fischen. Sagen sie zu ihm: Wir kommen auch mit dir. Sie gingen hinaus und stiegen ins Boot. In jener Nacht aber fingen sie nichts. Als es schon Morgen wurde, stand Jesus am Ufer. Die Jünger wußten freilich nicht, daß es Jesus war. Sagt Jesus also zu ihnen: Kinder, habt ihr etwas zu essen? Antworteten sie ihm: Nein! Er aber sprach zu ihnen: Werft das Netz auf der rechten Seite des Bootes aus und ihr werdet finden. Nun warfen sie aus, und waren nicht stark genug, es zu schleppen wegen der Menge der Fische. Sagt jener Jünger, den Jesus liebte, zu Petrus: Der Herr ist es! Als nun Simon Petrus hörte, es sei der Herr, gürtete er sich den Überwurf – er war ja nackt – und warf sich in den See. Die anderen Jünger aber kamen mit dem Boot, denn sie waren nicht weit vom Land – nur etwa zweihundert Ellen. Und sie schleiften das Netz mit den Fischen. Wie sie nun an Land gestiegen, erblicken sie ein Kohlenfeuer angelegt, und Fisch darauf liegen und Brot. Sagt Jesus zu ihnen: Bringt von den Fischen, die ihr eben gefangen habt. Simon Petrus stieg herauf und schleppte das Netz an Land, voll mit großen Fischen – hundertdreiundfünfzig. Und obwohl es so viele waren, riß das Netz nicht. Sagt Jesus zu ihnen: Kommt, nehmt das Mahl. Keiner der Jünger wagte, ihn auszuforschen: Wer bist du? Sie wußten, daß es der Herr ist. Jesus geht und nimmt das Brot, gibt es ihnen, und den Fisch desgleichen. Das war schon das dritte Mal, daß Jesus den Jüngern erschien, nachdem er von den Toten auferweckt war.

JOH 21,1–14

Die dritte Erscheinung Jesu – am See – spielt eigentlich in unserer Zeit, nicht mehr in der Zeit der Jünger damals. Wenn wir ihre Namen hören, so mit der Absicht, daß wir selber uns mit unserem eigenen Namen in ihre Schar einreihen und dieselben Erfahrungen und Erlebnisse in unserem eigenen Leben aufzufinden und mitzuvollziehen versuchen. Denn dies ist eine Erzählung, die für alle Zeiten sagen möchte, wie wir Jesus finden, als einen, der den Tod überwindet und unser Leben reich macht.

Tatsächlich treffen wir die Jünger bei ihrem alltäglichen Tun an. Es ist erfolglos, eine lange, nicht endende Nacht voller Bemühen und ohne Ertrag. Wie lange solche Zeiten in unserem Leben währen mögen, wissen wir nie vorher, und oft braucht es schon eine sehr lange Zeit, ehe wir überhaupt merken, wie leer unsere Netze sind. Fragte man uns, warum wir all das tun, so müßten wir mit den Jüngern sagen: »Wir sind halt mit im gleichen Boot, wir machen auch mit. Irgendein Petrus hat uns gesagt, er tue es so, und wir sind mit dabei. Frag uns nicht, warum.«

Aber was Nacht ist und See, ist in der Sprache der Bibel als Bild unmißverständlich. Es ist, daß wir weder Aussicht haben noch Zukunft. Es ist, daß in diesem Lebensgefühl alles wie dunkel ist und die Erde unter uns und rings um uns wie ein Abgrund. Jahre können so dahingehen. Es mangelt nicht an Fleiß, nicht an Tüchtigkeit, ja vielleicht ist dies, äußerlich betrachtet, sogar ein richtiges und rundes Leben. Nur wir selber wissen besser, wie leer und wenig substanzhaltig diese Art zu existieren ist. Spätestens wenn es uns zu dämmern beginnt, in der Art eines neuen Sonnenaufgangs, müssen wir Bilanz machen. Es ist, wie wenn wir vom anderen Ufer her gefragt würden, was wir mitgebracht haben. Immer, wenn Gott im Neuen Testament Fragen an den Menschen richtet, geht es darum, in den Stunden, in denen alles darauf ankommt, die Wahrheit zu finden. Diese Fragen sind oft penetrant, nicht abzuschütteln in vielen schlaflosen Nächten, und für gewöhnlich werden wir alles daransetzen, wenn's nur irgend geht, uns weiter etwas vorzumachen. Auf die Frage, wie es uns geht und was wir zum Essen mitgebracht haben, werden wir versuchen, all die alten Flunkergeschichten noch einmal zu verkaufen. Deshalb ist es so wichtig, daß Jesus, ehe er diese Frage stellt, die Jünger mit einem Wort anredet, das wie unpassend erscheint: »Kinder«. Aber es ist unerhört wichtig. Es ist eine Anrede, die den Jüngern versichern möchte: Ihr könnt damit aufhören, weiter großzutun und die großen Leute und großen Macher zu spielen. Es ist euch erlaubt, ehrlich zu sein.

Man sagt von dem, was heute Psychotherapie heißt und was vielleicht und hoffentlich eines Tages ein allgemeiner Umgang miteinander ist, sie bestehe darin, einem Menschen zu erlauben, noch einmal wie ein Kind sein zu dürfen und alles, was in der Kindheit war, durcharbeiten zu können. Ganz sicher ist richtig, daß wir zur Wahrheit nur imstande sein werden, wenn wir alles sagen dürfen, ohne Angst vor Zensur und vor Blamage. Was auch bleibt den Jüngern anderes übrig? Nichts gibt es, worüber sie verfügen. Und dies soll nun einmal nicht eine demütige Selbstoffenbarung sein, sondern der Anfang eines neuen Lebens, wirklich der Beginn eines Sonnenaufgangs vom anderen Ufer her.

»Werft«, spricht diese Gestalt, die die Jünger zunächst nicht erkennen, »eure Netze an der rechten Seite des Bootes aus.« Deutend müßte man sagen: Versucht, euer Leben bewußt zu ergreifen, so daß es gilt. Rechts ist die Seite, die uns vom Verstand her, vom bewußten Erleben, vom Wortgebrauch her zugänglich ist, entsprechend den Nervenbahnen unseres Gehirns. Zur rechten Seite das Netz auszuwerfen bedeutet, all die Dinge, die waren, noch einmal durchzugehen, sie sich klarzumachen und das Leben in die Hand zu nehmen, nicht mehr weil irgendwelche anderen so tun und vormachen, sondern aus innerer Überzeugung, beauftragt vom anderen Ufer. Es erfüllt sich unser Leben mit Sinn, wenn es so geschieht. Nur: wir selber müssen wissen, was wir tun, mit welchem Ziel wir's tun, und es ist ein unendlicher Unterschied, ob wir leben im dumpfen Sklavengehorsam anderen Menschen gegenüber oder angeredet von der Gestalt am anderen Ufer.

Was wissen wir von Gott, und wie erkennen wir ihn? Es ist ein Paradox dieser Geschichte, daß die Jünger Jesus nicht erkennen, als sie in seiner Nähe sind, daß aber der Jünger, der ihn liebt, auf dem See, kaum daß die Netze sich füllen, ganz sicher weiß: Es ist der Herr. – Soll man denken dürfen, daß, wenn unser Leben anfängt, reich zu werden, und sich ein Glück zu sammeln beginnt, wir dann um so besser spüren und erkennen, wie nah uns Gott ist? Es gibt viele Worte, die wir von Jesus gelernt haben; alle können wir vollziehen wie etwas von außen Bestimmtes. Aber wer er wirklich ist und daß er wirklich lebt, werden wir bestimmt immer erst merken am Maß des eigenen Glücks. Man kann es zählen, meint dieser wunderbare Text: einhundertdreiundfünfzig Fische. Auf die Zahl an sich kommt es nicht an, aber es ist, als ob jeder von uns ein bestimmtes Maß des Glücks hätte, so daß mehr davon ihn zerrisse und weniger davon ihn leer lassen müßte. Dieses Maß an Glück förmlich zählbar zu erfahren und sich selber darin ganz zu finden, ausgefüllt bis zum Rand, ist wie die Bedingung dafür, Gott zu erkennen und zu wissen, wer Jesus ist.

Man hat dem Christentum und jeder Form von Religion oft vorgeworfen, sie stellten eine Art von Weltflucht dar, ein Träumen von anderen Ufern. Das ist nicht wahr. Es gibt die Menschen von der Art des Johannes – und ein Teil von ihnen lebt, Gott sei Dank, in jedem von uns –, die sehen wie mit geschlossenen Augen, intuitiv. Es gibt auch die Leute von der Art des Petrus, und, Gott sei Dank sind wir das auch, die, kaum daß sie hören, was es zu sehen und zu wissen gibt, sich Hals über Kopf in den See werfen, das Obergewand gegürtet. – Es ist wahr, daß wir uns dieser Welt mit Haut und Haar überlassen können, überlassen dürfen. Sie ist aber ohne das Wissen vom anderen Ufer ein Abgrund, der uns in die Tiefe saugt. Wenn freilich feststeht, daß der Abstand nur zweihundert Ellen beträgt, trägt uns dieses Wasser, und die Welt wird vertrauenswürdig. Es ist der Glaube, der lehrt, dieses Leben zu bestehen, und wir müssen die Entfernung von dem, was wir erhoffen, kennen, um alles wagen und auf jede Sicherheit verzichten zu können.

Man hat dem Christentum und jeder Form von Religion ferner entgegengehalten, sie entwerteten den Menschen: Wenn es Gott gibt, den absolut Vollkommenen, den ganz und gar Allmächtigen, den in ewigem Glück Befindlichen, wozu braucht es dann noch uns Menschen, schwach und armselig, mit all dem Durcheinander von Nacht, Verzweiflung und Leere? – Die Wahrheit ist, wie dieser Text sie schildert, daß gerade das Glück dazu bestimmt ist, sich mitzuteilen. Wohl stimmt es, daß die Jünger am anderen Ufer alles, wie vorbereitet, fertig finden, und einen Moment lang könnte man glauben, sie hätten all die Fische gar nicht mitzubringen brauchen, weil die Mahlzeit ja schon bereitsteht. Aber ist dies nicht so, wenn wir glücklich sind? Die entscheidenden Momente unseres Lebens, wo wir buchstäblich ein Stück vom Himmel auf Erden spüren, sind gerade nicht die, in denen wir selber etwas hätten machen können. Es sind die Augenblicke, in denen wir etwas finden, antreffen, wie begnadet sehen, und dies entwürdigt und entwertet uns nicht, im Gegenteil. Es läßt in dem Gefühl der Dankbarkeit uns selber all die eigenen Möglichkeiten und alles, was wir selber mitbringen, viel reicher noch ins Spiel bringen.

Was die Jünger auf dem See nicht oder nur mit Mühe fertigbrachten: die Netze einzuholen, geschieht vom Ufer aus durch einen Einzelnen, durch Petrus allein. Schwebend und verhalten sind all die Dinge, die wir davon sagen können. Sie unterscheiden sich in nichts von unserem ganz gewöhnlichen und alltäglichen Leben. Sie unterscheiden sich nicht von jeder Meßfeier, die wir miteinander begehen. All diese Erfahrungen von Leid und Leere, von Not und Tod bringen wir mit, eh' wir den Anruf hören, der uns meint und uns auffordert, richtig zu leben. Und wir kehren dorthin zurück, wo unser Leben ist, von wo alle Fragen ausgehen und wo unser Reichtum wohnt. Dann aber ist es wie in diesem Bild, daß Jesus immer wieder kommt, so gegenwärtig er uns auch sein mag, daß er kommt, das Brot bricht und unter uns weilt. Und niemand von uns wagt zu fragen: »Du, wer bist du?«, weil man doch weiß: Es ist der Herr.

Es gibt eine Form des Vertrauens und der Liebe, die verletzt würde durch weitere Nachforschung und ein weiteres Sammeln von Gewißheit. Es gibt Punkte der Nähe, die gelten, jenseits aller Zweifel. Dies ist es, worum die frühe Kirche betete, wenn sie immer wieder mit den Worten des Herrn ihn selbst anflehte: »Komm, Herr – Maranatha!« Im Zeichen der Eucharistie begehen wir's, und als Hoffnung tragen wir's in unserem Herzen. Es wird ein Sonnenaufgang sein, wenn das Boot der Sonne am anderen Ufer landet. Und der Herr wird dort stehen und auf uns warten. Er wird unsere leeren Hände füllen und uns unser Leben zu betrachten lehren als einen sich vollendenden Lauf, der reich geworden ist, weil er sein Maß beiträgt zum Segen der Welt.

Als sie nun Mahl gehalten, sagt Jesus zu Simon Petrus: Simon, Sohn des Johannes, liebst du mich mehr als diese? Sagt er zu ihm: Ja, Herr! Du weißt, daß ich dir Freund bin. Sagt er zu ihm: Hüte meine Lämmer! Abermals sagt er zu ihm, das zweite Mal: Simon, Sohn des Johannes, liebst du mich? Sagt er zu ihm: Ja, Herr! Du weißt, daß ich dir Freund bin. Sagt er zu ihm: Weide meine Schafe! Sagt er zu ihm das dritte Mal: Simon, Sohn des Johannes, bist du mir Freund? Betrübt ward Petrus, daß er zum dritten Mal zu ihm gesprochen hatte: Bist du mir Freund? Da sagt er zu ihm: Herr, alles weißt du. Du erkennst doch, daß ich dir Freund bin. Sagt Jesus zu ihm: Hüte meine Schafe! Wahr, ja wahr ists, ich sage dir: Als du jünger warst, hast du dich selbst gegürtet und gingst den Weg, wohin du wolltest. Doch wenn du alt geworden bist, wirst du deine Hände ausstrecken und ein anderer wird dich gürten und führen, wohin du nicht willst. JOH 21,15–18

Wenn wir auf unser Leben, soweit es sich uns bis heute darbietet, zurückblicken und uns fragen, was wir getan haben und worin der Sinn von dem lag, was wir gewesen und geworden sind, werden wir vermutlich herausfinden, daß es bestimmte Knotenpunkte unserer eigenen Entwicklung gibt, an denen sich verdichtet, worauf es wirklich ankommt. Solche Knoten- und Verdichtungsstellen sind fast immer diejenigen Augenblicke, in denen wir uns am meisten in Frage gestellt fühlten, und es zeigt sich, daß jeder Reifungsschritt identisch ist mit geheimen Fragen an unser Wesen, an uns als Personen. Grade so wird man dieses Gespräch zwischen Jesus und Petrus verstehen müssen. Es sind Stationen einer Kette von Fragen, die nicht in einem einzelnen Augenblick, sondern entlang den Stufen des ganzen Lebens an uns gerichtet werden, stellvertretend in der Gestalt des Petrus. Der Inhalt aller Fragen läuft im Grunde auf ein einziges hinaus: Es ist die Frage nach der Fähigkeit und der Art unserer Liebe. Immer wenn Gott uns fragt, sind es beunruhigende, nie endgültig zu beantwortende Fragen, die sich bei Tag und bei Nacht unabweisbar aufdrängen mögen. In der Jugend mag es uns noch scheinen, als wenn wir relativ klar und selbstbewußt auf derartige Infragestellungen zu antworten vermöchten. Wir glauben uns zu kennen, wir sind uns relativ zuverlässig, und die eigene Erziehung und unser Weltbild belehren uns dahin, daß es geradezu der Ausweis eines rechten Mannes, einer rechten Frau sei, über sich selber und die eigenen Absichten bündig und schlüssig Auskunft geben zu können. So tut es Petrus hier: »Du weißt, Herr, daß ich dich liebe.« Und er selber glaubt es auch zu wissen. Da ist zwischen Aussage und Person kein Raum für Zweifel, Angst und Unsicherheit.

Natürlich läßt sich nicht überhören, daß es im Grunde bei diesen Fragen Gottes an unser Leben an dieser Stelle auch um so etwas geht wie die Begründung der Kirche. Das Gespräch am Ufer des Sees Gennesaret findet nach Tod und Auferstehung Jesu statt, am ursprünglichen Schauplatz des Wirkens und Redens Jesu. Es ist gewissermaßen eine späte, verborgene, schwebend visionäre Sprache, auf welche sich die Kirche gründet. Aber dann ist es mehr als erstaunlich, es ist eine Umwälzung all dessen, was wir sonst kennen, wenn wir zur Grundfrage, zur Legitimation von allem, was sich Kirche und Leitung in der Kirche nennt, diese *Frage* hören: »Liebst du mich?« Jede menschliche Gruppierung sonst gründet sich auf die Stärke ihrer Führer. Derjenige steht in ihr an der Spitze, der durch den Einfluß seiner Macht am überzeugendsten möglichst große Menschengruppen unter dem Befehl seiner Herrschaft vereinigt. Kraftvolle, durchsetzungsfähige, machtbewußte, klug planende und zielvoll handelnde Persönlichkeiten gestalten die Weltgeschichte. Sie sind der Ausweis für Tüchtigkeit und Erfolg. So geht es zu in jedem Staat, in jeder Interessengruppe, in jeder Jugendbande an der Straßenecke. Jesus soll in einer geistigen Schau seiner Gestalt am Morgen im Aufdämmern der Sonne am Ufer des Sees Gennesaret gesagt haben, in seiner Kirche dürfe nur derjenige sich als Leiter verstehen, der sich durch Liebe auszeichne; sie sei das einzige, was in seinem, des Christus, Sinne legitimerweise Macht haben dürfe über Menschen. Es ist eine Sprache, in der sich alles umkehrt, was in den Begriffen sonst lebendig ist.

»Liebst du mich mehr als diese?« – Das ist eine Frage im Umfeld von Konkurrenz und Vergleich. Man kann sonst nach bestimmten Maßstäben festlegen, wer besser ist, mächtiger im Sinn der äußeren Verfügungen erscheint. Wenn Jesus in solchem Komparativ nach der Liebe fragt, mutet es aberwitzig an. Kann jemand sagen: »Ich liebe« – und hinzufügen: »mehr als ein anderer«? Bringt es nicht förmlich die Liebe in ihrem Wesen gegen sich selber auf, Maßstab von Vergleich und Konkurrenzkampf zu werden? Es ist, wie wenn Jesus das gesamte Denkgefüge, die Voraussetzungen, die wir uns normalerweise geben, in der Art seiner Frage aufgreifen wollte, nur um sie zu überwinden. Es geht am Ende nicht darum, ob Petrus *mehr* liebt, es geht darum, ob er überhaupt versteht, was Liebe ist.

Unsere deutsche Sprache ist fast armselig in dem, was im menschlichen Leben das Wichtigste ist. Wir haben für das gesamte Spektrum unserer menschlichen Gefühle nur dieses eine, armselige Wort: »Liebe«. Wir können es noch ein bißchen differenzieren, und dazwischen liegt oft die ganze Spannweite zwischen Himmel und Hölle in der Begegnung unter Menschen: »Ich habe dich lieb – ich liebe dich.« In der Sprache des Neuen Testaments, dem Griechischen, wird unterschieden zwischen der »agape«, der christlichen Liebe des Umgangs miteinander, und der »philia«, der freundschaftlichen Liebe von Person zu Person. Wonach Jesus zunächst fragt, ist diese Liebe des rechten Umgangs, lateinisch »caritas«. Es wäre schon viel, könnten wir eine Art Sensibilität finden, mit der wir einander nicht weh tun und einander helfen, zu sein und zu werden, was wir sind. Nach ihr fragt Jesus seinen Jünger zweimal. Und der antwortet mit der Freundschaftsliebe. Es ist, als wenn er sagen wollte: »Herr, ich habe keine Garantie dafür, daß ich alles richtig mache, aber ich bin mir meiner Gefühle doch bewußt, und ich möchte sagen dürfen: Du selber schaust in mein Herz, und du weißt, daß ich dir auf das herzlichste zugetan bin, daß ich dein Freund bin und sein möchte.« Für viele Jahrzehnte unseres Lebens wird diese Antwort gültig sein. Es ist viel wert, wenn wir uns unsere Motive selber glauben können. Was dann im Äußeren an Irrtum und Fehlern, mitunter sogar an Vergehen und Schuld über unser Leben kommen mag – es gibt doch einen unzerstörbaren Kern, wenn wir sagen können: »All das geschah aus einem Antrieb der Liebe, wir meinten es gut.« Es geht bis an die Grenze des Furchtbaren, wenn Jesus im dritten Anlauf an den altgewordenen, an den reifer gewordenen, an den in Erkenntnis um sich selbst gewachsenen Petrus die Frage richtet, die auch dieses Wissen von Freundschaft noch in Frage stellt. Jetzt gebraucht Jesus selber das Wort: »Bist du mir Freund?« – Liebst du mich wirklich – im Sinne der persönlichen Zuneigung?

Es ist, als würde Petrus an dieser Stelle alles genommen, und mir will scheinen, daß dieses Fragen aus dem Munde Gottes, dieses reifende Unsicherwerden an der eigenen unerschütterlichen Festigkeit im Sinne dieses Evangeliums jenes Maß an Vorsicht, Güte, Weisheit und Verstehen im Umgang mit anderen Menschen förmlich zur Voraussetzung hat, so daß man erst von daher im Sinne Jesu sagen könnte, was ein Leiter in der Kirche ist und sein sollte. Mögen im Raum der Politik die selbstgewissen Charaktere die Oberhand haben, in der Kirche Christi sollten es die Vorsichtigen, die Behutsamen, die Geduldigen sein. Es ist mit Bezug auf dieses Evangelium die Frage, was wir überhaupt wollen und was wir aus der Botschaft Jesu gemacht haben. Mit Berufung auf die Stellvertreterschaft des Petrus wurde schon im elften Jahrhundert unter Papst Gregor VII. das Stellvertretertum Christi auf Erden mit dem absoluten Anspruch auf Wahrheit verbunden, und wenig später konnte Papst Innozenz III. die Macht Roms in Worte kleiden: Ein Kleriker hat dem Papst zu gehorchen, selbst wenn dieser Böses befiehlt, denn niemand ist Herr über den Papst. Da ist zwischen Macht und Wahrheit überhaupt kein Unterschied mehr. Da setzt sich die Macht selber unverhüllt als die Wahrheit. Da wird der Zentralismus der Machtperson Grundlage und Quelle jedes denkbaren Rechtes. Da ist der Führer der oberste Gerichtsherr. So konnten die römischen Cäsaren denken, und so ist es selbst in die Kirche Roms eingedrungen; aber wie fern ist das von der sanften Lenkung von Menschen einzig durch die Zauberkraft der Liebe! Wie Jesus sie dachte, sagt er im Johannesevangelium: »Ich kenne die Meinen bei ihrem Namen.« Es ist, daß man das Wesen von Menschen in der Kraft der Liebe so kennenlernt und anzuerkennen und zu schätzen imstande ist, daß keine Lenkung von außen mehr, kein Druck mit Befehl und Gehorsamszwang Menschen einordnen muß, sondern daß, wer lange genug zugehört hat, ausspricht, was im Herzen der Menschen lebt. Dann folgen sie nicht einem Fremden, sondern sich selbst, und so zu sein wäre Kirche.

Solange wir jung sind, gilt es, zu handeln, uns durchzusetzen, aktiv zu gestalten. Je reifer wir werden in Sachen Christi, desto leiser – fast unhörbar – werden seine Fragen, desto sensibler wird unser Leben, und es beginnt ein Gehorsam von innen. Dieses Schwebende ist eine Art, zu lenken, wie die Sonne lenkt, wenn sie die Blumen, die Blätter, die Bäume, die Augen der Menschen durchflutet. Sie ist mächtiger als jede Kraft der Erde, sie richtet auf, sie hebt zum Licht, sie öffnet in ihrer Wärme, und diese Energie ausgesäter Entfaltung ist die einzige Lenkung, die es in der Kirche Christi geben sollte. Jesu Frage »Liebst du mich mehr als diese?« kann Petrus nicht beantworten. Er wird immer wieder und letztlich ganz und gar sagen müssen: »Herr, was ich bin, weißt du allein.« Und es wäre alles Glück auf Erden, an diesem Wissen Gottes um uns teilzuhaben.

ZUM VIERTEN SONNTAG DER OSTERZEIT

Wahr, ja wahr ists, ich sage euch: Wer nicht durchs Tor in die Hürde der Schafe hereinkommt – sondern sonstwoher darübersteigt – der ist ein Dieb und Räuber. Wer durchs Tor hereinkommt, der ist Hirt der Schafe. Dem öffnet der Torwächter. Und die Schafe hören auf seine Stimme. Und er ruft seine Schafe Namen um Namen, und führt sie hinaus. Wenn er die Seinen alle hinausgetrieben, geht er vor ihnen her. Und die Schafe folgen ihm: denn sie kennen seine Stimme. Einem Fremden aber werden sie nimmermehr folgen, sondern sie fliehen vor ihm, da sie des Fremden Stimme nicht kennen. Diese Hüllrede sprach Jesus zu ihnen. Sie aber erkannten nicht, was es war, das er ihnen sagen wollte.

Jesus sprach nur abermals zu ihnen: Wahr, ja wahr ists, ich sage euch: Ich bin das Tor zu den Schafen. Alle, die vor mir gekommen, sind Diebe und Räuber. Aber die Schafe hörten nicht auf sie. Ich bin das Tor! Geht einer durch mich hinein, so wird er gerettet. Und er geht ein und aus und findet Weide. Der Dieb kommt zu nichts als zum Stehlen, zum Schlachten und Zugrunderichten. Ich bin gekommen, daß sie Leben haben – ja es haben überreich. JOH 10,1–10

Wer in der Antike vom guten Hirten reden hörte, dachte an den einen Führer des Volkes, den König und seine Macht. Er war es, der den Stab in Händen hielt, die Gemeinschaft all seiner Untertanen zu leiten und zu lenken. Sie galten für nichts ohne ihn. Er war ihr Kopf, ihre Mitte, ihr Herz, so daß kein Befehl etwas galt, er kam denn vom König, und daß kein Wort heilig war, es kam denn von dem Mächtigen. Es muß Jahrhunderte und Jahrtausende gedauert haben, daß man im Schatten der erhobenen Hand der Regierenden sich beugte und im Gehorsam zu ihnen Frieden, Gerechtigkeit und so etwas wie ein selbstverständliches Glück erfuhr.

Es ist ein unerhörter Wendepunkt gewesen, daß ein kleines Volk ehemaliger Nomaden, eingedrungen ins Deltagebiet des Nils, sich nach Jahrhunderten der Unterdrückung auf sein Vätererbe besinnt und bei Nacht aufbricht in seine Freiheit. Mit einem klaren Nein und einem

heftigen Protest dichtet Israel in den Gebeten und Liedern seiner
Psalmen:
Der Herr ist mein Hirte.
Nichts wird mir fehlen.
Er weidet mich auf grüner Au.
Und müßt' ich auch gehen durch Todschattenschlucht,
so fürcht' ich kein Unheil,
denn du bist bei mir.
Einzig von Gott sollten Menschen so sprechen dürfen, und kein
Mensch sollte wagen, Gott im Lichte zu stehen mit der Vermessenheit
seiner Weisungen oder der Unweisheit seines Dünkels. Die Aussage
über Gott springt selber über zur Anrede an Gott, denn Gott ist nichts,
wovon man sprechen könnte, kein Gegenstand, kein Etwas. Er ist
immer Gegenüber für Israel, die ewige, stets gegenwärtige, begleitende
Person. Unter ihr formt sich alles, vor allem der Atem der Freiheit und
die Größe der menschlichen Berufung.

Das Christentum versucht mit dem Text des Johannesevangeliums
zu beschreiben, was Menschen mit Jesus von Nazaret erlebt haben –
andere Erfahrungen, die dennoch nichts von dem wegnehmen sollen,
was in Israel galt. Im Gegenteil. Alles, was Jesus wollte, war, daß
Menschen wieder unmittelbar zu Gott hinfinden sollten als zu ihrem
Vater, als zu ihrem Schutz, als zu dem Ort ihres Vertrauens, ihrer Liebe
und ihrer Zuversicht. Offensichtlich brauchen wir Menschen, die uns
diesen Weg eröffnen gegen ein riesiges Lastgewicht der Unmenschlichkeit.

Wenn wir diesen Text hören, in dem die Rede ist vom Torwächter
oder Türhüter, fällt uns, am Ende des 20. Jahrhunderts, unweigerlich
eine der grausamsten, antimärchenhaften Dichtungen unserer Zeit ein,
Kafkas Roman »Der Prozeß«, dem die Erzählung »Vor dem Gesetz«
entstammt. Vor dem Gesetz steht ein Türhüter. – Es ist eine Gleichniserzählung, die beschreibt, wie Menschen im Bannkreis der Angst
daran gehindert werden, Zugang zu finden zu der Berechtigung ihres
eigenen Lebens. Ständig nötigt man sie im Namen bestimmter Anweisungen, irgend etwas zu tun, was sie selber nicht meint und was sie
persönlich kaum verstehen. Sie können machen, was sie wollen, sie
sind immer falsch, ständig draußen, immer unberechtigt. Denn immer
steht vor ihrem Leben ein anderer, der es anders weiß, besser weiß,
richtiger weiß, eine Tatarenfratze. – Wie alt muß man werden, um

diesen Spuk zu beenden? Kafka meint: Man wird darüber sterben, solange die Angst mächtig ist im Menschen. Man wird am Ende hören, daß man an der richtigen Tür geklopft hat – aber wie findet man den Eingang? Es ist eine Frage auf Leben und Tod.

Jesus wollte, daß wir Zugang hätten zu unserem Leben unter den Händen und den Augen Gottes. Wenn er vom Türhüter spricht, meint er keine fremde Zollstätte, die man unter den Blicken irgendwelcher Fremdbeamteter passieren müßte, sondern unser eigenes Herz hätte ein so sensibles Organ, zu wissen, wann man die Tür des Herzens weit aufschließen darf und wann nicht, und das sei das wirkliche Kriterium im Umgang mit Menschen, grade wenn von Gott die Rede ist. An dieser Stelle zeigt sich, was wirklich passiert und wie es gemeint ist. Wenn sich die Tür des Herzens wie zwanglos, wie von allein öffnet, ähnlich den Blättern einer Blume im Morgenlicht, dann kann man sicher sein, daß hier Gott am Werke ist. Wenn irgend es Schleichwege und Umwege braucht, wenn mit Brachialgewalt eingedrungen werden soll, dann kann man sicher sein, im Namen welcher feierlichen Begriffe auch immer, daß hier nichts, aber auch gar nichts von Gott geschieht.

Es ist die Frage, was man am Ende will. All die Herrscher der Völker möchten große Menschengruppen organisieren, verwalten und leiten. Immer haben sie die Verantwortung für das Ganze, stets ist es ihnen um *alle* zu tun. Es ist genau das Gegenteil von dem, was mit Israels Glauben an Gott begann und was sich in der Person Jesu fortsetzt: Es soll um jeden Einzelnen gehen, um *seinen Namen,* denn es gibt ihn nur ein einziges Mal, auf der ganzen Welt nur ein einziges Mal, und Gott möchte, daß dieser Name sich ausspricht in seinem Munde.

Das Johannesevangelium verdichtet hier mit ein paar lapidaren Worten, was sich in den anderen Evangelien, vor allem in den Wundererzählungen, breit ausfaltet. Menschen sind oft so, daß sie gar nicht zu sagen wissen, wie sie heißen und wer sie sind. So sehr hat man ihr eigenes Bewußtsein, ihr Gefühl für sich selber und das Bestimmungsvermögen in den Belangen des eigenen Lebens zerstört. Wie oft war es, daß Jesus Menschen seine Hände auflegte und es in ihrem Kopf und in ihrem Herzen sich zu regen begann, wie wenn ein ganzer Spuk von bösen Geistern ins Weite getrieben würde, und daß Menschen sich selber zurückgegeben werden konnten. Wie viele Wege muß man mit Menschen gehen, ehe sie nach Hause finden?

Einzig diese Begleitung eines jeden Menschen dorthin, wo er zu

Hause ist, verstand Jesus unter seinem Hirtenamt. Es geht um eine solche Wechselseitigkeit des Vertrauens. Jeder Mensch weiß im Grunde, ob der andere ihn meint oder ihn benutzen will, ob es dabei um sein Leben geht oder ob er verwendet werden soll als Figur in irgendeinem Spiel für irgend etwas, um Macht, Geltung, Ansehen. Man kann Menschen eigentlich nicht führen, indem man sie an die Hand nimmt, wie wenn man sie schubsen, drangsalieren, korrigieren, zurechtstauchen müßte. Man kann Menschen nur führen, indem man ihr Innerstes wachruft und etwas längst Bekanntes, wenngleich tief Verborgenes so zur Sprache bringt, daß sie sich darin wiedererkennen. Ein solcher Hirte kommt niemals von fern, ist niemals wesensfremd, sondern spricht in Ureigenstes. Das ist, was Israel wollte, wenn es zu seinem Kerngebot machte: Du sollst keine fremden Götter verehren. Nichts, was nicht dein Herz betritt wie etwas längst Vertrautes, kommt von Gott zu dir. So bei Gott selber, so unter den Menschen. Einzig so wahrt sich die Menschlichkeit der Freiheit. Es ist ein Dialog des Vertrauens und der Liebe, den das Johannesevangelium beschreibt, und die ganze Art Jesu steht dafür als Inbegriff.

Man kommt nicht umhin, zu verstehen, warum die Jünger all diese Bildreden nicht begreifen. Es scheint schon zur Zeit des ausgehenden 1. Jahrhunderts nach Christus, zur Zeit der Kirche des Johannes, die Frage zu sein, wie man denn mit Berufung auf Jesus Menschen führen könne. In alle Zukunft wird Jesus der Maßstab für das sein, was wir miteinander machen, auch für das, was wir in der Kirche mit uns machen lassen. Ein Hirtenstab läßt sich so oder so benutzen, nach dem Modell der alten Pharaonen und der gottgleichen Machthaber oder in der Weise des Hirtenstabs Jesu. Es bleibt bis in die letzten Worte Jesu hinein die entscheidende Alternative gegenüber seinen Jüngern: »Ihr wißt, daß die scheinbar Mächtigen sich Wohltäter nennen, aber sie willküren herunter auf ihre Untertanen. Bei euch soll das nicht so sein, sondern wer unter euch groß sein will, der sei aller Letzter und aller Diener.« Darum kann Jesus hier sagen: »Ich bin die Tür.« Anders als auf seine, auf diese Art wird man zu Menschen nie Zugang finden. Man kann menschliche Gruppierungen mit Gewalt vermehren, man kann Steuern eintreiben, man kann den Apparat der Verwaltung hochzüchten, aber Menschen beggnen nach der Weise Jesu vermag man nur durch Anruf des Namens des anderen, indem man ausspricht, wer er ist, was in ihm lebt und, noch viel mehr, was in ihm leben möchte.

Zum vierten Sonntag der Osterzeit

Ich bin der gute Hirt. Der gute Hirt setzt sein Leben ein für seine Schafe. Der Lohnknecht – der ja kein Hirt ist, dem die Schafe zu eigen gehören – schaut, wie der Wolf kommt, verläßt die Schafe und flüchtet. Und der Wolf raubt und versprengt sie. Denn, wer Lohnknecht ist, kümmert sich nicht um die Schafe. Ich bin der gute Hirt. Und ich kenne die Meinen, und die Meinen kennen mich – so wie mich der Vater kennt, und ich den Vater kenne. Und mein Leben setze ich ein für die Schafe. Noch andere Schafe habe ich, die nicht aus dieser Hürde sind. Auch die muß ich führen, daß meine Stimme sie hören, und eine Herde werde – ein Hirt.

Darum liebt mich der Vater: Daß ich mein Leben einsetze, damit ich es abermals nehme. Keiner entreißt es mir, sondern selber – von mir aus – setze ich es ein. Ich habe Vollmacht, es einzusetzen; und ich habe Vollmacht, es wieder zu nehmen. Diese Weisung empfing ich von meinem Vater. JOH 10,11–18

Wo wohnt Gott?

Fragt man die verschiedenen Religionen, so geben sie sehr unterschiedliche Antworten.

»Gott wohnt in der Schönheit aller Dinge und Lebewesen der Natur ringsum«, antworten die Hindus.

»Gott wohnt in der Tiefe deines Herzens, wenn du dich darein versenkst bis zu dem Ort, wo die Fluten deines Herzens sich beruhigen und alles durchsichtig wird bis zum Grund«, antworten die Buddhisten.

»Gott ist jenseits der Höhe des Firmaments, das die ganze Erde einhüllt und mit seiner stählern blauen Kuppel uns unendlich überragt«, antworten die Moslems.

»Gott ist unser Begleiter und unser Ziel auf dem Weg zu einer gemeinsamen Menschlichkeit, zu einer Weltbrüderschaft aller Völker und aller Menschen als Teilen eines Volkes«, antworten die Juden.

Wir Christen meinen und sagen dies alles auch, und dennoch fügen wir eine sonderbare, zentrale Erfahrung hinzu: Nur wenn wir einem anderen Menschen begegnen, in dessen Gegenüber wir selbst unser eigenes Wesen finden, finden wir auch zu Gott. So haben wir's gelernt in der Nähe Jesu, dem wir Gott glauben können als seinen und unseren Vater. Nur in der Nähe eines Menschen, in dessen Umkreis ein Vertrauen wächst, das sich nicht mehr erschüttern läßt durch Zweifel und Angst, gelten uns all die anderen Antworten der Religionen. Ohne solche Erfahrung blieben die Dinge der Welt ringsum leer und fremd und nähmen die zersetzten Teile unserer eigenen Seele in sich auf, verselbständigt und chaotisch. Nur in der Nähe der Liebe erhält die Welt eine eigentümliche Poesie und wird durchflutet von einem unendlichen Gesang. Ohne eine solche Erfahrung wäre unser eigenes Herz wie ein aufgepeitschtes, ruheloses Meer, ein ständiges Wogen, ein undurchdringlicher Abgrund. Nur in der Liebe beruhigt sich unser Herz und klärt sich selber und wird zum Spiegel, der Gottes Antlitz trägt. Ohne die Erfahrung eines Menschen an unserer Seite, dem wir ganz und gar vertrauen können, wären Gott und der Himmel unendlich fern von uns, und seine schweigenden Räume würden mehr erschrecken als trösten. Aber wo immer ein Mensch uns nahe ist in der Liebe, kommt der Himmel auf die Erde und ist wie zum Greifen dicht bei uns. Und nur die Liebe lehrt, den Menschen zu vertrauen bis ins Grenzenlose und sich auf den Weg zu machen zu einem gemeinsamen Ziel, ohne Trennung, ohne Feindschaft.

Diese Möglichkeit hat Christus uns im Bild vom guten Hirten gezeigt: daß das, was er begonnen hat, sich in uns fortsetze und wir einer des anderen Hüter würden, Weggefährte und Begleiter. Es ist die wunderbare Fähigkeit, die Christus als seine Art der Hirtenschaft hinstellt: ein jedes aus seiner Herde rufen zu können bei seinem Namen. Denn ein jedes kennt er, und so hört es seine Stimme, und es kennt ihn, den Leiter und Begleiter seines Lebens. Etwas Schöneres wird man über den Umgang von Menschen miteinander nicht sagen können, als daß es gelingt, den anderen bei dem Wort zu rufen, das in ihm lebt seit Ewigkeit. Kein Mensch kommt auf diese Welt, es hätte denn zuvor Gott etwas an sich Unaussprechliches mit dem Atemwind der Ewigkeit über den Staub geflüstert. Unsere Ohren aber sind, vermöge der Liebe, imstande, dieses leise Wort zu hören. Unsere Augen, geöffnet von der Liebe, sind imstande, die geheime Gestalt wahrzunehmen, die dieses Wort ins Dasein rief. Und unser Mund ist fähig, es auszusprechen voller Zärtlichkeit. Wo immer dies so geschieht, antwortet in unserem Herzen alles, und die ganze Welt gewinnt ihre Einheit, und unser ganzes Wesen ist offen für Gott.

So muß es in der Religionsgeschichte wohl gewesen sein, daß die frühe Kirche das Bild vom guten Hirten nicht eigentlich erfunden, sondern vielmehr von der Sonnenreligion des Mithras-Kultes auf Christus übertragen hat, wie um zu sagen: Ganz so stimmt es, so haben wir's gelernt. Wenn wir einander begleiten auf dem Weg des Lebens und dabei zugleich in die Fußstapfen Jesu treten, vermögen wir einander alle Wärme und alles Licht der Sonne zu schenken, denn unser Herz wird hell. Wir dürfen leben, was Christus in der Bergpredigt uns ans Herz legte: Wenn deine Schwester, wenn dein Bruder dich bittet, du mögest mit ihm eine Meile Weges gehen, geh zwei mit ihm. Und Christus meinte wohl, daß wir aus lauter Scheu und Scham uns selten trauen, zu sagen, wieviel wir brauchen und was wir nötig haben, und doch wären wir imstande, tiefer zu vernehmen und sogar noch jenseits der ausgesprochenen Wünsche das Unausgesprochene mit zu empfinden und zu tun. Denn wir sind imstande, einander grenzenlos Weggefährte zu sein. Unendlich ist unsere Berufung und grenzenlos die Weite der Welt. Sie grenzt im Horizont an die Ewigkeit.

Man mag sagen: Was vermögen wir Menschen schon? Ein winziger Anhauch des Todes, und es gibt uns nicht mehr. Welche wesentliche Gefährdung des Lebens können wir ändern?

Dies können wir Menschen hier auf Erden füreinander: Wir sind zwar nicht der Grund der Zuversicht, aber mit dem Vertrauen, das wir schenken, mit der Liebe, die in uns wohnt, können wir im Herzen eines anderen Menschen so viel von dem Vertrauen und der Liebe, die Gott hineingelegt hat, wecken, wachrufen und wachsen lassen, daß es durch keine Macht der Welt mehr totzukriegen ist. Denn in uns lebt ein ewiges Leben. Und Christus hat recht: Es wird keinen Augenblick mehr geben, nicht einmal den Tod, nicht einmal den Zusammenbruch der irdischen Existenz, in dem wir uns verlassen fühlen müssen. Gott wird immer bei uns sein, und wo immer wir einander begleiten, machen wir eine Gewißheit fühlbar, erlebbar, die im Glauben hinweist auf den Urgrund unserer ganzen Existenz.

Es bleibt die Frage, wieweit das Bild des guten Hirten für unseren Umgang miteinander stimmt. Es steht im Johannesevangelium zwischen zwei Möglichkeiten: dem bitteren Wort des Propheten Ezechiel über die Hirten Israels »Meine Herde weidet der Wind« und dem Zynismus der antiken Herrscher Roms, die sich gleichermaßen gute Hirten nennen ließen. Die einen walteten mit Gleichgültigkeit, und die anderen verwalteten mit Gewalt. Ständig stehen wir in der Gefahr, unseren Umgang im Pendelschlag so zu pflegen: entweder dem anderen Vorschriften tyrannischer Art zu machen oder uns von ihm abzuwenden und ihn für keiner weiteren Beachtung würdig zu erklären. Aber dies, wie wir hinfinden zur Mitte des Herzens eines anderen Menschen und damit zur Mitte der Welt, zum Herzen Gottes, ist die ganze Kunst unseres Lebens.

Wenn man uns eines Tages fragen wird, was es war mit unserem Dasein, was wir getan haben und wofür wir gewesen sind, werden wir gewiß aufzählen müssen, wo wir versagt haben aus Schwäche, Feigheit, Unwissenheit, Bequemlichkeit und wohinter wir zurückgeblieben sind. Wir werden aber hoffentlich auch antworten können, daß wir uns bemüht haben, mindestens doch bemüht haben, für die Menschen, die an unserer Seite waren, etwas von der Gestalt des guten Hirten zu leben. Denn wir alle sind Schwestern und Brüder unter der Hand des ewigen, göttlichen Hirten, der uns vorangeht und dem wir folgen in jedem Werk geschwisterlicher Liebe.

Aber da stellte sich Petrus samt den Elf hin, erhob seine Stimme und tat laut ihnen kund: Ihr Männer, Juden und Bewohner Jerusalems alle! Das sei euch zu wissen getan, und nehmt zu Gehör meine Worte! Denn die sind nicht berauscht, wie ihr annehmt – es ist ja erst die dritte Stunde des Tages. Nein – dies ist das vom Propheten Joël Gesagte:
Und geschehen wird es in den letzten Tagen – sagt Gott –
Ich gieße von meinem Geist auf alles Fleisch.
Und prophetisch reden werden eure Söhne und Töchter.
Und eure Jünglinge werden Gesichte sehen,
und eure Alten Träume träumen.
Ja, auch auf meine Knechte und auf meine Mägde
gieße ich von meinem Geist in jenen Tagen.
Und prophetisch reden werden sie.
Und Wunderdinge wirke ich am Himmel droben
und Zeichen auf der Erde drunten:
Blut und Feuer und Schwaden von Rauch.
Die Sonne wird sich in Finsternis wandeln
und der Mond in Blut,
ehe kommt der Tag des Herrn –
der gewaltige und hellscheinende.
Und so wird es sein:
Ein jeder, der anruft den Namen des Herrn –
der wird gerettet.
Ihr Männer, Israeliten! Hört diese Worte: Jesus, den Nazoräer – einen Mann, von Gott euch ausgewiesen durch kraftvolle Taten und Wunderdinge und Zeichen, die Gott durch ihn getan hat in eurer Mitte, wie ihr wißt – diesen nach festgesetztem Ratschluß und Vorkenntnis Gottes Preisgegebenen habt ihr durch die Hand von Gesetzlosen hingehängt und hingemordet. Ihn hat Gott auferstehen lassen, des Todes Stricke lösend, da es nicht möglich war, daß er in seinem Griff bliebe...

Alle, die glaubend geworden, waren beieinander und hatten alles gemeinsam. Und die Güter und den Besitz pflegten sie zu verkaufen und an alle zu verteilen, wie einer es gerade brauchte. Und Tag um Tag verharrten sie einmütig im Heiligtum. Das Brot brachen sie Haus um Haus, nahmen die Zehr in Jubel und Lauterkeit des Herzens, Gott lobpreisend und in Gnade beim ganzen Volk. Der Herr aber brachte, die gerettet werden sollten dazu – Tag um Tag. APG 2,14–24.44–47

Die Reden, die der Evangelist Lukas in der Apostelgeschichte Petrus oder einen anderen aus dem Zwölferkreis sprechen läßt, enthalten nicht in geschichtlichem Sinn die Worte, die damals gesagt wurden. Sie formulieren vielmehr auf ideale Weise, was damals gesagt werden *mußte*. Diese Worte enthalten die Darlegung, wie sich der Glaube an Christus nach seinem Tode formiert und formuliert. Da geht die Rede über uns als Kirche – aber die Frage ist: Wer sind wir selber, ehe wir zu Gläubigen werden? Und schon diese Frage verschiebt alles, und wie zur Erklärung dafür ist die Rede von Christus. Doch um das eine wie das andere wirklich zu verstehen, kommt es darauf an, die gewohnten, vertrauten Denkweisen einmal ganz zurückzustellen und zu hören, wie neu, wie überraschend das eigentlich ist, wovon hier gesprochen wird.

Da spricht zu uns Petrus, und augenblicklich glauben wir sicher zu wissen, woran wir sind. Dies ist der erste Mann der Kirche, der Führer des Apostelkollegiums, also im Kern schon der römische Papst. Wenn er spricht, sind Autorität und Gehorsam, Lehramt und Unterwerfung, Hierarchie und Laien angesagt, da ist die göttliche Vollmacht an den Titel gebunden; so glauben wir. Wir müssen sehr überrascht sein, festzustellen, daß genau vom Gegenteil die Rede ist. Gemeint ist die Kirche, *wir* sind gemeint, aber so, daß von Gott gesprochen wird, wie er am Ende der Tage handelt. Da hören wir ganz richtig: ein Typ von Religion wird da geboren, wie er endgültig gemeint ist, eine erfüllte Utopie soll sich als Wahrheit setzen, und sie besteht darin, daß Gott wahrmacht, was der Prophet Joël sagte: es würde Gott seinen Geist ausgießen über *alle* Menschen. Da stimmt selbst die Anrede des Petrus »Ihr Männer« nicht mehr, da ist der Geist Gottes gemeinsam auf Frauen wie Männern, und der Unterschied der patriarchalischen Gesellschafts- und Frömmigkeitsordnung fällt dahin. Da hört man auf, zweizuteilen nicht nur zwischen den Männern und den Frauen, sondern auch zwischen den Herren und den Sklaven. Das Fundament der gesamten antiken Stadtkultur trägt nicht mehr. Gott wird auch die Menschen meinen, womöglich grade die, welche man als Knechte und Mägde zu halten beliebte. Denn das ist der Inhalt des göttlichen Geistes und die Art, ihn zu erfahren, daß Menschen begreifen, daß sie frei sind, selber geboren aus Geist, und es ist ein Ende damit, daß einer sich hinstellt vor den anderen und sagt: »Ich weiß, wer du bist; besser noch: ich weiß, was du zu sein hast; noch besser: ich weiß, wie dein Leben sich zu gestalten hat, denn ich bin die Wahrheit für dich, auf mich mußt du hören, in mir redet Gott.« Genau das Gegenteil. In einem jeden Einzelnen hat Gott etwas zu sagen, und er benötigt sein Leben, um sich einer ganzen Welt mitzuteilen. Da gibt es keine autoritären Schichtungen mehr, sondern Menschen, aus denen etwas Neues aufbricht durch sie selber, und ein jeder von ihnen redet mit der Kraft erfüllter Prophetie, seine Stirn ist unmittelbar bei Gott. Es gab so etwas in der Antike schon einmal, daß man dachte, ein Mensch könne geboren werden aus dem Gott des Geistes; ein solcher ist ein König; er ist ein Souverän; er bestimmt selber in seiner Freiheit, wer er ist und was er tut. Die Grundlagen dieses Denkens aus dem alten Ägypten trugen fast viereinhalbtausend Jahre lang bis in die Mitte des Abendlandes. Der König herrschte absolut, er war der Monarch, auf ihm ruhte die Welt, und das ganze Reich lag zu seinen Füßen. Wir haben womöglich bis zur Französischen Revolution vor zweihundert Jahren gebraucht, um diese Vorstellung abzuschütteln, aber wir hätten schon vor zweitausend Jahren begreifen müssen, daß es nicht *christlich* ist, Menschen zu gehorsamen Untertanen zu erklären. Ein jeder von uns ist etwas Königliches, ein jeder von uns ist geboren aus der Freiheit des Windes, aus der Schönheit der Sonne, aus der Weite des Himmels, aus der Offenheit der Welt, und er steht zwischen Zeit und Ewigkeit, Endlichkeit und Unendlichkeit, er ist ein einmaliges, wunderbares Wesen. Er besitzt eine eigene Würde, die ihm niemand nehmen kann. *Er ist der Souverän seines Lebens, wer denn sonst?*

Da ahnt bereits Joël selber, daß die Geburt dieses neuen Menschentyps, dieser neuen Grundhaltung nur möglich ist durch den Zusammenbruch aller Ordnungssysteme. Die Sonne wird wanken und der Mond sich verfinstern. Es wird bei Tage wie bei Nacht alles, was bis dahin Halt und Sicherheit zu geben schien, einstürzen, aber erst aus dem Untergang all dessen, was uns bis dahin Orientierungshilfe war, geht hervor, was wir sein könnten. Und genau dieser Einsturz von allem geschieht den Menschen, die wissen, daß in ihnen und aus ihrem Munde Gott selber atmet. Man kann die Probe aufs Exempel machen, wie so etwas aussieht, wenn Menschen selber zu denken beginnen und selber anfangen zu fühlen und nicht ständig gegen ihre Gefühle denken oder ihre Gefühle als Verrat an ihren Gedanken erleben, wenn vielmehr beides sich wechselseitig befeuert. Es ist eine wunderbare Erfahrung: »Eure Söhne und Töchter werden Gesichte sehen.« Da sollte eine

Generation heranwachsen, die nicht mit fünfzehn Jahren aufhört, an sich zu glauben, weil man ihr beibringt: »Was ihr gehofft habt, was ihr gewünscht habt, eure Sehnsüchte – das ist lauter pubertäres Zeug, das müßt ihr aufgeben, indem ihr erwachsen werdet, Visionen sind hier nicht gefragt, sondern Treue, Zuverlässigkeit, Akkuratesse – so wird man tüchtig; auf der Rolltreppe des Erfolges gilt es mit beiden Beinen fest zu stehen und sich langsam emportragen zu lassen, von Visionen und einer Seele mit Flügeln ist da keine Rede.« Was wäre darum zu geben, wir hätten eine junge Generation, die sich weigern würde zu überaltern, eh' daß sie überhaupt anfängt zu leben, und sie traute ihren Visionen!

Vor vierzig Jahren, am Ende des Zweiten Weltkriegs, war das eine Vision: wir könnten die Waffen verschrotten. Wir haben in der Zwischenzeit hier in der Bundesrepublik jedes Jahr im Durchschnitt mehr als dreißig Milliarden Mark ausgegeben, wir haben jedes Jahr fünfzig Millionen Verhungernde in der Dritten Welt in Kauf genommen, um unsere Sicherheit zu pflegen, das war absolut nötig. Wer damals sagte: »Hört damit auf, es ist barbarisch! Daß Menschen Menschen töten, ist nie ein gutes Gesetz, laßt das sein! Es gibt eine Vision für den Frieden!«, galt als Spinner und als Quatschkopf, er war kein Realist. Heute sehen wir, daß es so nicht geht. Und leider sehen wir's erst einmal finanziell; das ist ein Argument, ein vernünftiges, für viele Leute das einzige. Aber vielleicht erinnert uns der Zusammenbruch eines Finanzsystems in Ost und West daran, daß es auch *menschlich* ist, den Wahn zu beenden, man müsse jeden Mitbewohner dieses Planeten schätzungsweise zweihundertmal vergasen, vergiften, zersprengen können. Vielleicht ist es einfach menschlich, sich daran zu erinnern, daß wir zusammengehören. Es wäre eine großartige Vision, und sie könnte ab sofort gelebt werden, wir brauchten keine Wehrmacht mehr, keine Waffen, keine Pflichtarmee, keine Achtzehnjährigen, die fürs Töten präpariert werden.

Menschlichkeit und offene Grenzen – eine Vision, die kommen muß, wenn wir überleben wollen. Aber lernen wir, was Freiheit, Befreiung und Glück sein könnte, immer erst durch den Stoß der Notwendigkeit und durch das Leiden? Wir selber sind Menschen, warum muß uns das erst die Schraube von Finanzen und Zwängen beibringen? Unsere Freiheit könnte es uns sagen. Visionen, das wäre ein deutliches Wissen um das eigene Wesen, eine großartige Vorstellung, in uns lebte so etwas wie ein Bild von uns selber und wir könnten ihm folgen. Niemand hätte die Macht und die Fähigkeit, es zu übermalen, wir wüßten sehr deutlich, wonach wir uns sehnen, was wir von Herzen lieben, was wir unserer ganzen Natur nach sind, und wir ließen uns nicht betrügen, wir wären so zielsicher wie die Schwalben, die von Süden her über Tausende von Kilometern einfliegen zu einem ganz bestimmten Punkt, wo sie geboren wurden, dorthin zurück, zu einem bestimmten Dachvorsprung in Ostfriesland. Selbst die besten Navigationsinstrumenten und das beste Kartenmaterial können kaum helfen, diesen Punkt zu finden; ein Schwälbchen mit seinem kleinen Kopf dagegen weiß den Weg. Es trägt ein ganz sicheres Bild davon in sich, wo es hingehört. *Das* sind Visionen und eine innere Treue des Herzens.

Und die alten Leute, meinte Joël, werden in einer solchen Frömmigkeit und Religion Träume besitzen. Auch das wäre möglich: alte Leute wären, die hätten nicht aufgehört, zu hoffen, zu warten, und hätten sich nicht betrügen lassen über ihr Leben. Besuchen Sie irgendein Altersheim; wieviel finden Sie da an Müdigkeit, Resignation und ungelebtem Leben! Wie aber, wenn das noch nicht Abgegoltene dennoch als gültiger Traum sich zu erhalten vermocht hätte und sogar das eigene Leben, rückwärtsblickend, erschiene wie ein sich erfüllender Traum? Man muß manchen nur einmal zuhören, wie sie von dem sprechen, was sie waren! Erlebt haben sie oft nichts als Elend und Hunger, Krieg und Verfolgung, den Verlust nahestehender Menschen, ein Gewühl von Leid und Schmerz. Aber inwendig, schon während sie all das erzählen, leuchtet etwas auf von dem, was ihre Würde ausmacht. Wie haben sie *als Menschen* überlebt? Wie konnten sie standhalten? Woran haben sie geglaubt? Wie kam es, daß sie nicht zusammenbrachen? Woher gewannen sie die Kraft für ihren Mut, den nächsten Schritt weiterzugehen, in die Nacht hinein, bis daß der Tag sich öffnete? Alte Leute, die Träume haben. Und es würden die Generationen nicht ständig gegeneinander stehen; die Alten würden nicht sagen: »Wir sind die Wahrheit; wir erwarten, daß ihr so weitermacht, wie wir begonnen haben; der Traditionalismus ist der Inbegriff des Richtigen« – sondern sie ließen selber sich erneuern durch die Kraft der Jungen. Und die wiederum müßten nicht rebellisch sein und die alten Leute beschimpfen, sondern es käme ein Gespräch zwischen Aufbruch und Weisheit, zwischen Sehnsucht und

Erwartung, zwischen Vision und Traum von beiden Enden des Lebens zustande und bliebe in Gang.

Sie mögen fragen: Und was hat das alles mit Jesus Christus zu tun? Die Erklärung, die uns überraschen wird, lautet: Jesus von Nazaret. Sobald wir mit den Ohren der Lehren, an die wir gewöhnt sind, zuhören, entgeht uns das Wesentliche. Wir sind augenblicklich bereit, den dogmatischen Kommentar anzufügen: Jesus war der Sohn Gottes, er war der König, er war der Messias, *er* konnte so leben – *wir* aber sind schwache Menschen, wir brauchen die Leitung, uns muß man an die Hand nehmen, wir sind unmündig, wir *können* nicht wissen, wir brauchen die Führung, eine starke, von oben herab wissende, lehramtliche Äußerung, die unsere Freiheit schützt, ist uns nötig, damit wir Hilflosen stark sein können, immer im Schatten einer sicheren, garantierten, beamteten Führung. So über Christus zu sprechen kann zur faulen Ausrede werden, die ablenkt von dem, was Petrus hier sagt. Es ist die Zeit der frühen Kirche, die die spätere Dogmatik noch nicht kennt. Und da vernehmen wir aufs Wort: Ihn, den Jesus von Nazaret, hat Gott zum Christus, zum Messias, zum König gemacht durch seine Auferstehung. Das heißt: Jesus von Nazaret war ein Mensch wie wir; zu seinen Lebzeiten hat er überhaupt nichts hören wollen von Messias- und Königtum, weil das nur wieder Eingang gefunden hätte in uralte nationale und politische Verfälschungen, in neue Ideologien von Gewalt. Aber er hat sich als Mensch im Vertrauen zu Gott so sehr riskiert, daß er den Tod nicht fürchtete und in seinen Tagen *zu leben* begann. Wer dies begriffen hat: daß der Tod keine Macht mehr hat, daß Angst kein Argument ist, daß der Aufschub nicht gilt, sondern man *heute* beginnen mag zu leben, der wird sehen, was ein königlicher Mensch ist und worin die Würde des Messias Jesus liegt. Da existiert der Tod nicht mehr, und die Auferstehung wird zeigen, daß Gott zu dem steht, der als Mensch einsteht für die Wahrheit des Göttlichen. In der Kraft dieses Christus-Königs erwachen wir selber als königliche Menschen. Und Petrus wird es wenige Kapitel später am eigenen Leib erleben. Da gibt es keine Kerkerwände mehr. Eingesperrt, von vier Wachen mit Ketten gefesselt, wird der Engel des Herrn kommen und ihn aufwecken aus dem Schlaf des Todes, und er wird hindurchgehen, und nichts wird ihn halten. Das sind die Wunder, die Gott tut im Himmel und auf Erden. Wir aber sind wunderbare Menschen, begabt und berufen, unser Wesen wahrzunehmen und wahrzumachen. Und das wäre die Kirche. *Was* sie ist, ist völlig sekundär; *wer* wir *sind,* wenn wir an Jesus glauben, ist das erste und zunächst einzig Wichtige. Der Anfang ist viel entscheidender als die Organisation der Folgen. Denn mit denen retten wir uns vor der Provokation des Neuen, des wirklichen Beginnens. Man fängt an, indem man anfängt.

Danach sah ich: Und da! Viele Leute, die keiner zählen konnte – aus allen Völkern und Stämmen und Völkergruppen und Sprachen – standen vor dem Thron und vor dem Lamm, mit weißen Talaren gewandet, Palmzweige in ihren Händen.
Das sind, die aus der großen Drangsal kommen,
und die ihre Talare gewaschen
und sie weiß gemacht im Blut des Lammes.
Darum sind sie vor Gottes Thron
und tun ihm Dienst in seinem Tempel tags und nachts.
Und er – der sitzt auf dem Thron –
wird zelten über ihnen.
Nicht hungern werden,
nicht dürsten sie mehr.
Und nie fällt die Sonne sie an,
noch alle Art Brand.
Denn das Lamm inmitten des Throns
wird sie weiden und sie führen
zu Quellen von Wassern des Lebens.
Und abwischen wird Gott
jede Träne aus ihren Augen.

OFFB 7,9.14b–17

Was hat sich in unserem Leben geändert durch die Botschaft von der Auferstehung?

Die Kirche meint, indem sie an diesen Sonntagen der Osterzeit die Lesungen der Geheimen Offenbarung in den Gottesdienst nimmt, es lasse diese Veränderung sich am besten beschreiben mit einem neu gefundenen Ausblick auf den Himmel. Die wichtigste Verwandlung, die eingetreten sei, bestehe in der Vision der Welt, für die wir eigentlich bestimmt sind.

Wie ungeheuer viel es bedeuten mag, den Himmel offen zu sehen wie der Seher von Patmos, davon hat, ohne es eigentlich zu beabsichtigen, vor Jahren die Jüdin Janina David ein Zeugnis abgelegt. Sie schilderte ihre Kindheit im Warschauer Getto: ihre Familie auf der Flucht vor den Nazischergen, sie selber als Kind eingepfercht in eine recht dunkle Kammer, niemand durfte wissen, daß dort Juden wohnten. Inmitten all der Angst und Not gab es ein einziges, kleines Fenster. Danach hat sie ihre Biographie benannt: »A Square of Sky – Ein Stück

Himmel.« Es ist möglich, daß die Welt sehr dunkel ist und viele Gründe bereithält für Traurigkeit und Verzweiflung. Keiner dieser Gründe ist verschwunden, womöglich sogar noch viel klarer deutlich geworden, und dennoch gibt es dieses Stück Himmel in unserer Welt. Es ist sichtbar, und es fällt ein helles Licht dadurch herein in unser Dunkel.

Wenn wir im Abendland die Messe feiern, tun wir's für gewöhnlich mit dem Gedanken an die Gemeinschaft des Mahles, und wir versammeln uns um den Altar, um unser Leben Gott zur Verfügung zu stellen und es gesegnet zurückzuerhalten. Wenn die Ostkirche die heilige Messe feiert, ist es wie ein nicht endender Kommentar zu diesem Stück Himmel seit dem Ostermorgen. Wer einen Kirchenraum der byzantinischen oder russischen Kirche betritt, begegnet einer Wand von Bildern. Die Ostkirche will sagen: Dies ist schon jetzt unser Leben. Wir sehen Gott nicht wirklich, und alles, was wir von ihm sagen können, sind Bilder und Chiffren. Aber sie sind so wirklich vor uns aufgestellt, so zum Berühren nahe, daß sie der Kuß des Gebetes zu erreichen vermag. Wenn an den Sonntagen in diesen Kirchen die Messe gefeiert wird, erhebt es sich wie ein Gesang, den Gott selber ins Herz gegeben hat, ein neues Lied, mit den Worten der Geheimen Offenbarung. Die Messe ist die Feier der Auferstehung Christi, wie wenn der Himmel auf die Erde herabkäme und wir wenigstens stundenweise teilhaben könnten an dieser ewigen Liturgie vor dem Throne Gottes, mit den Palmzweigen des Sieges und des Friedens in den Händen.

Man sagt, schrieb gegen 1870 der russische Dichter Dostojewskij, das Volk kenne Christus nicht, weil es kaum lesen und schreiben könne und weil es ihm in der Liturgie nicht erklärt werde. Ich sage, das Volk kennt Christus seit Jahrhunderten in all dem Leid, der Erniedrigung und dem Schmerz, durch die es belehrt wurde in dem Geheimnis von Kreuz und Auferstehung. Ganz so muß dieser Seher von Patmos, dem wir das letzte Buch der Bibel verdanken, gedacht haben.

Es gibt wenig zu sagen, aber da sind Visionen, die sich aufdrängen, und sie sind geschrieben für eine Kirche des Leidens. Für uns kaum noch vorstellbar, ist die frühe Kirche am Ende des ersten Jahrhunderts eine noch winzige Gruppe und dennoch im Räderwerk bereits der Verfolgung durch römische Behörden. Zeitgleich zu diesen Visionen des Himmels schreibt einer der größten römischen Geschichtsschreiber nebenbei drei Sätze auch über die Christen. Sie gelten ihm noch als eine jüdische Sekte, und sein Kommentar ist, daß, wie alle Kloakenabwässer des Weltreichs, natürlich auch dieser Abschaum irgendwann nach Rom fließen mußte. Es ist die Zeit, da man im römischen Zirkus die langsam müde gewordene Kriegsmaschinerie von den Schlachtfeldern der Kolonien dem Publikum live vorführt, und die Christen sind die willkommenen, unfreiwilligen Statisten dieser Dramaturgie aus Blut und Rausch. In dieser Zeit der Unmenschlichkeit hört diese winzige Gruppe derer, die sich zu Christus bekennen, nicht auf, an den Himmel zu glauben, an die Macht der Liebe angesichts des Hasses, an die Macht der Wahrheit angesichts der Lüge, an die Größe der Menschlichkeit angesichts der Erbärmlichkeit der Mächtigen, und sie hat dafür die allerstärkste Überzeugung: daß man das Leben nicht töten kann und durch das Leid nur um so tiefer verstehen wird, wofür Christus schon hat leiden müssen. Es waren seine Worte: Ihr seid das Licht der Welt. Ihr seid der Sauerteig in dem Gemengsel aus Mehl und Wasser.

Die frühe Kirche hat nicht aufgehört, an diese Sendung zu glauben, gegen alle Anfechtung, und sie hat Christus dabei auf neue Weise zu verstehen vermocht. Wo immer Menschen für die Menschlichkeit leiden, wissen sie im Glauben an Christus, daß sie an seiner Seite stehen, daß sie, auf seinen Pfaden wandelnd, unter seinem Schutz sind.

Als die Jüdin Janina David ihre erste Biographie aus der Kindheit in Warschau beendet hatte, schrieb sie ein zweites Buch, nach »Ein Stück Himmel« »Ein Stück Erde«. So hängt es zusammen. Der Ausblick auf eine Welt, die das Leid nicht mehr kennt, ist voll des Trostes durch die Sanftheit und Milde Gottes, unter der die Last der Gluthitze abfällt und Durst, Sehnsucht und Verlangen gestillt sind. Dieser Ausblick auf die wahre Welt läßt uns diese Erde bestehen.

Es handelt sich nur um eine Vision des Sehers von Patmos, mitten in Not, Drangsal und Verfolgung. Und dennoch gilt: Die Wände sind offen, und die Welt, die sonst wäre wie ein Grab, verwandelt sich in den Raum einer Kathedrale, durch deren Bildglasfenster der Glanz des Himmels fällt. Und wenn unser Herz sich erhebt zu Lobpreis und Anbetung, verwandelt sich die Erde, besiegt sie den Schmerz, wird sie weit zur Vergebung und fähig zur Reinheit. Auch die Verheißung liegt in der Geheimen Offenbarung: Aus allen Völkern und Nationen würden sie kommen, ein Reich ohne Grenzen, denn es ist stets nur unsere Angst, die Grenzen zieht, abriegelt und einschnürt. Die Wahrheit Gottes aber ist wie ein Atemwind, der durch die ganze Welt den Samen des Lebens trägt.

Zum vierten Sonntag der Osterzeit 265

Und ich sah einen neuen Himmel und eine neue Erde. Denn der erste Himmel und die erste Erde sind vergangen. Auch das Meer ist nicht mehr. Und die Heilige Stadt, ein neues Jerusalem, sah ich niederfahren aus dem Himmel von Gott her: wie eine Braut gerüstet, geschmückt für ihren Mann. Und ich hörte eine gewaltige Stimme vom Thron her sagen:
Da! Das Zelt Gottes bei den Menschen:
Ja, zelten wird er bei ihnen.
Und sie werden seine Völkergruppen sein.
Und er, Gott, wird bei ihnen sein – ihr Gott.
Und abwischen wird er jede Träne von ihren Augen.
Und der Tod wird nicht mehr sein,
und Leid und Wehschrei und Not
werden nicht mehr sein.
Denn das Erste ist vergangen.
Und es sprach, der auf dem Thron sitzt: Da! Neu mache ich alles.

OFFB 21,1–5a

Vielleicht haben die Worte der Geheimen Offenbarung von einem offenen Himmel auf Menschen niemals stärker gewirkt als am Anfang des vergangenen Jahrhunderts auf die Negersklaven in den Südstaaten Nordamerikas. Man hatte sie ihrer Heimat beraubt. Auf dem Transport über das Meer war oft mehr als die Hälfte von ihnen umgekommen durch Hunger und Krankheit. Sie waren zwischen Tabak und Bananen für zwanzig oder dreißig Dollar an jeden beliebigen Meistbietenden verkauft worden. Sie lagen in Eisen und wurden gepeitscht, wie es den Herren gefiel. Selbst die Anzahl ihrer Kinder war verfügt und festgelegt. Sie hatten nichts zu eigen, und sie hatten vor allem niemals das Recht, Menschen zu sein. Dies war ihr irdisches Schicksal: gekrümmt der Rücken auf den Baumwollfeldern und müde die Glieder am Abend, ein unerträgliches Leben, wäre da nicht die Botschaft der Methodistenprediger gewesen, die diesen Geschundenen Träume vom Himmel eingaben, einen Glauben ohne Hoffnung für diese Welt. In der Seele dieser Menschen wurden aus der Geheimen Offenbarung und den Visionen eines offenen Himmels schwermütige, wunderbare Lieder, geistliche Gesänge: »Lege die Last deines Lebens nieder am Ufer des Jordan – Einmal werde ich die große Himmelsstraße gehen

– Ich werde meinen Vater, meine Mutter wiedersehen – Komm hernieder, schöner Himmelswagen« – und so endlos weiter Träume der Sehnsucht.

Heute, hundertfünfzig Jahre später, haben wir uns angewöhnt, die Träume vom Himmel für gefährlich, mindestens für ein Stück weit verräterisch zu halten: Man soll nicht Not und Sklaverei erträglich machen durch weltjenseitige Phantasien, man soll das Unrecht bekämpfen, das ist der Sinn der Sprache vom Himmel. Die Bilder des Jenseits sind Chiffren eines eigentlichen Lebens, und das hat zu beginnen hier und jetzt; keine Vertröstung, sondern Aufforderung, Anspannung und Auseinandersetzung geht daraus hervor.

Das ist schon recht, möchte man denken. Es ist nicht möglich, vom Himmel zu sprechen und dabei die Erde als Hölle zu belassen. Nur, was haben wir für diese Welt zu versprechen?

Es gibt in der Geheimen Offenbarung das Bild von den Menschen, die als Martyrer ihre Gewänder reingewaschen hätten im Blute des Lammes. Soll es möglich sein, aus Leid und Schmerz Unschuld zurückzugewinnen? Der Gedanke, daß es ein anderes Leben geben muß als dieses, ist im Volk der Juden – dem geschichtsgläubigsten, das je gelebt hat – zum erstenmal entstanden mit dem Blick auf Martyrer, auf Menschen, die es wagten, zu ihrer Zeit, gleichgültig, was mit ihnen selber werden würde, zu sagen, woran sie glaubten und was ihnen wahr erschien. Es ist der Bruch mit dem Geschichtsvertrauen, mindestens auf der Ebene des Einzelnen. Die Rechnung geht nicht auf, wonach die Weltgeschichte in ihrer eigenen Logik ohne weiteres das Weltgericht sei, verfügt durch die Vorsehung Gottes. Weit gefehlt. Das Beste wird oft in ihr vergeudet und zermahlen, und kein Mensch weiß, was dabei herauskommt. Sie fahren mit dem Auto von Paderborn nach Hamburg und passieren unvermeidbar das Hinweisschild auf Bergen-Belsen. Dort starben völlig sinnlos, als der Zweite Weltkrieg fast schon beendet war, man weiß nicht wieviel Zehntausende von Menschen, darunter gewiß Tausende auch einzig deshalb, weil sie gewagt hatten, zur rechten Zeit das rechte Wort zu sagen. Man kennt nicht einmal ihre Namen, man weiß nicht, was sie gesagt haben, es ist verweht wie der Wind und zerstreut wie Asche. So ist die menschliche Geschichte. Es stimmt nicht, daß die Größe des Geistes aufbewahrt wird im Gedächtnis der Nachfolger. Es gibt andere, die haben im Widerstand geschrieben und protestiert, an sie erinnern wir uns. Aber haben sie etwas bewirkt?

Die Zeitereignisse mögen sich an ihnen vorbei geformt haben, und oft erkannte man erst später, wie wahr es gewesen ist, was sie wollten und sagten. Aber ein solches Lernen aus Irrtümern nennt man doch wohl nicht Wirksamsein! – Vielleicht sind diejenigen noch ärmer, die erleben müssen, wie die Zeit über sie hinweggeht. Alexander Solschenizyn zum Beispiel hat im »Archipel Gulag« Unmenschlichkeit beim Namen genannt zu einem Zeitpunkt, als es nicht opportun war. Er hat recht gehabt, und noch viel mehr, als er wünschen konnte. Er wurde entwurzelt und ins Exil geschickt und mußte mitansehen, daß er alles, was er sagte, lediglich Jahre zu früh gesagt hat. Heute pfeifen es die Spatzen von den Dächern, heute enthüllt man Denkmäler für die Opfer des Stalinismus. Aber das alles geht vorbei an Alexander Solschenizyn. Er ist dabei, ein bitterer alter Mann zu werden. Er ist außerstande, noch irgend etwas zu schreiben. Alles, was er in Russisch sagte, stimmt nicht in Amerikanisch, und zwischen den Fronten zu stehen und nirgendwo zu Hause zu sein und weiterzuleben, während man tot ist – eine moderne Form von Martyrium. Die Geschichte geht nicht auf, grad bei den Menschen nicht, die sie ernst nehmen.

Da ist es gut zu wissen, daß es Visionen gibt von einer ganz anderen Welt. Mitunter muß man sie Menschen sagen, die den Glauben in ihrem eigenen Leben verloren haben, und manchmal muß man sie glauben, ohne überhaupt noch etwas zu sagen. Hätten wir diese Hoffnung nicht, wie würden wir wagen, standzuhalten? Sobald wir denken, in dieser Geschichte gelte es etwas zu bewirken und zu tun, müssen wir in langen Zeiträumen rechnen, politisch klug sein, pragmatisch planen, die Worte wägen. Aber sie kommen nicht mehr über unsere Lippen. Wir sind am Ende so klug, daß wir jeden Mut verlieren. Der Himmel ist keine Chiffre für ein eigentliches Leben, er ist der Grund, endlich und richtig *heute* damit zu beginnen, zu tun und zu sagen, was wir fühlen und denken. Die Geschichte streckt sich dahin in Jahrtausenden – der Himmel lehrt uns, *heute* zu leben. Und schon deshalb brauchen wir das jenseitige Leben, eine geheime Vision, damit wir den Mut bekommen, uns zu wagen. Diese Aussicht ist der Grund, gelassen zu werden, stark zu sein, Geduld zu haben und etwas zu riskieren. Wir haben, selbst wenn wir über die Geschichte hinausschauen, inmitten dieser irdischen Existenz soviel an Leid, auf das es keine Antwort gibt, an Krankheit, Alter und Not, die wir nicht ändern können, unter keiner denkbaren Sozialstruktur, mit keinem noch so guten Mittel. Wir sehen vor uns

Menschen, die oft so müde geworden sind, daß sie sich ein anderes Leben kaum mehr vorstellen wollen, so sehr kleben sie an dieser Erde, niedergedrückt und verzweifelt. Oft schon kommt es darauf an, stellvertretend zu hoffen wider alles Sichtbare und zu denken: Über das Leben eines jeden Menschen, mag es noch so hohl geworden, noch so leergewaschen sein, breiten sich die Hände Gottes, es zu behüten und zurück an Wasserquellen zu führen. Alles, was wir vom Himmel wissen, ist aus dieser Welt genommen, und um es uns richtig vorzustellen, streichen wir die Begrenzungen des Irdischen weg und setzen vor alles noch eine Verneinung: Der Himmel wird sein, wenn es keine Tränen mehr gibt. Der Himmel wird sein, wenn die drückende Hitze nicht mehr die Menschen belastet. Der Himmel wird sein, wenn es kein Wehklagen und keine Schmerzen mehr gibt. Der Himmel ist ein Leben ohne all die engen Wände, die uns wie in einem Kerker hier gefangenhalten. Sonst wissen wir nichts, außer: daß es nötig ist, zu hoffen über alle Vorstellung hinaus und zu glauben an diese Welt. Sie ist groß, weil sie vorbereitet. Sie hat eine Würde, weil sie ein Übergang ist und unser kleines menschliches Leben wie eine Aussaat der Sterne, geworfen ins Unendliche. Unterwegs sind wir groß.

Zum fünften Sonntag der Osterzeit

Laßt euch das Herz nicht durcheinanderbringen. Glaubt ihr an Gott? So glaubt auch an mich! Im Hause meines Vaters sind viele Bleiben. Wenn nicht, hätte ich dann zu euch gesprochen: Ich gehe hin, euch einen Platz zu bereiten? Und bin ich hingegangen und habe einen Platz euch bereitet, so komme ich abermals, um euch zu mir zu holen – damit: Wo ich bin, auch ihr seid. Und wo ich hingehe – ihr wißt den Weg.

Sagt Thomas zu ihm: Herr, wir wissen nicht, wohin du gehst – wie könnten wir den Weg wissen? Sagt Jesus zu ihm: Ich bin der Weg und die Wahrheit und das Leben. Niemand kommt zum Vater – außer durch mich. Wenn ihr mich erkannt, werdet ihr auch meinen Vater erkennen. Von nun an kennt ihr ihn, und ihr habt ihn gesehen.

Sagt Philippus zu ihm: Herr, zeige uns den Vater, und es ist uns genug. Sagt Jesus zu ihm: So lange Zeit bin ich bei euch, und du hast mich nicht erkannt, Philippus. Wer mich gesehen, der hat den Vater gesehen. Wie kannst du sagen: Zeig uns den Vater! Glaubst du nicht, daß ich in Eins mit dem Vater bin, und der Vater in Eins ist mit mir? Die Worte, die ich zu euch sage, sage ich nicht aus mir. Der Vater aber, der bleibend in mir ist, tut seine Werke. Glaubt mir, daß ich in Eins mit dem Vater, und der Vater in Eins ist mit mir. Wenn nicht, so glaubt um eben der Werke willen.

Wahr, ja wahr ists, ich sage euch: Wer an mich glaubt, der wird die Werke, die ich tue, auch selber tun. Ja, größere als die wird er tun, weil ich zum Vater gehe.   JOH 14,1–12

Es gibt Augenblicke in unserem Leben, da scheinen sich die Wände unseres Daseins zu öffnen, und der Blick scheint hinauszugleiten in unendliche Fernen. Dies sind Momente einer dämmervollen Ahnung des Endes oder der Gewißheit eines unaufschiebbaren Abschieds oder eines unausweichlichen Moments, Bilanz zu ziehen. Die Frage stellt sich, wozu wir bestimmt sind und wohin unser Weg führt. Es ist, wie wenn wir an einem Abgrund stünden und wir könnten in unermeßliche Tiefen loten, ohne jemals einen Grund zu sehen, und wir hätten eine bodenlose Angst, zu fallen, endlos zu stürzen ins Nichts.

Daran liegt es, daß manche Psychologen gemeint haben, die Versicherung der Religion von der Unsterblichkeit des Lebens, von der Unendlichkeit unserer Bestimmung sei eine Antwort auf die menschliche Angst. Nur wir Menschen nehmen uns als Einzelne so wichtig, daß wir solche Fragen nach dem Woher und Wohin unseres Lebens überhaupt stellen. Nichts ist uns fraglos selbstverständlich. Wir sind die einzigen Wesen dieser Erde, die radikal individuell zu existieren vermögen und es *müssen,* wenn sie sich selbst finden wollen. Uns Menschen antwortet kein Gesetz der Natur auf die zweifelnden Fragen unseres Herzens.

Wir wissen, daß wir in unseren äußeren Maßen winzig klein sind. Betrachtet man auch nur den winzigen Planeten Erde, so erscheint er wie eine glattgeschliffene Billardkugel. Bei über 40000 km im Umfang sind selbst die höchsten Berge, die Achttausendermassive des Himalaya, ein Nichts an der Oberfläche. Und dennoch lebt in unseren Stirnen diese grenzenlose Frage, warum es uns gibt, diese im ganzen Universum einzigartige, unbedingt nach Antwort suchende Frage.

Könnte es deshalb nicht sein, daß man die Logik der Psychologie umkehren müßte? Seit vielen Jahrzehntausenden in der Geschichte der Menschheit beantworten wir mit wachsender Gewißheit die Frage, warum wir existieren, mit dem Hinweis auf die Unsterblichkeit jedes einzelnen Lebens. Undenkbar, wir sollten einfach nur hervorgebracht und wieder abgeschafft werden im Kreislauf der Natur. Denn wäre es so, hätte die Natur zuviel riskiert, als sie Gebilde hervorbrachte, fähig zum Denken, zum Schlußfolgern, zum Handeln, zur Verzweiflung. Sie hätte ihren Gang stoppen müssen an der Schwelle zum Bewußtsein. Wenn sie uns nur als materielle Gebilde gemeint hätte, die sie beliebig im Gang der Materie zurücknehmen müßte, dürfte und könnte, wozu dann der Luxus des Geistes?

Nein, es ist uns Menschen einzig natürlich, an die Unsterblichkeit des Lebens zu glauben; nur so hat das, was wir Geist, Vernunft, Bewußtsein und Menschlichkeit nennen, einen Sinn. Könnte es deshalb nicht sein, daß die Angst uns grade *nicht* dazu treibt, an die Unendlichkeit des Lebens zu glauben, sondern vielmehr diesem Glauben als einziges wirklich im Wege ist?

Ich glaube, in unserer Zeit ist kaum etwas schrecklicher, als daß eine ganze Generation groß wird, der man es geradezu verbietet, Fragen dieser Art, woher etwas kommt, was für einen Sinn es hat, wohin es führt, auch nur noch zu stellen, aus Angst, es könnte zu revolutionär sein, zu aufrührerisch; deren Geist man ersticken muß, damit er nur noch darauf eingeht, wie etwas funktioniert als Rad im Getriebe, als Träger von Funktionen, als Apparat unter Apparaten. Es ist grauenhaft, ringsum ein solches Zwangssystem zu errichten, daß die menschlichsten Fragen zu den verbotenen zählen, als gefährlich empfunden werden, ja, daß man diejenigen schon für neurotisch hält, die diese Fragen überhaupt nur haben. Sie hindern offensichtlich an einem animalischen Leben, an der Triebbefriedigung, an der Behäbigkeit des Alltags, am Sich-Sattessen bis zum Ende. Aber wir Menschen sind nicht zum animalischen Leben gemacht, wir verzweifeln daran, und die Energie der Verzweiflung ist in der Maßlosigkeit aller Anstrengungen spürbar und hörbar.

Wie soll denn ein Mensch an die Unsterblichkeit seines Lebens glauben, wenn man ihn von klein auf kreuz und quer, hin und her scheucht wie auf der Treibjagd, ständig unter Anweisung, was er zu sein, was er zu tun, was er zu lassen hat? Am Ende kommt dabei ein Leben in Anpassung heraus, durchtränkt von dem Gefühl, daß es illegitim ist, von irgendeiner Vorschrift abzuweichen. Ein solches Leben ist egozentrisch und egoistisch, es dient der reinen Selbstbewahrung, aber sein Geheimnis ist, daß es überhaupt kein Selbst und Ich ausprägen *kann*, geschweige denn, daß es in dieser Existenz ein Vertrauen entwickeln könnte, bestimmt zu sein zur Unsterblichkeit. Es kreist in solchen Existenzentwürfen der Angst alles um den Lebenserhalt, aber er ist sinnlos, weil er das Dasein jeden Tag zerstückelt und verzettelt.

Dies war es offenbar, was Jesus vor Augen hatte, als er im Moment des Abschieds von seinen Jüngern geradezu den Kreis derer, die das Vertrauen an seiner Seite gelernt hatten, beschwor: Euer Herz sei ohne Angst! Glaubt an Gott, nicht an die Angst vor Menschen! Kehrt zurück in den Moment, wo euer Herz weit wird und ihr durchatmen könnt in der Beruhigung einer sicheren Erwählung!

Nichts macht uns Menschen soviel Angst wie der Tod, aber er ist nur schlimm, wenn wir sinnlos leben. Dann bricht am Ende scheinbar alles ab, wie endgültig. Jede kleine Erfahrung an Vermittlung von Sinn hingegen, von Herzensweite, von Glück und Nähe wird wie eine Leuchtspur, die hinübergeht vom Diesseits in ein ewiges Leben. Der Tod ist kein Abbruch für den Strom des Lebens, er zerreißt nicht die Bande der Liebe untereinander. Mit den Augen der Ewigkeit ist das Sterben nur ein Vorausgehen für diejenigen, die wir lieben und die wir wiedersehen. Dies ist die schönste Gewißheit, die Christus uns gibt. Die Liebe ist unverbrüchlich, die Zusammengehörigkeit unzerstörbar, und wir müssen nicht fürchten, am Rand des Grabes voneinander getrennt zu werden. Es ist vielmehr, daß der andere vorausgegangen ist und uns schon am anderen Ufer erwartet. Schon sind die Wohnungen geschmückt zum Empfang der Freude des Sich-Wiedersehens. Wenn es nicht so wäre, hätte Christus uns nicht all dies lehren können, was er uns lehrte: in einem jeden Menschen ein unvertauschbares, ein ganz und gar einmaliges Bild Gottes zu sehen. So konnten wir bei ihm selber zum erstenmal fühlen und so in seiner Nähe lernen, daß man in einem Menschen Gott sehen kann als den Vater. Die Gesetze der Natur mögen einen Gott zeigen, unendlich fern, in einem Licht, zu grell für unsere Augen, zu erhaben, um gütig, zu mächtig, um barmherzig zu sein. Aber in der gemeinsamen Menschlichkeit der Liebe öffnen sich die Augen für die unendliche Königswürde im Herzen eines anderen Menschen, und wir wissen: der Grund seines Lebens ist kein blindes Gesetz, sondern ein ewiger Wille, gerade diesen einen Menschen hervorzubringen.

Wenn schon wir einander so lieben können, daß wir gewissermaßen zurücktauchen an den Ort, an dem Gott uns erschuf, und wir sehr deutlich spüren: es ist unmöglich zu denken, es gäbe den anderen nicht, wenn wir mit einemmal im Strom der Beliebigkeit begreifen, daß es den anderen geben *muß* – um wieviel mehr sollten wir dann nicht von Gott glauben, daß er wußte, was er tat, als er diesen unseren Bruder, unsere Schwester, Menschen wie wir, und uns selber schuf; einzig nur darauf käme es an, hinter der Stirn des anderen die Gedanken der Ewigkeit mitzudenken, mitzuverworten, mit in die Sprache zu heben, die Gott dankbar wird für die Gnade des Daseins, und in seinem Herzen mitzufühlen die Träume der Unendlichkeit, sie heraufzurufen aus der Nacht und sie dem Auge des Geistes vorzustellen als Bilder der Hoffnung, als Symbole der Unsterblichkeit.

»Wir wissen nicht, wohin du gehst«, meint Thomas, »wie könnten wir den Weg wissen?« – Doch wir wissen den Weg, denn es gibt nur diesen einen, der wirklich leben läßt und unser Leben wahrhaft macht, eben den Weg, der sich in Christus verkörpert, den Weg der Liebe, der uns Gott zeigt als einen Vater, der uns will. Alles andere ist kein Weg. Wir würden ewig mit blutigen Köpfen gegen dieselben Mauern des immer gleichen Gefängnisses laufen, und inmitten eines solchen Daseins des Irrsinns gibt es keine Wahrheit, nur ein Ausweichen in immer grandiosere Lügen, in ein immer weiteres Sich-Behängen, Maskentragen, Schauspielen, Um-die-Wette-Eifern und eine zunehmende Selbstauslieferung an die Unwahrheit. Dies ist kein Leben. Dies ist eine fortschreitende Zerstörung. Aber dies: einander so lieb zu gewinnen, daß in den Augen des anderen das Licht der Unendlichkeit aufstrahlt und sichtbar wird, macht unser ganzes Leben, die paar Jahrzehnte, die wir hier auf Erden bereits gehen können, zu einem Königsweg in die Unendlichkeit, gibt unserer kleinen irdischen Existenz ihre Identität und Wahrheit zurück. Und es gibt keinen Tod mehr, es gibt nicht ein Reich der Lebenden und ein Reich der Toten, sondern nur ein einziges Reich, in dem wir verbunden sind in alle Ewigkeit.

Wer so glaubt, meint der Herr, als er Abschied nimmt, um uns Wohnung zu bereiten, wird Werke tun, noch größer als er selber. Denn wir, die wir uns nach ihm benennen, können ins Millionenfache setzen, was dort begonnen hat: ein Licht der Liebe, getragen um die ganze Welt und darüber hinaus, wie Sterne in der Nacht, zum Pfad des Himmels.

Wie Ringe an der Oberfläche eines Sees, die ein Stein zieht, der in die Tiefe sinkt, so sind die Worte Jesu im Johannesevangelium. Von einem unsichtbaren Zentrum gehen sie aus und dringen ins Weite bis an die Ränder der Welt. Alles, was Jesus in diesen Stunden des Abschieds seinen Jüngern sagt, sind Worte, die so auf Erden nie gesprochen wurden. Es sind die Sätze des Vertrauens und der Zuversicht, die die Jünger Jesu erst vernehmen jenseits der Grenze des Todes in der Erfahrung ewigen Lebens. Dann erst, rückblickend, hören sie Jesus so sprechen wie in diesen Worten des Johannesevangeliums. Es ist, als redete Jesus zu unzeitgemäßen Hörern, zu solchen, die weder den Augenblick des Todes sehen, auf den sich Jesus vorbereitet, noch überhaupt verstehen, welche Worte der Linderung der Angst zu ihnen gesagt werden. All das wird für sie erst akut, als es fast schon zu spät ist oder doch gerade noch rechtzeitig genug, eine ganze Welt vor dem Untergang zu retten durch Werke, die noch größer sind, als sie in den paar Jahren, die Jesus unter uns geweilt hat, möglich waren.

Alles, was Jesus in diesem Moment, da er sich anschickt, den Weg in den Tod zu gehen, seinen Jüngern mit auf den Weg geben möchte, läßt sich zusammenfassen in einer einzigen Wahrheit: Wir gehen im Augenblick des Sterbens nicht in den Tod, wir gehen zu Gott, der unser aller Vater ist. Darum beginnt Jesus mit diesen Worten des Vertrauens: »Habt keine Angst.« – Es sind Worte, gesprochen über dem Abgrund; denn selbst der geringe Grund an Zuversicht, der den Jüngern gegeben wurde, wird bald schon unter dem Druck der Gewalt und der Lüge ihnen entrissen sein. Dann werden sich all die Fragen stellen, auf die Jesus hier antworten möchte. Was trägt uns wirklich, und wovon leben wir so, daß unser Leben nicht ein endloses Sterben ist? Und: Was ist die eigentliche Wirklichkeit und Wahrheit unseres Daseins, für die es sich lohnt zu leben, womöglich gegen allen Widerspruch? Auf alle Fragen unserer Existenz antwortet Jesus mit einem beschwörenden Wort, dem Inhalt all seines Vertrauens. Er faßt es zusammen in dem Wort »Vater«.

Was immer der Einzelne damit verbinden mag – was Jesus sagen will, ist deutlich. Es gibt Kulturkreise, in denen man von »Vater« nicht sprechen kann, ohne etwas ganz anderes damit zu sagen. Wenn Vater zu sein nur bedeutet, Kinder in die Welt zu setzen, die als Männer bei der Landwirtschaft und im Krieg helfen und als Mädchen zur Tauschware auf dem Markt dienen, so ist das nicht, was Jesus mit »Vater« meint. Schaut man in die Erzählungen der Völker, ähneln die Väter oft menschenfressenden Ogern und sind wie reine Ungeheuer. Was Jesus mit »Vater« meint, kann in der Lebenswelt des Einzelnen sehr vieles sein: Freund oder Bruder oder Schwester oder Oheim oder Großvater. Überall da, wo sich Erfahrungen des Vertrauens und der Geborgenheit bilden, fügt sich das Wort ein, das Jesus verwenden möchte, wenn er von Gott spricht. Er tat es auf eine Weise, die nicht üblich war in Israel, ganz familiär und vertraut, und das wollte Jesus sagen: wir sollten zu Gott gegen alle Angst eine Zuversicht gewinnen, die uns diese Erde und die wenigen Jahre, die wir darin leben, als ein Zuhause erscheinen läßt oder mindestens doch wie eine Herberge am Rand des Wegs in die Ewigkeit. Denn so steht es um uns: Wir brauchen die Vision eines unendlichen Lebens, um die paar Jahre des irdischen Daseins *wirklich* zu leben, und wir brauchen das Bild eines Gottes im Hintergrund unserer Existenz, der uns meint und trägt, um uns als Menschen zu wagen. Da bitten die Jünger ganz richtig: »Zeige uns den Vater.« Aber wie kann man das? Es ist nicht möglich, auf Gott einfach hinzuweisen als auf etwas Fremdes, sozusagen Objektives, Menschenunabhängiges. Das heißt, gewiß kann man auf Gott hinweisen als etwas, das an und für sich gilt, nur es ist ein ganz anderes Bild als dasjenige, das Jesus zeigen möchte und von dem her wir als Menschen unser Leben gewinnen.

Ein Mann wie Reinhold Schneider irrte Mitte der fünfziger Jahre im Naturkundemuseum in Wien durch die riesigen Ausstellungsräume, um zwischen den Spuren jahrmillionenalten Lebens das Antlitz Gottes zu suchen. Was er fand, war das Bild eines keltertretenden Gottes, des Herrn eines unendlichen Kreislaufs des Kosmos, weise und mächtig ohne Frage, aber unendlich fern ohne Antwort auf die Fragen, die wir Menschen stellen, eisig in seiner Größe, ungütig in seiner Übersicht, grausam fast in den Maßen seines Gleichgewichts. Man kann Gott zeigen im Hintergrund der Schöpfung, aber wir gewinnen so keinen Weg zu ihm, der ihn uns als Vater erscheinen lassen könnte. Um Gott so zu zeigen, gibt es nur einen Weg, und Jesus faßt ihn zusammen in seiner eigenen Person. »Wer mich sieht«, wagt er zu sagen, »sieht den Vater.« Dies stimmt und bleibt die Grundlage von all dem, was wir einander zu vermitteln haben. Wo irgend wir so menschlich zu leben versuchen, daß es einem anderen ein Stückchen dabei häuslich wird in seinem Dasein, wird ein Stück von Gott und seiner Vatergüte sichtbar. Wo irgend wir ein wenig von dem zu leben wagen, was Jesus an Verstehen, an Offenheit und Freiheit in diese Welt bringen wollte, wird uns Gott glaubwürdiger als Grund unserer Hoffnung und Zuversicht.

Alles, was die Jünger und die Menschen in der Nähe Jesu erfahren konnten, wenn sie sich auf Jesus einließen, bestand in solchen Augenblicken einer tieferen Erkenntnis: Es gibt ein Vertrauen, das von Krankheit, Unwahrheit und Lüge zu heilen vermag. Es ist möglich, sich zu dem Leben zu bekennen, das unverfälscht in uns angelegt ist. Diesen Mut machte Jesus, es könnten die Ketten all der Angst von uns abfallen. Deshalb nennt Johannes Jesus mit seinen eigenen Worten *die* Wahrheit schlechthin. Sonst mag es uns einengen und ersticken, so daß wir uns zusammengedrückt und verhockt fühlen, und es ist unser Dasein eher eine Modergruft am Rande der Verwesung statt eines aufblühenden Lebens. In der Nähe Jesu war es möglich, den Atem der Unsterblichkeit in sich einzulassen und offen und frei diese Welt vor sich zu sehen. Den Mann, von dem soviel an Lebenskraft ausging, nennt das Johannesevangelium mit seinen eigenen Worten *das* Leben schlechthin. Und weil er den Weg zu Gott gezeigt hat, der es uns erlaubt, menschlich zu sein, bezeichnet es ihn als *den* Weg überhaupt.

Dann ist es die Frage, was wir Jesus glauben wollen. Er beweist sich niemals aus sich selber. Immer wenn wir versuchen, ihn zu verstehen, zeigt er über sich hinaus auf dieses Geheimnis, das er Gott nennt und aus dem er lebt. All die Kraft seiner Menschlichkeit und seiner Güte, die in ihm liegt, führt er auf dieses Zentrum seines Vertrauens zurück. Logisch betrachtet ist dies ein Zirkelschluß. Gott erscheint väterlich, wenn wir so versöhnt leben können, wie Jesus es uns zeigt und in seiner ganzen Gestalt vorlebt. Aber die Kraft darum hat er aus dem Gott, den er als väterlich glaubt. In diesen Kreislauf des Vertrauens kommt man nicht durch Nachdenken von außen; man kann darin nur eintreten in der Entschlossenheit des eigenen Lebens. Wenn ihr glaubt, sagt Jesus, werdet ihr die gleichen Werke tun. Ein solcher Glaube ist kein Fürwahr-Halten; er ist wie eine selbstverständliche Auswirkung der Energie, die von Jesus ausgeht, ein einfaches Weiterwirken in der Wirklichkeit des Lebens. Nichts daran ist ausgeklügelt; man *kann* gar nicht anders, wenn man sich auf Jesus eingelassen hat und wenn man beginnt, zu begreifen, wer er ist. Und das wiederum heißt, ein deutliches Gespür dafür zu bekommen, wer man selber ist und sein könnte. Dann freilich spannt sich ein ungeheurer Bogen aus dieser Welt in eine ganz andere.

Denn wir gehen im Augenblick des Sterbens niemals in den Tod. Wir gehen ein in Gott. Das ist, was Jesus uns als Hoffnung mitgeben wollte. Er, der uns zu Hause sein ließ in unserer irdischen Existenz, machte sich auf den Weg, uns Wohnung zu bereiten in der Ewigkeit. Sowenig Unterschied ist zwischen der Menschlichkeit, die wir hier leben, und dem Vertrauen in Gott als unseren Vater, so wenig Unterschied ist zwischen dem Glauben an ein ewiges Leben und dem menschlichen Dasein unserer irdischen Existenz. Beides gehört ganz eng zusammen, bedingt sich wechselseitig und ist eine Erfahrungseinheit. Wir gehen zu auf etwas, das auf uns wartet und uns nicht zurückstößt. Wir trennen uns im Tod nicht voneinander, sondern in den wenigen Jahren der Zeit gehen wir allenfalls einander voran, um schon am anderen Ufer die Stätte zu bereiten, an der wir uns wiedersehen. Unter den Augen der Ewigkeit trennt uns der Tod niemals voneinander. Es gibt nur dieses eine Reich der Liebe, ohne Grenzen, ohne Unterschiede, ohne Trennungen.

Dann bleibt dieser Weg, der Jesus ist und der durch die Welt hinüber führt zum anderen Ufer. Es ist ein Weg, so warm und so leicht wie der Strahl der Sonne, der sich bricht an der Oberfläche des Wassers, zitternd darauf spielend und es hell machend bis in die Tiefe. Es ist ein Weg, so leicht wie der Wind, der durch die Blüten fährt und ihnen Leben schenkt und Fruchtbarkeit. Es ist ein Weg, so schön und groß, wie die Wolken am Himmel ziehen und Schatten spenden und Regen über verdorrter Erde. Es ist der Weg unseres Lebens: »Habt keine Angst, denn ich gehe hin, euch Wohnung zu bereiten.« Und: »Wer mich sieht, sieht den Vater.«

Manchmal muß man Worte malen, um sie zu verstehen, so wie manche Weinkenner behaupten, daß man einen edlen Wein nicht trinken dürfe, sondern »kauen« oder »beißen« müsse, um seine Qualität zu spüren. Die Worte aus der Abschiedsrede des Johannesevangeliums zu malen, das könnte die Gestalt einer orthodoxen Ikone annehmen. Es ist ein getragenes, feierliches Bild auf dem Goldglanzhintergrund des Göttlichen, aus dem heraus Jesus vor den Kreis seiner Jünger hintritt und zu ihnen spricht. Ganz deutlich ist seine Gestalt von ihnen bis zum Unbegreiflichen abgehoben, und es scheint förmlich tadelnswert, diesen Abstand auch nur zu spüren oder zu reklamieren. »Wie kannst du sagen . . .?« Ein geheimes Wissen wird da vorausgesetzt, das uns dennoch schwerfällt. Wir werden eingeladen, an einer Sphäre teilzuhaben, die die unsere sein soll und dann doch wieder nicht ist, und alles, was wir von Christus selber hören, ist in Aussagen beschrieben, die absolut sind, nicht weiter befragbar, einfach so gültig in Zeit und Ewigkeit. Man hört oft das Bekenntnis des Glaubens an Jesus Christus grad in dieser Formel zusammengefaßt: »Er ist der Weg, die Wahrheit und das Leben.« Aber so ehrwürdig diese Sprache auch ist, so absolut sie klingt, sie bewahrt sich doch selber kaum davor, eine Rede der festgelegten Sicherheit zu werden. Es ist ein Gemälde, überzeitlich gültig quer durch die Jahrtausende, aber ähnlich fast auch unberührbar vom Gang der Zeit. Das Johannesevangelium spricht oft so, indem es Jesus sagen läßt: »Ich bin das Licht; ich bin das Brot, das vom Himmel kommt; ich gebe das Wasser, das sprudelt zu unendlichem Leben.«

Wer ist der, der so redet: Ich bin die Wahrheit? In unserem Jahrhundert sind wir sehr mißtrauisch geworden gegen solche Sprache. Sie scheint uns wie eine Vorwegnahme aller möglichen Erfahrungen zu sein, ja wie ein Verbot, selber durch das Leben zu erfahren, was die Wahrheit ist. Mit anderen Worten: wir haben Schwierigkeiten mit dem Johannesevangelium, und wir haben Schwierigkeiten mit einer Theologie, die sich darauf beruft, indem sie seine Worte weiterredet. Vielleicht sollte man, wenn schon das Bild einer Ikone, dann dasselbe Gemälde eingeordnet in eine Landschaft darstellen. Es gibt vielleicht keinen Raum, der so sehr johanneischen Geist atmet wie eine Gegend in Anatolien, in der heutigen Türkei, im Nordosten der Stadt Kayseri. Dort in den Städten zwischen Güreme und Ürgüp hat vor Jahrtausenden der Auswurf eines Vulkans die Erde überschüttet, der Wind und der

Regen aber haben sich in das Tuffgestein eingegraben und ganz bizarre Strukturen hervorgebracht. Auf der Flucht vor dem Islam haben im siebten, achten, neunten Jahrhundert Christen in dieser wilden, menschenunbewohnten Gegend Zuflucht gesucht und sich in das Tuffgestein Höhlen gebaut, Kirchen errichtet und Ikonen an die Wände gemalt. Irgendwo weiden Schafherden, und es ist der Klang ihrer Hufe, das Blöken der Tiere, manchmal der leise Schall eines Glöckchens, der durch die Stille geht. Menschen verirren sich selten in diese unwirtliche Gebirgsgegend, aber die Menschen, die dort gewohnt haben, wollten eigentlich nicht mehr auf Erden leben, sondern spürbar dem Himmel nahe sein. Ihre Tage vergingen wie in mönchischer Einsamkeit; man hütete die Tiere, man aß das Brot, man widmete die Stunden Gott, und es war, wie wenn die Zeit stillstünde und es keinen bemerkbaren Unterschied mehr gäbe zwischen Diesseits und Jenseits, zwischen Zeit und Ewigkeit, ja, man hört richtig, zwischen Leben und Tod. Eine Landschaft ist dies, getragen von einem über den Tod hinausgereiften Dasein, in welchem Leid und Schmerz sich verklären zu Freude und Glück, der Zweifel sich beruhigt in ein geborgenes Vertrauen und keine Angst mehr zu sein scheint. Das ist die Welt, von der Johannes eigentlich berichtet. Man kann von ihr keine historische Kunde geben, man muß sie wahrnehmen mit den Augen der Seele, mit der Spürkraft des Herzens, und dann sieht man einen Jesus vor sich, der buchstäblich über das Wasser von einer anderen Welt auf uns zukommt und uns einlädt, mit hinzugehen an einen unbekannten Ort jenseits der irdischen Erfahrung, um die paar Jahrzehnte, die wir hier sind, zu bestehen. Alles beginnt daher in diesem Evangelium mit einer sehr sanften und doch eindringlichen Aufforderung: Euer Herz möge nicht erschrecken, lasse sich nicht verwirren von Angst. Dies steht am Anfang. Ungeborgen inmitten einer feindlichen Welt vollbringen wir unser Dasein nur einen Augenblick lang. Und wie geht ein jeder von uns um mit der sichersten aller Tatsachen: eines baldigen Tages wird er sterben müssen, der Tod wird auf ihn zutreten? Im Kreis der Jünger war die Frage noch viel zugespitzter: Was wird aus einem Leben, dessen beste Antriebe, dessen größte Ahnungen, dessen Eintreten für göttliche Wahrheiten wie geschändet, wie verraten und vernichtet an den Boden gedrückt werden sollen? Wofür haben wir gelebt, wenn Gerechtigkeit nichts weiter ist als ein faules Wort im Munde der Regierenden, wenn das Sprechen von Wahrheit nicht nur in das Feld menschlichen Irrtums eingetaucht ist –

das wäre normal –, sondern zynisch sich vertut, indem es zu einem Propagandamittel wird für die Ausbeutung von Menschen? Und was ist mit der Rede von Leben, wenn daraus ein Zwangskorsett verpflichtender Visionen wird, die man anderen aufnötigt, indem man ihnen das Leben stiehlt? Wofür hat man gelebt? Diese Frage ist so brennend in der Stunde des Abschieds.

Im Munde Jesu gibt es nur eine einzige Antwort darauf, an die er selbst geglaubt hat und die er uns vermitteln wollte: Der Tod hat nicht das letzte Wort, und es gibt ein Leben längst vor dem Sterben. Es gibt eine Wahrheit, die uns hilft, geborgen zu sein inmitten dieser so flüchtigen Welt, indem wir gemeinsam hinübergehen, nicht in die Kammern des Todes, sondern in die Heimat des Göttlichen. Alle Zweifel richten sich dagegen, denn was wir zu sehen meinen, ist die Zerstörung, die Verwesung und das blanke Nichts vor uns und unter unseren Füßen. Wie läßt sich an die Verheißung eines anderen Seins jenseits der Grenze des Schmerzes glauben?

Nur ein einziges Zeugnis wird es vermögen, den Tod zu widerlegen, und es lebte in der Person des Jesus von Nazaret so dicht und nah, daß, wer es dort nicht begreift, es vielleicht nirgendwo sonst zu erfahren vermag. Nur das Zeugnis der Liebe wird uns belehren, daß wir angesichts des Todes etwas Unvergängliches sind, etwas Gewolltes, etwas, auf das es ankommt, etwas, das nicht zerstört werden kann, weil es von Gott her berufen und gemeint ist. Und seine Hände, die uns schufen, sind die Räume der Geborgenheit, die nicht vergehen. Kann man das beweisen? Ganz sicher nicht, aber man kann es *erleben*. Man kann spüren, daß die Liebe stärker ist als der Tod, indem sie eine Zuversicht schenkt, ein Denken formt, eine Aussicht vermittelt, die mit dem Tod sich nicht beruhigt. Und dann ist es möglich, mitten zwischen Ürgüp und Güreme, mitten im Tuffgestein eines ausgebrochenen Vulkans, Heimat zu finden – den Himmel nahe und einen Reichtum inmitten der Armseligkeit menschlicher Existenz und einen Schimmer von Freude, während wir noch gemeinsam über diese Erde gehen. Es ist möglich, so zu leben, daß es die Verstorbenen von den Lebenden nicht mehr trennt und sogar der Tod wie eine Tür ist und nicht einmal mehr eine Grenze. Wir sind als Christen gewöhnt zu sagen, daß wir wiedergeboren seien durch die Taufe, hineingenommen seien in Tod und Auferstehung Jesu, aber bei Licht betrachtet, sind das alles Formeln fast ohne jede Erfahrung. Wie ist es, wenn wir so zu leben beginnen, daß der

Tod uns nicht widerlegt, sondern jeder Augenblick eines ruhigen Vertrauens, einer sicheren Stille, eines mutiggewordenen wahrheitsliebenden Daseins nichts mehr zu fürchten hat und es gar keinen Tod mehr gibt? Noch die ersten drei Evangelien versichern, daß der Hinübergang zur Welt des Göttlichen im Zusammenbruch der bestehenden Ordnung, in der Vernichtung der irdischen Existenz besteht, lauter Bilder hereinbrechender Gewalt. Wie aber ist es, wenn der Tod sich auflöst und es gar keine Trennwand mehr zwischen Gott und den Menschen, zwischen jener anderen Welt und dem Ort, an dem wir heute stehen, gibt und wir so leben können, daß alles sich mitnehmen läßt, daß unser Leben wie eine verwandelte Ikone ist? Alles würde ein Symbol der Liebe, alles ein Austauschzeichen der Zärtlichkeit, alles begänne schon jetzt, und es gäbe keinen Tod mehr und keinen Winter, sondern jenseits der Nacht ein Licht, das nie mehr untergeht, ein Reifen, das nie mehr zerbrochen wird von der Schneekälte.

Nur wer sich darauf einläßt, wird es erkennen. Wir Christen sind so sehr gewöhnt, von Jesus zu behaupten: Er ist die Wahrheit. Wir brauchen dem Glauben kaum noch einen Inhalt hinzuzufügen, wir verabsolutieren eine Person, die wir selber *nicht* sind, und machen uns selber wichtig, die wir uns nach ihm benennen; worum es dabei geht, löst sich fast im Abstrakten auf, wir wissen nur das eine: wir sind im rechten Glauben. Ganz anders, schaut man genau hin, ist das Johannesevangelium wirklich. Ich bin, sagt Jesus, der Weg, und also gilt es, eine bestimmte Art von Leben zu leben. Nur wer dies probiert, verliert die Angst, er lernt die Liebe, er bringt in sein Leben so etwas wie einen Raum des Behütetseins, und es beginnt die Ewigkeit mitten in der Zeit, er wird spüren, was es heißt, *wirklich* zu leben, und er versteht mit einemmal, daß die Wahrheit des Christus keinen bestimmten Inhalt hat. Es geht nicht darum, dies und das zu glauben, sondern darum, auf dem eigenen Weg als Erfahrung Wahrheit zu spüren. So ist wirkliches Leben, alles tritt ein in eine Ruhe, die nicht mehr zerstört werden kann, in einen Frieden, den niemand zu rauben vermag, und es öffnet sich der Himmel, es trägt das Wasser, es wird weich und warm die Erde, auf der wir stehen, und es hat das Zeugnis der Güte mehr Kraft als der Haß und alle Feindschaft.

Noch einmal gefragt: Woher gewinnen wir denn diese Kraft? Wir nennen sie Gott, wir nennen sie im Sprachgebrauch der Bibel den Vater, aber es ist im Johannesevangelium eine sehr tiefe, ganz zentrale

Erfahrung, daß wir von Gott als dem Vater nicht ohne weiteres sprechen können. Selbst wenn wir daran glauben, daß ein Gott sei, der die Welt gemacht hat – was wissen wir denn von dem Gott der Schöpfung? Er ist uns in Jahrmilliarden des Raums und der Zeit weit ferngerückt und übersteigt jede Vermutung, jedes Denken, jede Vorstellung von uns Menschen. Gott, sagt das Neue Testament einmal, wohnt in einem unzugänglichen Licht. Das ist ganz wörtlich wahr, so daß wir von ihm so wenig zu sehen vermögen, wie wenn wir unsinnigerweise ungeschützten Auges in die Sonne schauen wollten; wir würden sehr bald einfach erblinden, und zwischen Licht und Finsternis wäre kein Unterschied mehr für unser Wahrnehmungsvermögen. Darum ist dieses Wort des Johannesevangeliums aus dem Munde Jesu so außerordentlich wichtig. Es gilt, einen Menschen zu sehen, in dem etwas von Gott erscheint. Es gilt an unserer Seite etwas zu entdecken von der Geschwisterlichkeit und der Menschenliebe, nur so begreifen wir Gott, so beansprucht es Jesus für sich. Es ist eine Art, die Menschen zu sehen im Schimmer der Ewigkeit, so eingetaucht im Frieden des Göttlichen, so hinübergenommen in die Angstfreiheit eines Vertrauens, das sich auf Erden nie rechtfertigen könnte, daß umgekehrt in der Person des Jesus von Nazaret alles das deutlich wird, was für uns Menschen auf dem kleinen Planeten Erde von Gott her jemals sich begreifen läßt. Es sind ganz und gar menschliche Erfahrungen, aber sie können uns eben deshalb nur geschenkt werden durch einen Menschen, so daß wir von dem Gott, der unser Vater ist, nur eine Ahnung gewinnen können durch einen Menschen an unserer Seite, der ist wie ein Bruder, wie eine Schwester, einzig so. Das ist der Weg des Jesus von Nazaret, seine ganze Wahrheit und das, was er uns als Leben schenken wollte. Dann gibt es ein Vertrauen, zu dem er uns einlädt, wenn wir ihn sehen: wenn wir in die Liebe eintauchen würden, begriffen wir das Geheimnis der Welt, wir sänken immer tiefer in das Zentrum der Erde, unterhalb noch des Grunds aller Dinge, und würden auf die Frage, warum etwas ist, nichts anderes zu antworten wissen als: aus einer reinen Liebe, die gewollt hat, daß es existiert. Mehr brauchen wir nicht zu wissen.

Ein Versprechen gilt, das Jesus an dieser Stelle noch gibt: er werde alles wirken, worum wir in seinem Namen bitten. Es ist eine fast vermessene Verheißung, ein fast sinnloses Versprechen, denn wie oft haben Menschen gebetet und das Erbetene nicht erhalten. Aber wäre es möglich, wir flehten immer wieder zu diesem unbekannten Geheimnis, das Jesus seinen und unseren Vater zu nennen wagt, und wir erhielten wirklich, worum wir flehen? Nicht die Dinge, die wir nötig haben, sind das Wichtige, sondern daß wir das Wesen Jesu bei jedem Sprechen mit Gott tiefer in uns einlassen und lernen, uns in seinem Namen mit dem Hintergrund der Welt, mit dem, was uns umgibt, und dem Geheimnis, das in uns lebt, immer wieder ins Gespräch zu begeben, und es läuterten sich all unsere Wünsche und es träte am Ende nichts ein als der Friede eines Einverständnisses, der unzerstörbar wäre. Wie immer Sie dann Jesus von Nazaret nennen, den Frieden, die Ruhe, den tragenden Grund, den Begleiter, den Bruder, die Schwester, die umgebende, begleitende Hand, das Licht im Dunkel, den Traum in der Nacht, oder ob Sie ihn mit den Bildern des Johannesevangeliums das Brot, das vom Himmel kam, den wahren Weinstock, den Hirten, das Wasser des Lebens nennen – es gilt, das Gemälde der Ikone von Ürgüp weiterzumalen im Leben eines jeden. Und es gilt zu entdecken, daß ein jeder lebende Mensch, offen für die Liebe, ein Stück von dem lebendigen Bild Gottes auf Erden ist. Nur deshalb heißen wir Christen.

Ich bin der wahre Weinstock, und mein Vater ist der Winzer. Jede Rebe an mir, die keine Frucht trägt: Die reißt er weg. Und jede, die Frucht trägt: Die reinigt er, daß noch mehr Frucht sie trage. Schon seid ihr rein – kraft des Wortes, das ich zu euch gesagt habe. Bleibt in Eins mit mir, und ich in Eins mit euch. Wie die Rebe aus sich nicht Frucht tragen kann – es sei denn, sie bleibe am Weinstock –, so auch ihr nicht; es sei denn, ihr bleibt in Eins mit mir. Ich bin der Weinstock, ihr seid die Reben. Wer in Eins mit mir bleibt, wie ich in Eins mit ihm: Der trägt viel Frucht. Denn ohne mich vermögt ihr nichts zu tun. Wenn einer nicht in Eins mit mir bleibt, so wird er hinausgeworfen wie die Rebe und verdorrt. Und die sammelt man und wirft sie ins Feuer; und sie verbrennt. Wenn ihr in Eins mit mir bleibt, und meine Worte in euch bleiben, so erbittet, was ihr wollt, es wird euch geschehen. Dadurch wird mein Vater verherrlicht, daß viel Frucht ihr tragt und meine Jünger werdet.

Wie mich der Vater geliebt, so habe auch ich euch geliebt. Bleibt in meiner Liebe. Wenn meine Weisungen ihr wahrt, dann bleibt ihr in meiner Liebe – wie ich meines Vaters Weisungen gewahrt, und in seiner Liebe bleibe. Das habe ich zu euch gesagt, daß meine Freude in euch sei und eure Freude sich vollende. Das ist meine Weisung: Liebt einander, wie ich euch geliebt! Größere Liebe hat keiner, als wer sein Leben gibt für seine Freunde. Ihr seid meine Freunde, wenn ihr tut, was ich euch weise. Nicht mehr Knechte nenne ich euch, denn der Knecht weiß nicht, was sein Herr tut. Euch aber habe ich Freunde genannt, denn alles, was ich gehört von meinem Vater her: Euch habe ich es kundgetan. Nicht ihr erwähltet mich, sondern ich erwählte euch. Und ich habe euch bestellt, daß ihr hingeht und Frucht tragt und eure Frucht bleibt; auf daß, was ihr vom Vater erbittet, er euch gebe – in meinem Namen. JOH 15,1–16

Man kann aus den Worten dieses Evangeliums die drohenden Untertöne heraushören und stark akzentuieren. Dann scheint der Text dazu gemacht, den Menschen Gott gegenüber zu verkleinern und ihn zu warnen und einzuschüchtern. »Ohne mich vermögt ihr nichts zu tun« heißt dann: Gott ist alles, ihr aber seid gering, und euer Dasein reduziert sich auf ein Nichts. »Weggerissen« und »ins Feuer geworfen« zu werden meint dann eine ewige Todesstrafe für jede Abweichung. Und in dieser Art könnte man fortfahren.

Unzweifelhaft aber sind die Worte des Johannesevangeliums nicht so gemeint. Wohl ist Gott alles, und wir Menschen sind gering. Aber unsere Größe und Würde liegt darin, daß wir mit Gott verbunden sind und dies in unserem Leben auch wissen können.

Wir Menschen sind im Grunde die einzigen Wesen der Erde, die mit Bewußtsein spüren und merken können, daß in ihnen etwas lebt aus dem Strom der Unendlichkeit. Wir sind die einzigen, die bewußt reflektieren können, daß es in uns Anlagen, Fähigkeiten, Berufungen gibt, die einmalig und unvertauschbar sind und vom Ursprung her eine absolute Bedeutung und Auszeichnung besitzen. Verbunden mit Gott, ist unser Leben dazu bestimmt, reich und groß zu werden, und die einzige Frage ist, wie wir in unserem Ursprung verankert bleiben.

Es verdient große Beachtung, daß schon in den ersten drei Evangelien Christus selber, wenn er vom Verhältnis von Gott und Mensch spricht, im Grunde immer wieder Gleichnisse des Wachstums gebraucht, sozusagen organische Bilder. Er tut das, wie um uns vor jeder Art der Gewalttätigkeit im Umgang mit uns selber zu warnen.

Alles, was Jesus verkörpert und sagt, ist so ganz anders als die Aufrufe fanatischer Propheten und asketischer Heroen. Für Christus wird das Himmelreich nicht erkämpft und erobert, indem man wie die Titanen Berge aufeinanderschichtet, um den Himmel zu stürmen. Wenn Christus von der Macht Gottes in unserem Leben spricht, sagt er gern: Es geht dabei zu wie mit einem Senfkorn, das winzigklein ist, und man möchte darauf nicht eine Kopeke verwetten. Und trotzdem wächst es heran und wird groß, daß die Vögel des Himmels darin ihre Nester bauen können. Oder es geht zu wie bei einem Landmann, der gesät hat. Er selber weiß nicht, wie es heranreift, er sieht es nur tagaus, tagein. Ohne sein Zutun wächst die Saat. So einheitlich, so harmonisch verbunden sollten wir unser Verhältnis zu Gott denken. Wir sollten die Angst verlieren, die uns immer wieder zwingt zu sagen: »Wir aber packen's, wir schaffen's, wir machen's, und wir müssen's machen.« Die einzige Aufgabe, die wir hätten, bestünde grade darin, diese Kraftanstrengungen der Verzweiflung sein zu lassen und ein tieferes Vertrauen zu lernen. In Wahrheit lebt in unserem Herzen alles, was Gott darin zu sagen hat; wir sollten uns nicht aus Angst und Enge verschließen, sondern uns öffnen für das, was wirklich in uns leben will. Mehr ist durchaus nicht nötig, als Gott nicht zu hindern, der in uns Gestalt und Reifung nehmen will.

Deswegen sind die beste Erklärung zu dieser Stelle aus dem Johannesevangelium vom Weinstock und den Reben wohl die Worte der Lesung aus dem ersten Johannesbrief: »Brüder, laßt uns das Herz beruhigen in Gott, denn selbst wenn unser Herz uns anklagt, ist doch Gott größer als unser Herz, und Er weiß alles.«

Auch aus diesen Worten kann man einen Alptraum entwickeln, das Bild von dem Gott, der alles weiß. Man kann es benutzen, um aus Gott einen Oberaufseher zu machen, der uns kontrolliert, belauscht, verfolgt, der uns ständig auf der Spur ist. Dabei ist in Wahrheit dies unser wichtigster Trost, unsere stärkste Zuversicht: daß, wenn wir schon nicht ein noch aus wissen, Gott es wissen wird. Wenn wir uns verurteilen, ist es sehr selten unser Herz, das dies tut. Meistens ist es das Arsenal der gespeicherten Vorurteile in unserem Über-Ich, das wie zwanghaft immer wieder nach den gleichen Standards, den gleichen Regeln, den gleichen Anweisungen auf uns einhämmert. Selten sind wir fähig, uns in unserem Herzen anzuklagen. Und wenn dies geschieht, daß wir wirklich innerlich spüren, in unserer Vergangenheit liege vieles, für das wir uns schämen müssen, ist gerade dieser Eindruck eines Herzens, das sich selbst verurteilt, oft menschlich das Größte, das wir sehen können. Mitunter kann man einem anderen dies wirklich nicht abnehmen, weil die Gründe, weswegen er sich schämt, wohl stimmen mögen. Aber daß er ein Herz besitzt, sich dafür anzuklagen, dies können wir an ihm am höchsten schätzen, dies ist am meisten an ihm zu bewundern. Nur daß das Schamgefühl niemals dahin gelangen sollte, rundum das ganze Dasein anzuklagen und schuldigzusprechen. Es gibt auch Auswüchse des Guten, die dadurch nicht besser, sondern schlechter werden. Wohl kann es uns scheinen, als ob unser ganzes Leben verfilzt wäre, durchwachsen wäre von allen möglichen Trieben des Bösen. Wenn immer uns dies so erscheinen mag, sollten wir an jenes Wort des ersten Johannesbriefs denken. Wie wenig wissen wir von unserm Leben wirklich. Wie wenig verstehen wir von uns. Und selbst wenn wir's mit Händen glauben greifen zu können, was darin falsch war, selten ist die Sprache der Anklage die Sprache der Wahrheit.

»Gott weiß alles« sagt diese großartige Stelle des Johannesbriefs. Man müßte hinzufügen: »Er weiß vor allem, wie du geprägt wurdest, mit welcher Hypothek du ins Dasein kamst, deine Kindheit verlebt hast, heranwachsen mußtest: Das meiste davon wird dir verborgen sein und unbewußt, aber dein Schöpfer weiß gerechter zu urteilen als du selber.

Er sieht dich nicht bei den Taten, die du vollbringst, er sieht dich in deinem Wesen und in deinem Dasein. Er sieht dich an mit Augen der Güte, denn er hat dich geformt aus Liebe. Er sieht dich an mit Augen der Geduld, denn er hat eine ganze Ewigkeit darauf gewartet, daß du ins Dasein kamst, und er möchte, daß du gleichermaßen dich sehen lernst mit Augen der Güte und Geduld. Und weil er dich in jeder Faser kennt und jede Herzensregung weiß, noch ehe du sie selber merkst, kannst du darauf vertrauen: Er wird sein Wissen niemals einsetzen, um es gegen dich zu verwenden. Er möchte nur, daß du allmählich und langsam selber an Verständnis für dich reifst. Denn daß Gott größer ist als dein Herz, kann uns bestimmen, selber weitherziger und großzügiger zu werden, uns selber gegenüber und dann auch allen anderen.«

Wann immer wir dies tun, öffnen wir uns mehr dem Wurzelgrund unseres Daseins, reift die Frucht mehr. Es mag dann sein, wir fühlen uns oft kleiner, oft wie von außen ganz und gar zurechtgestutzt, und doch ist dies Zurückschneiden wie ein Versammeln der Kräfte in der Tiefe, wie der Beginn größerer Reifung. So endet dieses Evangelium mit einer großartigen Versicherung: »Um was immer ihr bitten werdet, das wird Gott euch tun.« Es ist wie das Versprechen, wie die Aussicht, eines Tages möchte in unserem Herzen nur noch leben, was von Gott ist. Alles, worum wir dann zu beten haben, ist, daß Gott sich in unserem Leben selber aussprechen möge wie in einem Gebet, und dies werde uns erfüllt. Es sind niemals *Dinge*, worum wir wirklich leidenschaftlich bitten, es ist im Grunde unser Dasein-Dürfen, ganz, wie Gott es will. Und er steht bereit, uns dies zu gewähren.

Zum sechsten Sonntag der Osterzeit

Wenn ihr mich liebt, so werdet ihr meine Weisungen wahren. Und ich werde den Vater bitten, und er wird einen anderen Mutbringer euch geben, um bei euch zu sein – auf Weltzeit hin: Den Geist der Wahrheit, den die Welt nicht empfangen kann, weil sie ihn nicht schaut und nicht erkennt. Ihr kennt ihn, denn bleibend ist er bei euch und ist euch inne. Ich will euch nicht als Waisen lassen: Ich komme zu euch. Noch eine kleine Weile, und die Welt schaut mich nicht mehr; ihr aber schaut mich. Weil ich lebe, werdet auch ihr leben. An jenem Tag werdet ihr erkennen, daß ich in Eins mit meinem Vater bin, und ihr in Eins mit mir, und ich in Eins mit euch. Wer meine Weisungen hat und sie wahrt: Der ist es, der mich liebt. Wer aber mich liebt, wird geliebt werden von meinem Vater. Auch ich werde ihn lieben und mich ihm zeigen. Sagt Judas – nicht der Iskariot – zu ihm: Herr, was ist geschehen, daß du dich uns zeigen willst und nicht der Welt? Hob Jesus an und sprach zu ihm: Wenn einer mich liebt, so wird er mein Wort wahren. Und mein Vater wird ihn lieben, und zu ihm werden wir kommen und eine Bleibe bei ihm schaffen. Wer mich nicht liebt, der wahrt meine Worte nicht. Das Wort aber, das ihr hört – es ist nicht meines, sondern dessen, der mich ausgeschickt: des Vaters. JOH 14,15–24

Weil ich lebe, werdet auch ihr leben.
Diese Worte des Herrn sind wie eine Zusammenfassung all dessen, was er in seinen Abschiedsreden den Jüngern zu sagen hat. Es sind Worte des Vertrauens gegen die Angst, der Zuversicht gegen den Tod, Worte der Hoffnung auf ein ewiges Leben.

Wenn Menschen voneinander getrennt werden, die nicht sonderlich aneinander hängen, schiebt sich zwischen sie sehr bald der Schleier des Vergessens, und Raum und Zeit legen eine schier unendliche Entfernung zwischen sie. – Ganz anders ist es, wenn Menschen einander liebhaben, so sehr, daß sie im Inneren wie eins sind. Dann sind Augenblicke und Zeiten der Trennung eher ein Anlaß, noch intensiver aneinander zu denken, noch stärker miteinander zu fühlen. Und gar die härteste aller Formen irdischer Trennung, der Tod, wird die Bande der

Liebe nicht zerreißen, sondern in gewisser Weise noch viel enger knüpfen. Wenn man bis dahin in der gelebten Gegenwart des anderen sich im Glück der Liebe aneinander und miteinander begeisterte, so wird nun die Abwesenheit des anderen zu einer inneren Gegenwart und einer allmählich reifenden Vergeistigung. Was man bis dahin wie selbstverständlich in der Übung und Gewohnheit der Liebe tat und was bis dahin nur ein Ausdruck war, prägt sich nun immer tiefer dem eigenen Inneren ein. Es wächst sich aus zu einer gelebten Überzeugung und zu einem immer tieferen Gefühl und Bewußtsein von der wahren Bedeutung des anderen. So konnte Joseph von Eichendorff einmal sagen:

Trennung ist wohl Tod zu nennen,
Denn wer weiß, wohin wir gehn?
Tod ist nur ein kurzes Trennen
Auf ein bald'ges Wiedersehen.

Es ist in der Liebe, daß mit der äußeren Entfernung die innere Nähe eher zu- als abnimmt, und offensichtlich ist dies die erste Verheißung, die Jesus seinen Jüngern angesichts seines eigenen Sterbens anvertraut. Gerade weil sie ihn liebten und weil sie in seiner Nähe wie nie zuvor spüren konnten, welch ein Geheimnis im Herzen eines jeden Menschen ruht und was es bedeutet, wirklich als Mensch zu leben, gerade deshalb würden sie, äußerlich getrennt von Christus, sich nie mehr ganz allein fühlen; nie wieder würde das Empfinden in ihnen aufsteigen, hoffnungslos wie Waisenkinder in einer fremden, kalten Welt zurückbleiben zu müssen. Sie würden Tag für Tag nur um so tiefer spüren, was in Jesus lebte und was er ihnen bedeutete und wie wahr ein jedes Wort aus seinem Munde war. Sie würden so beginnen zu denken, wie er dachte, zu fühlen, wie er fühlte, und je mehr die Zeit sich dehnte, desto tiefer ihn begreifen. Sein Geist würde in ihren Herzen Wohnung nehmen.

Aber es ist etwas Eigentümliches: Man kann an Christus nicht so denken, wie wenn er ein Gegenstand der Erinnerung wäre oder wie wenn sein Leben, das uns die Würde und die Schönheit eines wahren Daseins schenkte, sich auflösen würde in etwas nur Gedachtes, nur Vergeistigtes. Gerade weil Christus für uns das Leben ist, ist es nicht anders möglich, als zu denken, daß er selber lebt. Er, der uns das Leben schenkt, muß selber leben, und alles, was er uns gesagt hat, ist der

Anfang dieses großartigen Traums und dieser wachsenden Zuversicht: niemand von uns wird endgültig zum Ende des Todes bestimmt sein.

Ist, daß wir die Unsterblichkeit *brauchen,* eine Grundlage, sie auch zu *glauben?* Man sollte denken, daß Menschen, wenn sie sich ihrer ganzen Natur nach so sehr nach einem ewigen Leben sehnen, schon durch ihr Verlangen selbst beweisen, daß es ein solches Leben unbedingt geben *muß,* sonst trügen sie das Verlangen und die Sehnsucht nicht in ihrem Herzen. Aber ein solches Argument entscheidet nicht über das Gefühl, und die Wahrheit ist, daß Mitleid dem Menschen nicht genügt. Solange wir uns selber untereinander anschauen mit den Augen der Traurigkeit, vermögen wir den anderen und das eigene Leben vielleicht wie eine kostbare goldgeschmiedete Einfassung zu sehen, der der Diamant im Inneren noch fehlt. Ständig sehen wir nur den Mangel und das, was wir brauchen. Mitleid ist nicht Liebe.

Christus lehrte uns die Liebe, nicht die Traurigkeit. Er verkörperte den Glauben an die Schönheit des Menschen, nicht an seine Gebrochenheit. Er wollte niemals den Finger auf das legen, wessen wir bedürfen und was uns fehlt. Er wollte uns und einem jeden zeigen, zu welch einer Schönheit und Größe er berufen ist. Im Geiste Jesu die Welt betrachten, heißt, offene Augen zu gewinnen für den Wert, den ein jeder Mensch in seinem Herzen trägt. In seinem Geiste sprechen, heißt, die Worte der Liebe, die Worte des Vertrauens, die Sprache der Zärtlichkeit im Herzen eines anderen Menschen zu wecken und seine Stirn an das Licht der Sterne zu heben, während er noch über diese Welt geht. In der Liebe ist es unmöglich zu denken, etwas so unendlich Kostbares wie ein Menschenleben könnte hervorgebracht sein, nur um es wieder zurückzunehmen. Niemals vermöchten wir den Grund unserer Existenz, den wir Gott nennen, als unseren Vater zu bezeichnen, hätte er uns nicht hervorgebracht mit dem Willen und der Konsequenz der Ewigkeit.

Ich habe mich als Kind, wenn ich in Abenteuerbüchern las, oft gefragt, was Menschen befähigt hat, in ein kleines Kanu zu steigen, in ein Auslegerboot, und hinauszufahren auf die Weite der See bis dahin, wo die Wolken aufsteigen und die Sonne untergeht, was Menschen dahin getrieben hat, den Horizont zu durchstoßen und immer weiter zu segeln. Der Proviant an Bord mochte zur Neige gehen und die Zeit der Umkehr überschritten werden, die Seefahrer sahen hinter sich kein Land und kein Gestade mehr und um sich herum nur die grenzenlose Weite des Ozeans. Was hat sie befähigt, immer weiter zu segeln und zu rudern? – Folgt man den Überzeugungen der Alten, liest man, hört man von dem Glauben, daß die Sterne der Nacht wie Inseln unserer Schwestern und Brüder seien, zu denen sie uns vorangegangen sind, um uns im Dunkel vorauszuleuchten. Schon hörten wir in den Nächten ihre Stimmen flüstern und uns rufen, daß sie auf uns warten, und unser ganzes Leben sei unterwegs zum Wiedersehen mit ihnen.

Ich glaube, daß die alten Völker recht hatten. Jenseits des Horizonts warten die Inseln unserer Hoffnung, die Orte einer ewigen Erfüllung, die Begegnung einer nicht endenden Liebe. Denn so hat er gesagt: Auf Erden schon dürften wir leben und einander lieben in seinem Geist, aber er selber, der ihn uns schenkte, wäre lebendig für immer und auch wir würden leben für immer, wir würden uns wiedersehen.

Nichts in unserem Leben kommt uns schwerer an, als voneinander getrennt zu werden durch die dunkle Schranke des Todes. In dieser Stunde des Abschieds versucht Jesus, seine Jünger über ein Ereignis hinwegzutrösten, das sie selbst in dieser Härte und Unmittelbarkeit noch gar nicht vor sich sehen. Dennoch wird es so sein: Er, der für sie das Leben ist, wird von ihnen gerissen werden, und die Welt wird meinen, ihn ins Nichts gestoßen zu haben. Er ist vor ihren Augen verschwunden, und also hat sie gesiegt, scheinbar, und es gäbe nichts mehr zu berichten.

Was tun Menschen, denen all das geraubt wird, woran sie ihr Glück und ihre Hoffnung hängen mochten? Die Religionsgeschichte überliefert eine ähnliche Szene aus dem Leben des Buddha. Als der Erleuchtete in Kusinagara sich zum Sterben legte, umringten ihn klagend seine Jünger. Er aber soll zu seinem Lieblingsschüler Ānanda gesagt haben: »Warum weinst du und bist du traurig, Ānanda? War nicht dies meine Lehre, nicht dies mein Wort: Alles, was zusammengefügt wurde, ist dazu bestimmt, sich wieder aufzulösen. Ihr selber seid eure Leuchte. Strebt ohne Unterlaß.«

Unter uns Menschen dürfte das die größte und schönste Kunst sein: einander bis zu dem Punkt zu begleiten, wo jeder von innen her hell wird und stark. Alles, was untereinander sonst an Begleitung und Erziehung möglich ist, hat nur Gültigkeit als ein solcher Weg der Vorbereitung auf Verinnerlichung, Vergeistigung und eigenes Leben hin. Viele Jahre müssen Eltern ihren Kindern in äußerem, sichtbarem Sinn Vorbild, Begleitung und Halt sein, und ein Kind übernimmt den Weg in sein Leben von ihnen durch den äußeren Augenschein. Je vertrauensvoller das Verhältnis zwischen den Eltern und ihrem Kind, um so einfacher und sicherer wird der Zeitpunkt kommen, wo das Kind es nicht mehr nötig hat, auf Schritt und Tritt auf seine Eltern zu schauen und seine Eltern um Rat zu fragen. Denn sie haben es vermocht, in dem Kind die eigenen Kräfte nicht zu verstellen, sondern zu wecken. Selber beginnt es zu denken. Es sind seine eigenen Gedanken und dennoch nicht völlig fremd vom Vorbild und Gedankenreichtum seiner Eltern. Es sind die Überlegungen, die Weisheiten, die Überzeugungen, die die Eltern ihm vorgelebt haben, aber sie treten an das Kind nicht mehr heran wie etwas Fremdes, von außen Gesagtes, Aufgenötigtes. Aus einem äußeren Verhältnis ist eine innere Beziehung geworden, aus etwas bislang nur Sichtbarem etwas ganz und gar Unsichtbares, und dieser Wechsel von außen nach innen ist das, was wir Leben nennen.

Jesus selber drückt es in diesen Abschiedsworten an seine Jünger dahin aus, daß kein Unterschied sei zwischen Liebe und Gehorsam, zwischen Zuneigung und Pflicht. Ungeistig gibt es eine Welt der Gebote; sie muß man befolgen, weil es von außen her gesagt wird. Geistig, in der Welt der Überzeugung, gibt es keine fremden Bestimmungen, sondern von innen her wächst man in die Ordnung Gottes hinein, und alles, was Gott möchte, ist stark als die Kraft des eigenen Lebens. Gerade das war es, was die Jünger in der Nähe Jesu lernen konnten und sollten: Es gibt ein solches Vertrauen zu Gott, der uns nicht wie ein fremder Zwingherr gegenübersteht, sondern Gott selber ist Geist. Man zieht Bäume an Spalieren hoch, setzt starke Pfähle neben ihren sich entwickelnden Stamm, vertäut sie gegen die Macht des Sturms; aber haben sich die Wurzeln tief genug ins Erdreich gesenkt und hat der Stamm an Kraft gewonnen, so wird jeder Stützpfahl und jedes Spalierwerk hinderlich und eines Tages unsinnig. Aus sich selber und der Kraft seiner Wurzeln strebt der Baum zum Himmel. In gewissem Sinne wollte Jesus in seiner irdischen Existenz nichts anderes sein als ein erstes Spalierwerk, daß wir es eines Tages von selber vermöchten, Gott zu hören im Wehen des Windes und uns ihm zu öffnen in der Wärme des Lichtes. Die Welt kann Gott nicht sehen, und sie versteht nicht, was Geist ist, aber denjenigen, die Jesus lieben, denen ist er ihr Leben. Das hört nicht auf durch die Macht des Widerspruchs. Das wird nicht widerlegt durch das Faktum des Todes. Das, was wir an der Seite Jesu als Leben gelernt haben, ist eine Gabe, die niemand mehr aus unserem Herzen reißen kann, stark, unsichtbar, dem Ewigen verschwistert, unendlich weit und eine Brücke zwischen Diesseits und Jenseits. Schon zu Lebzeiten Jesu konnte man ahnen, daß alles, was Christus tat, in Gott geschah und von Gott war. Diese Überzeugung wird es sein, die uns Mut macht zu glauben, daß auch wir selber aus den Händen Gottes nie mehr herausfallen. Ist dies der Geist, aus dem wir leben, hat Jesus sein Werk getan, und sein letztes, der Tod, wird davon nichts wegnehmen, sondern alles nur bestätigen. Der Geist ist nicht zu töten, die Liebe nicht zu ersticken, die Hoffnung der Menschen nicht fortzunehmen.

Manchmal können die Orte einer heiligen Legende, die Worte einer heiligen Rede am eindrucksvollsten deuten und vermitteln helfen. Eine heilige Legende erzählt, daß der Evangelist Johannes sich an der Seite der Mutter Jesu an einen Ort in der Nähe von Ephesus zurückgezogen habe, um dort, im Gebiet der heutigen Türkei, Jahre bis zu ihrem Ende zuzubringen. Panayia Kapulu, der Ort der ganz Heiligen, nennen die Türken diesen christlichen Wallfahrtsort. Der Platz scheint gut geeignet, um die getragene Art der Weltsicht des vierten Evangelisten an diesem Ort deutlich zu machen. Ein Berg erhebt sich über den Ruinen der antiken Weltmetropole Ephesus. Ein winziges kleines Haus ist Gegenstand der Verehrung. Besteigt man diesen Berg des Wohnsitzes des vierten Evangelisten, so entfernt man sich aus den Niederungen, in denen die Weltstadt Ephesus zu ihrer Zeit dem Handel und Wandel, dem Geld und dem Ruhm, der Religion und dem Reichtum zu frönen schien. Man verläßt den Ort, an dem das Leben pulsierte, und begibt sich Schritt für Schritt in die Einsamkeit. Das Gelärm der Welt fällt ab, und es weicht dem grellen Zirpen der Zikade, dem Schrei der Schwalben am Himmel und dem leisen Flüstern des Windes in den Blättern der Pinien, der Oliven- und Feigenbäume. Alle Fragen kehren zurück: Was war es, oder besser, was ist es mit der Gestalt und Botschaft des Jesus von Nazaret?

Vom Berg der Verehrung her gesehen heben sich scheinbar die Zeit und die Geschichte auf, und man taucht ein in eine ewige Antwort, in eine Erkenntnis, überlegen dem Getriebe der Geschichte und der Welt. Denn das ist die erste Einsicht, die wir gewinnen: Man muß sehr weit Abstand nehmen von dem, was das ganz normale, so gesicherte und vernünftige Wirken und Werken der Welt angeht. In ihren Augen schien wenige Jahre schon nach dem Auftreten des Mannes von Nazaret alles wie gewohnt weiterzugehen, ja, es schien die Botschaft des Jesus von Nazaret weder Beachtung noch Gehör zu verdienen. Was ist es um den Tod dieses Mannes? Johannes versucht in seinen Abschiedsworten zu deuten und zusammenzutragen, was ihm buchstäblich Vermächtnis ist und sein liebstes, sein heiligstes Andenken: das Leben selber. Eines scheint ihm ganz klar: Mit den Augen der Welt wird man Jesus niemals begreifen. Für sie ist er tot, wie wenn er nie gelebt hätte, wie wenn er gekommen und spurlos verschwunden wäre.

Ganz anderer Augen bedarf man, um zu sehen, was er einer ganzen Welt nicht nur geschenkt hat, sondern auch in Zukunft noch schenken wird, denn er ist der einzig wirklich Lebende. Das ist die Überzeugung des Johannes, und die Bedingung, zu verstehen, wovon er reden will, ist ein ganz inniges Gefühl der Liebe. Es konzentriert sich auf die Person dieses Mannes aus Nazaret. In den Augen des vierten Evangelisten ist er der einzige Mensch, der verdient, absolut geliebt zu werden, so daß man von ihm nur sprechen kann in den Worten des Unbedingten, einer tiefen Ergriffenheit, die uns niemals mehr verlassen wird.

Und warum verdient Jesus, in dieser Weise geliebt zu werden? Die ersten drei Evangelisten haben zusammengetragen, wie Jesus gesprochen haben mag, als er unter uns weilte. Johannes verzichtet darauf, er sagt sich: Alles, was wir von Jesus wiederholen können, so wie er gesprochen hat, würde uns äußerlich bleiben; man gäbe ja nur etwas wieder, das auch auf geschriebenem Papier stehen könnte, und es berührte nur die Augen unseres Leibes. Man muß von Jesus so sprechen, daß es uns selber aus dem Herzen kommt und sich in die Sprache der Liebe verwandelt. Da ist die Rede von den Geboten, und wir alle, die wir davon hören, kennen die Bergpredigt, wunderbare Anweisungen, sogar auf den Feind zuzugehen und für den Verfolger zu beten und nicht aus Angst zurückzuweichen, weder vor dem Tod noch vor den anderen Menschen noch vor dem morgigen Tag. Johannes nimmt von all diesen Worten nicht ein einziges in sein Evangelium auf. Er reduziert es oder er konzentriert es auf ein einziges. *Das* hat Jesus gesagt, *darum* ging es ihm, alles andere wäre nur Kommentar: »Liebt einander«. Weil er uns dazu die Kraft gab, meint Johannes, verdient er all unsere Liebe, deren wir fähig sind. Er machte uns zu Schwestern und Brüdern. Er befähigte uns, dem Gefühl Glauben zu schenken, das am tiefsten von uns Besitz ergreift. Nichts sonst muß man von dem verstehen, was Jesus gesagt und was er geboten hat, wenn nur diese Empfindung ihm gegenüber ganz stark und tragend ist. Alle Worte, die er gesagt hat, die er gesagt haben könnte, die er hätte sagen müssen, werden uns von innen her wie von selber einfallen.

»Wenn ihr mich liebt« – damit beginnen die Abschiedsworte in diesem Evangelium aus dem Munde Jesu –, »so werdet ihr meine Weisungen wahren«, das heißt: für den, der liebt, gibt es keine Vorschriften von außen, er hat ein inneres Maß in seinem eigenen Herzen. Es geht so weit, daß sich die gesamte Beziehung zu Jesus im Sinne dieses Evangelisten nach innen zieht; sie wird rein geistig. Es hat in seinen Tagen Versuche gegeben, die bis heute nicht geendet sind,

Jesus im Äußeren nachzuahmen. Man hat versucht, seinen Lebensstil zu imitieren, bis in die Kleidung, bis in das Auftreten, bis in das Gehabe hinein. Es ist nichts als eine Kopie. Man hat Jesus nach der Art der Religionen der Zeit in der Sprache der Formeln verfeierlicht und ihm heilige Kulträume und Kirchen gebaut. Das einzige aber, worauf es ankommt, ist eine Unmittelbarkeit des Herzens, eine Empfindung der reinen Liebe. Da ist, was Jesus war und sagen wollte, nicht Vergangenheit, sondern Gegenwart, und alles spricht aus unserem Innersten. Was er gesagt hat, wird unser Eigenstes, was er war, unser eigenes Leben, und dann kann man von Jesus nicht als einer Person der Geschichte sprechen, sondern wie von einer Macht, die uns durchflutet, ganz unsichtbar, aber stark, wie der Wind, den wir atmen, wie das Licht, dessen Wärme wir fühlen, wie der Schimmer der Sterne, die uns leuchten im Dunkel. »Geist« ist das Wort, das wir dafür verwenden, weil wir ein anderes nicht haben. Wir können es mit einer starken Empfindung umschreiben: ganz und gar herauszuspüren und zu sehen, was uns leben läßt. Und dann können wir's sogar umkehren. Bei all dem, wovon wir ganz sicher sind: »es stimmt so für uns, es macht uns wahr, es gibt uns den Mut, lebendig zu sein«, werden wir irgendwann wieder die Lippen des Mannes von Nazaret berühren, und seine Worte werden es sein, die wir verstehen.

Ein Mann wie der evangelische Schriftsteller Jochen Klepper konnte vor über sechzig Jahren am Rand einer tiefen Verzweiflung einmal sagen, er habe das gesamte vergangene Jahr mit nichts anderem zugebracht, als zwei, drei Worte der Bibel besser zu verstehen. Das muß es heißen, wenn Jesus hier verspricht, er werde uns, die wir ihn lieben, seinen Geist schenken, der uns in alles einführt. Die Welt wird es nicht verstehen, aber wir werden begreifen, daß wir nicht als Waisenkinder zurückgelassen sind. Wir werden der Macht nahe sein, der wir uns verdanken, Gott selber, und es ist eine innere Beziehung, in der wir spüren, wie recht Jesus gehabt hat, als er uns aufforderte, einzig der Liebe Vertrauen zu schenken, daß er in Gott war, und wir werden's grad in dem Maße spüren, als wir uns selber in die Person des Jesus von Nazaret versenken und in ihm sind. Wir werden aber spüren, daß er uns selber, unser Leben formt und durchdringt.

Nur weniges muß man aus der Botschaft Jesu begriffen haben, und man wird erleben, daß all die alten Konflikte, Aufbrüche, Neuerungen, Kämpfe und Triumphe, Ängste und Siege wiederkommen. Es ist, wie wenn man ein Fischnetz, gleich an welcher Stelle, in den Maschen mit den Händen griffe und aus dem Wasser zöge. Egal wo man zupackt, man wird das ganze Netz hinter sich herziehen. Gerade so die Gestalt und die Botschaft des Jesus von Nazaret. Wo auch immer Ihr Leben etwas mit ihm zu tun bekommt, werden Sie eingeführt in die ganze Wahrheit, wird etwas von seinem Geist lebendig und werden Sie spüren, daß er aus Gott war, grad in dem Maße er Gestalt gewinnt in uns. So etwas Wunderbares gibt es, daß ein Mensch für den anderen so etwas sein kann wie der lebendige Christus, und er verkörpert eine Macht, die stärker ist als der Tod und hinüberhebt über die Verzweiflung. Und wenn Sie fragen, wie das geschieht, hat es wieder nur dieses eine, armselige Wort zur Erklärung: die Liebe. Man kann's umdrehen, und man kann sagen: »Wer die Gebote Jesu hält, der ist es, der wirklich liebt.« Aber das ist nicht mehr äußerlich, sondern ganz von innen her, so wie die lebendige Form Struktur gewinnt und nach außen tritt und sich selber erklärt in den Prozessen ihrer eigenen Freiheit. Nichts ist da mehr an Zwang und Vorschrift, sondern die Liebe setzt ihre eigene Ordnung, und es ist genau diejenige, die Jesus vor Augen war. Merkwürdigerweise fürchten wir im Christentum kaum eine Energie stärker als die, die wir ganz und gar Gott selber nennen. Gerade vor der Liebe scheint uns die meiste Angst eingejagt zu werden, so daß wir abzirkeln: Wie weit darf man einander berühren, wie weit darf man sich dem andern nahe fühlen, in und mit welchen Körperteilen darf man überhaupt etwas empfinden, wann sind die Grenzen der Schicklichkeit und der Sittlichkeit überschritten? Wann hätten wir den Mut, einmal ganz und gar nichts weiter zu sein als Geist und Liebe, und es wäre kein Gegensatz mehr zwischen Sinnlichkeit und Sittlichkeit, Natur und Kultur, Trieb und Ordnung, wir wären ganz einfach Menschen?

Schauen wir herab vom Berge Panayia Kapulu auf das heute verwüstete Ephesus, so sehen wir die Welt scheinbar unverändert. Sie dreht sich um Macht, um Geld, um Leidenschaften, um so vieles, das sie selber quält und leiden läßt, und die Botschaft Jesu ist fast zu zaghaft, um in den Gassen und Straßen der Weltmetropolen gehört zu werden. Hätte Jesus den Krieg gepredigt zugunsten der Unterdrückten, man hätte ihn verstanden. Hätte er die Anhäufung von Kapital gepredigt zugunsten der Reichen, man hätte ihn verstanden. Hätte er gegen die Ausbeutung revoltiert, er hätte Leute hinter sich gehabt, und wäre er auf der Seite der Ausbeuter gestanden, hätte er ebenfalls Parteigänger gefunden. Aber hindurchzugehen, verwundbar, einzig in der Liebe, wie durch geschlossene Wände, und zu hoffen, es gibt Menschen, die das am meisten lieben können, und es gibt eine Sprache sehr leise wie der Wind, ganz aus Geist und lebenschaffend – das ist Jesus, wie ihn der vierte Evangelist zeigt. Er kann noch wenige Sätze vor diesem Evangelium des heutigen Sonntags Jesus sagen lassen: »Ich gehe hinüber, um euch Wohnung zu bereiten.« Jetzt spricht er ganz umgekehrt: »Wir, mein Vater und ich, kommen, um Wohnung bei euch zu nehmen«, und es gibt kein Diesseits und kein Jenseits, es gibt nur Menschen, die unterwegs sind zu Gott, weil sie Gott schon in sich tragen. Und beides steigert sich wechselseitig. Je mehr wir hinübergehen in die ewige Wohnung, desto mehr nimmt Gestalt und Wohnung in uns das Bild Gottes, wie Jesus es uns vermittelte, ein wunderbares, heiliges Bild, Heimstatt des Göttlichen ein jeder in sich selbst, nicht Waisenkinder, sondern im Geist Gefestigte, Beheimatete, Liebende eben und also Vermittler zwischen dem Himmel und der Erde, den Sternen und dem Staub der Straßen, dem Höchsten und dem Niedrigsten, dem Gold und dem Schmutz, Menschen, ausgespannt zwischen Himmel und Erde, Liebende in der Sehnsucht und von Glück Erfüllte, unterwegs zu einer ewigen Heimat, während wir selber in uns Heimstätten der Ewigkeit sind, und wir faßten uns an der Hand und es gäbe keine Grenzen mehr, nicht des Todes, nicht der Angst, nicht der Sünde, nicht der Unterscheidung, vielleicht nicht einmal mehr der johanneischen Unterscheidung zwischen den Gläubigen und der »Welt«, denn das, was Welt ist, hätten wir überwunden im eigenen Herzen, und es gäbe nur noch ein einziges, kohärentes Licht der Heiligkeit.

Manchmal braucht es die Worte einer Legende, um an ihren Orten das Wort eines Evangelisten zu verstehen. Man muß einen hohen Berg besteigen, um hinunterzufinden in den Staub der Straßen, und der Blick muß sich klären, um wirklich zu sehen.

NACHWEISE

Die alttestamentlichen Texte in diesem Band sind der Einheitsübersetzung der Heiligen Schrift (erschienen in der Katholischen Bibelanstalt, Stuttgart, und im Österreichischen Katholischen Bibelwerk, Klosterneuburg) entnommen; die neutestamentlichen Passagen sind wiedergegeben nach Eugen Drewermanns Übersetzung des Markusevangeliums (im Walter Verlag, 1989) und nach dem Neuen Testament in der Übersetzung von Fridolin Stier (bei Kösel und Patmos, 1989).

Die folgende Übersicht gibt den biblischen Bezugstext und das Datum der einzelnen Predigten an.

S. 9		1. Fastensonntag	28. 2. 1982
S. 13		1. Fastensonntag	20. 2. 1983
S. 17	Gen 3,1–7	1. Fastensonntag	10. 3. 1984
S. 22	Gen 9,8–15	1. Fastensonntag	24. 2. 1985
S. 27	Mt 25,14–30	1. Fastensonntag	21. 2. 1988
S. 33	Lk 4,1–13	1. Fastensonntag	12. 2. 1989
S. 39	Gen 12,1–4	2. Fastensonntag	18. 3. 1984
S. 42	Gen 22,1–19	2. Fastensonntag	7. 3. 1982
S. 48	Mt 17,1–9	2. Fastensonntag	15. 3. 1987
S. 52	Mt 17,1–9	2. Fastensonntag	11. 3. 1990
S. 55	Mk 6,6b–13	2. Fastensonntag	28. 2. 1988
S. 58	Lk 9,28–36	2. Fastensonntag	23. 2. 1986
S. 61	Röm 8,31b–34	2. Fastensonntag	3. 3. 1985
S. 65	Ex 3,1–10a.13f.; 4,1–5.10–12	3. Fastensonntag	25. 2. 1989
S. 71	Lk 13,1–5	3. Fastensonntag	6. 3. 1983
S. 75	Joh 2,13–25	3. Fastensonntag	6. 3. 1988
S. 81	Joh 4,1–42	3. Fastensonntag	18. 3. 1990
S. 88	Ex 17,3–7	4. Fastensonntag	31. 3. 1984
S. 93	Lk 15,11–32	4. Fastensonntag	12. 3. 1983
S. 98	Lk 15,11–32	4. Fastensonntag	8. 3. 1986
S. 102	Joh 3,1–21	4. Fastensonntag	13. 3. 1988
S. 106	Jes 43,16–21	5. Fastensonntag	15. 3. 1986
S. 110	Joh 8,1–11	5. Fastensonntag	20. 3. 1983
S. 116	Joh 8,1–11	5. Fastensonntag	12. 3. 1989
S. 122	Joh 11,1–45	5. Fastensonntag	5. 4. 1987
S. 127	Joh 12,20–33	5. Fastensonntag	23. 3. 1985
S. 132	Mt 26; 27	Palmsonntag	8. 4. 1990
S. 134		Gründonnerstag	1984
S. 139		Gründonnerstag	1986
S. 142		Gründonnerstag	1987

S. 145	Joh 18; 19	Karfreitag	1933
S. 151	Joh 18; 19	Karfreitag	1935
S. 156	Joh 18; 19	Karfreitag	1938
S. 162	Joh 18; 19	Karfreitag	1990
S. 169		Osternachtfeier	1989
S. 174		Ostersonntag	1983
S. 178	Mt 28,1–15	Ostersonntag	1984
S. 183	Mt 28,1–15	Ostersonntag	1989
S. 187	Mt 28,1–15	Ostersonntag	1990
S. 193	Mk 16,1–8	Ostersonntag	1985
S. 197	Mk 16,1–8	Ostersonntag	1988
S. 201		Zweiter Ostertag	1983
S. 204	Mt 28,1–3	Zweiter Ostertag	1989
S. 208	Lk 24,13–35	Zweiter Ostertag	1988
S. 213	Lk 24,13–35	Zweiter Ostertag	1990
S. 217	Joh 20.19–23; Apg 4,32–35	2. Sonntag der Osterzeit	10. 4. 1983
S. 222	Joh 20,19–23; Apg 4,32–35	2. Sonntag der Osterzeit	14. 4. 1985
S. 225	Joh 20,24–31	2. Sonntag der Osterzeit	26. 4. 1987
S. 229	Apg 5,12–16	2. Sonntag der Osterzeit	2. 4. 1989
S. 234	Offb 1,9–13.17–19	2. Sonntag der Osterzeit	6. 4. 1986
S. 238	Joh 21,1–14	3. Sonntag der Osterzeit	13. 4. 1986
S. 243	Joh 21,15–18	3. Sonntag der Osterzeit	9. 4. 1989
S. 247	Joh 10,1–10	4. Sonntag der Osterzeit	10. 5. 1987
S. 251	Joh 10,11–18	4. Sonntag der Osterzeit	28. 4. 1985
S. 255	Apg 2,14–24.44–47	4. Sonntag der Osterzeit	6. 5. 1990
S. 262	Offb 7,9.14b–17	4. Sonntag der Osterzeit	20. 4. 1986
S. 265	Offb 21,1–5a	4. Sonntag der Osterzeit	16. 4. 1989
S. 269	Joh 14,1–12	5. Sonntag der Osterzeit	19. 5. 1984
S. 274	Joh 14,1–12	5. Sonntag der Osterzeit	17. 5. 1987
S. 278	Joh 14,1–12	5. Sonntag der Osterzeit	13. 5. 1990
S. 284	Joh 15,1–16	5. Sonntag der Osterzeit	9. 5. 1982
S. 288	Joh 14,15–24	6. Sonntag der Osterzeit	27. 5. 1984
S. 292	Joh 14,15–24	6. Sonntag der Osterzeit	23. 5. 1987
S. 294	Joh 14,15–24	6. Sonntag der Osterzeit	19. 5. 1990

Die Zitate Dag Hammarskjölds im Geleitwort sind seinen Tagebuchaufzeichnungen »Zeichen am Weg«, München: Verlag Droemer Knaur, 1967, entnommen.

Eugen Drewermann

Wort des Heils
Wort der Heilung

Von der befreienden Kraft des Glaubens

Gespräche und Interviews
Herausgegeben von Bernd Marz

Band I
1988, 5. Auflage 1990, 212 Seiten.
Leinen mit Schutzumschlag

Band II
1988, 3. Auflage 1990, 224 Seiten.
Leinen mit Schutzumschlag

Band III
1989, 156 Seiten.
Leinen mit Schutzumschlag

Die Gespräche und Interviews mit Eugen Drewermann zeichnen den Weg der Suche nach Erkenntnis von Wahrheit und den verborgenen Ort ihrer Quelle. Ein Grund für das Interesse seiner Gesprächspartner dürfte darin liegen, daß er »alte Wahrheiten« über den Tag hinaus in einer neuen bildhaften und verstehbaren Sprache aussagt, fühlbar macht und so die gewohnten Aufspaltungen in »Einsichten des Herzens« und in »Erkenntnisse des Verstandes« überwindet. Die Menschen spüren, daß Drewermann weiß, wovon er spricht; sie wissen, daß er selbst einzulösen bereit ist, was er heute von Theologie und Kirche fordert: Rückkehr zu einer unmittelbaren Ehrfurcht vor dem Menschen, seiner Daseinsangst und seinem Leid.

PATMOS VERLAG DÜSSELDORF

Eugen Drewermann

Der offene Himmel

Predigten zum Advent und zur Weihnacht

Herausgegeben von Bernd Marz

1990, 3. Auflage 1990, 220 Seiten

Dieses Buch vereint Predigten von Eugen Drewermann zur Advents- und Weihnachtszeit, die im letzten Jahrzehnt entstanden sind. Sie veranschaulichen einerseits seinen auslegenden Umgang mit dem biblischen Wort und werden andererseits dem Leser zur Inspiration für sein eigenes Meditieren der Feste des Kirchenjahrs. Zugleich zeigt sich hier, daß die gottesdienstliche Homilie der ursprüngliche Ort von Eugen Drewermannns Theologie ist. Vieles von dem, was in seinen großen Werken breit entfaltet ist, erscheint hier in konzentrierter Form, in seiner originären und originellen Gestalt des gesprochenen Wortes. In immer neuen Angängen nähert sich der Prediger den biblischen Texten, so manches Mal wiederholt sich das Thema, das Grundmotiv in den verschiedenen Jahren, immer aber kommt Neues hinzu – aus dem Geschehen in Gesellschaft und Kirche, aus erneutem, intensivem Nachsinnen und theologischer Auseinandersetzung, aus therapeutischer Erfahrung mit den Menschen. Meditatives Verweilen solcher Art führt in die Tiefe. In dieser Auslegung der Schrift geschieht der Brückenschlag zwischen dem verkündigten Wort und dem Hörer des Wortes, und es geschieht, daß Menschen der Gegenwart sich durch christliche Tradition auf ganz neue Weise in An-Spruch genommen sehen.

PATMOS VERLAG DÜSSELDORF